广视角 · 全方位 · 多品种

权威 · 前沿 · 原创

皮书系列为

“十二五”国家重点图书出版规划项目

中国社会科学院创新工程学术出版资助项目

中亚黄皮书

YELLOW BOOK OF CENTRAL ASIA

中亚国家发展报告（2013）

ANNUAL REPORT ON DEVELOPMENT OF CENTRAL ASIA (2013)

中国社会科学院俄罗斯东欧中亚研究所
主　编／孙　力　吴宏伟
副主编／苏　畅

社会科学文献出版社
SOCIAL SCIENCES ACADEMIC PRESS (CHINA)

图书在版编目（CIP）数据

中亚国家发展报告. 2013/孙力，吴宏伟主编. —北京：社会科学文献出版社，2013.9

（中亚黄皮书）

ISBN 978-7-5097-4649-3

Ⅰ.①中… Ⅱ.①孙… ②吴… Ⅲ.①社会发展-研究报告-中亚-2013 Ⅳ.①D736.069

中国版本图书馆 CIP 数据核字（2013）第 106438 号

中亚黄皮书

中亚国家发展报告（2013）

主　　编／孙　力　吴宏伟
副 主 编／苏　畅

出 版 人／谢寿光
出 版 者／社会科学文献出版社
地　　址／北京市西城区北三环中路甲 29 号院 3 号楼华龙大厦
邮政编码／100029

责任部门／全球与地区问题出版中心（010）59367004　责任编辑／刘　娟
电子信箱／bianyibu@ssap.cn　责任校对／李　敏
项目统筹／祝得彬　刘　娟　责任印制／岳　阳
经　　销／社会科学文献出版社市场营销中心（010）59367081　59367089
读者服务／读者服务中心（010）59367028

印　　装／北京季蜂印刷有限公司
开　　本／787mm×1092mm　1/16　印　　张／26.5
版　　次／2013 年 9 月第 1 版　字　　数／430 千字
印　　次／2013 年 9 月第 1 次印刷
书　　号／ISBN 978-7-5097-4649-3
定　　价／79.00 元

主要编撰者简介

孙　力　中国社会科学院俄罗斯东欧中亚研究所副所长、研究员。长期从事中亚与上海合作组织问题研究。曾两次任人民日报驻中亚记者站记者，亲身经历了“9·11”事件后中亚地缘政治格局的变化，吉尔吉斯斯坦政权更迭，“安集延事件”等，撰写了大量关于中亚政治、经济、外交、安全等方面的文章。《俄罗斯东欧中亚国家发展报告》（2010、2011）副主编，“俄罗斯东欧中亚研究网”和“中亚问题研究网”主持人之一。

吴宏伟　中国社会科学院俄罗斯东欧中亚研究所中亚研究室主任、研究员，中国社会科学院研究生院教授，中国社会科学院上海合作组织研究中心副秘书长。长期从事中亚与上海合作组织研究，著有《中亚人口问题研究》《突厥语族语言语音比较研究》等专著，主编过《俄美新较量——俄罗斯与格鲁吉亚的冲突》《中亚地区发展与国际合作机制》等著作，是《上海合作组织发展报告》主编之一。

苏　畅　中国社会科学院俄罗斯东欧中亚研究所中亚研究室副研究员。长期从事中亚与上海合作组织研究，著有《中亚宗教极端势力研究》等专著，《中亚国家政治风险量化分析》《阿富汗问题对中亚安全的影响》等上百篇论文及研究报告。

摘要

本书是年度《中亚国家发展报告》中的第二部，由中国社会科学院俄罗斯东欧中亚研究所组织编写。作者包括中国主要中亚问题研究机构专家和学者，具有较高的权威性和可靠性，是读者了解和研究中亚地区形势与国际关系的重要参考资料。

本报告由五个板块与大事记组成，包括总报告、热点与关注点、中亚国家与世界、中亚国家与中国、国别形势。与2012年《中亚国家发展报告》有所不同，本报告增加了外高加索格鲁吉亚、亚美尼亚和阿塞拜疆三国的形势分析和介绍。作者们运用定量与定性相结合的研究方法，从宏观和微观的角度对2012年以来中亚地区形势、热点问题、重大事件以及各国基本国情进行了深入分析，并对2013年中亚国家政治经济发展趋势进行了展望。虽然在报告中作者们阐述的是自己本人对中亚地区形势的看法和观点，但在中国研究中亚问题的学者中具有一定的代表性。

2012年以来，国际政治经济形势继续发生深刻变化。虽然中亚国家基本国情不尽相同，发展模式和发展水平互有区别，但在复杂多变的国际环境下中亚国家采取积极应对措施，有效应对欧债危机以及中东北非动荡带来的不利影响，总体上保持了社会稳定和经济发展。2013年，保持社会稳定，发展经济，改善民生，构建和谐社会仍然是中亚国家主要目标。

Abstract

As the second part of the Annual Report on Development of Central Asia, the book is edited by the Institute of East European and Central Asian Studies of the Chinese Academy of Social Sciences. The authors are specialists and scholars of the major research institutions of Central Asian studies in China with high level of integrity and reliability, making the report as an important reference for readers or research situations of international relations in Central Asia.

The report is comprised of five chapters and the major events, including the general report, focal points, Central Asian countries and the world, Sino-Central Asian Relations, and the situations of each and every country of the region. Compared to the report in 2012, the report in 2013 includes the situation of the three South Caucasian countries, which are Georgia, Armenia and Azerbaijan. Quantitative and qualitative methods are utilised in, both macroscopic and microscopic views, the authors made in-depth analyses on the regional situation, hot spots, major regional issues and basic conditions of different countries, and forecasted the political and economic trends of Central Asian countries. Although these are the authors' personal views and opinions on the regional situation, they are still quite representative scholars of Central Asian studies in China.

The changes happened in the international political and economic situation since 2012. Central Asian countries are different in national conditions, development modes and levels, but they adopt active measures to response the negative influence of the debt crisis of Europe and the turbulence in the Middle East and North Africa, and maintained social stability and economic growth. It will still be the primary goal of Central Asian countries in 2013 to maintain social stability, develop economy, improve people's livelihood and construct harmonious society.

目录

Y Ⅰ 总报告

Y Ⅱ 热点与关注点

Y Ⅲ 中亚国家与世界

YⅣ 中亚国家与中国

YⅤ 国别形势

皮书数据库阅读使用指南

总 报 告

General Report

Y.1 总体稳定与平稳发展的一年

孙 力*

摘 要：

2012年是中亚地区形势总体稳定与平稳发展的一年。除吉尔吉斯斯坦外，中亚其他国家政局平稳发展；各国经济发展总体向好，但表现不一；围绕阿富汗撤军问题，俄美两家开展了新一轮的地区争夺，中亚各国外交发生了一些新变化；中亚地区发生了一系列安全事件，但形势总体可控。

关键词：

中亚 总体形势 2012年

2012年中亚地区形势总体平稳，但也出现一些值得关注的新情况。一年来，中亚各国继续推进稳健的政治改革；在国际金融危机持续发酵、欧债危机前景不明的情况下，各国经济总体向好，但表现不一；受俄美中亚政策变化的

* 孙力，中国社会科学院俄罗斯东欧中亚研究所副所长、研究员。

驱动，特别是围绕阿富汗撤军问题，世界大国、次大国和相关地区国家在中亚地区展开了一系列外交活动，中亚各国外交出现了一些新的变化；在安全领域发生了一系列安全事件，但总体形势可控。

一 政治形势

2012 年中亚国家政治局势总体稳定，没有发生大的动荡。面对国际和地区形势的发展变化，中亚国家从自身发展特点出发，继续采取稳健的、可控的政治体制改革措施，以维护国家政治稳定大局。同时，各国国家政治体制改革速度不一，呈现多样化态势。吉尔吉斯斯坦一直是中亚政治改革的“急先锋”，从阿卡耶夫力图建立中亚民主样板到巴基耶夫执政初期制宪危机一直到2010 年吉建立议会制国家政体，吉政治改革一直走在中亚各国的前列。吉议会制虽根基不稳，存在很多不确定因素，但作为政治体制改革的“一枝独秀”，2012 年吉政局在有惊无险中平稳度过。与吉激进政治改革相反，哈萨克斯坦一直奉行“先经济后政治”的稳健改革路线，堪称中亚地区成功改革的典范。哈总统纳扎尔巴耶夫 2012 年 12 月 14 日发表的国情咨文指出，“我们坚持‘先经济后政治’的鲜明公式。政治改革的每一步都与经济发展水平相关联，所以说，我们是沿着政治自由化的道路有序迈进的。”[①] 2012 年 1 月 15 日，哈提前举行了议会下院选举，“祖国之光”人民民主党、“光明道路”民主党和共产主义民主党进入议会，分别获得 83 个席位、8 个席位和 7 个席位。[②] 选举结果虽然没有动摇执政党的地位，但结束了一党制议会的尴尬局面。土库曼斯坦总统别尔德穆哈梅多夫在第二个总统任期开局之年，推行了一系列政治改革举措。独立以来，土库曼斯坦一直实行的是一党制，执政党土库曼斯坦民主党是国家唯一的合法政党。为了继续深化国家的民主改革，近两年以来，土库曼斯坦政府一直在积极推动多党制的建设。2010 年 2 月，土总统

① Послание Президента РК народу Казахстана «Стратегия Казахстан－2050»－ новый политический курс состоявшегося государства»，http：//www. inform. kz/rus/article/2518829.

② «Нур Отан»получает 83 места в Мажилисе，«Ак жол»－8，КНПК －7－окончательные итоги ЦИК РК，http：//www. inform. kz/rus/article/2433992.

别尔德穆哈梅多夫就表示，赞成建立多党制，结束独立以来一直实行的一党制。2012 年 1 月 10 日，土议会通过政党法法案，允许建立除执政党以外的其他政党。法案规定了建立政党的法律基础、政党的权利和义务以及政党活动的保障，详细规定了政党与国家机构和其他组织的关系。① 8 月 21 日，土成立工业家和企业家政党。土各区 300 名企业界代表与会，与会代表通过了企业家党的党章和纲领，选举产生了党的主席、副主席，中央委员会和监察委员会的成员。② 工业家和企业家政党的成立，标志着土向多党制迈出了坚实的一步。乌兹别克斯坦坚定奉行稳定为先的原则，主张缓慢和渐进地推进改革。塔吉克斯坦汲取内战的经验教训，专注稳定和发展。

总的来看，在过去的一年里，中亚国家在保持国家稳定的前提下，谨慎而稳妥地推进政治改革。西亚北非事件和吉尔吉斯斯坦议会制政体稳步推进，在一定程度上冲击着中亚现行的强总统、弱议会、小政府体制，但在短期内这种政治体制格局难以改变。

吉尔吉斯斯坦政局仍然是关注的焦点。吉实行议会制以来的首届政府寿命仅短短 8 个月时间，2012 年 8 月 22 日，吉四党执政联盟之中的尊严党和祖国党同时致函总统宣布退出执政联盟，吉执政联盟正式解散。24 日，阿坦巴耶夫总统签署了解散政府的命令。③ 同时，阿坦巴耶夫责成社会民主党重新组阁。9 月 5 日，社会民主党、祖国党和尊严党组建了新议会执政联盟，并选举尊严党领导人库洛夫为联盟主席。同日，故乡党和共和国党正式宣布成为议会反对党。经过磋商，两党决定联合成立反对派联盟，并选举故乡党成员阿布德尔达耶夫为联盟主席。6 日，阿坦巴耶夫签署总统令，任命总统办公厅主任、社会民主党成员萨特巴尔季耶夫为吉新一届政府总理，同时批准新内阁成员名单。新政府中共设 3 名副总理，由来自议会执政联盟中 3 个政党的各 1 名成员担任。在对 16 个部委领导的分配中，社会民主党占据 5 席，祖国党 3 席，尊

---

① Меджлис Туркменистана принял закон «О политических партиях», http://www.turkmenistan.ru/ru/articles/36900.html.

② Промышленники и предприниматели Туркменистана учредили политическую партию, http://www.turkmenistan.ru/ru/articles/37718.html.

③ Кыргызстан: Парламентская коалиция распалась, предстоят перевыборы правительства, 22.08.2012, http://www.fergananews.com/news.php?id=19299&mode=snews.

严党2席，其余职位分别由总统和总理任命。[1] 阿坦巴耶夫在其签署的另一份命令中解除了萨特巴尔季耶夫原总统办公厅主任的职务。至此，社会民主党实际上已将总统、议长和总理三大国家领导人的权力集于一身，在吉政权中成功建立起了一党体系，但也再次形成了“南北分权的格局”，总统阿坦巴耶夫来自北方，总理萨特巴尔季耶夫来自南方。

吉政局并未因新政府的组建而平静。10月3日，吉尔吉斯斯坦议会反对党组织近千人在首都中央广场示威，先是要求将库姆托尔金矿收归国有，后向吉总统和议会所在地“白宫”发起冲击，并宣布将夺取政权。示威人员最后被警察驱散，冲突中造成12人受伤。示威组织者、议会议员贾巴罗夫、塔希耶夫和马梅托夫被捕。[2] 4日，吉南方贾拉拉巴德市发生数百人的示威活动，阻断吉南北通道——比什凯克至奥什公路，要求释放被捕议员，并威胁继续举行示威[3]。吉政局持续动荡的局面短期内不会改变。

哈萨克斯坦政府改组引发高层人事变动。2012年是哈萨克斯坦重大政治事件最多的一年：1月15日提前举行议会选举，三个政党进入议会；4月3日，提前举行总统选举，纳扎尔巴耶夫再次以95.5%的得票率当选；[4] 9月24日，哈总统纳扎尔巴耶夫签署命令解散马西莫夫政府，同时提名第一副总理艾哈迈托夫为新一届政府总理候选人，并获得哈议会众议院一致投票通过。从此开始了哈人事调整进程。

早在2012年初，哈就开始为政府改组做准备。1月20日，哈总统纳扎尔巴耶夫签署命令，对政府及其组成人员进行了大幅调整，同时取消通讯与信息部，组成新的文化与信息部[5]，取消旅游与体育部，组成体育事业署，并对被取消的政府各部门的职能进行了重新划分。同日，任命卡拉干达州原州长谢里

---

① Президент Алмазбек Атамбаев подписал Указ о назначении Жанторо Сатыбалдиева премьер-министром, http://www.kabar.kg/personnel-policy/full/39872.

② Жогорку Кенеш принял к сведению информацию силовых структур о митинге 3 октября и задержании депутатов, http://www.kabar.kg/rus/society/full/41676.

③ Митингующие в Джалал-Абадской области заблокировали трассу Бишкек-Ош, простаивают сотни автомобилей, http://www.kabar.kg/rus/regions/full/41680.

④《2011年以来中亚国家总体形势概述》，孙力主编《中亚国家发展报告》（2012），社会科学文献出版社，2012，第3页。

⑤ Казахстан - первые итоги 2012 года. Ч. 4, http://www.ia-centr.ru/expert/14674/.

克·艾哈迈托夫为政府第一副总理，原经济发展与贸易部长科里姆别托夫·卡伊拉特为副总理。此外，司法部长、反经济犯罪与反贪署长、环保部长、经济发展与贸易部长以及多个地区的州长也进行了人员调整。① 此后，马西莫夫政府解散的声音不断，尽管马西莫夫政府通过了新一届议会的信任投票，但马西莫夫政府的使命已基本结束。俄罗斯信息分析网站关于2012年哈萨克斯坦发生的重大事件的调查结果显示，马西莫夫政府解散引发的一系列高层人事调整为哈2012年最重大的事件。

2013年1月16日，哈纳扎尔巴耶夫签署总统令，再次大幅度对政府机构进行改组，并重新任命了部分政府部门的负责人。根据总统令，哈组建地区发展部，将经济发展和商业部改组为经济和预算规划部，调整了环保部、劳动和社会保障部的职能。与此同时，任命萨金塔耶夫为第一副总理并兼任地区发展部长，多萨耶夫为经济和预算规划部长，塔任为国务秘书，叶尔梅吉亚耶夫为2017年世博会国家公司董事长，负责筹办2017年在哈首都阿斯塔纳举办的专业性世博会。②

二　经济形势

2012年中亚地区宏观经济总体保持增长的局面。但受国际金融危机的影响，特别是欧债危机的冲击，中亚地区经济总体形势不如往年，增长速度普遍放缓，个别国家经济仍处于低迷状态。

（一）主要经济指标

一年来，中亚国家通过扩大内需、发展基础设施建设、增加出口等措施，拉动经济发展，使2012年保持了宏观经济总体增长的局面。哈萨克斯坦国家统计署署长斯马伊洛夫2013年1月15日在哈首都阿斯塔纳召开的新闻吹风会

---

① Указом Президента РК первым заместителем Премьер-Министра назначен Серик Ахметов, http://www.inform.kz/rus/article/2435053.

② Б. Сагинтаев назначен первым заместителем Премьер-Министра -министром регионального развития Республики Казахстан, http://www.inform.kz/rus/section/6/1/.

上宣布，初步估计2012年哈GDP增长5%，名义GDP为30.22万亿坚戈（约合2004亿美元），或人均GDP超过1.2万美元。[①] 乌兹别克斯坦总统卡里莫夫2013年1月18日在作政府工作报告时宣布，2012年乌GDP同比增长8.2%，其中工业增长7.7%，农业增长7%，建筑业增长11.5%，零售业增长13.9%，服务业增长14.2%，出口增长11.6%，外贸顺差11.2亿美元。通货膨胀水平未超过7%，59.2%国家财政支出用于社会民生领域，国家预算盈余占GDP的0.4%。[②] 土库曼斯坦前9个月的GDP同比增长11.1%。[③] 世界银行专家小组关于土库曼斯坦人均国民收入水平的评估结果称，土已达到世界中等偏上水平。据塔吉克斯坦阿维斯塔（AVESTA）网站消息，2012年塔吉克斯坦GDP总额为312亿索莫尼，约合75亿美元，同比增长7.5%，其中商品生产占46.1%，服务占42.3%，税收占11.6%。[④] 根据吉尔吉斯国家统计委员会公布数据，2012年吉国GDP为3043.5亿索姆（约合64.2亿美元），同比下降0.9%；若不计库姆托尔金矿产值，则吉国GDP总值为2841.3亿索姆（约合59.9亿美元），同比增长5%。其中，工业产值同比下降20.2%，若不计库姆托尔金矿产值，则增长6.1%；加工业下降27.2%，采矿业增长22.5%，农业增长1.2%，建筑业增长17.3%，服务业增长11.6%，水、电、气的生产增长5.2%。[⑤]

（二）经济增速放缓

受国际经济低迷和欧债危机的冲击，中亚国家经济总体形势不如往年，

---

① Рост ВВП в Казахстане в 2012 году составит 5% -прогноз Агентства РК по статистике, http://www.inform.kz/rus/article/2526476.

② Доклад Президента Республики Узбекистан Ислама Каримова на заседании Кабинета Министров, посвященном итогам социально-экономического развития страны в 2012 году и важнейшим приоритетным направлениям экономической программы на 2013 год, http://uza.uz/ru/politics/22013/.

③ Выступление Президента Туркменистана Гурбангулы Бердымухамедова на заседании Совета старейшин Туркменистана, http://www.turkmenistan.ru/ru/articles/37955.html.

④ 《塔吉克斯坦2012年经济增长7.5%》，中国驻塔吉克斯坦大使馆经济商务处网站，http://tj.mofcom.gov.cn/article/jmxw/201301/20130100004518.shtml。

⑤ В 2012 году объем ВВП Кыргызстана снизился на 0.9%, http://www.kabar.kg/rus/economics/full/47564.

中亚国家2012年经济增速普遍放缓，个别国家经济仍处于低迷状态。哈、乌、土、塔四国经济持续保持增长的势头，但增速下降，有的国家下降幅度较大，吉因国内政局不稳造成经济出现负增长。这主要有以下几方面的因素。

一是国际金融危机，特别是欧债危机对中亚国家的经济冲击很大。中亚地区自然资源丰富，特别是哈、土、乌三国拥有丰富的石油和天然气资源，吉尔吉斯斯坦黄金产量多。为促进经济发展，中亚国家纷纷扩大资源开采，增加资源出口，以赚取更多外汇。同时，其经济发展越来越依赖资源出口，经济资源性的特点更加突出。中亚各国虽然在摆脱金融危机方面取得重要成果，已着手调整经济结构，但基础并非牢固，至今没有形成有效的自我发展机制。在当前世界经济形势不确定因素增多、前景不明的情况下，一旦外部因素被破坏，经济很可能重新陷入困境。

二是一些重要工业产品生产下降。哈萨克斯坦主要经济支柱——石油生产下降。据哈国家统计署发布消息称，2012年哈开采原油6646.15万吨，同比减少1.9%；凝析气1274.92万吨，同比增长3.7%；天然气402.613亿立方米，同比增长1.8%。其中开采气态天然气为203.1亿立方米，同比增长5.2%。开采石油伴生气197.8亿立方米，同比减少2.1%。[①] 吉尔吉斯斯坦占全国经济总量10%的库姆托尔金矿产量大幅下降，总产量9.8吨，同比下降46%，是造成吉国经济负增长的主要原因。

三是农业歉收。中亚国家农业仍没有摆脱靠天吃饭的局面，2012年中亚国家农业不如往年，粮食收成少于上年。2012年哈萨克斯坦粮食大幅减产，共收获粮食净重1280万吨。而2011年收获粮食净重达创纪录的2690万吨。据哈国家统计署公布的数据显示，哈1~11月农产品产值1.8165万亿坚戈（1美元=150.46坚戈），同比下降18.5%。[②] 吉尔吉斯斯坦也出现了农业下降的局面，粮食产量133.38万吨，同比下降10.2%，其中小麦产量54.05万吨，

① 《哈萨克斯坦2012年石油开采量降低1.9%》，中国驻哈萨克斯坦大使馆经济商务参赞处网站，http：//kz.mofcom.gov.cn/article/jmxw/201301/20130100004297.shtml。

② 《1~11月哈农产品产值同比下降18.5%》，中国驻哈萨克斯坦大使馆经济商务参赞处网站，http：//kz.mofcom.gov.cn/article/jmxw/201212/20121208487369.shtml。

同比下降 32.4%。[①] 2012 年乌兹别克斯坦农产品出口同比下降 55.9%，占出口总额的比重由 2011 年的 13.2% 下降至 6.2%。

（三）制约地区经济发展的因素依然存在

一是“碎片化”或“逆一体化进程”严重制约着地区经济的发展。中亚地处内陆，没有直接的出口通道和出海口，距离世界市场遥远，东亚、欧洲、北美等经济中心难以辐射到中亚。因此，中亚国家一直致力于打造“交通枢纽”，成为连接欧亚大陆的物流中心，从而带动地区经济的发展。多年来，中亚经济一体化时断时续，始终难以取得实质性进展，各国从自身利益出发，互信程度低，缺乏互利共赢意识，不仅阻碍地区一体化进程，也影响各国自身经济发展。

二是经济增长难以摆脱对资源出口的依赖。2012 年哈萨克斯坦、乌兹别克斯坦和土库曼斯坦三国能源和资源出口在国民收入中的比例仍然居高不下。石油天然气工业是哈经济的支柱产业之一，对哈经济贡献率亦在不断增加。据哈国家统计署资料，石油天然气工业在哈经济中的占比由 1998 年的 6.8% 提高到 2005 年的 16.7%，2010 年达到 22.6%；在哈出口中占比达到 60%，2011 年为 24.6%。与此同时，石油收入在哈国家财政收入中的占比由 2010 年的 56.7% 提高到 2011 年的 60.1%。[②] 2012 年乌能源和成品油出口同比增长 81%，占出口总额的比重由 2011 年的 19.8% 增长至 35.5%。中亚各国经济目前仍无力摆脱对境外市场和外资的依赖，结构性矛盾短期内尚难以解决。

三是相互关系不和睦是制约中亚经济发展的因素之一。2012 年乌总统访哈和哈总理访乌，推动两国关系有所改善，但没有出现根本好转的局面。吉乌、塔乌、吉塔水资源矛盾日趋加剧，这一切严重阻碍了中亚国家经济发展

① В Кыргызстане в 2012 году в результате неблагоприятных погодно-климатических условий погибло зерновых культур на 2, 6 тысячах га, http://www.kabar.kg/rus/economics/full/49164.

② 《石油天然气行业对哈萨克斯坦经济贡献率不断增加》，中国驻哈萨克斯坦大使馆经济商务参赞处网站，http://kz.mofcom.gov.cn/article/jmxw/201303/20130300044123.shtml。

进程。

四是劳动力资源流失问题难以改变。乌兹别克斯坦、吉尔吉斯斯坦、塔吉克斯坦三国就业形势依然严峻，塔有130万人在俄罗斯和哈萨克斯坦打工，据俄方数据，吉在俄务工人员已达70万，[①] 每年都有可观的外汇收入，也能大大改善居民的生活水平，但也造成了严重的社会问题。

三　外交形势

2012年，中亚国家继续从本国利益出发，积极践行务实的大国平衡外交政策。围绕2014年阿富汗撤军和军事基地问题，美俄在中亚地区展开激烈的争夺，致使中亚国家外交出现了一些值得关注的新情况。中亚国家与次大国关系继续发展，日本邀请中亚五国外长到日本开会，允诺向中亚国家投资7亿美元。

（一）大国务实平衡外交出现新亮点

1. 俄美在中亚展开新一轮攻守，中亚国家从中获得不小红利

（1）俄罗斯与中亚国家关系进一步巩固。普京重返克里姆林宫后，在半年多时间访问了所有中亚国家，进一步巩固了与中亚国家的关系。2012年6月4日，应乌兹别克斯坦总统卡里莫夫邀请，俄罗斯总统普京对乌进行了正式访问。访问期间，俄乌两国元首就双边关系及共同关心的国际和地区问题交换了意见，重点探讨了发展俄乌战略伙伴关系、经济合作多元化以及乌加入独联体自由贸易区等问题，两国元首签署了《深化战略伙伴关系联合声明》和《乌兹别克斯坦加入独联体自由贸易区谅解备忘录》。[②] 6月7日，应哈萨克斯坦总统纳扎尔巴耶夫邀请，普京对哈进行了正式访问。访问期间，俄哈两国元首就双边经贸、能源、航天等领域的合作交换了意见，深入探讨了推进关税同盟、统一经济空间框架内的一体化进程等相关问题，并签署了《〈友好合作互

① 《吉尔吉斯在俄务工人员已达70万》，中国驻吉尔吉斯斯坦大使馆经济商务参赞处网站，http：//kg. mofcom. gov. cn/article/jmxw/201210/20121008386397. shtml.

② Узбекистан-Россия：партнерство，испытанное временем，http：//uza. uz/ru/politics/19503/.

助条约〉补充协议》和有关两国人员往来等一系列合作协议。[①] 9月20日，应吉尔吉斯斯坦总统阿坦巴耶夫邀请，普京对吉进行了正式访问。访问期间，俄吉两国元首就双边关系及共同关心的问题交换了意见，签署了有关俄驻吉军事基地、双边债务和俄帮助吉建设水电站等方面的协议。[②] 10月5日，应塔吉克斯坦总统拉赫蒙的邀请，普京访问了塔吉克斯坦。访问期间，双方共签署了包括军事、能源、移民和合作打击贩毒等领域的6个重要文件。[③] 12月5日，普京赴土库曼斯坦首都阿什哈巴德出席独联体元首会议，会议取得了丰硕成果，签署了一系列重要文件。[④]

（2）2012年美着眼阿富汗撤军积极调整中亚战略，加大对中亚国家的投入，在政治、经济和军事等领域加强与中亚国家合作。

首先，美国继续通过“新丝路计划”加强与中亚国家的合作。一方面，推动西方国家加大对中亚－阿富汗公路和铁路项目投资，试图构建以阿富汗为核心，贯穿中、南亚的交通走廊；另一方面，积极支持土库曼斯坦－阿富汗－巴基斯坦－印度天然气管道和吉尔吉斯斯坦－塔吉克斯坦－阿富汗－巴基斯坦输变电项目建设，力促中亚能源“南向”输出，以摆脱这些国家对俄罗斯的能源出口依赖。

其次，美国着力修复与乌兹别克斯坦国家关系。政治上，加强美乌高层对话和接触，不仅派军政要员密集访乌，还力邀乌外交部长和国防部长出席在芝加哥举行的北约峰会。在经济上，美加大对乌投资。有媒体报道，美乌两国签署了价值28亿美元的合作协议。军事上，美解除对乌军援禁令。大幅增加对乌军援及交流合作项目的数量，并计划重启两国军事互信和磋商机制。

最后，为2014年从阿富汗撤军做准备，美国强化与中亚国家军事合作。

---

① Главы Казахстана и России подписали протокол о внесении изменений в Договор о дружбе, сотрудничестве и взаимной помощи, http://www.inform.kz/rus/article/2470453.

② Кыргызстан и Россия подписали документы в области военного и экономического сотрудничества, http://www.kabar.kg/rus/politics/full/40714.

③ Россия и Таджикистан подписали 6 документов о сотрудничестве, http://www.news.tj/ru/news/rossiya－i－tadzhikistan－podpisali－6－dokumentov－o－sotrudnichestve.

④ В Ашхабаде состоялся Совет глав государств СНГ, по итогам которого принят пакет важных документов, http://www.turkmenistan.ru/ru/articles/38088.html.

美国表示将把从阿富汗撤出的部分军事装备“赠送”给中亚国家。为保住马纳斯军事基地，2012 年美国国防部长、助理国务卿、中央总部司令等高官相继访问吉尔吉斯斯坦，与吉领导人沟通，允诺将马纳斯军事基地的租金从目前每年 6000 万美元增加到 1.5 亿美元，2014 年后进一步增加到 2.08 亿美元。2013 年 1 月 6 日，吉总统阿坦巴耶夫在比什凯克会见到访的美国负责南亚和中亚事务的助理国务卿罗伯特·布雷克时表示，美国马纳斯空军基地在 2014 年协议到期后变为民用货物转运中心。① 2012 年 8 月 30 日，乌兹别克斯坦上议院批准了乌美两国签署的关于以航空运输方式过境乌兹别克斯坦向阿富汗反恐联军运输物资和人员的合约。

总的来说，2012 年美俄在中亚展开了新一轮较量。美国以构建“后撤军时代”的中南亚地区新布局为战略目标，以乌兹别克斯坦和阿富汗为战略支点，全方位加强对中亚国家关系。俄则以哈萨克斯坦、吉尔吉斯斯坦和塔吉克斯坦为重点，继续强化与中亚国家关系，力推欧亚联盟迈出实质性步伐。

2. 中国与中亚国家关系不断发展

2012 年是中国与中亚五国建交 20 周年。以此为契机，中国与中亚国家举行了一系列庆祝活动。6 月 4 ~8 日，中亚五国元首齐聚北京出席上海合作组织峰会并访问中国。其间，中国国家主席胡锦涛分别与哈萨克斯坦、乌兹别克斯坦、吉尔吉斯斯坦、塔吉克斯坦和土库曼斯坦五国总统举行会晤，中国与哈、乌、吉、塔四国签署了联合声明，中乌两国元首决定将两国关系提升至战略伙伴关系水平。4 月，中哈总理定期会晤机制正式启动，12 月 7 ~8 日，中国国务院副总理王岐山访问哈萨克斯坦，与哈总统纳扎尔巴耶夫举行会见，与哈副总理克林别托夫共同主持了中哈合作委员会第六次会议，双方签署了一系列合作协议。② 这一切推动中国与中亚国家关系发展进入新阶段，从此双方展开全方位、大规模双边和多边务实合作并取得重要成果。

2012 年中国与中亚国家贸易额突破 400 亿美元，其中，中哈双边贸易额 250

---

① А. Атамбаев во время встречи Р. Блейком заявил, что после 2014 года в Манасе не должно быть военной составляющей, http://www.kabar.kg/politics/full/47748.

② 《王岐山与哈萨克斯坦副总理克林别托夫共同主持中哈合作委员会第六次会议》，《人民日报》2012 年 12 月 9 日，第 1 版。

亿美元；据中国海关统计，中乌双边贸易额28.75亿美元，中吉双边贸易额为51.6亿美元；据塔吉克斯坦统计署数据，中塔双边贸易额为6.69亿美元。同时，中国对中亚国家的直接投资快速增长，已成为乌兹别克斯坦、吉尔吉斯斯坦第一，塔吉克斯坦第二大投资国。哈萨克斯坦吸引各类中国投资超过百亿美元，成为中国对外投资的第三大目的地。中国与中亚国家经贸、金融、投资等领域合作不断扩大，农业、制造业、高新技术产业、可再生能源产业等非资源领域合作逐步展开，一系列农业合作示范园区、技术工业园区即将启动，经济合作的内涵将更丰富，合作的质效将进一步提升。中国支持中亚各国维护稳定和发展民生。2012年中国共向中亚国家提供5.6亿人民币的无偿援助。

（二）中亚国家与次大国关系取得新进展

2012年11月10日，第四次“中亚+日本”外交部长会议在日本东京举行，中亚五国和日本外长与会。“中亚+日本”外长级对话机制是由日本和中亚国家于2004年共同创立的。前三届“中亚+日本”外长会议分别于2004年、2006年和2010年在哈萨克斯坦、日本和乌兹别克斯坦举行。日本外相玄叶光一郎在与哈萨克斯坦、乌兹别克斯坦、吉尔吉斯斯坦、塔吉克斯坦和土库曼斯坦外长会晤时表示，中亚五国有着丰富的稀土、石油及铀等天然资源，日本将向中亚五国投入7亿美元用于完善当地的贸易投资环境，促进阿富汗局势的稳定及防灾合作等。① 哈外交部长伊德里索夫在会后举行的新闻发布会上说，中亚国家与日本建交20年来，各领域合作关系发展顺利。“中亚+日本”对话机制对维护地区安全，促进经济合作、贸易投资和人文合作具有重要意义，将中亚国家与日本的关系提高到新水平。②

（三）中亚国家之间的关系没有得到改善

近年来，中亚国家努力协商解决边界问题，但总体进展缓慢，成为摩擦不

① Япония выделит Казахстану и еще четырем бывшим республикам СССР MYM700 млн. на освоение залежей природного газа，http：//www. inform. kz/rus/article/2509222.

② Казахстан приветствует конструктивное продолжение Диалога «Центральная Азия + Япония» - глава МИД РК，http：//www. inform. kz/rus/article/2509086.

断的重要根源。个别中亚国家极端民族主义膨胀，亦可能引发国家间暴力冲突。2012 年 1 ~ 11 月，吉尔吉斯斯坦和塔吉克斯坦边界发生了 19 起边界冲突①。2012 年 7 月 17 日当天，吉尔吉斯斯坦与乌兹别克斯坦边防军在两国间一处未划定边界地带发生交火，双方各有人员伤亡报告。一名吉尔吉斯斯坦士兵在交火中丧生，至少两名吉尔吉斯斯坦平民受枪伤，乌兹别克斯坦边防军一方也有死伤。② 塔乌、吉乌、吉哈、乌土间的水资源争端愈演愈烈，对国家关系造成严重冲击。乌塔因塔修建罗贡水电站引发国际纠纷，塔要求国外势力参与调解乌塔水资源争端，请国外专家评估修建罗贡水电站对下游国家的影响。而乌一直持强烈反对立场，并通过禁运、边境布防等方式向塔施压，③ 甚至乌兹别克斯坦领导人卡里莫夫称有可能由此引发战争。受金融危机影响，劳务输出问题凸显。吉塔两国每年都有超过 50 万人在哈俄两国打工，已成为两国居民稳定的收入来源之一，但也给当地带来许多社会问题。④ 哈乌地区大国之间争夺地区主导权的斗争一直没有停止。地区大国对地区小国制裁打压，小国引进地区外大国与之抗衡，致使一些中亚国家相互关系更趋紧张。

（四）乌兹别克斯坦退出集体安全条约组织

6 月 28 日，独联体集体安全条约组织新闻秘书扎伊内特季诺夫发布消息说，集安组织收到了乌兹别克斯坦决定退出该组织的照会，集安组织正在对乌方决定进行研究。乌兹别克斯坦方面随后表示，乌只是暂停了集体安全条约组织成员国资格。7 月 5 日，俄罗斯国防部长阿纳托利·谢尔久科夫对外界表示，乌兹别克斯坦暂停集体安全条约组织成员国资格不影响俄罗斯和该组织其

---

① С начала 2012 года на кыргызско-таджикской границе произошло 19 инцидентов, http://www.kabar.kg/regions/full/44397.

② Кыргызстан: Премьер Бабанов поручил разработать карту спорных участков государственной границы, 19.07.2012, http://www.fergananews.com/news.php? id=19086&mode=snews.

③ Is Uzbekistan Stepping Up Tajikistan Blockade?, March 31, 2012, http://www.eurasianet.org/node/65208. Э. Рахмон: Соседям необходимо хорошо понять ситуацию в Таджикистане, 06.04.2012, http://vecherka.tj/main/e-rahmon-sosedyam-neobhodimo-horosho-ponyat-situatsiyu-v-tadzhikistane/.

④ Президент Узбекистана резко высказался против строительства Камбаратинской и Рогунской ГЭС, 07.09.2012, http://www.fergananews.com/news.php? id=19412&mode=snews.

他成员国的安全。俄罗斯常驻集安组织代表利亚金·弗罗洛夫说，俄方认为，乌兹别克斯坦决定退出集安组织是其作为该组织成员国的合法权利，俄罗斯将研究乌兹别克斯坦此举所带来的政治和法律后果，并正同集安组织其他成员国协调在此问题上的立场。12 月 19 日，集体安全条约组织在莫斯科举行集体安全理事会例会。俄罗斯 、白俄罗斯 、哈萨克斯坦、吉尔吉斯斯坦、塔吉克斯坦、亚美尼亚六国元首出席了会议。会上研究讨论了乌兹别克斯坦有关停止参加集体安全条约组织活动的请求，该请求获得集体安全理事会批准。俄罗斯联邦安全总局局长亚历山大·博尔特尼科夫在接受媒体采访时表示，乌兹别克斯坦决定退出集体安全条约组织不影响打击恐怖主义方面的双边合作。

四 安全形势

与2011年相比，2012年中亚安全形势没有改善，不稳定因素增多，可以说是内忧外患并存，安全问题呈现复杂性、综合性、多层次性的特点，但总体可控。

（一）2012 年中亚发生了一系列安全事件

1. 哈萨克斯坦安全事件增多

哈萨克斯坦首任总统基金会世界政治与经济研究所副所长阿姆列巴耶夫在国际研讨会上发言指出，哈萨克斯坦已不再是免受“三股势力”困扰的国家。近两年来，哈萨克斯坦成为“三股势力”攻击的目标。2012 年哈发生多起恐怖事件。哈萨克斯坦境内的恐怖主义表现为两种形式，一是带有政治目的的恐怖主义，主要表现为反对现政权、杀害国家安全机关公职人员；二是带有意识形态色彩的恐怖主义，主要表现为图谋在哈萨克斯坦，乃至整个中亚建立哈里发国家。

2. 塔吉克斯坦安全形势堪忧

7 月 21 日，塔吉克斯坦前国家安全委员会副主席、巴达赫尚自治州参谋长阿卜杜拉·纳扎罗夫遇袭身亡，引起了塔全国的震惊。塔吉克斯坦当局随后锁定前军阀、反对派武装领导人托利卜·艾耶姆别科夫。24 日，塔吉克斯坦政府军在东南部城市霍罗格展开清剿行动，旨在搜捕艾耶姆别科夫。在搜捕行动中，塔政府军和反政府武装发生交火，共造成42人死亡。其中，塔政府军有12人死亡、23人受伤；非法武装分子中有30人被打死，另有40人被俘，其中包括8名阿富汗人。[①] 霍罗格事件引起了国际社会的高度关注。美国驻塔吉克斯坦大使馆发表声明称，美国对霍罗格武装冲突并造成人员伤亡表示担忧，希望塔政府保护人权和自由，尤其是新闻自由，并敦促塔政府履行国际责任，对事件进行公开透明的调查。[②] 塔吉克斯坦国内各派力量也呼吁政府尽快结束冲突，减少人员伤亡。

除霍罗格事件外，塔阿边境防守的脆弱性、毒品问题进一步失控、在阿富汗的中亚恐怖分子回流，都说明塔安全形势十分严重，可能成为中亚地区安全的薄弱点。

（二）中亚地区各种矛盾集中爆发

民族矛盾、社会矛盾、边界冲突、地区国家双边关系等问题连续爆发。吉尔吉斯斯坦自2010年奥什事件之后，南部族际矛盾日益尖锐。2012年以来乌吉两族冲突事件增多，南部政府对吉族的偏袒更加刺激了双方矛盾，未来不排除再发生大的流血冲突。中亚国家社会矛盾加大，包括贫困问题严重，社会无法向年轻人提供实现自我价值的机会，尤其是经济落后地区，如费尔干纳、拉什特等农业山区的失业率和贫困程度非常高；社会经济发展过程中存在的一些问题，如地区差距、贫富差距、行业差距和民众心理差距快速拉大，令人们对政府的不满情绪增加，抗议事件增多；中亚国家的人口增长过快，造成资源紧张，社会矛盾也在增加，人口的低龄化问题严重，在塔、土、哈的居民有超过一半低于25岁，[③] 给极端组织提供了丰富的后援。乌吉、乌塔之间的边界冲

---

① Официальный Душанбе: В ходе спецоперации в Хороге убиты 42 человека, http://www.news.tj/ru/news/ofitsialnyi - dushanbe - v - khode - spetsoperatsii - v - khoroge - ubity - 42 - cheloveka.

② Посольство США глубоко озабочено недавним насилием и потерями жизней в Горно-Бадахшанской Автономной Области Таджикистана, http://www.news.tj/ru/news/ssha - prizvali - tadzhikistan - soblyudat - prava - grazhdan.

③ В Конгрессе США обсудили вероятность революций в странах Центральной Азии, 12.05.2011, http://www.ferghananews.com/news.php? id = 16723&mode = snews.

突不断发生，包括警民之间、两国居民之间的冲突，以及由贩毒引发的边境冲突，等等，给中亚国家边境地区带来不稳定。与此同时，中亚各国内部不稳定因素增加，国与国之间的固有问题凸显，新问题增加，严重制约中亚内部区域合作进程。

（三）“阿富汗问题”仍是中亚最主要的外部威胁

一方面，中亚地区的反恐形势更加严峻。乌伊运、哈里发战士等恐怖组织和宗教极端势力更加活跃。美国从阿富汗撤军过程中70%的物资需要从中亚运走，这可能引起恐怖分子和宗教极端势力的注意。另一方面，毒品问题更加严峻。联合国毒品与犯罪办公室称，塔阿边境仅毒品实验室就有1000多个，每年经过中亚的阿富汗毒品有90吨，其中的70～75吨经过北线运往俄罗斯方向，剩下的运往其他地方及被中亚当地消费。美国市场的毒品主要不是来自阿富汗，因此美国在打击阿富汗毒品问题上没有采取必要措施，目前在中亚吸食阿富汗毒品的人已达到1000万。

（四）“阿拉伯之春”影响中亚稳定

2012年中亚一些国家反对派活跃，[①] 群体事件时有发生，目前正流行于中东的萨拉菲主义传入中亚。不久前，俄罗斯信息分析中心网站发表的“阿拉伯之春或者埃及事件会否在中亚上演”的署名文章认为，目前中亚国家清真寺比文化和体育设施多得多，到清真寺做礼拜的人数与年俱增，其中隐藏着极端分子和恐怖分子。[②]

---

① 2011年5月，埃尔克民主党、乌兹别克斯坦民主力量代表大会、“安集延：公正与振兴”组织等6个乌兹别克斯坦反对派组织共同组建乌兹别克斯坦人民运动。并于当年5月23～24日在柏林举行第一次代表大会。Узбекистан：Известный оппозиционер хочет вынудить президента мирно уйти со сцены，26.05.2011，http：//www.fergananews.com/article.php？id = 6969. 2012年6月，该组织在布拉格举行第二次代表大会。Праге 29 – 30 июня пройдет второй съезд Народного движения Узбекистана，28.06.2012，http：//www.fergananews.com/news.php？id = 18956&mode = snews。

② ПРЕВРАТНОСТИ “АРАБСКОЙ ВЕСНЫ” ИЛИПОЛУЧИТ ЛИ РАСПРОСТРАНЕНИЕ ЕГИПЕТСКИЙ ЭКСПЕРИМЕНТ В ЦЕНТРАЛЬНОЙ АЗИИ，23.07.2012，http：//www.ia – centr.ru/expert/13825/.

（五）地缘政治格局趋于复杂化

大国在中亚的竞争以过去经济领域为主转向军事政治领域，并加紧意识形态渗透，给地区形势增加了新的不确定因素。中国和俄罗斯总体上都希望中亚地区稳定，美国希望中亚国家维持“可控的混乱”局面。

五 结论

2012 年吉尔吉斯斯坦局势的变化，再一次证明中亚地区形势仍处于不断发展变化中。展望 2013 年，由于受世界经济不景气影响，加之本国财政金融困境难以扭转，中亚国家经济很难实现快速发展，经济会继续保持增长，但增长速度还将进一步放缓。国际货币基金组织预测，2013 年中亚经济增长速度在 5% 左右，其中，哈萨克斯坦为 6.6%，乌兹别克斯坦为 6.5%，土库曼斯坦为 7.7%，吉尔吉斯斯坦有可能低于 3%。与此同时，未来中亚国家面临很多挑战：政治后续权力有出现真空的可能性，以总统家族为核心的执政联盟面临不同利益集团的挑战；仍未探索出真正适用于本国国情的经济发展模式，社会转型之路仍很艰难；安全领域中，非传统安全与传统安全问题开始相互交织缠绕，外部环境越来越复杂，严重影响地区内的安全形势。

热点与关注点

Focal Points

Y.2 如何看待中亚国家的“不稳定因素”

孙昌洪*

摘 要：

本文主要从三大方面，即政权建设和政治稳定、经济发展和社会稳定、外部因素和外交选择去分析中亚国家各领域存在的不稳定因素。基本结论是，地区国家各个方面存在的不稳定因素呈现明显的转型特征，与此同时，各领域的不稳定因素在不同时期的主要问题或主要矛盾是动态变化的，相同问题和矛盾在不同国家的程度和所处阶段不一样，因此，有关问题的解决次序、难度和形式也呈现差异性。

关键词：

中亚 稳定

从独立之初至今已20余年，稳定，即维护和保持国家政治政权稳定，促

---

* 孙昌洪，国务院发展研究中心欧亚社会发展研究所常务副所长，研究员。

进和保障社会、经济发展和稳定，保持和深化对外关系发展和合作，一直是中亚地区国家制定和选择对内、对外政策过程中最为关注和重视的因素。20 多年来，地区国家在上述方面做出了各种努力，但受历史和现实因素影响，中亚国家在社会、政治、经济、人文和对外关系发展中仍面临诸多“不稳定因素”。只有客观、准确、多视角看待和分析这些不稳定因素，才能正确理解地区国家现有政策选择，客观分析中亚国家和地区内外力量对比或因素变化，准确预测地区国家面临挑战、政策选择和发展方向。

本文所涉及中亚国家和地区的稳定或不稳定因素，主要从三大方面去分析，即政权建设和政治稳定、经济发展和社会稳定、外部因素和外交选择，但上述三大方面在不同时期的主要问题或主要矛盾是动态变化的，相同问题和矛盾在不同国家的程度和所处阶段可能不一样，相同问题和矛盾在相同国家不同时期的表现和解决也可能完全不同。

一　中亚国家政权建设和政治稳定方面的不稳定因素

这里探讨的中亚国家政权建设和政治稳定，主要涉及道路和模式选择、制度建设和机制完善、力量整合和政权党建设、领导人作用和权力更替等，其中最根本的问题是国家发展道路选择和政治力量组合。

总体上看，中亚国家的发展道路和模式选择正经历从单一总统制向总统制、议会总统制和议会制并存的转变；目前保留实行总统制国家的权力运行机制也存在不同之处；地区国家均面临所选择模式的真正确立、地位巩固、作用发挥等考验。

2012 年，地区国家继续探索和建立最适合本国国情的发展道路和政治模式，各国国内政治力量组合的进程仍在继续，地区国家在此方面的情况变化和现状表明，中亚国家政权建设和政治稳定仍面临不同的问题和考验，各国的选择和应对也不尽相同，道路和发展模式的选择的确立和完善仍未彻底完成。

（1）吉尔吉斯斯坦是中亚地区首个通过修改宪法而先行走上议会制道路的国家，但新政体下的首届联合政府存在不到一年即被迫改组表明：议会制在吉尔吉斯斯坦，从政策性选择到真正确立、巩固和作用发挥仍有较长的路要走，仍有不少的坎要迈。

2012 年 8 月 22 日，吉尔吉斯斯坦四党执政联盟政府因尊严党和祖国党退出而解散。9 月 3 日，社会民主党、祖国党和尊严党重新组成执政联盟并重新组建了新的联合政府，萨特巴尔季耶夫任总理，副总理和各部部长职位由三党分配。议会方面，议长仍由热恩别科夫担任，执政联盟主席由尊严党主席库洛夫担任，执政联盟三党在议会中拥有 67 个席位，只占 57%。执政联盟为达到绝对多数，即 2/3 的议席，与 8 名共和党、5 名故乡党议员签署合作协议，商定共同议题和统一立场。

吉尔吉斯斯坦此次政府改组有几个情况值得关注和研究：首先，这是吉尔吉斯斯坦选择议会制道路后首次政府改组，新政体下的联合政府存在不到一年即被迫解散，说明了吉国内政治力量组合的不稳定性和脆弱性，这对国家稳定和社会经济发展的负面影响显而易见；其次，此次改组过程中，为保证执政联盟能够拥有议会 2/3 绝对议席，执政党与反对党不少议员以签署协议方式进行合作，这在西方国家议会中极少见，也反映了吉尔吉斯斯坦政党政治的特殊性或不成熟，各政党多出于集团利益而非国家利益考虑政策和立场选择，这既影响国家的社会经济发展，又可能致使政党联盟更为脆弱；最后，政府改组比预想顺利，并没有引发大规模动荡，努力维护社会稳定、尽力遵守避免街头革命的规则，越来越多地成为各政治力量的共同选择。吉尔吉斯斯坦 2012 年政府改组表明，政策性选择易、制度性建设难，议会制在吉尔吉斯斯坦，从政策性选择到真正确立、巩固和作用发挥仍有较长的路要走。

因此，吉尔吉斯斯坦在政权建设和政治稳定方面面临的不稳定因素主要涉及：如何保证执政联盟的相对稳定来保障政策的连续性，如何通过稳定执政联盟来保持总体政治稳定，如何通过完善机制来保障政权体系内部协调和统一，如何通过执政联盟地位推行有利于社会经济发展的政策和措施以争取民众的支持。

（2）哈萨克斯坦在 2012 年经历了议会下院选举和政府改组的双重考验，在国家政权建设出现了新的变化和值得关注的问题，议会下院结束一党议会历史，国家政体也将逐步由总统制向总统议会制过渡。

2012 年 1 月 15 日，哈萨克斯坦议会下院提前举行选举，纳扎尔巴耶夫总统领导的祖国之光党获得80%以上选票，光明道路党和共产主义人民党成功进入新一届议会，从而结束了祖国之光党一党议会的历史，哈萨克斯坦首次出现三党坐镇议会下院的局面，纳扎尔巴耶夫总统关于建立多党制议会的设想开始在政治生活中体现。分析人士表示，这标志着哈实现向多党制议会的过渡，议会在国家政治生活中的地位和作用将不断提高，哈国家政体也将由总统制向总统议会制逐步过渡。

2012年9月24日，哈总理马西莫夫辞职，随后被任命为总统办公厅主任。外界对此次政府换人的评论主要集中在两点：是否是为了落实总统有关改善民生的指示，是否是为了布局今后的国家最高层人士安排。

而上述两大事件恰恰折射出哈萨克斯坦目前在政权建设和政治稳定方面存在不稳定因素的核心问题：国家政权更替本身或政权交接机制建设问题。哈萨克斯坦现任总统纳扎尔巴耶夫也是哈萨克独立后的首任总统，纳扎尔巴耶夫20多年来向哈萨克斯坦和国际社会展示了他控制和引导国家、执政精英和人民未来生活的能力，但最高层未进行过权力交接，这是哈萨克斯坦必须面对的问题。在此背景下发生的政体调整、政府改组、官员调整等，可以看做是纳扎尔巴耶夫为将权力移交给第二位总统作的一些铺垫。上述举措中的主线是明确的，即保证哈萨克斯坦最高权力的顺利交接；其方式也是明确的，即既恢复和加强总统的全面支配权，又构建为多数政治力量所接受的权力分配和均衡机制。

因此，2012年发生的重大政治事件和官员调整将来还会继续进行。哈萨克斯坦目前在政权建设和政治稳定方面的不稳定因素将围绕国家最高权力交接而展开，主要涉及政治力量平衡、政府权力分配、权力交接过渡和保障等问题。

（3）土库曼斯坦政治体制出现变化。2012年2月12日，土库曼斯坦总统选举在平静中进行和结束，别尔德穆哈梅多夫以97%的绝对优势当选并连任总统，土库曼斯坦总体政策保持稳定和连续性。土库曼斯坦也是地区国家中唯一一个已经完成了最高权力更替的国家，且过程也相对平衡和顺利。

选举前一个月，2012年1月10日，土库曼斯坦议会通过《政党法》，允许在国内建立执政党外的其他政党。当年8月22日，土库曼斯坦“工业家和企业家联盟”党成立，尽管该党是亲总统党，但它的成立结束了土库曼斯坦国内只有一个政党的历史，标志着土库曼斯坦向多党制政治转变的开始。正如土库曼斯坦总统所讲，“多党制的逐步确立不仅有助于促进社会和谐，同时也是全国人民齐心协力实现国家繁荣富强的重要保障。”

（4）塔吉克斯坦和乌兹别克斯坦即将先后经历总统和议会选举考验。2013 年 11 月，塔吉克斯坦将举行总统选举；2014 年 12 月和 2015 年一季度，乌兹别克斯坦将先后举行议会选举和总统选举。与哈萨克斯坦一样，塔吉克斯坦和乌兹别克斯坦现任总统均为国家独立后第一位总统。

塔吉克斯坦总统拉赫蒙 1992 年任塔吉克斯坦共和国最高苏维埃（议会）主席，1994 年、1999 年、2006 年连续三次当选塔吉克斯坦总统。目前，塔吉克斯坦执政党人民民主党已经确定了他们在 2013 年总统大选中的候选人，即没有比现任总统拉赫蒙更合适的总统人选。目前，人民民主党比其他党派更加积极地开展了选举前的活动，他们拥有更多的机会。众所周知，塔吉克斯坦议会代表，政府成员及州、区和市领导中大部分都是人民民主党成员或者预备党员，在解决政治问题时这种情况在很大程度上可以起到非常重要的作用。为了支持候选人进行总统选举，人民民主党还成立了咨询委员会，主要有政治家、专家和学者组成，委员会主要负责筹备国家现状、发展趋势和面临挑战的报告。

伊斯兰复兴党是塔吉克斯坦唯一一个可以和执政党竞争的政治力量，他们本身和其政治对手都承认这一点。伊斯兰复兴党政治委员会成员萨伊福洛佐达在接受媒体采访时说，2010 年议会选举结束后他们就开始大选的准备，现在正在进行活跃分子和成员选举筹备的工作，谁将成为伊斯兰复兴党候选人，是否和其他政党共同或者独立推举候选人，这一切在选举前都将明确。分析人士认为，塔吉克斯坦社会民主党和塔吉克斯坦伊斯兰复兴党及共产党作为一个团体参与 2013 年总统大选的可能性较大，如果不成功，就会推荐自己党派的候选人。

乌兹别克斯坦现任总统卡里莫夫是在 2007 年总统选举中胜出连任的。2011 年 12 月，考虑到国家管理民主原则，以及议会在社会、经济和政治变革过程中发挥越来越大的作用，乌议会上院通过宪法修正案，将总统任期从目前的 7 年缩短到 5 年。该修正案从 2015 年开始生效。

塔吉克斯坦和乌兹别克斯坦总统选举都是在多党制参选基础上进行的，在国际和地区局势急剧变化的今天，两国政治力量和民众在面临大选之际，无疑都将认真思考和探索更适合本国国情和实际的政治体制和政权建设，两国各政治力量将围绕相关问题进行政治角力，两国政权建设和政治稳定中存在的不稳定因素也极可能进入一个相对显现和活跃期。

综合上述因素，中亚国家在政权建设和政治稳定方面的不稳定因素呈现共性与个性同存的特点。共性特点——总体政治局势呈现继续向稳定发展的趋势，但因政权和制度建设仍未最终完成且存一定变数，总体还处于进行过程中，因此政权建设和政治稳定未能彻底摆脱相关不稳定因素影响，具体表现为“权力更替焦虑”和可预见性不明确。个性特点——地区国家在上述四个方面的进展和表现形式不一，从形式上表现为，政治力量组合呈现多种形式——政权党或主导政治力量当政，政权党或主导政治力量为主辅以其他政治力量有限参与，两党或多党联合执政；从过程和所处阶段看，有的国家表现为制度完善，有的国家表现为制度探索的开始，有的国家则仍处于惯性管理，有的国家则在惯性管理的同时表现出越来越多的灵活性。

因此，地区国家政权建设和政治稳定方面最大的不稳定因素，本质上来源于转型特征和政治不成熟，换句话说，需要等待国家政权体制建设的成熟和稳定，所以，今后一段时期各国内政的重点仍将是加强政权建设和处理好国内各政治力量的平衡。

二　如何看待中亚国家的不稳定因素

本文讨论的地区国家经济发展和社会稳定，涉及经济发展、社会问题和极端势力等问题。地区国家在经济发展方面的差异性大于共性；除土库曼斯坦外，地区其他国家面临的社会问题的共性特点较为明显；极端势力活动均呈加剧的态势，但各国应对措施和重点方向则各具特点。

（一）经济发展方面的不稳定因素

1. 地区国家经济规模、发展速度和重点方向存在较大差异

按照国际货币基金组织发布的按国际汇率计算的数据，哈萨克斯坦、乌兹别克斯坦、土库曼斯坦、塔吉克斯坦和吉尔吉斯斯坦 2012 年国内生产总值分

为2000亿、516亿、334亿、72亿和61亿美元，在184个国家中分列第48、73、89、140和144位，人均GDP则分列第57、132、86、155和150位。哈萨克斯坦GDP总值为其他4国总和的2倍多。

哈萨克斯坦国家统计署2013年2月15日发布消息，2012年哈萨克斯坦GDP现价总量为300725.288亿坚戈，同比名义增长9.1%；按可比价格计算，同比实际增长5.0%。按照平均汇率（1美元=150.47坚戈）计算，2012年哈萨克斯坦名义GDP（国内生产总值）折合1998.57亿美元，较上年的1880.52亿美元增加118.05亿美元，同比增长6.3%。2012年哈萨克斯坦人均名义GDP约为1790778坚戈，约合11901美元，比上年的11357美元增加544美元。

乌兹别克斯坦国家统计署2013年2月19日发布的2012年社会经济统计公告显示：2012年，乌兹别克斯坦继续保持快速增长势头，全年GDP同比实际增长8.2%。数据显示：2012年，乌兹别克斯坦GDP现价总量965898亿苏姆，较上年同期的777506亿苏姆增长24.2%；扣除价格因素后，同比实际增长8.2%。2012年乌兹别克斯坦人均GDP为3243788苏姆。按照平均汇率（1美元=1999.79苏姆）计算，2012年乌兹别克斯坦GDP约合483.00亿美元，较上年的453.18亿美元增加29.82亿美元，同比增长6.6%；人均GDP约合1622美元，较上年的1568美元增加54美元。

2012年，土库曼斯坦国内生产总值较上年同期增长11.1%，工业产值占总产值的52%；投资实现增长38%，外贸实现增长近26%。在国际金融危机的大环境下，土库曼斯坦政府采取了有利于稳定和发展经济的政策和措施，保持了经济稳定增长。

根据吉尔吉斯斯坦国家统计委员会公布的数据，2012年吉国内生产总值为3043.5亿索姆（约合64.2亿美元），同比下降0.9%。2012年1~11月吉外贸总额为63.07亿美元，同比增长13.1%，其中出口额为14.82亿美元，同比下降17.4%；进口额为48.25亿美元，同比增长27.6%；外贸逆差达33.43亿美元。

根据塔吉克斯坦国家统计局数据，塔2012年国内生产总值为75亿美元，较上年同期增长7.5%，其中，商品生产占总产值46.1%，服务业占42.3%，税收占11.6%。

2. 资源禀赋差异和易受其他因素影响是地区国家经济发展最突出的特点

中亚自然资源尤其是石油和天然气资源储量较大，但分布非常不均衡，这使得中亚五国经济发展潜力存在巨大差异。同时，由于经济基础薄弱，经济机构单一，资源禀赋的差异在很大程度上决定了中亚五国经济发展与变迁之路的差异。具体而言，可以分为两大类：第一类国家拥有丰富的石油和天然气，如哈萨克斯坦、乌兹别克斯坦和土库曼斯坦；第二类国家则缺乏油气资源的支撑，经济发展困难较多，如塔吉克斯坦和吉尔吉斯斯坦。

第一类国家主要依靠能源发展经济，表现出明显的资源依赖性，在国际能源商品价格居高不下之时，国家借机积累了巨额财富，并以此作为解决民生问题、抵御外部风险传导和发展其他产业的基础。在这一过程中，国家经济实力与能源储量、产量等要素紧密联系，经济发展显现出相当程度的路径依赖特征，而对外开放程度以及由此引致的政策变化，在短期内都将为这一发展途径服务。在这三个国家中，哈萨克斯坦经济实力最为强劲，乌兹别克斯坦经济相对多元，但三国经济活力与开放程度仍显不足，其他行业的发展仍需政府政策的强力推动。

第二类国家经济发展缺少强大的能源资源禀赋的支撑，能源外部依赖性很强，农业、矿业和贸易领域对其意义重大。在很大程度上，第二类国家自身的政策调整与变化对经济发展方向起更大支配作用，并体现出对自身现有资源的极度重视，经济发展方向的不稳定有可能更加明显。

3. 中亚国家面临主要问题和挑战存在差异

地区国家中，吉尔吉斯斯坦和塔吉克斯坦的情况相对严峻和脆弱。经济发展基础差、底子薄、独立性差。截至2012年底，吉外债总额为33亿美元，占国内生产总值的45%～46%。2013年，吉政府拟投入3.239亿美元用于偿还外债；而2014年和2015年，吉政府分别计划偿还外债3.249亿美元和3.212亿美元。也就是说，吉政府每年至少需要拿出5% GDP用于偿还外债。截至2012年底，塔外债总额为21.69亿美元，占国内生产总值的28.9%，2012年偿还外债约1亿美元，2013年计划偿还约1.3亿美元。

不难发现，吉塔两国在经济发展方面面临着相似的问题，即底子薄、总量小、资源缺乏、债务负担重。吉塔两国经济发展缺少强大的能源资源禀赋的支撑，能源外部依赖性很强；因经济总量小和较高的对外依赖度，两国经济发展受外部环境影响较明显；理论上讲，两国自身的政策调整与变化对经济发展方向能够更多地起到支配作用，但这一可能却在现实中被两国国内政治局势动荡或不稳定而冲击和抵消。因此，从整体上讲，经济发展较难在短时间内有明显改观，且经济发展方向的不稳定有可能更加明显。

哈萨克斯坦面临经济结构合理化和开放性带来的挑战等问题。哈萨克斯坦并没有摆脱对能源行业的过度依赖，虽然政府已经决定大力推进经济多元化发展，但这一进程十分缓慢，能源生产仍是经济发展的主要推动力。在金融体系上，外资的进入使得银行业快速扩张，但风险防控机制并没有随之建立。除银行业外，汇率管理也是政府不得不面对的问题。在油价高涨时期，中央银行可以对外汇市场进行强力干预，以严格禁止本币升值，但这一举措易导致通货膨胀水平升高，从而加大对内宏观政策调整的难度。

乌兹别克斯坦拥有丰富的天然气、石油及各种矿产资源，但在政府管制、商业和投资环境有待改善的情况下，其并非重要的能源出口国，相当比例的天然气和石油主要用于国内消费。近年来，政府希望提升能源出口能力，通过出口更多的能源到俄罗斯等国以增加税收收入，并计划经由中亚邻国向中国输出天然气。但是，受现开采能力和能源总量限制，在缺乏大规模外国投资的情况下，乌兹别克斯坦难以在短期内大幅提升能源出口收入。经济开放程度不高，经济活力不足，诸多行业的进入门槛较高或禁止进入，而交通、电信网络等基础设施建设、法律制度建设的滞后等问题，正引起政府的关注，但难以在短期内解决，已经成为阻碍经济发展的重大不足。

（二）社会问题和极端势力方面的不稳定因素

1. 土库曼斯坦的情况相对较好

土库曼斯坦政府加大向文化、教育和社会发展领域的投入，积极的投资政策为土库曼斯坦带来了一些社会方面的进步，贫困、生存和发展等方面的社会问题或矛盾相对地区其他国不突出，目前没有拖欠预算和经济核算领域工资，也没有拖欠退休金、国家津贴和大学生助学金。这些进步与土库曼斯坦近几年的经济成就是密不可分的，土库曼斯坦70%多的财政支出都用在了民生领域，这是一个有足够说服力的事实。

因此，土库曼斯坦在经济发展和社会稳定方面存在相对突出的问题或挑战，主要是如何更合理、公平地运用好能源开发所带来的红利，进一步处理好促进经济发展与经济结构平衡的关系，处理好加强社会保障与完善分配机制的关系，处理好保护国家利益与加强对外开放的关系，处理好加强社会管理与建设公民社会的关系，为经济和社会的持续、稳定、健康、长久发展奠定扎实基础。

2. 吉尔吉斯斯坦和塔吉克斯坦的问题最为突出和严重

2012 年 10 月 3 日，吉国虽然反对派祖国党议员扎帕罗夫、塔什耶夫等人组织近千人在比什凯克中央广场集会，要求将库姆托尔金矿收归国有，随后冲击总统和议会所在地，骚乱很快被军警平息。当夜，扎帕罗夫、塔什耶夫以及马米托夫等三名议员被当局以“试图夺权”罪名逮捕。次日近千名被捕议员的支持者封锁连接吉南北方要道奥什—比什凯克高速公路，要求当局放人。后又有 23 人在贾拉拉巴德市土浦村绝食。吉政府采取坚决措施使骚乱很快平息。普遍认为，此次骚乱仍与吉国内深层次社会问题和相关矛盾有关，今后还可能会有类似事件发生。

塔吉克斯坦发生“霍罗格事件”。2012 年 7 月 21 日，因塔吉克戈尔诺－巴达赫尚自治州安全局局长、国家安全委员会前副主席阿卜杜拉·纳扎罗夫在返回霍罗格市途中遇刺身亡，塔官方认定，此案为“艾耶姆别科夫领导的非法武装组织”所为。塔政府令非法团伙交出主谋艾耶姆别科夫，缴械投降，遭到拒绝，并准备武装反抗。在这种情况下，塔政府军开始清剿行动。双方交战很激烈，死伤不下百人。

上述两事件集中反映了两国社会问题或极端势力、非法武装力量存在的形势严峻。由于吉塔两国社会资源和社会财富十分有限，加之严重的腐败问题，导致国内经济形势恶化、财富分配不公、贫富差距拉大、大量失业人员存在、吸毒者增多等问题长期存在并得不到有效解决，更应引起关注的是，两国存在的民族、宗教和政治原因以及日益猖獗的毒品犯罪，放大了上述现象及其后果，并具体表现为攻击政府官员和执法人员为主要目标的恐怖事件。

近年来，上述有关问题引起两国政府的高度关注，并尝试采取相关措施予以解决，但受内外局势和环境的影响，目前收效不明显。多数专家认为，两国上述问题的有效解决尚需要长期的努力。

3. 中亚地区国家中，哈萨克斯坦最为复杂

经济形势最好、国力最强，但社会问题依然严峻，民族问题和极端势力活动近期呈加剧趋势。

2011 年 12 月 16 日哈萨克斯坦西南部石油重镇扎瑙津骚乱事件后，哈萨克斯坦社会对石油工人表示同情和对政府的做法提出批评，反映了哈萨克斯坦安全问题的综合性和复杂性。哈萨克斯坦的社会、安全问题绝不仅仅限于恐怖和极端势力制造一些暴力事件，更发人深省的是，收入分配不公平、移民、腐败、拜金主义、民族关系等社会问题不断积聚，导致社会情绪的极端化。

近年来，哈萨克斯坦的宗教极端活动和恐怖活动呈日趋频繁的趋势，并显现暴力性加强、针对强力部门、有宗教极端组织背景、多发生在大城市和西部南部产油区等特点，社会影响恶劣。这表明哈萨克斯坦恐怖和极端组织活动呈逐渐高发趋势，恐怖活动升级，恐怖组织的力量、规模和手段获得新的发展，哈境内恐怖和宗教极端势力与境外势力有密切联系，恐怖活动呈现国际化和年轻化的特点。

针对有关情况，哈政府大力加强社会领域的工作力量。2012 年 2 月 27 日，哈萨克斯坦总统纳扎尔巴耶夫发表题为《社会经济现代化改革是哈萨克斯坦发展的主要方向》的国情咨文。这是哈总统继 2008 年发表题为《提高哈萨克斯坦的国民福利是国家政策的主要目的》的国情咨文后，再次将发展与国民福利息息相关的社会领域作为国情咨文的第一重点。哈萨克斯坦如此重视社会领域事出有因，因为社会领域存在的诸多问题已经成为阻碍国家发展和影响社会稳定的大问题。国情咨文谈到哈萨克斯坦未来 10 年需要着力解决的社会问题及与其关系密切的政治和经济问题。在 10 项任务中有 5 项属于社会领域的问题，其他几项属于与社会领域相关的问题。

4. 地区国家中，乌兹别克斯坦最具矛盾性和不可预测性

尽管乌兹别克斯坦自然资源和劳动力资源相对丰富，劳动力市场价格低廉，具有较大投资潜力，且 2008 年全球金融危机对其影响较小，帮助政府相关政策得到民众的更大支持。但是，由于其经济体制改革的步伐相对有限，投资环境仍然不佳，外汇管制较严，且经济与投资政策存在不稳定性，导致经济增长相对较慢。因此，乌兹别克斯坦在社会领域存在的主要问题是人民生活水平提高不快，及其带来的其他问题。

目前，乌兹别克斯坦在此方面存在的最突出问题是失业。据乌兹别克斯坦劳动和社会保障部数据，2012 年失业率为 5%，但可能实际失业率要高得多，欧盟提出的数字甚至达 35%。与此同时，人口状况也对失业率高企起到助推作用，高出生率和年轻人不断离开乡村迁入城市导致社会紧张的加剧。据相关国际研究机构预测报告称，2025 年乌兹别克斯坦人口将达到 3322 万，其中 700 万为无业者。

在极端势力活动方面，乌兹别克斯坦国内形成了派别众多的伊斯兰反对派，他们的主要目标是在中亚建立一个超国家的哈里发，其疆域的核心就是费尔干纳盆地。民众是反对这些组织的恐怖活动，但目前原教旨主义削弱的趋势有被极端思想抬头的趋势所取代的可能。乌兹别克斯坦政府对伊斯兰反对派主要采取两种策略，一是把伊斯兰当作维护政权自身的工具及官方意识形态的一个重要组成部分，一是压制宗教反对派。卡里莫夫总统成功地把民族主义和伊斯兰结合在一起，保持了国家和局势发展的基本稳定，但同时也存在客观的隐患，即长期的打压存在助长伊斯兰反对派势力的可能，更为重要的是，现政府的接班人能否保持好民族主义和伊斯兰间的平衡存在不确定性。因此，保持政策的稳定和持续、避免费尔干纳谷地成为中亚极端势力的新安全岛，这是乌兹别克斯坦政府在此方面面临的最大考虑。

三　如何看待外部因素和外交选择方面的不稳定因素

应对地区热点问题、处理与外部力量的关系，及其在此基础上产生的外交政策选择方面，中亚地区存在的最突出的不稳定因素在于差异性的扩大和不确定性增加。

阿富汗问题、地区国家间矛盾是中亚地区存在的最突出的热点问题；多方位、平衡、但非等距离的外交政策，这是地区国家处理与外部力量关系的共同选择，但作为相对弱势的一方，既难以改变利益选项，也难以主导利益的长远走向，因此不得不选择短期利益最大化。他们与外部力量，尤其是与大国开展外交谈判的焦点多为本国事务或者所在地区事务，但在处理地区事务，特别是地区热点问题上，他们的差异性正呈现扩大的趋势，从而在根本上导致地区国家在外交政策选择方面不稳定性的出现。

中亚五国的外交存在差异性且呈扩大趋势，这是地区国家的现实选择，但不可否认这一现实存在不确定和不稳定因素。哈萨克斯坦定位于地区大国，其外交相对全面和活跃，乌兹别克斯坦奉行自主独立外交，但不时表现出摇摆性；塔吉克斯坦把吸引投资建设罗贡水电站确定为国家发展的战略任务，并直接影响到其与其他国家的外交关系；吉尔吉斯斯坦除了积极吸引投资外，最突出的现象就是在外国在吉军事基地问题上与俄美两家讨价还价；土库曼斯坦实行积极中立外交，天然气出口多元化是该国外交的重要目标，希望能够通过增加出口通道摆脱对单一通道和对某个国家的依赖，在能源贸易和外交上获得更大的主动以及更丰厚的利润。

中亚国家各具特色的外交政策是多种因素共同影响的结果，其中客观因素是外部环境和外部世界对他们的定位，主观因素包括自身的定位、传统观念、所具备的条件以及总统个人的性格偏好等。为了能在处理与大国关系中争取更大的主动权以维护本国的经济安全，他们积极拓展多边外交，适时微调优先方向，从而使各方向实现动态平衡。

在此框架下评估地区国家2012年的外交举措也就有合理的解答。如积极谋求利益最大化。普京再度入主克里姆林宫后，努力确保中亚作为俄罗斯“后院”地位；美国无论是从阿富汗撤军需要，还是从长远战略考量，中亚都是美国不能忽视的地区；而中亚国家则努力从俄美两国多获取好处，积极谋求利益最大化。与此同时，中亚国家参与地区经济合作取向也有明显差异。2012年，关税联盟已经升格为统一经济空间，独联体自贸区的组建也取得效果，定于2015年组建欧亚联盟的工作也在加紧进行，哈萨克斯坦是积极参与者，吉、塔两国也表示加入。美国则积极鼓动中亚国家加入“新丝绸之路”计划，拉中亚国家与其南部国家发展关系，以摆脱俄罗斯的控制。

此外，中亚国家间矛盾未见缓和。乌、塔两国关系因水资源等问题纷争而紧张，随着俄罗斯帮助吉尔吉斯斯坦修建水电设施，哈也加入水资源的纷争。

地区安全合作方面，中亚国家都希望中亚地区能够稳定，但如何维稳各国看法不同。哈萨克斯坦等国赞成集安组织对中亚地区的集体维稳行动，乌兹别克斯坦则主张独立自主维稳。尽管俄罗斯等国对乌兹别克斯坦暂停在集安组织的活动反应平淡，但这无疑对中亚地区维稳格局增加变数。地区国家对阿富汗及其问题处理的差异，及其带来的不稳定和不确定因素，进一步加剧了地区安全形势和合作的不确定和不稳定。

四　结论

总体上讲，各个方面存在的不稳定因素呈现明显的转型特征，即是地区国家在探寻适应本国国情和保障国家利益过程中出现的阶段性问题。

与此同时，各领域的不稳定因素在不同时期的主要问题或主要矛盾是动态变化的，相同问题和矛盾在不同国家的程度和所处阶段不一样，因此，有关问题的解决次序、难度和形式也将呈现差异性。

地区国家在不同领域存在的不稳定因素表现出不同的特点和变化趋势：

（1）政治领域总体企稳但存在不确定因素，且有望通过努力而得到解决；

（2）经济发展方面存在的不稳定因素挑战较大，且难以在短期内有明显变化；

（3）社会问题和极端势力方面存在的不稳定因素最为复杂和困难，其解决需要综合性的措施，并在较大程度上取决于前两方面问题的解决和地区、国际的共同努力；

（4）对外政策选择方面的不稳定因素相对于其他方面，其严峻性和紧迫性相对不突出，平衡和不冲突这一共识可有效保障该地区国家和相关力量保持动态均势和平衡。

Y.3
中亚经济形势与前景展望

王海燕*

摘　要：

2012 年，受国际经济形势的影响，中亚国家经济增速普遍放缓，土库曼斯坦经济增速位列中亚第一；哈萨克斯坦、土库曼斯坦被列入了中上等收入国家。中亚国家工农业生产有升有降，乌兹别克斯坦工农业保持了稳定增长的发展态势。中亚国家的第三产业蓬勃发展，各有优势。展望未来，中亚各国经济仍将可能保持高于世界水平的增长势头。

关键词：

中亚五国　宏观经济　前景

一　各国经济增速普遍放缓

中亚地区经济总体形势不如往年，增长速度普遍放缓，吉尔吉斯斯坦甚至陷入负增长的困境。世界银行对独联体国家未来三年经济发表预测报告指出，2011 年，除俄罗斯外的独联体国家经济增幅为 4.5%，2012 年为 4.2%，但实际上，2012 年中亚地区总的国内生产总值增长速度从 2011 年的 8.7% 下降到了 6.3%，还是高于独联体平均值。主要是缘于哈萨克斯坦、乌兹别克斯坦、土库曼斯坦这三个原料出口国因国际原材料价格上涨，国家外贸平衡状况有很大改善；而塔吉克斯坦和吉尔吉斯斯坦经济也因在国外劳务人员的收入增加和国际援助增多而有很大改观。据世界银行统计，俄罗斯、白俄罗斯和哈萨克斯

* 王海燕，华东师范大学国际关系与地区发展研究院、教育部人文社会科学重点研究基地俄罗斯研究中心副研究员、硕导、经济学博士。

坦、土库曼斯坦被列入了中上等收入国家①。

世界银行 2013 年 1 月在其《全球经济展望》报告中指出：在经历了 2011 年的相对平顺后，2012 年欧洲和中亚新兴地区的经济普遍出现了衰退。

（一）哈萨克斯坦经济有升有降

哈经济发展贸易部预测 2012 年哈 GDP 增长 5.4%。哈国家统计署初步估计，2012 年哈名义 GDP 约 30 万亿坚戈（约合 2004 亿美元），即人均 GDP 超过 1.2 万美元②。

表 1　哈萨克斯坦宏观经济指标与上年同比

单位：%

年　份	1995	1998	2000	2007	2008	2009	2011	2012
国内生产总值	91.8	98.1	109.8	108.9	103.3	101.2	107.5	105.4
工业生产总值	92	98	116	105	102	103	103.5	100.5
农业生产总值	76	81	96	109	94	115	126.7	82.2
固定资产投资	57	142	149	114	105	103	102.4	103.8
货运量	73	98	145	105	103	97	123.0	107
零售贸易总额	105	119	107	111	103	97	112.5	112.9

资料来源：Основные макроэкономические показатели Республики Казахстан в 2012 г.（в % к соответствующему периоду предыдущего года），2012 Межгосударственный статистический комитет СНГ。

（二）乌兹别克斯坦宏观经济发展向好

2012 年，乌兹别克斯坦保持了金融危机以来宏观经济稳健增长的态势，国内生产总值同比增长 8.2%，是中亚国家中保持经济增长率较高的国家。

① 世界银行是按人均国民总收入对世界各国经济发展水平进行分组，据世界银行 2008 年公布的收入分组标准，人均国民收入（GNI：美元购买力平价 2005 固定价格）低于 975 美元为低收入国家，在 976～3855 美元之间为中等偏下收入国家，在 3856～11905 美元之间为中等偏上收入国家，高于 11906 美元为高收入国家。

② 哈萨克斯坦国际文传电讯社阿斯塔纳讯，2013 年 1 月 15 日。

表 2　金融危机前后乌兹别克斯坦宏观经济指标与上年同比

单位：%

年　份	1995	1998	2000	2007	2008	2009	2010	2011	2012
国内生产总值	99.1	104.3	103.8	109.5	109.0	108.1	108.5	108.3	108.2
工业生产总值	100.1	104	106	112	113	109	108	106.3	107.7
农业生产总值	102	104	103	106	105	106	107	106.6	107.0
固定资产投资	104	115	101	126	134	125	109	107.9	111.6
货运量	99	99.9	…	…	…	113 *	…	108.7 **	105.4
零售贸易额	96	114	108	116	118	117	115	116.4	113.9

注：* 包括管道运输；** 不包括管道运输。

资料来源：Основные макроэкономические показатели Республики Узбекистан в 2012 г.（в % к соответствующему периоду предыдущего года），2012 Межгосударственный статистический комитет СНГ。

（三）土库曼斯坦经济增速位列中亚第一

土库曼斯坦是中亚国家中较少受到金融危机影响，经济增长速度最快的国家。2012 年主要经济指标均呈两位数增长，主要是由固定资产投资拉动的。

表 3　金融危机前后土库曼斯坦主要宏观经济指标

年　份	2007	2008	2009	2010	2011	2012(同比,%)
国内生产总值同比(按可比价)	111.0	114.7	106.1	109.2	114.7	111.1
固定资产投资(百万马纳特)	4600.6	15518.0	27384.1	29130.9	36985.0	138.0
外贸额(百万美元)	13374.1	17651.9	18315.3	17882.8	28111.8	121.4
其中:出口	8932.1	11944.7	9322.9	9679.2	16751.0	119.3
进口	4442.0	5707.2	8992.4	8203.6	11360.8	124.4
贸易差额(百万美元)	4490.1	6237.5	330.5	1475.6	5390.2	—
平均月工资(马纳特)	507.1	604.4	677.6	742.8	848.4	111.2

注：1 美元 =2.85 马纳特。

资料来源：ОСНОВНЫЕ ИТОГИ СОЦИАЛЬНО-ЭКОНОМИЧЕСКОГО РАЗВИТИЯ ТУРКМЕНИСТАНА ЗА 2011 и 2012 ГОД，根据土库曼斯坦统计署资料整理。

（四）吉尔吉斯斯坦经济形势不容乐观

吉尔吉斯斯坦是唯一在2005年发生过“颜色革命”，之后一直动荡不定的国家，因此，其经济受到政局不稳和金融危机的双重打击，起伏不定，2011年与2000年同比增幅为5.8%，是中亚国家中增幅最小的国家，低于独联体7.6%的平均值。

吉尔吉斯斯坦宏观经济形势不容乐观。2012年吉是中亚国家中唯一经济负增长的国家。2012年吉国内生产总值为3043.5亿索姆（约合64.2亿美元），较2011年同期下降0.9%，未达到吉政府年初预测水平（增长7.5%），其主要原因是库姆托尔金矿大幅（46%）减产和加工工业的大幅下降，影响了整体经济增长，工业降幅达近1/4。[①] 如果不考虑库姆托尔公司的生产，吉国内生产总值最少可以增长4.5%，这在独联体国家中占中间位置。2012年吉尔吉斯斯坦经济增长主要是通过服务业、建筑业、旅游、贸易、交通和物流实现的。

表4　金融危机前后吉尔吉斯斯坦宏观经济指标与上年同比

单位：%

年　份	1995	2000	2004	2005	2007	2008	2009	2010	2011	2012
国内生产总值	94.6	105.4	107.0	99.8	108.5	108.4	102.9	99.5	105.7	99.1
工业生产总值	75	106	105	88	107	115	94	110	111.9	79.8
农业生产总值	98	103	104	96	102	100.8	107	97	102.3	101.2
固定资产投资	182	137	102	106	105	106	130	90	93.4	121.5
货运量	70	105	104	91	116	121	107	101	104.6	104.5
零售贸易总额	94	107	115	114	114	109	99.9	98	106.4	107.9

资料来源：根据 Основные макроэкономические показатели Кыргызской Республики в 2012 г.（в % к соответствующему периоду предыдущего года），2012 Межгосударственный статистический комитет СНГ 和吉尔吉斯斯坦海关统计公报计算制作。

（五）塔吉克斯坦经济持续增长

塔吉克斯坦的经济基础在中亚国家中最薄弱，却是金融危机以来经济持续

① 吉尔吉斯斯坦国家统计委员会公报，2013年1月17日。

增长的中亚国家之一。2012 年塔吉克斯坦政府致力于修建公路、隧道、电站，基础设施得到改善。2011 年塔国内生产总值的增长率达到 2000 年的 235%，增速较快，超过乌兹别克斯坦和吉尔吉斯斯坦的增速，以及独联体的平均值（176%）。2012 年塔吉克斯坦政府为完成三大战略任务——保障能源安全、保障粮食安全和摆脱运输困境采取了一系列的措施并开始见效。2012 年塔 GDP 总额为 312 亿索莫尼，约合 76 亿美元，同比增长 7.5%，其中商品生产占 46.1%，服务占 42.3%，税收占 11.6%。① 自独立建国以来，塔吉克斯坦是接受外国援助最多的中亚国家，外国援助对塔经济发展很重要。2012 年塔吉克斯坦共接受来自 45 个国家的援助，合计 7510 万美元，援助物资共 2.12 万吨，其中包括面粉 1.36 万吨、食用油 657.7 吨、药品 3470 万美元、服装鞋帽和食品等。主要援助国家有美国（46.4%）、俄罗斯（10.4%）、中国（10.2%）、荷兰（5.1%）、哈萨克斯坦（3.5%）。② 此外，在中亚国家中劳动移民的汇款对塔国经济影响最大，2012 年塔吉克斯坦在俄罗斯劳动移民汇款总额为 36 亿美元，占 GDP 总额的 48%。据塔吉克斯坦移民机构统计，2012 年在俄塔吉克斯坦劳动移民 87.8 万人，而据俄罗斯方面统计，该数字超过 100 万。③

表 5　金融危机前后塔吉克斯坦宏观经济指标与上年同比

单位：%

年　份	1995	2000	2005	2007	2008	2009	2010	2011	2012
国内生产总值	87.6	108.3	106.7	107.8	107.9	103.9	106.5	107.4	107.5
工业生产总值	86	110	110	110	96	94	109	105.9	110.4
农业生产总值	84	113	102	107	106	111	107	107.9	110.4
固定资产投资	…	…	112	215	141	82	113	105.0	75.6
货运量	74	105	115	104	107	124	110	100.3	111.2
零售贸易总额	77	79	110	105	110	113	108	109.2	115.9

资料来源：Основные макроэкономические показатели Республики Таджикистан в 2012 г.（в % к соответствующему периоду предыдущего года），2012 Межгосударственный статистический комитет СНГ。

① 塔吉克斯坦 AVESTA 网站消息，2013 年 1 月 15 日。

② 塔吉克斯坦 AVESTA 网站消息，2013 年 1 月 15 日。

③ 塔吉克斯坦“亚洲快讯”报，2013 年 1 月 21 日。

二　工农业生产有升有降

2012年，中亚地区农业仍没有摆脱靠天吃饭的局面，2012年中亚国家农业不如往年，粮食收成少于上年，吉尔吉斯斯坦甚至出现了农业产量下降的局面。中亚地区自然资源丰富，特别是哈、土、乌三国拥有丰富的石油和天然气资源，吉尔吉斯斯坦黄金产量多。为促进经济发展，中亚国家纷纷扩大资源开采，增加资源出口，以赚取更多外汇。同时，其经济发展越来越依赖于资源出口，经济资源性的特点更加突出，工业生产增长出现不平衡现象，乌、土、塔三国继续保持快速增长，其中土、塔增长10%以上，而哈、吉两国工业生产则出现大幅度下滑局面。

（一）哈萨克斯坦工农业发展不尽如人意

1. 农业大幅减产

2012年哈萨克斯坦农业总产值为1.939万亿坚戈，较2011年减少17.8%。其中，畜牧业产值为1.016万亿坚戈（减少3.9%），种植业产值为9176亿坚戈（减少27.7%）。截止到2013年1月1日，哈萨克斯坦大型有角类家畜的总头数与2012年1月1日时相比减少了0.6%（减少到了570万头），绵羊头数减少了1.1%（减少到了1530万头），山羊头数减少了2.4%（减少到了260万头），生猪头数减少了12.3%（减少到了110万头），骆驼头数减少了0.4%（减少到了17.26万头）。同时，马匹的数量增长了1.9%（增长到了160万匹），家禽的数量增长了2.8%（增长到了3380万只）。农产品价格涨幅较大，2012年哈农产品销售价格比2011年上涨22.4%。同期，农作物产品价格上涨34.1%，畜产品价格上涨5.7%。其中，燕麦价格上涨4.9%，大麦23.7%，玉米10.3%，大米0.2%，小麦15.2%。羊肉价格上涨10.9%，牛肉9.8%，马肉10.8%，禽类5.3%，猪肉1.7%，牛奶2.3%。[1]

---

① 哈萨克斯坦国家统计署公报，2013年1月8日。

2. 工业微增长

哈国工业仍以油气工业、金属和非金属开采业、冶炼业等重工业为主，2012 年哈工业生产量较上年增长 0.5%。2012 年采矿业和加工业分别增长 0.2% 和 0.7%，供电、气、汽和压缩气增长 3.3%，供水下降 6%；数据显示，哈 13 个地区工业生产呈增长趋势，阿克莫拉、阿特劳、卡拉干达和曼吉斯套州呈下降趋势。哈经济发展与贸易部曾预测 2012 年工业生产增长率应为 2.7%；2011 年哈工业生产增长了 3.5%。[①] 主要工业产品增减不一。

第一，油气工业普遍增长，目前哈萨克斯坦有 3 家炼油厂，分别是巴甫洛达尔炼油厂、阿特劳炼油厂和奇姆肯特炼油厂。2012 年哈开采原油 6646.15 万吨，同比减少 1.9%；凝析气 1274.92 万吨，同比增长 3.7%；石油伴生气 197.8 亿立方米，同比减少 2.1%。开采天然气 402.613 亿立方米，同比增长 1.8%，其中开采气态天然气为 203.1 亿立方米，同比增长 5.2%。

第二，矿产工业小幅增长，开采铁矿石 5257.72 万吨，比上一年同期增长 1.6%。同期，开采铜矿石 3835.29 万吨，同比增长 11.5%；铅锌矿 770.43 万吨，同比增长 5.8%；铬精矿 337.4 万吨，同比增长 7.4%。采煤总量超过 1.2 亿吨，较上年增长了 3.5%。巴甫洛达尔州（哈北部）、卡拉干达州（哈中部）和东哈州是哈萨克斯坦主要产煤区。[②] 开采铜锌矿石 480.6 万吨，增长了 14.6%；开采铅锌矿石 770.4 万吨，增长了 5.8%，粗锌产量为 31.9 万吨；2011 年哈萨克斯坦开采铁矿石 5179.7 万吨，较 2010 年增长了 3.2%。

第三，冶炼业下降较多，2012 年哈萨克斯坦生产粗钢 377 万吨，较 2011 年减少 21.6%；生产铁合金 172.4 万吨（增长了 3.3%），生产扁钢 237.3 万吨（减少了 23.6%）；生产镀锌板 46.4046 万吨（减少了 22.9%）；生产马口铁和镀锡板 14.7383 万吨（减少了 28.7%）；2011 年哈萨克斯坦生产粗钢 480.8 万吨，较 2010 年增加 12%。

第四，电力工业普遍增长，2012 年共发电 905.33 亿千瓦时，较 2011 年增长了 4.6%；生产热能 9798.8 万大卡（增长了 0.8%）；2011 年发电 858.12

---

① 哈萨克斯坦国家统计署公报，2013 年 1 月 11 日。

② 哈萨克斯坦国际文传电讯社阿拉木图讯，2013 年 1 月 14 日。

亿千瓦时（较2010年增长了3.8%），生产热能9580.4万大卡（减少0.3%）。

第五，汽车制造业发展较快。2012年哈生产轻型乘用车1.9万辆，同比增长1.3倍。同期，生产1747辆载重车，是2011年的1.9倍。哈萨克斯坦最大汽车厂是东哈州的亚洲汽车厂，生产尼瓦、斯柯达、雪佛兰部分型号车型。此外，还有一些工厂组装俄罗斯卡马斯车。①

（二）乌兹别克斯坦工农业保持了稳定增长态势

1. 农业生产稳定增长

2012年在俄罗斯、哈萨克斯坦农业普遍大幅下滑的情况下，乌农业保持了5.8%的增长率。其中，乌为世界第三大棉花出口国，年产籽棉约350万吨，皮棉100万~120万吨，2011年，乌全国棉花产量约350万吨，种棉收入超过13.65亿美元，比上年增长25%；2012年棉花产量下降了4.5%，总计335万吨；皮棉生产比2011年下降了0.6%，总计109.5万吨。其中，乌兹别克斯坦棉花工业协会生产皮棉总计109.3万吨，比2011年下降了0.7%，其他剩余的少量是国外投资企业和当地工业生产的。② 乌棉主要进口国为独联体国家、中国、孟加拉国、越南、日本、阿联酋、伊朗、土耳其、巴基斯坦、韩国、新加坡等。

2. 工业涨幅较大

2012年乌兹别克斯坦工业总产值增长7.7%。其中电力领域发展成果显著，2012年，乌在电站新建和改造方面共实施38个大型投资项目，包括塔利马章热电站扩容、安格连热电站高灰分煤燃煤装置建设、锡尔河和新安格连热电站间高压线路铺设、电力自动控制和计数系统应用、新安格连热电站常年燃煤机组改造等。此外，使用乌复兴和发展基金2.4亿美元实施7个投资项目，包括在塔什干市组织生产电流互感器，在纳沃伊自由工业经济区组织生产电表等。2012年共有7个电力领域大型项目竣工，包括布哈拉州库尤马扎尔220千伏变电站，佛吉尔曼变电站至洛钦变电站220千伏输变电线等。其中，2012年6月，中国华立仪表集团股份有限公司参与建设的塔什干市0.4千伏电流互

---

① 哈萨克斯坦国家统计署公报，2013年1月14日。

② 乌兹别克斯坦国家统计署公报，2013年1月18日。

感器生产厂正式投产，截至2013年1月已生产6000台；塔什干州750千瓦风电实验装置即将投入运行。2012年1～11月，乌为保障标准住房用电共投入700万美元，设置176个变电站，建设0.4～10千伏输变电线144公里。

乌化肥生产在中亚地区较有影响。2012年，乌兹别克斯坦化肥产量为122.1万吨，同比增长4.2%。其中，氮肥94.4万吨，同比增长2.1%；磷肥15.2万吨，同比增长9.4%；钾肥12.5万吨，同比增长16%。按照化肥种类分，硝酸铵产量168.3万吨，同比下降0.6%；尿素51.4万吨，同比增长1.7%；硫酸铵20.6万吨，同比增长26.4%；过磷酸钙8.8万吨，同比下降75%；安福粉15.2万吨，同比增长12.3%。此外，2010年9月，乌化学工业公司位于乌南部卡什卡达利亚州的德赫卡纳巴德钾肥厂投入运营，总金额1.2亿美元，年产20万吨钾肥。该厂承包商为俄罗斯"西乌拉尔机械建筑康采恩"和中国中信泰富有限公司，二期计划于2013年末完工，届时产能将增长2倍，达到每年60万吨。

依靠国内纺织企业，乌国内棉花深加工量持续提高。值得注意的是，20世纪90年代国内皮棉加工量占生产量的7%，2011年已经达到40%。据专家预测，到2016年这一数字将达60%。轻工业在国民经济中拥有巨大潜力。在轻工业发展的推动下，合资企业数量在增长，外国投资在增加。据统计，乌国内轻工业企业数量超过2200家。自2000年起，棉花和纺织产业吸引外资20亿美元。据乌兹别克斯坦轻工业公司数据，2012年乌国棉纱产量达39万吨。

（三）土库曼斯坦工农业对经济拉动有限

1. 农业增幅较小

2012年，土库曼斯坦的作物当中籽棉增幅最大，比上年同期增长12.6%；小麦和蔬菜分别增长2.7%和2.8%。畜牧业与上年持平，增长0.1%左右，肉、奶、蛋增幅在2%以上。

2. 工业总产值增幅不大

土库曼斯坦的大部分产品与上年持平或略有增长，主要工业品天然气、包括冷凝液在内的石油、汽油和柴油分别增长4.6%、3.2%、2.7%和1.5%，部分产品增幅较大，如水泥和（机器附件、型钢）涨幅分别达31.5%和

30.4%，非金属建材、针织制品和矿泉水与非酒精饮料涨幅分别为13.1%、11.1%和11.4%。近年来，电力工业是土大力发展的产业之一，2012年度土向阿富汗和伊朗出口电力达2.7133亿千瓦时，比2011年增长7.5%；2012年土库曼斯坦电力产能约达每小时19189千瓦，与2011年相比增加5%。现在土库曼斯坦电力系统所有发电厂的装机容量为4104兆瓦，其中40%的电力产出即1643兆瓦用的是现代化的燃气涡轮发电机。截至2013年1月20日，土已向居民免费提供天然气、饮用水、电达20年了。2012年，土向居民免费提供电力2.187亿千瓦时，占全年产能的11.4%，较2011年同比增长1.6%。[①] 据土计划，进一步提高电力产量不仅靠建设新的燃气涡轮发电机，还要将现有的蒸汽涡轮发电机进行现代化改造，以提高其效率。

（四）吉尔吉斯斯坦工农业发展形势严峻

1. 农业总体呈稳定发展态势

2012年吉农业产值为1675.1亿索姆（约合35.6亿美元），同比增长1.2%。其中，种植业增长0.6%，主要得益于饲料作物增长了5.6%；同时，畜牧业发展良好，禽畜肉产量增长1.7%，牛奶产量增长1.8%，鸡蛋产量增长6.1%，皮毛产量增长2.1%。2012年，吉全国生产牛奶138.24万吨，同比增长1.8%；产鸡蛋4.168亿枚，同比增长6.1%；生产肉类35.25万吨，同比增长1.7%；生产皮毛1.13万吨，同比增长2.1%。[②]

2. 工业发展形势严峻

2012年，吉工业总产值为1338.23亿索姆（约合28.5亿美元），同比下降20.2%，下降原因主要是占吉GDP约10%的库姆托尔金矿大幅减产，严重制约了吉工业增长。

库姆托尔金矿在吉尔吉斯斯坦经济中的地位十分重要，其产值占吉GDP的10%以上。2012年吉库姆托尔金矿全年开采黄金9.8吨，同2010年的17.7吨、2011年的18.1吨相比，产量下滑明显。[③] 吉官方称减产原因一是矿石品

---

① 土库曼斯坦中立报，2013年1月4日。

② 吉尔吉斯斯坦农业部公报，2013年1月17日。

③ 吉尔吉斯斯坦“卡巴尔”通讯社，2013年1月17日。

位和提取率同比降低，二是矿区部分地段的地质结构发生变化，清理工作繁杂，严重影响进度。另外，吉2012年大规模“清腐”造成的层层检查，以及由此带来的相应“效应”也是造成该金矿不能正常生产的主要原因之一。若不计库姆托尔金矿的产值，吉2012年全年工业总产值为831.53亿索姆（约合17.7亿美元），同比增长6.1%。

加工业产值下降。2012年，吉加工业产值1022.7亿索姆（约合21.8亿美元），同比下降27.2%（2011年为109.8%）。其中，金属制品产值537.4亿索姆，同比下降44%，加工业产值下降还是由于黄金等贵金属的产量下滑所致，并导致皮革制品、橡胶塑料制品和机械设备产量下降。

其他产业有所增长。非金属矿产品产值104.4亿索姆，同比增长16.4%，主要是由于混凝土增长50%、预制板增长22.9%、水泥增长21.2%；纺织品产值92.5亿索姆，同比增长12.5%，主要依靠工作服产量增长4.7倍，以及男式和女式针织上衣产量分别增长60%和50%；食品产值185.5亿索姆，同比增长3.5%，主要得益于酒精饮料增长27.4%、牛奶增长31.7%、面粉增长15.5%、黄油增长8.3%等。采矿业产值69.2亿索姆（约合1.5亿美元），同比增长22.5%。其中，采煤111万吨，同比增长32.1%；开采原油8.4万吨，同比减少1.3%；开采天然气2850万立方米，同比增长7.1%；开采玄武岩10.5万吨，同比增长2.3倍。2012年，吉尔吉斯斯坦水电暖生产及分配的产值为246.3亿索姆（约合5.2亿美元），同比增长5.2%。其中，生产电力152.7亿千瓦时，同比增长0.1%；产暖3102亿卡，同比增长2.1%；生产饮用水1.4亿立方米，同比增长3.9%。此外，配电和配暖的产值分别为54.5亿索姆和13.2亿索姆，各增长6.8%和19.2%。①

（五）塔吉克斯坦工农业取得可喜成绩

1. 农业取得可喜增长

2012年在其他国家农业都遭受打击和生产下降的情况下，塔吉克斯坦农业生产总值为34亿美元，同比增长10.4%，达到两位数的增长。其中畜牧业

① 吉尔吉斯斯坦国家统计委员会公报，2013年1月25日。

9.54 亿美元，种植业 24.46 亿美元。主要农产品产量：粮食 120 万吨，增长 12.2%；土豆 99 万吨，增长 14.8%；蔬菜 130 万吨，增长 8.1%。[①] 主要大宗农产品棉花种植面积为 20 万公顷，产量 41.79 万吨，同比增长 0.5%，其中哈特隆州产棉 27.89 万吨，索格特州产棉 11.37 万吨，中央直属区产棉 2.15 万吨。[②]

2. 工业呈两位数增长

2012 年塔吉克斯坦的工业产值为 97 亿索莫尼（20.3 亿美元），较 2011 年增长了 10.4%。支撑塔吉克斯坦的水电业有较快发展，铝业发展不尽如人意。

第一，电力工业方面，2012 年塔吉克斯坦的发电总量为 169 亿千瓦时，与 2011 年相比增长了 4.5%。同时，塔吉克斯坦 2012 年出口电能 6.667 亿千瓦时，增长了 1.5 倍。2012 年塔吉克斯坦完成了瓦尔佐布 1 号水电站的现代化改造工作，努列克、凯拉库姆和萨尔班水电站的改建工作正在进行。架设了新的输电线，对现有的输电线进行了更新。此外，发电能力为 100 兆瓦的杜尚别 2 号热电站一期工程 2012 年开始建设。[③] 截至 2013 年初塔吉克斯坦小型水电站总计 181 个，总功率超过 15000 千瓦，其中一半都位于国家直辖区（90 个，总功率将近 6000 千瓦），索格特州 58 个（5300 千瓦），戈尔诺－巴达赫尚自治州 20 个（3200 多千瓦），哈特隆州 13 个（686.4 千瓦）。这些水电站中目前运行的将近有 118 个（10600 千瓦），其余的 63 个（将近 4500 千瓦）都没有运行。其中索格特州运行的水电站有 55 个，直辖区 45 个，戈尔诺－巴达赫尚自治州 12 个，哈特隆州 6 个。[④] 2012 年塔煤炭产量为 41 万吨，比 2011 年增加 17.5 万吨，到 2013 年 1 月，塔有 154 家工业企业用煤炭作为燃料，年需求量约为 20 万吨。[⑤]

第二，铝业发展低于预期。作为原苏联加盟共和国中不发达地区和中亚地区最大的原铝生产地，铝出口是塔主要收入来源，塔在很大程度上依赖于铝业

① 塔吉克斯坦国家统计署公报，2013 年 1 月 21 日。
② 塔吉克斯坦“亚洲快讯”报，2012 年 12 月 26 日。
③ 塔吉克斯坦总统新闻办公室通报，2013 年 1 月 15 日。
④ 塔吉克斯坦国家统计署公报，2013 年 1 月 17 日。
⑤ 塔吉克斯坦能源工业部公报，2013 年 1 月 15 日。

的收益。因对国内最大铝厂塔吉克斯坦铝业公司（Tajikstan Aluminium Company，TALCO）进行升级改造，2011 年塔国铝产量为 277584 吨，减产 20.4%（2010 年为 348850 吨）；该公司希望借由此次升级改造拉升 2012 年产量，2012 年原铝产量为 272500 吨，较 2011 年又减少 2%。2011 年塔铝出口额为 6.86 亿美元，出口量同比下降 60300 吨，占塔国全年出口收入的 54.6%；2012 年下降到 39.5%，这主要是因为塔国农产品出口份额增长。

第三，自由经济区的企业开始为塔经济带来收益。目前塔共有 4 个自由经济区，2012 年“索格特”自由经济区共有 6 家企业生产，总产值为 1740 万索莫尼，“丹加拉”自由贸易区生产 31.6 万索莫尼，合计约 360 万美元[①]。“喷赤”和“伊什卡什姆”自由经济区尚未启动。

第四，油气资源仍然不能自给。2012 年 1～11 月塔吉克斯坦石油产品生产 2.76 万吨，同比增长 6.5%；国内需求严重依赖进口，1～11 月塔吉克斯坦进口石油产品 33 万吨，其中 14 万吨为汽油，塔自俄罗斯进口 19.24 万吨，占比 58.5%；自土库曼斯坦进口 5.93 万吨，占比 18%；自吉尔吉斯斯坦进口 4.12 万吨，占比 12.5%。[②]

三　第三产业蓬勃发展，不同国家各有优势

中亚国家的第三产业蓬勃发展，各有优势。为了保持经济增长，中亚国家采取措施，扩大国内生产和消费。一是加强基础设施建设。中亚国家纷纷投入巨额资金建铁路、修公路、筑电站，为经济的长期发展注入动力。其中，乌兹别克斯坦建成了中亚第一条高速铁路，土库曼斯坦修建了南北能源管道，吉尔吉斯斯坦和塔吉克斯坦修建了大中型水电站。二是大力发展建筑业。中亚国家注重城市建设、增加住房供给、新修学校和幼儿园，极大地带动了建筑业的发展，其增长速度快于往年。三是加强服务业和旅游业的发展，乌兹别克斯坦将 2012 年定为“小商业年”，取得了良好效果，带动了经济的增长。

---

① 塔吉克斯坦“亚洲快讯”报，2013 年 1 月 17 日。

② 塔吉克斯坦国家统计署公报，2013 年 1 月 8 日。

此外，中亚国家还采取各种措施，发展对外贸易，努力扩大出口。但是，由于世界经济消费需求不旺，加之出口产品竞争力弱，中亚国家外贸总额虽然呈增长势头，但出口处于困难的境地，出口少、出口难的问题困扰着中亚经济。由于中亚国家国内资金严重短缺，用于经济发展的资金严重不足，制约了经济的发展。为此，中亚国家不得不大量举债，致使一些国家债台高筑。

中亚国家经济的另一个特点是劳务输出收入已成为国家经济收入的重要来源。中亚国家每年有数百万人在俄罗斯打工，他们将所得的收入带回本国，很大程度上保障了本国社会稳定和经济发展。专家估计，中亚国家每年从劳务输出中得到的外汇收入达 80 亿 ~ 100 亿美元之多，有的中亚国家劳务输出收入达到了国内生产总值的 20% ~50% 。

（一）哈萨克斯坦第三产业持续增长

第一，贸易领域增幅较大。2012 年哈零售贸易额超过 4.3 万亿坚戈（约合 286 亿美元），较上年增长 12.9% 。2012 年企业完成零售贸易额近 2.2 万亿坚戈（约合 144 亿美元），增长 10.7% ；个体商户在市场上完成零售贸易额占总额的 49.6% ，增长 15.2% 。非食品商品在零售贸易结构中占 63.6% ，增长 11.5% ，食品增长 15.3% 。[①] 2012 年 1 ~9 月份，哈对外贸易额为 1016.58 亿美元，同比增长 10.9% ，其中，出口 695.47 亿美元，同比增长 5.6% ，进口 321.11 亿美元，同比增长 24.5% ，贸易顺差 374.36 亿美元，同比下降 6% 。同期，对关税同盟成员国的出口 51.94 亿美元，同比减少 9.8% ，从关税同盟成员国的进口 126.74 亿美元，同比增长 7.2% 。哈主要的出口国为：中国，占哈出口总额的 16.4% ，意大利 16.4% ，荷兰 9.1% 。哈主要的进口国为：俄罗斯，占哈进口总额的 38% ，中国 16.9% ，乌克兰 7.1% 。2012 年 1 ~10 月份，中哈双边贸易额为 199 亿美元，同比下降 3.3% ；其中，中国对哈出口 85.5 亿美元，同比增长 13% ；中国从哈进口 113.5 亿美元，同比下降 12.8% ；中方逆差 28 亿美元。下降的主要原因是中国从哈进口的矿产品大幅减少；中哈双边贸易已逐步适应正在运作的俄白哈关税同盟和统一经济空间带来的影

① 哈萨克斯坦国际文传电讯社阿拉木图讯，2013 年 1 月 11 日。

响。随着中国国内经济的逐步转暖，中国从哈的进口有望不断增加。

第二，投资继续增长，结构有所调整。2012 年哈萨克斯坦固定资本投资总额为5.455 万亿坚戈，较2011 年增长了3.8%。绝大多数投资资金仍来自经营主体和居民的自有资金，这部分资金在投资总额中占53.7%。外国投资占投资总额的13.7%，贷款占12.1%，国家预算资金占20.5%。对矿山开采业的投资在投资总额中占很大比例，为28.9%。对运输和仓储业的投资占19%，对房地产业务的投资占8.4%。2012 年哈萨克斯坦共吸引外国直接投资超过200 亿美元，纳扎尔巴耶夫总统称，哈萨克斯坦将继续推进经济现代化和工业创新。该项计划已经推行了三年，取得了良好结果，成立550 个新企业并创造了30 多万个新就业岗位。同时，纳扎尔巴耶夫总统许诺哈萨克斯坦将持续改善投资环境，将来10～15 年创新型企业的占比将增长1.5 倍，中小企业占比也会翻上一番。①

第三，金融资产利好。哈央行发布消息称，至2012 年底，包括央行外汇储备和国家基金在内的哈黄金外汇储备总额达860 亿美元，自年初累计增长17.9%。国家基金资产为577.66 亿美元，比年初上升32.41%；哈央行国际外汇储备为282.8 亿美元，比年初上升3.57%，其中外币资产为221.32 亿美元，同比下降12.1%，黄金资产为61.48 亿美元，同比上升48.12%。央行净外汇储备额277.46 亿美元，自年初以来下降3.56%。② 2012 年哈粗金和半成品黄金产量为40000 公斤，较上年同期增产8.6%。同期粗银和半成品白银96.3 万公斤，同比增长48%。③

第四，建筑业产品和价格普遍上涨。2012 年哈萨克斯坦建筑业价格较2011 年上涨4.6%。2012 年 12 月环比上涨0.2%。建筑安装工程价格上涨5.5%，机器设备上涨2.5%，其他工程和消耗上涨4.2%，钢架、钢配件上涨3.6%，石灰上涨0.8%，沙土上涨1.9%，玻璃板上涨2%，油毛毡上涨3.8%，沥青上涨2.5%，碎石上涨3.1%，水泥上涨5.5%，灰浆上涨0.3%，

---

① 哈萨克斯坦国际文传电讯社阿斯塔纳讯，2013 年1 月18 日。

② 哈萨克斯坦中央银行消息，2013 年1 月9 日阿拉木图讯。

③ 哈萨克斯坦国家统计署公报，2013 年1 月14 日。

砾石上涨 6.95%，混凝土上涨 2.6%，纸面石膏板上涨 2.4%。[①] 水泥总产量超过 639 万吨，较上年增产 13.8%。同期硅质和矿渣砖产量超过 109 万吨，较上年增产 2.1%。[②]

第五，交通运输业普遍增长。2012 年哈萨克斯坦的货物周转量为 4752.78 亿吨公里，较 2011 年增长了 7%。2012 年货物周转量较 2011 年增长的原因是铁路（增长了 6%）、公路（增长了 9.3%）和管道（增长了 7%）运输货运量增加。2012 年哈萨克斯坦货物运输总量为 32.22 亿吨，较 2011 年增长了 8.7%；旅客运输量为 184.84 亿人次，较 2011 年增长了 11.1%。其中，铁路旅客运输增长了 21.3%，公路旅客运输增长了 11.1%，航空旅客运输增长了 10.9%。[③]

（二）乌兹别克斯坦第三产业发展迅猛

2012 年，乌兹别克斯坦第三产业增长速度加大，普遍呈两位数增长。2012 年乌建筑业增长 11.5%，零售业增长 13.9%，服务业增长 14.2%，出口增长 11.6%，外贸顺差 11.2 亿美元。2012 年乌兹别克斯坦账户盈余是 4.5%，59.2% 国家财政支出用于社会民生领域，国家预算盈余占 GDP 的 0.4%。此外，乌中央银行表示，2013 年乌再贷款利率仍保持 12% 不变，这一指标自 2010 年 12 月确定，之前为 14%。继续减轻小企业纳税负担，统一税率从 6% 降至 5%，最低所得税率从 10% 调至 9%。[④] 城市和农村面貌得到了根本改善，2012 年，总计 930 万平方米住宅交付使用，其中 720 万平方米集中在农村地区。

俄罗斯是乌第一大贸易伙伴，乌俄贸易额占乌总对外贸易额的 29.5%，2012 年 1 ~9 月两国贸易额达 55.95 亿美元，乌对俄出口 38.79 亿美元，乌自俄进口 17.15 亿美元。[⑤] 中乌双边贸易保持增长，2012 年，中国与乌兹别克斯

① 哈萨克斯坦国家统计署公报，2013 年 1 月 8 日。
② 哈萨克斯坦国家统计署公报，2013 年 1 月 14 日。
③ 哈萨克斯坦国家统计署公报，2013 年 1 月 15 日。
④ 乌兹别克斯坦国家统计署公报，2013 年 1 月 18 日。
⑤ 乌兹别克斯坦国家统计署公报，2012 年 12 月 21 日。

坦双边贸易额为28.75亿美元，同比增长32.75%。其中，中方出口17.84亿美元，同比增长31.27%；中方进口10.91亿美元，同比增长35.26%。①

乌兹别克斯坦是世界第六大皮棉生产国和第三大皮棉出口国，是世界主要产棉国之一。乌兹别克斯坦平均每年种植350万吨籽棉，可收获110万吨皮棉和170万吨棉籽。2012年乌全国共收获335万吨籽棉，平均每公顷产量2650千克，比过去5年平均每公顷产量提高160千克。2012年10月17~18日第八届乌兹别克斯坦棉花与纺织博览会期间，乌兹别克斯坦同中国、独联体国家、欧盟、伊朗、韩国、新加坡、土耳其及其他国家签订的合同金额达6.16亿美元，其中针织品合同金额2.26亿美元。乌棉主要采购国为中国、俄罗斯、韩国、印度、孟加拉国、土耳其、独联体国家、东南亚等。2012年前8个月，根据与中国采购商的直接合同，乌兹别克斯坦向中国出口皮棉19.28万吨。据乌方统计，孟加拉国、中国和韩国是乌棉主要出口地，出口量占比分别为39%、13%、7%。据中国海关统计，2012年1~9月，中国自乌进口棉花达25.4万吨，同比增长近一倍，金额6.12亿美元，同比增长44.3%，占中国自乌进口额的85.5%。

（三）第三产业成为土库曼斯坦拉动经济的主要力量

2012年，土库曼斯坦的服务业增长幅度较大，成为拉动经济的主要产业。其中固定资产投资和交通运输业的拉动作用最明显。

2012年固定资产同比投资涨幅为38%，固定资产投资主要来自企业资金、中央和地方预算、借入资金和外国投资等，主要投入生产领域，2012年投入生产和非生产领域的资金分别为320.86亿马纳特和163.2亿马纳特。对外贸易增长也比较快，与上年同比超过20%的增速。

交通运输领域，2012年土库曼斯坦货运量增幅11.3%，其中公路运输、铁路运输和海运增幅分别为16%、16.2%、16.6%，管道运输和内河运输分别增长3.7%和8.1%。客运量增幅5.4%，其中海运增幅高达37.2%，公路运输和铁路运输分别增长6.2%和10%。贸易领域，零售贸易总额增长18.5%，各地增幅较为均匀，首都阿什哈巴德和其他5个州的增幅都在18%

① 中国海关统计公报，2013年1月24日。

上下。国家预算收入增加了39.8%，支出增长20.6%。消费品价格综合指数增长5.3%。

土库曼斯坦传统上向中国、俄罗斯、英国、韩国、土耳其、伊朗、印度尼西亚、新加坡、乌克兰和波罗的海国家出口原棉。此外，棉纺织品出口近年来成为土库曼斯坦外贸的大宗出口产品之一。土库曼斯坦的企业大量生产棉纱、粗斜纹棉布和绒毛面料、针织面料、绸缎、棉花、成品服装和针织品，这些产品出口到欧洲、亚洲和美洲的许多国家。为了应对国际金融危机的不利影响，土库曼斯坦积极扩大贸易出口，取得了显著成效。2012年，土库曼斯坦对外贸易保持快速增长，成为一大亮点，1～8月对外贸易额超过200亿美元，比去年同期增长了42.8%。2012年中国新疆对土库曼斯坦进出口值为1.4亿美元，同比增长17.3%。

（四）吉尔吉斯斯坦第三产业喜忧参半

2012年，吉尔吉斯斯坦金融状况不容乐观，部分产业增长较快。其中，服务业增长11.6%，建筑业增长17.3%。

第一，金融状况不容乐观。到2013年1月，吉外债总额为33亿美元，约占国内生产总值的45%～46%。2012年，俄罗斯免除了吉方1.89亿美元的债务，土耳其不仅免除了吉方5000万美元债务，而且从2016年起将逐步免除吉方约3亿美元债务，正是得益于此，吉外债规模在过去一年才没有激增。2013年，吉政府拟投入3.239亿美元用于偿还外债；而2014年和2015年，吉政府分别计划偿还外债3.249亿美元和3.212亿美元。如果不再对外借贷，吉外债规模将在未来五年内显著缩减。①

第二，对外贸易持续增长。2012年吉尔吉斯斯坦对外贸易额总计704090万美元，2011年时对外贸易额只有619870万美元。其中，进口商品总计536430万美元，比2011年增长了113570万美元，从独联体国家进口总计268950万美元，2011年是214270万美元；2012年从其他国家进口总计267480万美元，2011年是208600万美元。2012年吉出口额比2011年有所下

① 吉尔吉斯斯坦财政部长拉芙洛娃在新闻发布会上的报告，2013年1月25日。

降，2011 年吉出口额是 197000 万美元，2012 年出口额是 167650 万美元；2012 年吉向独联体国家的出口额总计 87050 万美元，向其他国家的出口额是 80600 万美元①。

第三，建筑业和投资增长较快。2012 年，吉建筑业产值为 546.25 亿索姆（约合 11.6 亿美元），同比增长 17.3%。同期，对吉固定资产投资为 626.25 亿索姆（约合 13.3 亿美元），同比增长 21.5%。其中，对金融、加工业、水电气生产分配等行业的投资额分别同比增长 4.6 倍、2 倍、1.7 倍，但是对通信、交通和住宅的投资额则分别下降 66.6%、20.1% 和 12.1%。

第四，交通通信业有所发展，2012 年，吉货运总量为 3945.64 万吨，同比增长 4.5%；客运总数为 6.026 亿人次，同比增长 6.3%；邮政和电子通信业实现收入 209 亿索姆（约合 4.5 亿美元），同比增长 9.2%。

第五，国内市场趋于活跃。2012 年，吉国内消费品市场销售总额为 2865 亿索姆（约合 61 亿美元），同比增长 11.1%。2012 年吉国通货膨胀率为 7.5%，消费者价格指数上涨主要是受果蔬及酒精类饮品涨价带动。其中，商品总体价格水平上涨 7.1%，食品和不含酒精饮料价格上涨 4.5%，酒精饮料和烟草价格上涨 10.2%，非食品类商品价格上涨 9.8%，服务类价格上涨 9.8%。

（五）塔吉克斯坦第三产业变化较大

首先，金融领域，2012 年塔银行存款 47 亿索莫尼（约合 10 亿美元），同比增加 5.4%。其中本币存款占比 30.8%，外币存款占比 69.2%；本币平均利率为 16%，外币平均利率为 13.6%。2012 年塔发放各类贷款总额 68 亿索莫尼（约合 14 亿美元），同比增长 4.6%，其中 52.5% 的贷款发放给了从事生产活动的企业主。至 2012 年底贷款余额为 53 亿索莫尼（约合 11 亿美元），其中本币贷款占比 40.2%，外币贷款占比 59.8%。本币平均贷款利率为 21.4%，外币平均贷款利率为 24.5%；黄金储量 9.72 亿美元，较 2011 年增长 1.7 亿美元，黄金储备超过 11 吨。塔黄金外汇现主要存放在塔国家银行、瑞士银行和

---

① 吉尔吉斯斯坦海关统计公报，2013 年 1 月 23 日。

美国银行中[1]。

其次，对外贸易领域，2012 年塔吉克斯坦对外贸易总额为 51 亿美元，同比增长 15.1%，其中出口 14 亿美元，进口 37 亿美元，贸易逆差 23 亿美元。塔主要贸易伙伴有：俄罗斯（10 亿美元）、哈萨克斯坦（7.57 亿美元）、中国（6.69 亿美元）、土耳其（6 亿美元）、阿富汗（2.32 亿美元）。按塔方统计，中国为塔吉克斯坦第三大贸易伙伴。[2] 同时，2012 年末成功加入 WTO，为塔经济带来新机遇，国际地位有所提升。

最后，投资领域，塔吉克斯坦 2012 年包括所有投资来源在内的固定资产投资额为 43.4 亿索莫尼（9.1176 亿美元），其中的 54.5% 投向了生产设施，较 2011 年减少了 24.2%。产生这种落差的原因一方面是 2011 年一些纪念国家独立 20 周年的献礼工程投入使用；另一方面，铁路交通的中断对固定资产投资额也产生了影响。[3]

总体看，2012 年除了吉尔吉斯斯坦，其余中亚国家宏观经济形势在趋于好转，各项经济指标有增有降，增幅在放缓，但总体上是逐渐增长的态势，正在走出金融危机的阴影。但各国主导产业的发展不是很稳定，易受国际市场或国内因素的影响，还需要密切关注。

四　前景展望

（一）各国经济仍将保持高于世界水平的增长势头

展望 2013 年，有专家认为，由于受世界经济不景气影响，加之本国财政金融困境的局面难以扭转，中亚国家经济很难实现快速发展，经济会继续保持增长，但增长速度还将进一步放缓。国际货币基金组织预测，2013 年中亚经济增长速度在 5% 左右，其中，哈萨克斯坦为 6.6%，乌兹别克斯坦为 6.5%，土库曼斯坦为 7.7%，吉尔吉斯斯坦有可能低于 3%。

---

① 塔吉克斯坦中央银行数据，2013 年 1 月 24 日。

② 塔吉克斯坦国家统计署公报，2013 年 1 月 15 日。

③ 塔吉克斯坦经济发展和贸易部通报，2013 年 1 月 29 日。

而据世界银行的分析师预测，由于劳动力市场限制更加严格和石油价格小幅下降，2013 年俄罗斯的经济增速将不会太快，不会超过 3.6%，2014 年预计为 3.9%，2015 年为 3.8%。世界银行对哈萨克斯坦经济 2013 年增速的预测从 5.8% 下调到 5.5%；2014 年经济增速预测从 7.5% 下调至 5.7%；对哈 2015 年经济增长的预测更为乐观，为 6%。世界银行对乌兹别克斯坦经济 2013 年增速的预测为 7.5%；2014 年将增长 7%。2013 年乌兹别克斯坦居民收入将进一步提高，工资、退休金、奖学金和社会补贴增长幅度将不低于 23%；2013 年乌兹别克斯坦账户盈余预测能达到国内生产总值的 4.5%，2014 年为 4%①。在世界银行认为 2012 年全球经济增长速度下降到了 2.3%，2013 年将小幅增长到 2.4%，发展中国家的经济增速为 5.1% 的背景下，对中亚国家的这一预测已非常不错了；高收入国家的经济增速预计仅为 1.3%。

从全球来说，专家们所熟悉的“世界投资地图”早在两年前就发生了变化。2010 年发展中国家和经济转型国家（独联体国家属于第二类）所吸引的外国直接投资在历史上首次占到了全球投资总额的一半以上。这种趋势一是由于这些国家生产力增长和需求扩大；二是原料商品价格有利；三是中亚各国国内加快工业创新发展国家规划的实施；四是受欧洲和其他地区经济增长速度加快及工业生产扩大的影响。特别是像中国和印度这些国家对石油和天然气需求的增长刺激了对中亚地区跨国公司的投资活动。如中国石油天然气集团公司、韩国国家石油公司和印度石油天然气公司正在继续对俄罗斯和哈萨克斯坦这样的独联体国家进行积极投资。

（二）中亚各国制定不同的发展目标

哈萨克斯坦再接再厉提出更高的发展目标。在进入 21 世纪之后，逐步成为中亚地区国力最强的国家，并提前完成了 1997 年通过的“2030 经济发展战略”中的多项内容。2012 年 12 月 14 日举行的“独立日”庆祝大会上，哈萨克斯坦总统纳扎尔巴耶夫发表了新的国情咨文，描绘了一幅该国中长期发展规划图。他认为，面对目前世界形势发生了很大变化，全球粮食安全、水资源匮

① 《全球经济展望》报告，世界银行，2013 年 1 月 16 日。

乏、自然资源储量减少、社会不稳定因素增加等全球性挑战日益加强的新形势，哈萨克斯坦有必要提出新的中长期发展战略，即哈萨克斯坦“2050 年战略”。该战略最重要的目标就是哈萨克斯坦跨入全世界发达国家 30 强，为此提出了七个优先发展方向。在经济政策方面，哈萨克斯坦将实行全方位的经济实用主义，寻找新的经济增长点，扶持中小企业的发展，促进国家工业化发展，增加非原料产品的出口比重，促进新能源产业的发展，同时将通货膨胀控制在经济可承受的范围之内；社会领域立足于进一步减少贫困人口，保障公民的最低生活标准，解决地区发展的不平衡问题，完善妇幼保障体系，实行统一的医疗服务标准等。

乌兹别克斯坦多管齐下促发展。乌总统卡里莫夫 2013 年 1 月在内阁会议上提出，2013 年，乌兹别克斯坦的优先任务是保持稳定的经济增长速度和稳定的宏观经济形势，增强经济的竞争力。该会议确定了 2013 年乌经济发展目标：国内生产总值增长 8%、工业增长 8.4%、农业增长 6%、固定资产投资增长 11%、服务业增长 16%，使服务业在国内生产总值中的比重不低于 53%，计划将 60% 以上国家财政支出用于民生领域。同时将继续完善和放宽税收政策，增加地方财政收入，通胀率不超过 7%。为实现 2013 年经济计划目标，乌兹别克斯坦政府决定采取以下措施：在产业方面，重点发展能提高产品附加值的高科技产业，如化学、油气和石化工业、机器制造和金属加工业、建筑材料工业、轻工和食品工业等。加速进行经济现代化技术改造，加快对国民经济骨干企业的现代化技术改造的速度，并扩大其规模，实现生产多样化。

土库曼斯坦将大力发展基础设施建设。总统别尔德穆哈梅多夫 2013 年 1 月在政府工作会议中提出了 2013 年土库曼斯坦宏观经济相关的发展目标。2013 年土库曼斯坦将克服困难达成全部目标，其中包括保证 2013 年土库曼斯坦 GDP 增速不低于 11%；2013 年计划实施项目同比增长 20%。此外，土库曼斯坦正设法重新定位国家的经济，从一个原棉供应国向一个成品出口国转变。

吉尔吉斯斯坦厌倦暴乱和“革命”，亟须稳定发展。吉总统阿坦巴耶夫在 2013 年 1 月 14 日举行的“吉国家稳定发展理事会”第二次会议上指出，目前吉国民众已经厌倦无休止的暴乱和革命，是该做些正事的时候了。“2013 ~ 2017 年稳定发展战略”是吉未来 5 年的经济发展计划，民众对其抱有极大期望。阿还表示，吉尔吉斯斯坦应当成为在政治上和经济上稳定发展的民主国家，到 2017 年前要创造数万个工作岗位，并且要进入全球“营商环境”排行榜的前三十位。国际货币基金组织（IMF）发表评述称，黄金产量暂时下降导致吉尔吉斯斯坦 2012 年经济增速降至约 1% 的水平，但 2013 ~ 2014 两年间吉经济有望得到较快恢复。吉是高加索及中亚地区最开放经济体之一，其经济主要由黄金出口、侨汇（主要来自俄罗斯）及中国与独联体国家间转口贸易等三方面支撑。因此，随着吉黄金产量的逐渐恢复，得益于稳定的侨民汇款、良好的国际贸易环境以及各国际组织援助，吉经济短期内回暖的可能性很大。

塔吉克斯坦为经济自给而奋斗。借助于国家发展战略的有力实施，塔吉克斯坦实现了经济稳定发展、居民贫困率下降、社会经济状况好转等目标。塔吉克斯坦总统拉赫蒙在独立 20 周年纪念大会上表示，保障国家粮食、能源安全和提高居民生活水平是塔政府的战略目标，同时，能源自给自足是关系塔国计民生的头等大事，塔政府将不惜一切代价实现这一目标。

综上所述，中亚国家的经济会在应对各种挑战之后有更好的发展，前景看好。

Y.4
中亚安全形势：现状与趋势

苏　畅*

摘　要：

与2011年相比，2012年中亚安全形势没有改善，不稳定因素增多，呈现出“内患外忧”的特点：“内患”是政治稳定性、经济形势、社会问题、非传统安全等领域的风险在上升；“外忧”是来自大国博弈、阿富汗形势和阿拉伯之春的压力在增强。中亚地缘政治格局进一步复杂；地区安全形势受外部因素影响程度在加强，尤其是阿富汗形势和中东乱局的影响较大；中亚国家内部稳定受到严峻挑战，安全难题呈现复杂性、综合性、多层次性的特点。但总体看，2012年中亚安全形势没有达到严重恶化程度，安全形势仍在各国可控范围。

关键词：中亚　安全　现状　趋势

一　中亚安全形势中的几个重要问题

（一）恐怖主义和宗教极端主义威胁上升

第一，塔阿边境地区武装分子越境趋向失控。美国从阿富汗撤军如同一只大的蝴蝶，振翅引发的种种效应波及中亚地区，包括塔吉克斯坦和阿富汗（下简称“塔阿”）边境这一前线地区。目前塔阿边境不仅有毒品和走私贩子稠密往来，还有以反毒和运毒不同面孔出现的塔政府官员，出入更多的还是那些成分复杂的武装分子——塔前反对派武装残余力量，乌兹别克斯坦伊斯兰运

* 苏畅，中国社会科学院俄罗斯东欧中亚研究所中亚研究室副研究员。

动（以下简称“乌伊运”）等恐怖组织成员，来自中东和巴基斯坦、阿富汗（以下简称巴阿）的具有献身精神的圣战分子。由于塔阿边境的地理状况以及边防守卫力量薄弱，这些武装分子越境非常容易。随着阿富汗各派势力向北部运动频繁，塔阿边境安全压力激增，情况堪忧。据阿富汗政府官员称，在塔阿边境聚集着来自中亚、俄罗斯和巴阿的武装分子；据塔安全部门称，（中亚的）武装分子越过达尔瓦扎山到达阿富汗的巴达赫尚。[①] 塔阿边境正在成为反政府分子出入中亚和阿富汗的门户。

第二，哈萨克斯坦宗教极端组织持续活跃。2011 年以来，宗教极端组织在哈活动比较频繁。2012 年的主要表现是，袭击事件增多，目标主要是警察和权力机构（这与上年没有太大变化），形式有团伙也有个人，并且自杀式袭击增多。哈里发战士（«Джунд аль-Халифат»）[②] 成为哈主要宗教极端组织，他们多次表示对在哈发生的一些恐怖活动负责。[③] 此外还有西哈萨克斯坦州的一些极端组织，如乌拉尔斯克的恐怖主义小组，主张建立伊斯兰国家，这个组织策划袭击行动，后被警方破获。[④]

分析哈萨克斯坦袭击事件持续增多的原因，第一，纳扎尔巴耶夫政权与宗教界关系一向和睦，以保证宗教人士对政权的支持，政府对伊斯兰的相对温和态度营造了宽松环境，令宗教极端势力在受到中亚其他国家挤压后把哈当成适宜发展的地方。第二，哈积极参与阿富汗事务，引起阿富汗武装力量的注意，把哈当成报复目标。哈袭击事件自 2011 年 5 月开始，当时哈议会正在讨论是否向阿富汗派驻军事人员，虽然后来这一草案被否决，但仍在当年遭到数次恐怖袭击。第三，哈目前穆斯林低龄化趋势非常明显，宗教极端势

---

① В приграничном с Таджикистаном районе Афганистана отмечено скопление боевиков, 07. 09. 2012, http: //rus. ozodi. org/content/article/24700719. html.

② 该组织本部在巴阿边境，90% 的成员都是哈萨克族，大多属于哈萨克斯坦的瓦哈比分子。该组织致力于“圣战”运动，与阿富汗人结盟对抗美军，在哈萨克斯坦制造了多起袭击事件。哈总检察长办公室称，该组织成立于 2009 年，由于受到 Said Buryatsky（Саид Буряткий）（Shahid，真主保佑）说教启发而创立。

③ Один на один с ЕвропойДжихадисты снова прибегли к тактике волков-одиночек, 04. 04. 2012, http: //religion. ng. ru/society/2012 – 04 – 04/5_ tet – a – tet. html。

④ Dialog. kz：Фонтан фантазий казахстанского экс-банкира Аблязова, 19. 03. 2012 , http: //www. centrasia. ru/news. php? st = 1332100800.

力有良好的社会基础。据阿特劳地区宗教事务局局长称，该地区的穆斯林中90%处于13～30岁的年龄段，并且都受到激进的萨拉菲宗教思想影响。[①] 第四，与哈加强宗教管理、加大力度打击各极端组织而引起的反弹有关。2012年1月，哈总统签署了新法律《哈萨克斯坦共和国国家安全法》，该法案明确了信息安全、经济安全等概念，以及维护国家安全的部门。[②] 并采取多项措施打击宗教极端势力。第五，近年哈社会经济发展过程中出现了一系列问题，个人不满增多，导致社会治安较以前混乱，刑事案件增加，这些刑事袭击事件往往也被一些学者在研究中列入宗教极端组织或恐怖组织的活动范畴，显然是不严谨的。

第三，"乌伊运"的活动增多，但实际上处于被边缘化的状态。"乌伊运"主要在巴基斯坦和阿富汗活动，2012年积极活跃，多次参与袭击北约士兵。不过，目前看"乌伊运"在阿富汗军事动作频繁，实际上是"努力表现，垂死挣扎"。"努力表现"是给塔利班看，让塔利班明白"乌伊运"仍是一支可以利用、可以发挥作用的武装力量。实际上，"乌伊运"目前人数不详但肯定不多，实力大不如前，是在"垂死挣扎"。原因是，①"乌伊运"的资金来源在减少。"乌伊运"的资金来源有几个：国际恐怖组织援助，如基地组织，但目前基地组织自顾不暇，资金并不充裕；贩毒走私，虽然现在阿富汗毒品泛滥，但"乌伊运"掌握的毒源和路线都要受到塔利班和阿富汗军阀、国际贩毒集团的控制，所获毒资有限；中东中亚侨民的援助，但近年中东形势不稳，这部分援助也在打折扣。②"乌伊运"的成员来源在减少。除了高层是虔诚的伊斯兰激进主义理想者之外，其余普通武装成员大部分是雇佣军，报酬的减少影响了武装分子的数量，再加上脱离中亚本土，后续力量有限。③北约的打击力度加大。2012年北约联军在阿富汗实施了30次针对"乌伊运"的军事打击行动，范围涉及巴达赫尚、巴格兰等阿富汗的8个省份，抓获多名"乌伊运"领导人。[③] "乌伊运"渐渐成为

① КАЗАХСТАН. Эксперты уверены: в борьбе с чистым Исламом Назарбаеву придётся нелегко, 26.01.2012, http://ummanews.com/news/last-news/5203-2012-01-26-10-50-30.html.

② В Казахстане принят новый закон "О национальной безопасности", 06.01.2012, http://www.centrasia.ru/newsA.php?st=1325841480.

③ В Афганистане захвачен еще один лидер Исламского движения Узбекистана, 03.10.2012, http://www.fergananews.com/news.php?id=19555&mode=snews.

北约重点打击对象之一，一些领导人被列入西方国家重点通缉名单。①

第四，伊斯兰解放党在吉尔吉斯斯坦活跃，并且向北部蔓延，政治化倾向明显。伊斯兰解放党目前主要在吉尔吉斯斯坦活动。据吉驻华使馆参赞 A. 卡德拉利耶夫（Adylbek Kadyraliev）介绍，目前伊斯兰解放党在吉活动范围不仅限于南部，还在向北部扩充。吉国家安全委员会主席 Ш. 阿塔哈诺夫（Шамиль Атаханов）强调，在吉宗教组织中最具危险性的代表是伊斯兰解放党。伊斯兰解放党的政治意图日益明显，常常阐明自己的政治纲领，一些高层成员甚至能对执政当局施加某些影响。②

第五，“萨拉菲”（Salafi）的威胁。2012 年萨拉菲派及萨拉菲宗教极端组织在中亚比较活跃。在哈萨克斯坦，萨拉菲分子主要在西部、南部大中城市活动，并吸收了一些知识分子和政治精英；在吉尔吉斯斯坦和塔吉克斯坦，萨拉菲主义者有很多穆斯林拥趸，甚至塔官方精神领袖乌里玛理事会主席 S. 阿布都尔科迪佐达（Saidmukarramom Abdulkodirzoda）都被指为萨拉菲主义的支持者，塔接受萨拉菲主义的教职人员正在大量增长。③

“萨拉菲”问题对中亚的危险性在于，首先，萨拉菲主义非常具有吸引力和煽动性。萨拉菲派流行于中东，思想保守激进，要求完全按照《古兰经》教诲行事，政治上主张以伊斯兰教法治国。萨拉菲派长老在中东国家深受尊重，人们认为他们“正直可靠”，“值得信赖”。萨拉菲派吸纳了大量政界、宗教界和知识界的精英。如果萨拉菲思想中的激进主张进入中亚，将有可能与当前中亚宗教极端思想形成契合，变成新的思想武器。其次，近年在中东政局变化中，萨拉菲政治势力异军突起，在 2012 年埃及议会选举中进入下院成为第二大党，其政治影响力在迅速扩张。无论萨拉菲政治党派在中东的前景如何，这种样板作用对中亚的宗教极端势力是极具魅惑的。再次，在萨拉菲思想基础

---

① Террористический список госдепа США пополнился тремя именами боевиков Исламского движенияУзбекистана, 27 января 2012 года, http://www.interfax-religion.ru/?act=news&div=43956.

② 8 религиозных организаций в “черном списке”, 04.05.2012, http://rus.azattyk.org/content/kyrgyzstan_hizb/24569417.html.

③ С. Арсентьев: В Таджикистане зарождается очередная “арабская весна”? 01.04.2012, http://www.centrasia.ru/newsA.php?st=1333276920.

上衍生出的极端组织和恐怖组织，如“渎神与迁徙组织”“圣战与统一组织”“黑旗组织”和“圣徒组织”，除了在中东，还在与中亚相邻的巴基斯坦和阿富汗活动，这些组织以破坏国家安全统一、挑起宗派仇恨为主要目标和手段，杀伤力强，影响恶劣，如果它们与中亚的宗教极端势力合作，将给地区安全带来新的挑战。

第六，吉尔吉斯斯坦的“伊斯兰化”趋势。这是一个需要商榷和继续追踪考察的问题。根据卡内基基金会驻莫斯科代表处在2012年9月17日发布的一份报告称，在吉约有50%的居民支持建立伊斯兰国家，并提出了吉“伊斯兰化倾向”问题。[①] 虽然这一组单薄数据并不能说明哈里发情结真的开始在吉尔吉斯人之间流传，这些草原牧民的大部分注意力还集中在议会的一幕幕戏剧化表演和必须忍耐的贫困生活上，更有可能说明的是人们对当前世俗政权没完没了的翻云覆雨已经十分厌恶。不过，这些数字或许与近年吉宗教极端组织势力范围不断扩大、官方教职人员只专注宗教仪式而没有行动和思考来抗衡宗教极端思想、官方伊斯兰教育进入危机期等有直接关联——穆夫提、伊玛目们无法抵御来势汹汹、通俗易懂、煽动性强的极端思想，政府在这一方面的工作也远远做得不够。[②] 伊斯兰激进思想的确在吉一些地方汹涌泛滥，几乎难以遏制，这种全国大范围的伊斯兰化潜在倾向是存在的，但只能说是在吉政局变幻莫测、社会问题堆积如山、人民生活持续艰难的背景下才会发展和演变。

第七，小型宗教极端组织仍在活动。小型宗教极端组织在中亚国家独立初期是以伊斯兰激进组织的面目出现的，在过分活跃之后被中亚国家赶出境外。长期以来中亚最活跃的一直是“乌伊运”和伊斯兰解放党。近年小型宗教极端组织在中亚本土的活动又开始增多，包括前述的萨拉菲各极端组织、“社会”组织、“安拉战友”等。[③] 这些小型宗教极端组织大多来自地区外

---

① Религиозная ситуация и угроза религиозного экстремизма в Центральной Азии, 29. 09. 2012. http: //russian. carnegieendowment. org/publications/? fa = view&id = 49396.

② 8 религиозных организаций в “черном списке”, 04. 05. 2012, http: //rus. azattyk. org/content/kyrgyzstan_ hizb/24569417. html.

③ 2012年5月塔吉克斯坦把“安拉战友”列入与伊斯兰解放党、“萨拉菲”和“乌伊运”并列的宗教极端组织和恐怖组织名单。http: //www. fergananews. com/news. php? id = 19426&mode = snews, http: //www. fergananews. com/news. php? id = 19426&mode = snews。

部，或者是地区内原有的宗教极端势力残余部分改个称谓。大部分组织影响力有限，活动能力不强，一般以宣传极端思想为主；一些小型极端组织积极寻求境外支持，谋求与境内外极端组织或恐怖组织对接，从事暴力恐怖活动。

（二）吉尔吉斯斯坦存在问题多

第一，南部问题难以解决，包括族际矛盾、政治分治、毒品泛滥、伊斯兰解放党问题等。2012 年吉族际矛盾趋于复杂，其特点是：①民族矛盾不仅在吉乌民族间发生，还在吉与其他民族之间发生。如 2012 年初在南部发生的吉族与高加索族双方各数十人的冲突。[①] ②冲突往往带有日常生活矛盾色彩，频发性强。2012 年 2 月，吉人权委员会称，2011 年底和 2012 年初贾拉拉巴德州、巴特肯州等南部农村发生了多起族际冲突事件。[②] 此外还有一些村镇有“排乌”标语等。[③] 吉内务部副部长 Б. 阿雷姆别可夫（Бактыбек Алымбеков）说，在吉尔吉斯斯坦有 147 个地点可能发生族际冲突。[④] ③族际冲突除了政治原因外，经济与社会原因不可忽视。巴特肯州州长 А. 布尔卡诺夫（Арзыбек Бурканов）表示，南部族际冲突根源在于居民生活水平低，土地、水、电的短缺。[⑤] ④执法部门的激化矛盾作用。南部存在歧视乌族和其他少数民族的现象，执法部门在调查奥什事件时手法生硬，激化了社会矛盾，中央政府对此无能为力。[⑥] 另

---

① В Кыргызстане произошло очередное столкновение на межэтнической почве-между киргизами и кавказцами, 06. 01. 2012, http: //www. fergananews. com/news. php? id = 17891&mode = snews.

② Кыргызстан: Правозащитники крайне обеспокоены нарастающим числом и расширением географии этнических столкновений, 12. 01. 2012, http: //www. fergananews. com/news. php? id = 17915&mode = snews.

③ Кыргызстан: Жители Оша жалуются на то, что в городе снова стали появляться расистские надписи на стенах, 14. 01. 2012, http: //www. fergananews. com/news. php? id = 17936&mode = snews.

④ Кыргызстан: ГКНБ насчитал в стране 29 очагов возможных межэтнических столкновений, МВД – 147, 17. 01. 2012, http: //www. fergananews. com/news. php? id = 17964&mode = snews.

⑤ Губернатор Баткенской области Кыргызстана А. Бурканов: Причины межэтнических волнений-в экономических проблемах, 17. 01. 2012, http: //www. fergananews. com/news. php? id = 17972&mode = snews.

⑥ Госдепартамент США: В странах Центральной Азии царят коррупция, безнаказанность, произвол, 25. 05. 2012, http: //www. fergananews. com/news. php? id = 18754&mode = snews.

外，南部政府部门过于强调吉尔吉斯语的地位，[①] 令本已紧张的族际关系更增加弥合难度。卡内基基金会的报告称，吉的伊斯兰解放党大部分成员是生活在南部的乌孜别克人，[②] 而在2010年奥什事件之前，这个组织的成员来自中亚多个民族，乌孜别克族的大量加入从一个侧面说明南部民族间的紧张关系仍在延续。据吉内务部长З. 雷萨利耶夫（Зарылбек Рысалиев）介绍，到2012年1月，登记在案的恐怖分子共有1279人，其中86.1%来自南部。[③] 在政治分治即中央政权与地方权力的脱节问题上，由于吉的自然条件（国内大部分是山区，交通不便），政治传统（两次通过街头政治推翻政权），部族文化（南北部族权力此消彼长），中央政权对地方很难控制。

第二，非正常的政治运作。政治动荡的惯性——已经形成春秋两次的游行季；议会制无法包涵全部政治矛盾；政治斗争越来越围绕商业利益而非部族或地域利益。吉议会稳定性较差，议会党派之间的矛盾一如从前，并且双方支持者还常常举行大型集会，议会中暗地代表外部大国、地方部族、各利益集团的势力错综复杂。2012年3月，以K. 塔希耶夫（Камчыбек Ташиев）为首的反对派在南部举行大规模示威和集会，多时人数达到数万名。反对派还声称要“杀向首都”。10月2日反对派组织大规模游行，故乡党3位领导人被逮捕，后被判监禁2个月，南部持续数日集会示威。

（三）塔吉克斯坦安全形势堪忧

第一，政治内斗仍然激烈。无论是前第一副总理T. 阿克巴和乌里玛理事会主席阿布都尔科迪佐达两大政治集团之间的较量[④]（前者是内战时期反对派领导人之一），还是霍罗格武装冲突，都突显了塔激烈的政治斗争。需要强

① А. Мамажанов: Власти бессильны. Национализм в Кыргызстане набирает обороты, 14.02.2012, http://www.centrasia.ru/news.php?st=1329167280.

② Религиозная ситуация и угроза религиозного экстремизма в Центральной Азии, 29.09.2012, http://russian.carnegieendowment.org/publications/?fa=view&id=49396.

③ Религиозная ситуация и угроза религиозного экстремизма в Центральной Азии, 29.09.2012, http://russian.carnegieendowment.org/publications/?fa=view&id=49396.

④ С. Арсентьев: В Таджикистане зарождается очередная “арабскаявесна”? 01.04.2012, http://www.centrasia.ru/newsA.php?st=1333276920.

调的是，霍罗格冲突是政治事件而非恐怖主义事件，冲突双方是政府与内战分子而非圣战分子。塔发生的大多数政治冲突可能更多是种族或部族争斗的结果。但从另一方面来说，霍罗格事件说明了拉赫蒙对边境管控能力的增强——巴达赫尚地区与拉赫蒙政权的分治倾向早已有之，只是拉赫蒙一直还未准备好采取军事行动。在发生冲突的几天时间内，拉赫蒙准备充分，布局得当，运筹有力，打击了地方武装势力，同时面对巴达赫尚居民对政府军大举进入的抗议，又能适可而止，没有激化矛盾，并且也巩固了在巴达赫尚的权威。

第二，“乌伊运”等宗教极端组织与塔吉克斯坦反对派残部勾结。2010 年的拉什特事件中，就有“乌伊运”武装分子的参与。2012 年 4 月吉内务部称，来自“乌伊运”和塔反对派的人弹进入吉尔吉斯斯坦，企图发动恐怖袭击。① 2012 年塔共抓获 150 名来自各种宗教极端组织的成员，其中 76 人属于“乌伊运”。②

（四）毒品形势严峻

阿富汗的鸦片产量自 2010 年的短暂低潮之后持续大增，中亚作为主要的运毒通道，也消费了大量毒品，对中亚的社会稳定造成非常严重的影响。联合国毒品与犯罪办公室称，每年经过中亚的阿富汗毒品有 90 吨，其中的 70 ~ 75 吨经过北线运往俄罗斯方向，剩下的到其他地方及被中亚当地消费。③ 据阿富汗禁毒部部长 З. 乌斯莫尼（Зарор Ахмад Мукими Усмони）称，目前在中亚吸食阿富汗毒品的人已达到 1000 万。④

---

① В Кыргызстан хочет проникнуть группа смертников?, 02. 04. 2012, http: //www. fergananews. com/news. php? id = 18439&mode = snews.

② В Таджикистане ликвидировали банду исламистов ИДУ, 18. 01. 2013, http: //www. centrasia. ru/newsA. php? st = 1358530800.

③ Афганистан жалуется на « низкий уровень изъятия наркотических веществ в странах Центральной Азии», 01. 06. 2012 , http: //www. fergananews. com/news. php? id = 18801& mode = snews.

④ Афганистан жалуется на « низкий уровень изъятия наркотических веществ в странах Центральной Азии», 01. 06. 2012 , http: //www. fergananews. com/news. php? id = 18801&mode = snews.

费尔干纳谷地成为阿富汗—中亚最重要的一条贩毒路线。① 塔吉克斯坦毒品扩散难以控制，是阿富汗毒品在中亚的最大受害国。塔官员运毒情况越来越严重，不断有高官贩毒被逮捕的消息。② 未来塔吉克斯坦发生政治贩毒集团之间武装冲突的可能性在增加。吉尔吉斯斯坦毒情严重，由于吸毒感染的艾滋病人数大幅上升，据吉官方宣布的数据，2000 年吉登记的艾滋病患者有 149 人，到 2012 年 1 月已有 599 人。艾滋病患者多集中在比什凯克、楚河州和奥什州。③ 哈萨克斯坦消费了 10% 的过境毒品，吸毒人数中近 34% 为未成年人。④

毒品已经同阿富汗和中亚一些国家的政治、经济以及社会问题紧密结合，无法分离。在中亚国家，毒品同“三股势力”、腐败等犯罪行为明显合流，给反毒工作带来了极大难度。国际禁毒合作容易受到政治行为的干扰，大量人员经费重复投入，见效却并不快。美国对阿富汗禁毒并不热心，阿富汗毒品让俄罗斯深受其害，俄罗斯对禁毒非常积极，但美国却乐观其成。这必然给国际禁毒合作带来困难。

二　影响安全形势变化的因素

长期以来，影响中亚安全形势以内因为主，但近年随着形势变化，主要是阿富汗局势、中亚内部权力交接，以及国际局势的影响，中亚安全形势变化的因素开始由内因外因共同作用。

第一，中亚安全形势受外部因素影响程度加强，“阿富汗综合征”带来的压力更加直接。

---

① Выход Узбекистана из ОДКБ обострит наркоситуацию в Средней Азии и России, считает директор ФСКН, 03.07.2012, http://www.fergananews.com/news.php?id=18984&mode=snews.

② В Таджикистане задержана группа наркоторговцев во главе с наркоборцем, братом замглавы ГКНБ, 24.01.2012, http://www.fergananews.com/news.php?id=18012&mode=snews.

③ За десять лет число больных СПИДом в Кыргызстане выросло в четыре раза, 14.01.2012, http://www.centrasia.ru/newsA.php?st=1326510660.

④ Kazakhstan gets up to 10 percent of transit drugs, 4 June 2012, http://en.trend.az/regions/casia/kazakhstan/2033340.html.

随着美国从阿富汗撤军的日期临近，阿富汗形势未来发展变化牵动着相邻的中亚国家神经。首先是撤军后阿富汗有可能再度发生军阀混战，这将对中亚安全直接造成冲击，令中亚国家十分忧虑。其次，作为中亚宗教极端势力强硬后台的塔利班试图在撤军后尝试建立政教合一政权，中亚国家担心宗教极端主义和恐怖主义会回流中亚。中亚学者普遍认为，2014 年以后由于阿富汗局势的变化，这种可能性非常大。[①] 事实上近两年来的情况表明，这股极端主义和恐怖主义回潮已经开始。最后，阿富汗毒品给中亚安全和社会领域带来的后果严重，作为毒品“运输走廊”的中亚也成为国际贩毒集团觊觎掌控的对象，国际贩毒集团在无法控制的情况下就会尽可能制造混乱。

此外，面对复杂形势，中亚区域合作机制遇到了前所未有的困难与挑战。俄罗斯主导的欧亚经济共同体和独联体集体安全条约组织缺乏凝聚力，空谈无限而行动有限；关税联盟虽有进展但带来的负面效应也在显现，前景难测；要实现“欧亚联盟”更是遥远构想。土库曼斯坦宣布退出中西亚经济合作组织，阿塞拜疆、乌兹别克斯坦对这个组织的态度一向消极，中西亚经合组织也面临困境。各国面对阿富汗难题无法形成有效的多边保障机制。围绕阿富汗未来走向，某些大国从自身利益出发积极布局，也会给地区稳定带来新的变数，如美国出台“新丝绸之路计划”，希望中亚能够通过阿富汗、巴基斯坦、印度出口能源，目的还是牵制中俄。大国在中亚地区的协调与合作更加困难。尽管在中亚不会出现大国间的新“冷战”，俄罗斯和西方在中亚甚至也开展了一些合作，对美国及其盟友撤出阿富汗提供通道，但彼此建立相互信任的关系依旧困难。

第二，“阿拉伯之春”脚步又近中亚。中亚几个国家正处于权力交接的敏感期，对于“阿拉伯之春”十分警惕，采取防范措施，但这些措施在一定程度上也激化了官民矛盾。

---

① Militancy in Central Asia: More Than Religious Extremism, August 9, 2012, http://www.stratfor.com/weekly/militancy-central-asia-more-religious-extremism?utm_source=freelist-f&utm_medium=email&utm_campaign=20120809&utm_term=sweekly&utm_content=readmore&elq=718a8b782a814aada13362808c66f2a9.

虽然中亚整体保持稳定，但一些迹象表明，与2011年相比，2012年“阿拉伯之春”又向中亚靠近了一些。除了宗教极端势力在这一年更加活跃外，境外政治反对派也在加紧活动。乌兹别克斯坦最大的政治反对派联盟“乌兹别克斯坦人民运动”于2012年6月29日在布拉格举行第二次联合大会，联盟主席M. 萨利赫（Мухxамад Салих）呼吁人民“起义”推翻现政府，并不断在西方发表讨伐卡里莫夫总统的言论。[①] 他认为“阿拉伯之春”表明民主和伊斯兰是可以联合的，[②] 这显然十分符合当前中亚人权分子的口味，也为未来可能的宗教极端势力与政治反对派的合流提供了理论依据。由境外塔吉克人成立的“塔吉克斯坦国民运动”也在西方国家支持下频频活动，并谋求参加2013年的总统大选，影响国家政治进程。[③]

再有，中亚各国公民群体通过游行示威或街头暴力影响政局变化的可能性在上升，公民群体的政治组织和动员能力在增强，中亚国家的集会示威活动明显增多，包括乌、土这两个管制比较严的国家。乌一些持不同政见组织活动增多，土在2012年由于民生问题发生了数次集会示威。公民对现行利益分配机制的认可程度低。中亚国家中除土外，几乎都有公民群体暴力的传统，如乌“安集延”事件、哈“扎瑙津”骚乱、塔集会游行、吉暴民群体活动，等等。虽然中亚国家对这一问题的管制基本都很强，但只治标不治本，没有疏导的管道，没有民愤的正常宣泄方式，仅靠强力打压是危险的。

中亚各国执政当局对地区内种种“中亚之春”的迹象十分忧虑，纷纷采取强硬措施，如严厉打击伊斯兰极端主义，[④] 完善有关国家安全的法律法规，[⑤]

---

① М. Салих: Армия Узбекистана не будет воевать за Каримова, 11/05/2012, http: //news. tj/ru/news/m - salikh - armiya - uzbekistana - ne - budet - voevat - za - karimova.

② В Праге 29 - 30 июня пройдет второй съезд Народного движения Узбекистана, 28. 06. 2012, http: //www. fergananews. com/news. php? id = 18956&mode = snews.

③ Tajiks living abroad created political movement, 10 February 2012, http: //en. ca - news. org/news/444931.

④ Liberation: Узбекистан. Запад повторяет старые ошибки, 06. 01. 2012 http: //www. centrasia. ru/newsA. php? st = 1325857440.

⑤ В Казахстане принят новый закон “О национальной безопасности”, 06. 01. 2012, http: //www. centrasia. ru/newsA. php? st = 1325841480.

打压国内反对派，限制团体活动，整顿互联网，[①] 控制大众传媒等。[②] 这一系列措施引起国内民众对政府的不满，加上权力部门有时借此欺压百姓，激化了矛盾，也成为西方国家攻击中亚国家人权与民主问题的理由。

第三，中亚国家内部稳定受到严峻挑战，安全难题呈现复杂性、综合性、多层次性的特点。安全领域中的各个问题相互缠绕，互为因果。无法把安全问题从当前地区内的各种问题中单独剥离出来进行研究论述。

中亚国家的政治风险在增加。哈、乌两个中亚大国面临权力交接，继承人情况不清楚，导致政治利益集团之间的斗争更加激烈；中亚国家政体不完善，政党政治不成熟，威权盛行，精英之间的矛盾突出；各国普遍对强力部门的依赖程度强；大国或邻国的政治影响加强。

中亚社会出现危机的特征日益明显。除了旧有的贫困、人口、土地等社会问题难以解决之外，还增加了一些新情况：①粮食安全问题更加突出。2012 年中亚各国（除哈萨克斯坦外）普遍出现粮食短缺加重的情况。4 月 13 日，联合国全球食品项目代表在比什凯克举行新闻发布会，称吉尔吉斯斯坦有 18% 的居民食品不足，食品价格上涨导致贫困居民不得不减少食物的摄取。[③] 土库曼斯坦从 2012 年 7 月起粮食价格上涨了 3 倍，对贫困居民影响很大。[④] ②塔吉克斯坦的社会矛盾悄然积聚。塔土地归农场主所有，农民只能租用土地。农场主对农民层层盘剥，手法穷凶极恶（例如要求农民必须按土地比例缴纳粮食，并与地方官员勾结对抵制者采取拒绝提供医疗服务等惩罚性措施），然而政府却难有作为，令农民群体对政府强烈不满。[⑤] 此外，教育领域问题也很多，包括教育机构不足、教师不足、教师待

---

① В Таджикистане заблокирована популярная социальная сеть Facebook, 03. 03. 2012, http: //www. fergananews. com/news. php? id = 18280&mode = snews.

② Situation with corruption, freedom of speech and religion worsened in Tajikistan over last year-report, 30 March 2012, http: //en. ca – news. org/news/462021.

③ Кыргызстан: 18% населения не могут обеспечить себя продуктами питания, 13. 04. 2012, http: //www. fergananews. com/news. php? id = 18506&mode = snews.

④ В Туркменистане сразу в 3 раза подорожал хлеб, 10. 07. 2012, http: //www. centrasia. ru/newsA. php? st = 1341917460.

⑤ З. Гулматшоев: Обстановка в Таджикистане накаляется с каждым днем..., 18. 01. 2013, http: //www. centrasia. ru/newsA. php? st = 1358489340.

遇低。[1] 教育力量弱导致无法抵御宗教极端思想，宗教学校成为越来越多贫民家庭的选择。③吉尔吉斯斯坦因2010年奥什事件心理疾病患者增多。据吉国家心理健康中心发布的数据，目前到医院就诊心理病患达到5.2万，每年增加2000~3000人，没有就诊的患者还更多。据吉的一些心理学家称，不少于40%的吉尔吉斯斯坦人由于2010年的政局动荡和奥什族际冲突而处于心理疾患边缘。此外，吉平均每天要发生4~5次集会，这也促使心理病患增多。[2]

中亚国家之间的矛盾在这一年更加尖锐突出，其实质是对政治利益和经济利益的争夺加剧。乌塔水资源纠纷仍没有解决，仍不通航、铁路时时被封锁，随意关闭边防检查站。乌塔关系紧张，造成塔经济巨大损失，贫困居民生活更加艰难，引发社会矛盾，政权的稳定甚至也有可能受到影响。

边境仍有发生低烈度冲突的可能性，给边境地区造成紧张局势。边境冲突事件增多，引发冲突的原因在增多。包括吉塔、乌塔、乌吉的边境。原因包括居民间争夺水源和农业用地、居民与边防军之间由于越境走私、两国边防士兵之间的摩擦、贩毒集团与边防士兵的交火。乌吉边境线共长1375公里，其中约有300公里是有争议的。2012年4月，乌在未争得吉同意的情况下在边境筑600公里长的防护网，令边境局势陡然紧张。[3] 刚刚进入2013年，便于1月7日在费尔干纳谷地南部的两国交界处发生了索赫边境冲突事件。[4] 从现实意义上说，乌未有武装激化的企图，但如果边境长期处于紧绷状态，对国家间关系不会带来什么好处，一旦两国关系紧张，首先会反映到边境，为可能引发的军事冲突造成潜在威胁。并且随着中亚国家主权意识不断唤醒加固，由边界问题产生的矛盾在未来会更多。

第四，地缘政治格局进一步趋于复杂化，不利于中亚安全。大国在中亚的

---

① С. Мамазаиров: Кризис в системе образования Таджикистана, 13.01.2012, http://www.centrasia.ru/newsA.php? st = 1326400560.

② В Кыргызстане растет число людей с психическими расстройствами, 27.01.2012, http://www.fergananews.com/news.php? id = 18034&mode = snews.

③ Узбекистан возводит ограждение на границе с Кыргызстаном-без согласования с Бишкеком, 20.04.2012, http://www.fergananews.com/news.php? id = 18551&mode = snews.

④ Конфликт на узбекско-киргизской границе: Данные о заложниках и раненых противоречивы, 07.01.2013, http://www.fergananews.com/news/20000.

竞争以过去经济领域为主转向军事政治领域，并加紧意识形态渗透，对地区稳定不利。虽然吉尔吉斯斯坦新领导人态度明确，要在 2014 年停止美国使用马纳斯基地，但变数仍在。俄罗斯通过积极运作，与塔吉克斯坦就继续使用塔军事基地达成协议。2012 年 10 月 4 日，俄、塔两国国防部长签署协议，俄在塔的军事基地将保留至 2042 年。俄罗斯与吉尔吉斯斯坦的军事合作也得到加强，在吉的空军基地将在 2017 年到期后再延长 15 年。中亚军事力量最强的乌兹别克斯坦在 2012 年 6 月底突然宣布中止参与俄罗斯主导的独联体集体安全条约组织的活动，被认为有西方“利诱”的因素，这一年美乌军事合作也确实非常密切。美国表示将把从阿富汗撤出的部分军事装备“赠送”给中亚国家，这让中亚国家都很感兴趣。在 2011 财年美国拨款 1.7 亿美元用于帮助中亚国家保障边界安全、打击毒品、恐怖主义以及帮助和装备当地执法部门。[①] 俄罗斯也不甘落后，主动出资帮助吉、塔更新装备。

总的来看，虽然与 2011 年相比，2012 年安全形势更加复杂，头绪多，事件多，但总体还没有达到安全严重恶化的程度，形势仍在可控范围。这是由于：中亚国家内部保持稳定，执政当局对整体局势控制仍较强；目前中亚的主要安全威胁来自外部，即来自阿富汗北部，而以“乌伊运”为主的威胁，其人数并不多，即使进入中亚，也不会造成地区性紧张；哈萨克斯坦的安全形势远达不到失控程度，一些袭击事件不排除是刑事案件，不能夸大哈的问题。

三　预判和思考

第一，未来一年是中亚反恐的关键年。2013 年地区安全形势将更加复杂，恐怖主义威胁不会改善，只会呈上升趋势。跨国犯罪难以遏制，恐怖势力、宗教极端势力、贩毒集团、反政府武装势力相勾结。中亚有几个点是比较脆弱的：塔阿边境地区，塔阿边境到费尔干纳谷地沿线地区，费尔干纳谷地。塔吉

① Дайджест от 31 июля 2012 года, 31. 07. 2012, http：//fskn. gov. ru/includes/periodics/Pressa_Afganistan/2012/0731/145719912/detail. shtml.

克斯坦已形成政治贩毒集团，官匪沆瀣一气，政治贩毒集团为追逐利益可能发生新的冲突。

费尔干纳谷地或成中亚恐怖分子的新安全岛。费尔干纳谷地一向是中亚宗教极端势力的圣地。随着阿富汗形势的变化，中亚的宗教极端势力谋求返回中亚，进入费尔干纳。谷地对恐怖分子有着得天独厚的条件：与阿富汗邻近，越境方便；冬季交通不便，雪山阻隔政府军行动，从而可以休养生息；人口稠密，伊斯兰传统深厚，信息封闭，可以有效煽动当地居民，有丰富的极端分子后备资源。塔吉克斯坦的巴达赫尚是便捷通道，吉尔吉斯斯坦部分的费尔干纳山区是最佳藏身之地。作为一些武装势力早就觊觎的地方，费尔干纳谷地不仅可以作为武装派别的锚地，还可以在这个中亚人口最稠密的地区协调行动。

尽管“乌伊运”在阿富汗前景黯淡，但不会被马上彻底清除，原因是：“乌伊运”是一个具有思想基础、组织建构、武装力量和一定民众支持的结构完整的恐怖组织，目前的困境仅仅是人员和资金不足，一旦这两点被补足，“乌伊运”会恢复元气，仍有可能成为中亚地区最大的一支恐怖力量；对于美国来说，“乌伊运”是一张可以制衡中亚各国的好牌——中亚国家对阿富汗形势变化的忧虑，很大程度来自对“乌伊运”等恐怖组织回流的担心。如果“乌伊运”被彻底歼灭，中亚国家对美国在军事上的依赖就会减少，这并不是美国希望的局面；目前中亚宗教极端思想再度泛滥，若“乌伊运”返回中亚，可能会得到不少人员补充，到时将更难实施打击。因此，“乌伊运”仍然是一个严峻的安全问题。

未来“萨拉菲”问题在中亚会更加突出，来自西亚北非的萨拉菲主义和萨拉菲政治势力的影响渠道会更加通畅，加上巴阿形势恶化，在巴阿活动的萨拉菲极端组织活动加强，对中亚的威胁更加直接。更让人担心的是，新疆的萨拉菲派早已有之，但一直没有演变成被分裂势力和宗教极端势力利用的思想工具。如果中亚的萨拉菲极端思想和极端势力进一步流肆，将对新疆地区带来严重影响。因此对“萨拉菲”问题要重视，进一步进行研究：①在中亚的萨拉菲信徒情况，包括在中亚国家的分布情况和信仰程度；②目前萨拉菲宗教极端组织的情况；③如何防范萨拉菲分子及其他宗教极端势力打着“萨拉菲纯正伊斯兰”的旗号在新疆扩散。

第二，中亚进入意识形态危机期。当前中亚各国的贫困阶层无法保证得到完整的教育，居民文化素质整体下降，影响到社会的稳定与发展。新的社会精英受西方影响大。整个社会处于一种分散的状态，容易受到趋同心理的影响，容易陷于非理性状态。宗教极端思想在塔吉克斯坦和吉尔吉斯斯坦近乎失控，官方几乎束手无策。对抗宗教极端思想成为各国难题。中亚国家独立以来，文化教育萎缩，居民文化生活枯燥，新一代受教育程度低，呈两极分化状况：富有阶层青年到西方国家学习，贫困阶层无法保证得到完整的教育，地下宗教学校飞速增加。

第三，在治理中亚与新疆恐怖势力关联的同时，也要重视反毒问题。从前新疆的毒品大多来自金三角地区，但近年来中亚毒情严重，阿富汗毒品已经进入新疆，如不加强应对，毒品泛滥指日可待。

第四，“中国威胁论”的“新调”要引起重视，中资企业在中亚进入风险期。过去，中亚国家关于“中国威胁论”主要集中在移民问题上，近年来出现了新论调，主要是中国对中亚资源的“掠夺”、中资企业占用当地居民的工作岗位等。2012 年在此问题上的主要表现是：①塔吉克斯坦租赁给中国土地问题。塔全国只有 7% 的土地是耕地，因此 2012 年塔政府把国土的 1%，即 1400 公顷出租给中国人时引发了塔国内强烈不满。此外，随着中资企业在塔的增加，中塔通婚现象也在增多，这被一些激进的塔吉克人认为是人口侵略。还有一些人认为，来自中国的工人抢夺了塔吉克斯坦公民的工作岗位。②吉尔吉斯斯坦中吉乌铁路引发的问题。如以资源换铁路修建费用等，尽管吉官方否认“将把 23 个矿区和 40% 的冰川以 25 亿美元的价格出售给中国以换取铁路修建费用”,[①] 但这一传言仍在吉国内引起争议。[②] 此外，还发生了一些针对中资企业的群体性事件。

---

① Посол Китая в Кыргызстане: Мы обсуждали вопрос о передаче ресурсов в обмен на инвестиции, 28. 04. 2012, http://www. fergananews. com/news. php? id = 18598&mode = snews.

② Джоомарт Оторбаев, вице-премьер Кыргызстана: «Мы не будем строить ж/д Китай-Кыргызстан-Узбекистан в обмен на наши месторождения», 09. 04. 2012, http://www. kyrtag. kg/? q = ru/interview/18740.

目前中资企业在中亚面临的风险越来越大，主要包括：政局动荡，经济危机，恐怖主义袭击，与当地居民的冲突。中资企业在中亚进入风险期，各类风险联动效应突出，风险日趋多元化。应加强中资企业安全风险研究、加强各职能部门应对企业安全风险的相互协调配合，完善相关法制、机制和制度，强调企业在所在国的社会责任，提高企业抗风险能力，防范中资企业受到冲击，避免重大财产损失。

第五，对“中亚之春”的思考。关于“中亚之春”，目前国内外学术界普遍流行的一种观点是，中亚与中东发生“阿拉伯之春”的国家有一定的相似性：都属于伊斯兰国家，人口结构年轻化，正面临粮食危机，互联网和手机逐渐普及，新媒体的革命作用增强，在经济水平、人均 GDP 等方面有类似之处，贫困痼疾，宗教极端思想泛滥，等等。甚至担心中亚将发生大的政治与社会动荡。判断“中亚之春”的可能性，应该先从中亚稳定的有利因素和不利因素着手分析。

先看不稳定因素。从长期看，中亚存在以下不利于稳定的因素。首先，社会政治生态没有正常发育，后续权力缺乏可靠的政治精英；中亚各国的政体面临第二次选择，即从总统制向所谓的民主制过渡，但缺乏可借鉴的模式；在向议会分权过程中也容易出现政治集团利益分配不均的问题。其次，中亚国家处于现代化进程中，这些国家经济发展本身就导致社会不稳定，传统约束的断裂更加增加了挫折感，容易引发变革。加上近年各国经济差距加大，高失业率、普遍贫困、深度腐败，经济上缺乏真正的增长点，是发生动荡的重要原因。复次，宗教极端思想传播广泛，意识形态混乱，文化危机，底层贫困，精英西化。最后，与“阿拉伯之春”国家有诸多相似之处。

根据历史经验和理论层面的一些思考来考察中亚发生变革的条件，似乎可以得出不同的结论，即有利于中亚稳定的因素，有以下几点。

首先，发生革命最重要的一点，往往是经济经历长期繁荣，突然下滑，人民的忍耐逐渐达到极限，最后归咎于政府，进行推翻政权的暴力革命。然而中亚国家的情况是，独立 20 年来，虽然经济增长程度不同，但还是有所好转的；人民的耐受力较强，忍耐远未达到发生革命的极限程度。

其次，发生变革的前提并非贫困，而恰恰相反通常是物质和精神的“过剩”。根据戴维斯的 J 曲线革命理论[①]推断，中亚目前还不具备这一条件。当前的中亚，可以说正处于大部分没有脱贫、少数社会精英正在形成的阶段，还没有达到物质和精神过剩的程度。

再次，中亚缺乏成功的组织和团结的精英，大部分政治反对派流亡国外，国内持不同政见者及文化精英力量薄弱，也难以团结一致。精英与大众之间的相互影响松散，对大众的引导性差导致不可能组织像样的街头革命。

复次，除了吉之外，中亚各国政府控局能力很强，强力部门对国家的稳定作用非常大，并且各国对“阿拉伯之春”东进十分警惕，早有预防措施，一旦一国发生，其他中亚国家必会协力合作，控制局势。

最后，中亚与中东的实际情况差别很大：虽然中亚国家都属于伊斯兰国家，但中亚的大部分穆斯林属于逊尼派中更为温和宽容的哈乃菲教法学派，容易接受世俗理念，加上许多居民受游牧祖先的影响，宗教观念并不强；目前中亚人口结构年轻化趋势非常明显，但是，事实上中亚国家相当多的年轻人在国外务工，例如塔吉克斯坦就有 100 多万人在俄罗斯打工，[②] 相当于全国人口总数的 1/7，这些人承担着养家糊口的重任，很难抛下工作回国充当政治暴民；在新媒体革命作用方面，目前中亚国家的手机和互联网普及率低，官方对信息交流仍有很强的控制力，如在塔吉克斯坦霍罗格冲突发生期间，该地区的手机信号和互联网一律被切断；至于粮食危机，中亚国家的粮食短缺已持续数年，在国际援助和自身调节下，粮食危机可望缓解。

总体看，中亚在未来几年内不会发生大的动荡，发生“中亚之春”的可能性也不大。但是，需要认真对待的是，中亚地区确实存在变革的重要条件和土壤，如果不加以良好引导和进行政治与社会改革，在更远的几年，不排除会发生大的政治事件。具体来说：第一，从前两次骚乱的发展规律来看，吉未来

---

① 戴维斯认为，在贫穷的社会里，人们靠仅有的物质和精神力量生活，往往抑制与生存无关的活动，以家庭为主要网络，极少与其他社团联系，社会也自然比较稳定。而在物质和精神相对过剩的社会中，会出现相对贫穷和相对富裕，这将导致民众心理提前成熟并引发革命。〔挪威〕斯坦因·U. 拉尔森：《政治学理论与方法》，任晓译，上海人民出版社，2006，第 237 页，第十六章“戴维斯的 J 曲线：革命何时爆发”。

② Rahmon about sanctions against Iran, relations with Russia, migrants, democracy and drugs, 2 April 2012, http://en.ca-news.org/news/462601.

几年可能再度发生街头政治形式的权力更替。2005 年和 2010 年的政权更迭之后，反对派的活动特征、吉的社会经济形势与现在很相似。目前吉的政治体制仍是少数人分权的贵族政治，而非真正的民主制。第二，塔吉克斯坦形成政治贩毒集团，未来更多的政治角力会集中在这些集团之间，不排除发生武装冲突的可能性；中央与地方的权力斗争也将更加激烈；塔的社会矛盾在不断累积。第三，乌兹别克斯坦长时间矛盾聚集将导致社会矛盾激化，未来若干年内可能会出现“断裂社会”，可能会发生规模有限的动荡，始发于社会底层。

Y.5

试析民生问题与中亚国家的社会稳定

杨 进*

摘 要：

民生问题对于发展中国家特别是转型国家的社会稳定具有特殊重要性，国家转型成功与否、改革是否取得社会共识、社会能否维持基本稳定，甚至政权是否具备合法性，在很大程度上取决于民生问题解决得好坏。中亚各国独立20余年的复杂历史进程积累了较多社会民生问题，较为突出的失业与就业问题、医疗卫生问题、住房建设问题、贫困与社会保障问题等，都是影响各国政治稳定和社会发展的基本要素，也是近年来各国政府下大力气解决的重要内容。中亚各国由于基本国情的差异，政策选择的不同等因素，对于民生问题的解决程度正在发生重要变化，表现出日益不同的差异性。

关键词：

中亚 转型 民生问题 稳定

一 中亚国家的民生问题

国内学术概念上的“民生”一词难以在中亚各国找到完全契合的词语。俄语与之对应的词语大致可理解为“Уровень жизни населения ”或者“Благосостояние населения”，即便如此，各国对这两个词语内涵的理解有所区别，所论及的范畴和领域亦有所不同。本文所论中亚国家的“民生”问题，指据各国实际，对各国民众生活水平、社会福利和社会保障起关键作用，在独

* 杨进，法学博士，中国社会科学院俄罗斯东欧中亚研究所助理研究员。

立20余年对各国社会稳定发生重要影响的领域，如失业与就业问题、医疗卫生问题、住房建设问题、贫困与社会保障问题等等。

1. 失业与就业

失业和就业从概念到内涵有联系又有区别。从简单的指标上看，两者往往此消彼长，即一方指标的扩大意味着另一指标的降低，在特定情况下也可能同向发展，如失业人数增长，就业人数也在增长。中亚各国政府在政策执行中一般把两者联系考虑，均把扩大就业和减少失业作为政府经济工作业绩的重要考核内容之一。

从历史数据看，中亚国家独立初期直到20世纪90年代末失业率明显增长，此后随着各国经济形势的好转，就业岗位不断增加，失业率整体上呈现下降趋势（见图1）。

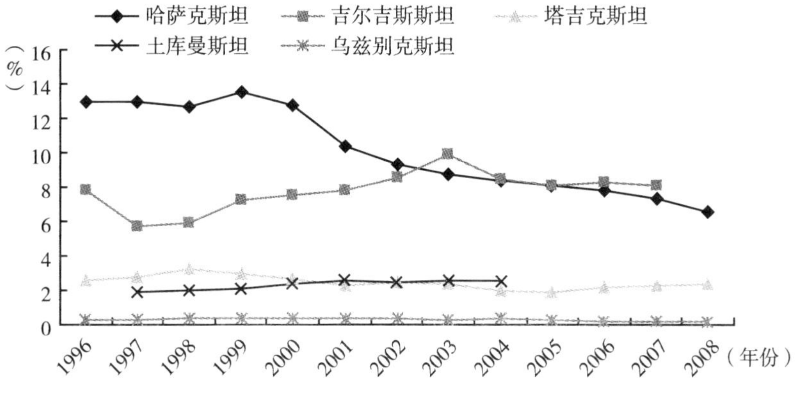

图1　中亚各国20世纪90年代中期以后历年失业率情况

资料来源：Labor Force and Employment，Asian Development Bank（ADB），*Key Indicators for Asia and the Pacific* 2009，http：//www. adb. org/statistics。

图1的数据不仅直观表明了各国历年失业率整体下降的趋势，而且很容易对各国失业率进行比较。从图上看，哈萨克斯坦和吉尔吉斯斯坦的历年失业率似乎明显高于塔吉克斯坦、土库曼斯坦和乌兹别克斯坦三国，事实上并非如此。这是由各国统计方式不同、对失业数据态度不同造成的。

中亚各国对于失业的统计数据一般以在官方失业登记机构正式登记3个月以内未由就业机构推荐就业的人数为准，由于对失业登记和再就业程序有着十分复杂的规定，失业补贴只是象征性数目而且几乎得不到兑现，加之就业机构未必能推荐到合适的就业岗位，很多失业人员不愿意到失业登记机构登记，这就造成有的国家公布的失业率远远低于实际情况。如 2004 年土库曼斯坦官方公布失业率为 0.4%（这是一个极小的失业率，即便最发达国家也极难达到），而美国中央情报局对该国当年失业率的估计值则高达60%①，两者相差悬殊。

再以失业问题解决较好的哈萨克斯坦为例。近年来，随着哈萨克斯坦经济迅速发展，各类工商企业创造了大量新就业岗位，失业率与 90 年代相比明显下降。根据哈萨克斯坦国家统计局公布的数据，2012 年该国失业率为 5.3%，当月就业人口为 850 万，失业人口为 47.53 万。但哈萨克斯坦学者 K. 别连塔耶夫认为，“该国的实际失业率要比官方数据高很多。哈萨克斯坦有一个指标，比如自主就业者，他们几乎占劳动人口的 1/3，他们没有正常的退休金，没有任何社会福利，一切都靠自己，因此在统计失业的时候不应该忘记这部分人。”②

实际上，中亚其他几个国家如乌兹别克斯坦、吉尔吉斯斯坦和塔吉克斯坦情况类似，有的国家就业与失业问题到最近也没有解决好，大量国内剩余劳动力需要通过“劳动移民”方式到国外寻求就业机会，如塔吉克斯坦和吉尔吉斯斯坦，每年有数十万甚至上百万劳动移民前往俄罗斯、哈萨克斯坦或者其他国家“打工”为生。

2. 医疗卫生

中亚各国独立后的医疗卫生事业状况发生了很大变化，从整体上看取得的成绩是主要的，但是问题也很多。如果把各国存在的医疗卫生问题进行总结，这些问题主要有：医疗体系不完善、苏联医疗体系痕迹明显、医疗设施老旧、技术更新慢、医药依赖进口、医护人员数量不足、医护人员素质亟待提高、医疗卫生行业地位低、医疗管理落后等。

以哈萨克斯坦为例，早在 2006 年，哈萨克斯坦曾发生一起严重医疗卫生

① 美国中央情报局，https：//www. cia. gov/library/publications/the - world - factbook/geos/tx. html.

② К. Берентаев：Экономика без рук. Фактический уровень безработицы в Казахстане намного выше，чем официальные данные，http：//www. centrasia. ru/newsA. php？ st = 1232194200.

事故，造成数名艾滋病儿童死亡，并有上百人感染。据哈萨克斯坦媒体透露，当时主要的问题有多方面，充分暴露了哈萨克斯坦医疗卫生领域的不足。首先是医疗设施和技术落后，医院存在多次重复使用输血管的情况，造成患者交叉感染。其次是医院管理漏洞，对传染病未能引起高度重视，甚至存在瞒报现象，造成传染面扩大。

2012 年 7 月，在哈萨克斯坦卫生部通报会上国务秘书 M. 库姆哈默德表示，该国“仅有 6.5 万名医生，至少还差 5000 名专职医生，在职医生的工作强度极大”，“而且我们的医生们经常要干那些本应该由中级医务人员做的非他们本职的工作”，“不仅应该扩大中级医务人员的数量，而且应该提高医务人员的地位和职业技能”，他还指出，“哈萨克斯坦患者平均住院时间要比欧洲主要国家以及美国长两倍”，“因此，优化床位流转速度能够减少对医生的需求”。[①] 医生以及医务人员数量不足、治疗效率低、医院管理水平不高的现象多年来一直困扰着哈萨克斯坦。在治疗收费领域，全国缺乏统一标准，不同医院对同一病症治疗的费用差别较大。2012 年 11 月，哈萨克斯坦卫生部医疗付费委员会公费医疗鉴定管理处处长 H. 内戈马诺娃指出，哈萨克斯坦正着手制定全国统一的医疗价目表。

哈萨克斯坦的情况在中亚具有一定代表性，事实上，相对而言，哈萨克斯坦的医疗卫生改革是比较成功的，这与该国独立后经济恢复增长快，国家实力不断提高有关。在这种情形下，国家有能力拿出更多资金投入医疗卫生事业领域。相对而言，吉尔吉斯斯坦和塔吉克斯坦的医疗卫生事业发展落后，医院数量不够、分布不均、床位不足、医疗器械设备落后、医务人员不足、医生职业技能亟待提高等问题长期得不到解决。在一些山区，特别是农村地区，甚至缺乏基本医疗点，有的地区还缺乏清洁的饮用水供应，例如，塔吉克斯坦 2010 年获得改善水源的农村人口比例仅为 54%，该数据已经持续多年[②]。乌兹别克斯坦和土库曼斯坦因为咸海问题等因素还存在地方病。

---

① Медицинские учреждения Казахстана испытывают нехватку 5 тысяч врачей, http://www.zakon.kz/4504061 - medicinskie - uchrezhdenija - kazakhstana.html.

② 世界银行网站，http://data.worldbank.org.cn/country/tajikistan.

3. 住房建设问题

住房改革是独立后中亚各国经济体制改革的重点项目之一，独立初期主要是以住房市场化改革为主要思路。不可否认的是，独立20余年，中亚各国在住房领域的改革还是取得了显著成就的，一些民众通过住房改革获得了固定资产，改善了居住条件。但是必须注意到该项改革并不是对所有居民都有所惠及，住房分配不公、房价快速增长超过普通民众购买力现象在各国普遍存在。

中亚各国在苏联时期的住房政策是依靠中央财政拨款建立公共住房免费提供给居民，独立后这一政策显然不合时宜。但是各国的住房改革总体进展十分缓慢，住房问题也成为社会普遍关心的问题。

在哈斯萨克斯坦，从1991年起就按照市场原则进行住房私有化改革，当时通过的《非国有化和私有化法》《财产法》以及随后的一系列法规和总统令如《不动产抵押贷款法》都对住房改革进行了法律性规定。但是这些法律和法令大部分没有发挥真正作用，未能实现国家基本战略目标，在最初的几年内，仅有0.5%的住房基金被用于住房建设①，住房投资和建设不足严重影响了住房消费。

由于新建住房不足，以及新建住宅大多市政配套设施不齐全等因素，在哈萨克斯坦的住房市场主要以二手房交易为主，遏制了新建住房的投资需求，对于改善居民住房条件也起到了阻碍作用，“绝大多数住房由二手市场提供，同时新建住房市场的发展十分微弱”②。

另外，住房私有化改革之后的房价指数迅速增加，使得大部分民众逐渐失去住房购买能力。哈萨克斯坦统计局的资料显示，1999年7月阿拉木图和阿斯塔纳居民月平均收入为5486坚戈（合39美元），按照哈斯萨克斯坦每个家庭3.5口人计算，两城市家庭平均月收入为19201坚戈（合137美元），在当时的房价水平下，“可以说，大多数居民没有存款，因此必须把所有收入都投入到购买住房的消费中”③。

---

① Жилищная ситуация в Республике Казахстан до начала реализации системы ипотечного жилищного кредитования，http：//www. banksway. ru/bankswаys－708－1. html.

② 同上注。

③ 同上注。

此外，中亚各国在早期住房私有化政策上基本都走过弯路，出现了一些不正常现象。如土库曼斯坦，经济改革最初是从住房私有化改革开始的，由于从政策制定到执行的准备不足，改革中遇到了诸多问题。在住房私有化过程中，不同主管部门下达的方案与国家规定的住房购买原则往往不一致，政策中的漏洞常被人利用，有的住宅区公共服务设施缺乏，令购房者望而却步。又如对老战士、军人家属优待问题，这种优待权能用几次并未详细规定，以至于有一些人短时间内几次得到新住房，这显然属于住房私有化过程中的不公正现象。同时，受物价上涨因素影响，房价上涨速度也很快，很多人因此失去了及时购房机会，等等。①

4. 贫困问题

贫困问题是民生问题，也是困扰中亚大多数国家的一个严重社会问题。独立初期，中亚所有国家都经历过贫困人口大量增加，贫困率急剧上升的过程，在有的国家如塔吉克斯坦贫困率一度超过80%，情况最好的哈萨克斯坦贫困率也一度达到46.7%，足见各国当时贫困问题的严重性。②

中亚各国贫困问题的几个主要特征是：一是贫困阶层固定化，主要集中在失业者、妇女、儿童、养老金领取者等弱势群体；二是地域化明显，城市贫困人口相对较少，农村贫困人口相对集中；三是贫富差距拉大，收入分配不公，各国基尼系数普遍高于独立前，而且有增长趋势。

中亚各国最富裕20%人群的收入在所有年份都数倍于最贫困20%人群的收入，吉尔吉斯斯坦1993年达22.7倍，乌兹别克斯坦1997年达12.7倍，中亚其他各国也均在5倍以上。这些数据充分说明中亚各国在20世纪90年代改革初期的贫富差距十分巨大。同时应该注意，尽管新世纪初这种差距有所缩小，但是从绝对值来看，仍然保持较高水平。以亚洲发达市场经济国家日本为例进行对比，同时期的日本这一数据为3.4倍左右，远远低于中亚各国③。

---

① 杨进：《贫困与国家转型——基于中亚五国的实证研究》，社会科学文献出版社，2012，第89页。

② 杨进：《贫困与国家转型——基于中亚五国的实证研究》，社会科学文献出版社，2012，第31~33页。

③ 杨进：《贫困与国家转型——基于中亚五国的实证研究》，社会科学文献出版社，2012，第36页。

从中亚各国政府最新公布的数据来看，目前哈萨克斯坦在解决贫困问题方面走在了各国前列。该国国家统计局公布的数据，该国近年来贫困率持续下降，到2012 年第三季度，贫困率已经下降到 4%，比 2011 年终下降了 1.3%。[①] 其他国家，如塔吉克斯坦和吉尔吉斯斯坦，尽管贫困率总体呈下降趋势，但是贫困率依然保持较高水平，世界银行公布塔吉克斯坦最新贫困率为 46.7%（2009 年），吉尔吉斯斯坦为 33.7%（2010 年）。[②] 这表明，塔吉克斯坦和吉尔吉斯斯坦的贫困人口比例依旧很高，减贫任务艰巨。

二　民生问题对中亚社会稳定的影响

民生问题直接涉及广大民众生活，其解决好坏影响到普通民众对改革的基本评价，对政治家执政能力的基本判断，甚至对政权合法性也具有直接或间接影响，很难说一个对民生问题不管不顾、放任发展的政权会获得民众支持，并使制定的各项改革政策获得社会共识，推动转型稳定、持续并向良性方向发展。处于民主转型进程中的中亚各国已经确立民主的基本原则，民主政治的基本框架，随着民众的政治参与意识日益提高，民生问题已经不可避免地成为民众政治诉求的直接话题，因而，民生问题解决好坏对各国社会稳定与否产生了重要影响力。

首先，民生问题涉及社会生活的方方面面，直接关系民众基本利益，凡是那些趋于恶化、解决不善的民生领域，都是各政治力量特别是反对派对政权当局发起批评和攻击的领域，在有的国家这种攻击十分有效，甚至导致政权更迭。

20 世纪 90 年代初，独立不久的中亚各国在经济上很快陷入混乱和衰退，大量失业人口出现，医疗卫生水平急剧下降，住房私有化改革出现不公正现象，民众生活日趋贫困，这些不良的民生记录使民众对改革产生各种不满情绪，并转化为各种政治力量。90 年代初，除了土库曼斯坦，中亚其他四个共

① Динамика уровня бедности за 2009 - 2012 годы, http://www.stat.kz/digital/uzhn/Pages/default.aspx.

② 世界银行网站，http://data.worldbank.org.cn/topic/poverty。

和国都已经建立不同派别的政党和组织。如哈萨克斯坦在独立前除了哈共改组成社会党之外，还出现了社会民主党、“热尔托桑科”民族民主党、国民大会党、阿拉木图工人运动等十几个政党和社会组织；在乌兹别克斯坦，除了共产党（1991 年 9 月 14 日改组成人民民主党），还有乌兹别克斯坦伊斯兰复兴党、“艾尔克”人民运动、“比尔里克”人民运动等政治组织；吉尔吉斯斯坦则有民主复兴党、吉尔吉斯斯坦民主运动、“艾尔金”吉尔吉斯斯坦民主党以及改组后的共产党等政治组织；塔吉克斯坦在独立前已经出现了塔吉克斯坦伊斯兰复兴党、塔吉克斯坦民主党、塔吉克斯坦共产党等政治组织。①

尽管这些政治组织有各自不同的政治纲领，但是它们的一个共同特征是在经济上基本都主张把经济体制改革和提高民众生活水平作为组织的奋斗目标。的确，对于普通民众，尤其是处于弱势地位的民众最为关心的并非“民主”“自由”或者“民族独立”这样的政治口号，改善经济状况、提高生活水平才是他们的利益关切。90 年代初中亚各国出现政治热潮无不与民生领域出现的各种问题有关。

新世纪之后直到当前，民生问题更是反对派对政权当局发起挑战的便利工具。例如，2005 年 3 月，吉尔吉斯斯坦发生所谓“郁金香革命”，阿卡耶夫政权最终倒台。按照当时国际社会的普遍猜测，时任总统阿卡耶夫已经完全掌握了总统选举主动权，再次连任已无悬念，然而，从吉尔吉斯斯坦南部奥什州爆发的抗议行动很快席卷到首都并导致阿卡耶夫出逃，政权由此发生更迭。撇开其他因素，实际上吉尔吉斯斯坦历史上长期存在南北发展差异，南部经济大大落后于北部。吉国南部的奥什州的平均工资不到首都比什凯克州的一半，与伊塞克湖州相比也相差近一半，反对派从落后的奥什州发起进攻显然有着深厚的社会基础。

2006 年 12 月，土库曼斯坦反对派领导人、旅居国外的 A. 库利耶夫声称要在该国发动一场所谓“面粉革命”，否定作为尼亚佐夫继承人的别尔德穆哈梅多夫政权。契机是该年度土库曼斯坦发生了粮食危机，甚至出现了全国范围的粮食抢购风潮，反对派欲通过向国内运送面粉，发动民众拒绝把票投给人民

① 邢广程：《崛起的中亚》，三联书店（香港）有限公司，1992，第 39 ~ 68 页。

委员会确定的候选人，并在名单中增加自己的候选人。“面粉革命”虽然最终被隔离在土国境外，但是反对派欲利用国内民生问题攻击和颠覆现政权的影响深远。

其次，民生问题直接影响社会团结，加剧社会分层，激化各种社会矛盾，甚至为恐怖主义、宗教极端主义和分离主义创造了良好的生存土壤。

无论是失业、医疗、住房、贫困或者民生领域的其他问题，从根本上反映的是国家在转型时期秉持怎样的经济和社会政策，这种经济和社会政策是否以民生为本，坚持公正的收入分配制度。因此，这些领域的突出问题一方面反映该国社会分化程度，另一方面又不断激化社会成员之间矛盾，社会与政府之间的矛盾，也成为“三股势力”生存和发展的极佳环境。

2011 年 12 月，哈萨克斯坦扎瑙津发生了严重骚乱事件，冲突造成了数十人死伤（哈官方公布数据）。这是哈斯萨克斯坦近年来发生的最严重的一起骚乱事件，此前哈萨克斯坦被认为是中亚经济社会发展最迅速、最平稳、最安全的国家。尽管事后哈政府称该事件是有关国家和组织的有预谋、有组织的犯罪行为，但是哈官方承认，该事件是由石油工人与石油公司的劳资纠纷开始的，参与骚乱的人主要是“不法分子”和一些被石油公司开除了的人员，他们的数量一度超过 800 人。这表明，不管事件背后是否有更复杂的政治预谋，至少有大量失业工人直接参与了事件过程。

2012 年 7 月以来，塔吉克斯坦政府军与反对派武装在戈尔诺－巴达赫尚州发生军事冲突和对峙，严重威胁该国社会稳定。戈尔诺－巴达赫尚州是塔吉克斯坦最贫困的州，曾有超过 80% 的人口生活在贫困线以下，该州基础设施落后，经常缺水、缺电和其他基本生活物资。加之该州部分民众与塔吉克斯坦其他地区的宗教派别不同，属于伊斯兰什叶派，在内战时期就是反对派据点。因此，在 2012 年的冲突中反对派武装以该地区为据点对政权发动挑战，可以说有其民众基础。

最后，民生问题耗费了政府大量精力，消耗了大量经济和社会资源。

在成熟市场国家，除了政府承担的社会责任，更多的是政府制定游戏规则，让市场承担大部分民生领域的责任，如市场化的失业保险、再就业培训、医疗卫生和社会保障，等等。其好处是政府不需要对这些资源进行直接掌控，而是通过民主程序制定市场规则，由市场这只看不见的“手”对社会资源进行分配，使政府的直接民生责任降到较低水平，也大大降低政府的社会管理成本。

对尚处于威权体制阶段的中亚各国而言，民生问题更多地属于政府责任。因为在这种体制下各国市场发育不完全，各种关键资源依旧掌握在政权手中，市场的社会分配能力受到抑制，一方面使政府必然在民生领域承担更多责任，另一方面也通过政府行为消耗了大量的经济和社会资源。例如，土库曼斯坦政府为了保障民众基本生活，多年来直接向居民免费或低价提供天然气、食盐和面包等基本生活物资；塔吉克斯坦政府每年要把超过一半以上的财政收入投入民生领域。应该说，这些非市场化的政府行为对于保障居民基本生活的确发挥了积极作用，但是不利于政府对其他领域的基本投资和积累。

三　中亚各国解决民生问题的政策及评价

中亚各国政府高度重视上述民生问题的解决，把它们作为国民经济发展进程中要解决的重要目标，因而在政策上作出了诸多调整和努力。

首先是制定和不断完善民生领域的相关法律。

中亚各国独立以来，十分重视法律法规的建设和完善，尤其是在社会和民生领域，把与之相关法律、法规的制定视为稳定解决民生问题的基本保障，但是，由于历史原因，这一过程十分复杂。以哈萨克斯坦为例。

哈萨克斯坦是中亚国家中对社会和民生领域改革步伐较大也是较为成功的国家之一。哈萨克斯坦在社会和民生领域的改革于20世纪90年代中期启动，此后国家加大立法力度，各项政策不断被推出并逐渐实施，与国家实力相匹配的系列社会政策逐渐完善。在此期间，新的《社会保障法》《劳动法》《就业法》《养老金法》《保险法》《医疗卫生法》《教育法》等与社会民生领域相关的法律陆续出台。

为了防止私有化过程造成大量失业人口出现，《哈萨克斯坦非国有化和私有化法》第三章即最后条款的内容主要涉及对民众的社会保障，该法第29条“私有化企业工作人员的社会保障”明确规定，“私有化企业的工作人员和新占有者的劳动关系由哈萨克斯坦共和国现行劳动法加以调整，并考虑本条款”，“在实行私有化期间，国营企业行政管理部门必须履行原先签订的集体合同和劳动合同的一切条款”，“从财产所有权转给新的占有者之日起6个月内，新的占有者与劳动集体之间要签订集体合同”，“私有化企业新占有者或者行政管理部门只能根据劳动法规定的理由提出解雇工作人员。如果从占有、使用、管理权或者所有权转给新的占有者之日起6个月内进行解雇，须向被解雇工作人员支付平均工资数额3个月的补助金”，“根据哈萨克斯坦共和国就业法，对裁减下来的劳动者进行劳动安置”，[①] 等等，这些法规规范了私有化过程中的劳资关系。

在养老金改革领域十分成功的哈萨克斯坦，《养老金法》的出台并非一帆风顺。20世纪90年代初，哈萨克斯坦总统纳扎尔巴耶夫在谈到社会领域的改革困难时说道：“我们的心态是那些受共产主义原则教育的几代人所形成的”，“由于主观或者客观因素的影响，人们对发生的变化适应极慢，在解决自身问题时还和过去一样等待国家救助，这种理念和思维方式阻止他们应对新的挑战，使他们失去了依靠自己解决问题的能力和愿望”[②]。在此情况下，从改革的稳定目标出发，哈萨克斯坦首部《养老金法》直到1996年才颁布，以此为标志，哈萨克斯坦启动了后来被人们称为“哈萨克斯坦模式”的养老金制度改革。

哈萨克斯坦新的社会政策在基本理念上“以外国的经验结合本国实际”，使“社会保障政策适应市场条件并有利于形成覆盖水平更高、管理成本更低的稳定支付系统”。“社会保障体系在目标与任务上包括维持经济增长、为公民抵御风险提供公正的保障。”[③] 对于“公正”的理解，“在有的国家公正意味着无论公民缴费多少所获得的保障金额是相同的，而另外一些国家则是根据

---

① СоюзПравоИнформ, Законодательство стран СНГ, Закон Республики Казахстан “о приватизации”, http://www.base.spinform.ru/show_doc.fwx? Regnom = 1198.

② Послание Президента Республики Казахстан Н. А. Назарбаева народу Казахстана, http://www.akorda.kz/www/www_akorda_kz.nsf/sections? OpenForm&id_doc = FB4E875506CC75A5062576BA006EFC79&lang = ru&L1 = L2&L2 = L2-22.

③ Основные направления развития системы социальной защиты населения Республики Казахстан, http://www.pavlodar.com/zakon/? dok = 00791&uro = 07001.

每人劳动条件、交费额度和时间长短来计算保障金额，哈萨克斯坦的新社保体系将综合两种方法”。“在发生风险时每一个社会保障人都能够获得相同水平的国家最低补贴，同时附加保额则取决于人们的劳动状况。”为了克服过去社会保障平均主义的矛盾，新的社会保障体系充分考虑到了分配制度对个人劳动的激励作用，“社会保障体系应该激励个人的责任心，而不是让人们依赖国家”①。

哈萨克斯坦在社会与民生领域的理念和做法在中亚具有一定典型性，尽管各国的具体做法不同，但是在法律精神、基本原则、民生目标等方面有很多相似之处。

其次是建立和健全保障民生的各种机制，特别是组织机制。

独立至今，中亚各国基本都在民生领域建立了各种保障机制。从制度层面，各国均制定了长期社会发展战略，如哈萨克斯坦在 1997 年就出台了“2030 年前战略”，2012 年又根据国情变化重新制定了“2050 年前战略”；乌兹别克斯坦总统卡里莫夫则推出了《我们的任务——继续发展并提高人民福利》；土库曼斯坦制定了“2020 年前战略”；塔吉克斯坦制定了“2015 年发展战略”；吉尔吉斯斯坦由于特殊的政治形势，所制定的发展战略往往具有短期性，除 2001 年制定过一个《2010 年前综合发展目标》外，后来各种发展目标基本以 3～4 年为限，如《2009～2011 年发展战略》《2013～2017 年发展战略》等等。各国制定的这些中长期或者短期发展战略中均以较大篇幅规定了国家在就业、医疗、住房、贫困、社会保障等各个领域的发展规划和目标。

从组织层面，各国均成立了类似劳动与社会保障部（各国名称略有区别）、卫生部、建设部等专门机构，由这些专门机构领导和保障实施政府在就业、医疗、住房、减贫和社会保障等领域的职能。比如在塔吉克斯坦，政府为了提高减贫效率，专门成立了由总统直接领导的“总统办公厅直属减贫战略监测办公室”，该办公室的目的是“对减贫战略的实施情况进行监测和评估”。在此项工作中，总统办公厅的主要任务之一是“保障各个国家机构之间的相

① Основные направления развития системы социальной защиты населения Республики Казахстан，http：//www.pavlodar.com/zakon/？dok =00791&uro =07001.

互协调”。政府总理和副总理对减贫办公室执行政府相应内外政策的活动进行监督[①]。

最后是随着国民经济的发展，更加重视对民生领域的投入。

近年来，中亚各国政府对民生领域更加重视，投入不断增加。早在2009年12月，根据卡里莫夫的命令，2010年用于民生领域和居民社会保障的国家预算由2009年的56.5%增加到2010年的59%。根据乌总统卡里莫夫批准的“2009~2013年进一步加强居民健康工作纲要”，乌拟在此期间投入1.3亿美元，实施39个医疗卫生保健项目[②]。2011年，哈萨克斯坦通过了《住房建设国家扶持计划》。该计划包括三部分，第一是地方政府机构按照住房公积金政策贷款建房。国家将在2011~2013年间拨款408亿坚戈，其中2011年拨款208亿坚戈。按照这一政策，哈每年将建成300万平方米以上的平价住宅房。第二是安排银行向住房建设和居民抵押贷款提供资金。2011年和2012年国家划拨700亿坚戈，其中2011年划拨570亿坚戈。按照这一规划，2012年将有170万平方米的商品住宅房面世，每平方米价格不超过17万坚戈。第三是建设公用基础设施。哈政府计划在2011~2012年为此提供400亿坚戈，其中2011年提供100亿坚戈。规划每年有120万平方米的公用基础设施投入使用[③]。中亚其他国家与哈乌两国情况类似，总体上对民生领域的投资力度随着经济增长而不断加大。

中亚各国的民生问题从产生、发展、内容、特征到各国所执行的政策既有相似之处也有国情差别，这些民生问题既是转型国家在转型进程中普遍存在的现象，也与各国政治、经济转型的独特进程密切相关。具有威权特征的民主转型使中亚各国政府承担了必须持续改善民生的责任，因此，当民生问题解决不当或者出现重大失误之时，政权的合法性极易受到质疑。而在中亚地区国家，种种历史的、政治的、经济的、社会的乃至地缘的复杂因素相互交织，相互制约，政府欲靠单一政策或手段解决各种民生问题绝非易事，未来导致社会动荡的因素必然包含民生问题。因而，持续改善民生既是对现阶段中亚各国维护政权合法性的基本要求，也是对各国社会稳定提出的重要挑战。

---

① ДССБ：Первого Отчета о ходе выполнения，Душанбе－2004，с. 43.

② http：//www. mofcom. gov. cn/aarticle/i/jyjl/m/200910/20091006555038. html.

③ http：//www. ts. cn/news/content/2011－02/17/content_ 5597981. htm.

Y.6
中亚国家粮食安全状况分析与预测

张晓慧*

摘　要：

粮食安全是一些独立后中亚国家所面临的重大问题，事关国家和地区稳定。为了降低粮食不安全的水平，中亚国家努力与之斗争且取得了一些成果。尽管2012年因气候问题，世界主要粮食产区都有不同程度的减产，但与2011年相比中亚国家的粮食安全水平尚无明显变化。中亚国家粮食安全的程度在总体发展趋势上依然在低水平徘徊。具体而言，2012年在中亚国家中，塔吉克斯坦的粮食安全水平最低，吉尔吉斯斯坦的发展趋势最差，土库曼斯坦和乌兹别克斯坦的粮食安全水平中等偏下，哈萨克斯坦的粮食安全水平最高。

关键词：

中亚国家　粮食安全　状况　趋势

2012年全球多地频发自然灾害，严重影响多个农业大国的粮食生产。独联体国家中重要的小麦出口国俄罗斯也因此粮食减产。俄农业部官员于2012年7月底称，全俄共有16个联邦主体遭受旱灾，受旱耕地面积440万公顷，占总播种面积的5%～6%。与此同时，一些国际资本利用此次危机进行粮食期货炒作，致使短期内国际粮价飙升，加剧了全球粮食供应的紧张局面，引发了国际社会对全球粮食危机发生的高预期。粮价上涨波及了一些存在粮食供应不足且高度依赖进口的中亚国家①，于是部分学者担心因粮价飙升，该地区一

* 张晓慧，国际政治学博士，北京大学国际关系学院博士后。

① 本文所指中亚国家特指哈萨克斯坦、乌兹别克斯坦、土库曼斯坦、吉尔吉斯斯坦和塔吉克斯坦五国。

些国家的社会稳定可能会受影响。事实上，早在 2007 年因国际粮价出现大幅波动和黑海地区粮食大量减产，粮食安全[①]水平较低的中亚国家就出现了粮食安全问题。近 6 年来国际粮价一直在高位徘徊，据联合国粮农组织统计，粮食（肉类、乳制品、谷物、油、糖）平均价格指数（简称：FPI）一直在 192 以上，2012 年度 FPI 为 211，[②] 显然这对粮食安全水平较低的中亚国家负面影响较大。

为了应对中亚国家的粮食问题，2012 年 4 月 20 日联合国粮食及农业组织在阿塞拜疆的巴库召开会议，与会的中亚与欧洲国家一致重申并承诺“共同提高农村的可持续发展，解决营养不良和饥饿问题”[③]。但是国际合作所产生的正面效应毕竟有限，并不能从根本上解决那些粮食安全水平较低的中亚国家粮食安全问题。因为一是解决粮食安全问题首先需要提高本国粮食生产能力；二是解决粮食安全问题需要提高本国进口能力；三是解决粮食安全问题需要提高粮食摄入能力和利用率。此外，由于气候因素的不确定性，如果国际粮食持续歉收，不仅会推动粮价继续上涨，也会使国际粮食库存减少，这将导致粮食生产国减少粮食出口意愿，从而增加粮食进口国负担甚至无粮可进口。然而上述因素在中亚国家粮食安全问题上普遍存在且有很强的相关性。

因此，在结合联合国粮农组织定义和中亚国家实际情况的基础上，本文主要从粮食生产能力、粮食获取能力、粮食摄入能力和利用率等三个方面，讨论 2012 年中亚国家粮食安全水平及发展趋势。由于可替代粮食的农作物很多，

---

① 联合国粮食及农业组织（Food and Agriculture Organization of the United Nations，英文简称：FAO）把粮食安全的概念分为四个部分，一是粮食的可用度，即通过国内生产和进口（包括援助）可以获得足够数量的、质量适当的粮食；二是粮食的摄入，即个人享有足够的资源获取粮食来满足其日常营养需要的权力；三是粮食利用率，即通过适当的饮食、清洁的水、卫生和保健已达到能满足人们生理上营养需求均衡；四是粮食的稳定性，即在任何时候，全体居民、家庭或个人都能获得足够的粮食，包括在突发性事件（如经济或气候危机）以及周期性事件（如季节性粮食减产）。

② 联合国粮农组织，http：//www. fao. org/worldfoodsituation/wfs – home/foodpricesindex/en/。

③ “European and Central Asian countries reaffirm commitment to ending hunger, President of Azerbaijan calls hunger one of the ‘greatest curses of the 21st century’”, http：//www. fao. org/news/story/en/item/135324/icode/.

例如马铃薯、大豆等，为了较为客观地分析中亚的粮食问题，根据中亚各国居民的饮食习惯，本文所指的粮食为小麦。目前，哈萨克斯坦的小麦产区主要分布在北部和东北部，吉尔吉斯斯坦的小麦产区主要分布在北部和南部的部分地区，塔吉克斯坦的小麦产区主要分布在南部的哈特隆省，乌兹别克斯坦的小麦产区主要分布在东南部，土库曼斯坦的小麦产区主要分布在卡拉库姆河、阿姆河和穆尔加布河沿岸绿洲。

一　中亚国家的粮食生产能力

中亚五国的粮食生产能力差别较大，目前除哈萨克斯坦外，其余四国粮食自给能力不强（见表1）。2005～2011年在中亚五国中，哈萨克斯坦的小麦产量最高，哈萨克斯坦不仅是粮食生产大国，也是世界上重要的粮食出口国，每年大约出口粮食800万吨。在独联体国家中，哈萨克斯坦粮食产量和出口量仅次于俄罗斯和乌克兰。相比之下，塔吉克斯坦、土库曼斯坦、乌兹别克斯坦、吉尔吉斯斯坦等国都不能完全实现粮食自给，须进口一定数量的粮食来满足国内需求。[①] 根据联合国粮食及农业组织预测，与2011年相比，2012年哈萨克斯坦小麦比2011年减产30%，即可能收获1591.24万吨小麦，[②] 对于2012年哈萨克斯坦的小麦产量，美国农业部预测数更低，仅为1050万吨。[③] 另据联合国粮农组织的估计，2012年吉尔吉斯斯坦的小麦产量为60万吨，塔吉克斯坦的小麦产量为72万吨，土库曼斯坦120万吨，乌兹别克斯坦670万吨。[④] 即便如此，哈萨克斯坦依然是中亚国家小麦产量最多的国家。

近年来，为了提高小麦产量，中亚五国都采取了许多措施推动农业改革，并增加了对农业领域的投入，但是增产的效果并不尽如人意。除乌兹别克斯坦外，2012年中亚国家的小麦产量都有不同幅度的下降，与2011年相

① 联合国粮食及农业组织，http://faostat.fao.org/site/339/default.aspx。

② 联合国粮食及农业组织，“*Food Outlook-Global Market Analysis*”，p.11. November 2012。

③ 美国农业部，http://www.thecropsite.com/reports/?country=KZ&id=1163。

④ 联合国粮食及农业组织，GIEWS Country Briefs。

比降幅较大的是哈萨克斯坦、土库曼斯坦和吉尔吉斯斯坦，塔吉克斯坦基本持平。

表1　2005～2011年中亚五国粮食产量（粮食：小麦）

单位：万吨

国别＼年份	2005	2006	2007	2008	2009	2010	2011	2012
哈萨克斯坦	1119.8	1346	1646.6	1253.8	1705.2	963.8	2273.2	1591.24
吉尔吉斯斯坦	95	84	70.8	74.6	105.6	81.3	79.98	60
塔吉克斯坦	61.8	64	66.2	67.9	93.8	85.75	72.7	72
土库曼斯坦	283.4	326	270	231.7	295.79	300	327.3	120
乌兹别克斯坦	605.7	609.9	619.7	614.6	663.7	673	652.7	670

资料来源：联合国粮食及农业组织，2005～2011年，http：//faostat. fao. org/site/339/default. aspx。

然而，由于中亚国家这些年来经济发展较快且社会相对稳定，人口增长率不断提高（图1），尽管可能是趋势性的，但也给中亚国家的粮食安全增加了风险。通过比较2005～2012年期间中亚五国粮食产量的增幅与人口增速，我们可以发现在中亚国家，除了塔吉克斯坦粮食生产增长速度大于人口增长速度，哈萨克斯坦基本持平外，乌兹别克斯坦、土库曼斯坦和吉尔吉斯斯坦的粮食生产增长都低于人口增长速度（见表2）。

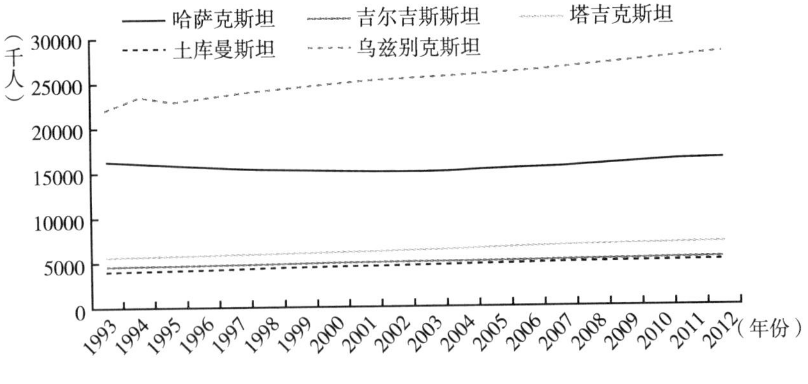

图1　1993～2012年中亚五国人口总数趋势*

*联合国粮食与农业组织，http：//faostat. fao. org/site/550/default. aspx#ancor。

资料来源：世界银行。

表 2　2005 ~ 2011 年中亚国家粮食与人口平均增长率比较

	粮食增长(%)	人口增长*(%)	2012 年 6 月人口总数(估计数)**(万)
哈萨克斯坦	1.74	1.39	1638.1
吉尔吉斯斯坦	-5.0975	1.25	544.8
塔吉克斯坦	3.381	1.25	707.9
土库曼斯坦	-21.96	1.19	517
乌兹别克斯坦	0.843	1.80	2807.7

* 世界银行，http://data.worldbank.org/country。

** 联合国粮食与农业组织，http://faostat.fao.org/site/550/DesktopDefault.aspx?PageID=550#ancor。

资料来源：世界银行。

其中虽然塔吉克斯坦的粮食增长高于人口增长，但是塔吉克斯坦粮食增长的起点低且总人口数较高，因此，塔吉克斯坦粮食增产效益并不明显。吉尔吉斯斯坦粮食增长在中亚五国中位居第四，但 2005 ~ 2011 年期间呈负增长，人口总数在中亚国家中排第四，且呈正增长（见表 2），因此随着人口的增加，需要通过进口粮食来弥补不足，那么进口粮食压力增大。由于土库曼斯坦 2011 年粮食大幅度减产，降低了其粮食增长的平均值，但是大幅度粮食减产的情况可能属于小概率，而且由于土库曼斯坦总人口数在中亚国家中最少，因此，土库曼斯坦的粮食安全水平介于中亚五国的中间水平。乌兹别克斯坦粮食增长在中亚五国排第三，但其总人口数和增长率在中亚五国中列第一，可见人口因素对乌兹别克斯坦粮食安全的影响最大。尽管哈萨克斯坦的人口总数和增长都在中亚国家中排列第二，但是其粮食产量基数大且以正增长为主，加上其良好的自然条件和丰富的自然资源，因此，在中亚五国中哈萨克斯坦的粮食压力最低。但是 2012 年气候异常导致哈萨克斯坦的小麦产量大幅下降，这将一定程度上影响哈萨克斯坦未来的粮食供给和出口。此外，在对多子女家庭补助不断增加政策的推动下，哈萨克斯坦生育率不断提高，2011 全年生育 37.2 万例，[①] 仅 2012 年 1 月至 9 月哈萨克斯坦就有 28 万个婴儿降生，[②] 以此类推，截至 2012

① 中国驻哈萨克斯坦使馆经济商务参赞处，http://kz.mofcom.gov.cn/aarticle/ztdy/201205/20120508100997.html。

② 国际妇产科联合会（FIGO），http://www.figo.org/news/kazakhstan - experiencing - baby - boom - 0010592。

年 12 月 31 日哈萨克斯坦大概会有 42 万个婴儿降生。中短期来看，哈萨克斯坦依然会保持较大的小麦出口水平，长期来看，如果在生产率没有大幅度提高的前提下，随着人口的增多，哈萨克斯坦小麦出口量存在降低的可能性。通过对中亚国家粮食生产能力的比较，以近期、中期和远期的发展来看，吉尔吉斯斯坦、塔吉克斯坦存在着较严重的粮食问题，乌兹别克斯坦和土库曼斯坦次之，哈萨克斯坦最少。

二　中亚国家的粮食获取能力

除国家自行生产和援助外，市场交易也是一国居民粮食获取的主要途径，而市场交易则取决于人们的购买力。对于一国而言，购买力又都体现在该国的人均国民收入水平上，其中人均国民收入直接决定了一国民众的购买力。

从经济实力来说，中亚五国的人均国民收入有很大的差异（见图 2）①，因此这决定了中亚国家居民粮食购买力的高低。如果按中亚国家的人均国内生产总值来看，2005～2011 年中亚国家居民粮食购买力最高的为哈萨克斯坦，其

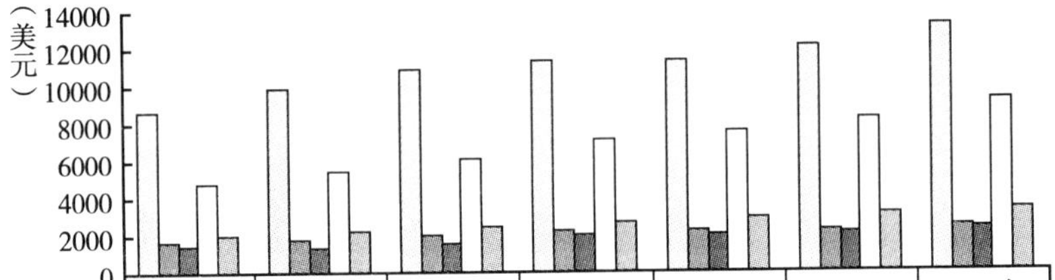

	2005年	2006年	2007年	2008年	2009年	2010年	2011年
□哈萨克斯坦	8699	9835	10896	11365	11321	12114	13189
▨吉尔吉斯斯坦	1721	1812	2005	2200	2260	2228	2423
■塔吉克斯坦	1500	1291	1598	1955	2025	2151	2340
□土库曼斯坦	4761	5414	6155	7129	7550	8236	9184
▧乌兹别克斯坦	2000	2189	2432	2666	2864	3056	3309

图 2　2005～2011 年中亚五国家人均国内生产总值

资料来源：世界银行。

① 根据世界银行的统计数据，http：//data. worldbank. org/country。

次分别为土库曼斯坦、乌兹别克斯坦、吉尔吉斯斯坦和塔吉克斯坦（与哈萨克斯坦相差6倍）。那么，在国际粮价上涨的情况下，进口粮食需求量大且经济实力低的中亚国家受到冲击的可能性会更大。

表3　2012年中亚国家的经济发展水平（估计数）

	GDP(官方汇率)(10亿美元)	GDP(购买力平价)(10亿美元)	GDP增长率(%)	人均国内生产总值(美元)
哈萨克斯坦	200.6	232.3	5.5	13900
吉尔吉斯斯坦	6.197	13.47	1	2400
塔吉克斯坦	7.263	17.61	6.8	2200
土库曼斯坦	33.47	47.55	8	8500
乌兹别克斯坦	51.62	103.9	7.4	3500

资料来源：美国中央情报局《世界概览》，https：//www.cia.gov/library/publications/the-world-factbook/wfbExt/region_ cas.html。

根据表3，2012年中亚国家经济发展水平都有增长，其中哈萨克斯坦继续保持了领先的地位，土库曼斯坦GDP增长率最高，增长较慢的是吉尔吉斯斯坦。2012年哈萨克斯坦出口了大约700万吨小麦，出口量比2011年下降了30%，12月哈萨克斯坦的小麦出口价已接近每吨400美元，小麦出口的目的国主要是阿富汗、伊朗、土耳其、阿塞拜疆、吉尔吉斯斯坦、塔吉克斯坦和乌兹别克斯坦等国。① 2012年吉尔吉斯斯坦粮食减产，虽然与2011年相比粮食进口量有所下降，但粮食进口依然占国内粮食需求总量的50%（即需要进口46.5万吨）。尽管保持了较为稳定的粮食产量，但2012年塔吉克斯坦粮食进口依然占国内粮食需求总量的80%，大约为121.3万吨。进口粮食占土库曼斯坦国内粮食需求总量的比重有所下降，2012年大约为9%，不过根据土库曼斯坦的实际情况，可能还会增加粮食进口量，大约在13.8万吨。预计2012~2013农产品销售年度，进口粮食将占乌兹别克斯坦粮食需求量的39%，大约在169.5万吨，哈萨克斯坦是乌兹别克斯坦小麦和面粉的主要进口国。②

总之，根据经济发展水平，除哈萨克斯坦外，2012~2013农产品销售年

① 联合国粮食及农业组织，GIEWS Country Briefs。
② 联合国粮食及农业组织，GIEWS Country Briefs。

度中亚国家的粮食进口能力最高的是土库曼斯坦，其次是乌兹别克斯坦、吉尔吉斯斯坦和塔吉克斯坦，但是在粮食的进口量上因国内粮食需求水平较高，乌兹别克斯坦粮食进口量最高，其次是塔吉克斯坦、吉尔吉斯斯坦和土库曼斯坦。塔吉克斯坦粮食进口能力较低但进口较高，这意味着在中亚国家中塔吉克斯坦粮食安全水平可能最低。

三 中亚国家的粮食摄入能力和利用率

根据联合国粮农组织对粮食摄入能力和利用率的定义，本文选择了营养不足发生率（Proportion of the population that is undernourished，PUN）作为替代性参考指标，该指标是指如果一国营养不足人口占总人口的比重越大，则表明粮食安全问题的程度越严重。根据国际粮食政策研究所（IFPRI）提供的全球饥饿指数（Global Hunger Index，GHI），[①] 与1996年相比，中亚国家GHI平均值总体上呈下降趋势，即从5.2下降到2.8。2011～2012年间，哈萨克斯坦饥饿指数继续趋好，是中亚国家中表现最好的国家；吉尔吉斯斯坦的饥饿指数稍有恶化；塔吉克斯坦的饥饿指数也有变好的势头，但依然是中亚国家饥饿指数最高的国家；土库曼斯坦和乌兹别克斯坦的饥饿指数都有所下降且指数相同，并列中亚国家第三。我们按饥饿指数的衡量标准来考察，那么塔吉克斯坦饥饿指数最高，处于“严重饥饿”，乌兹别克斯坦、土库曼斯坦和吉尔吉斯斯坦指数稍低，处于“适度饥饿”，哈萨克斯坦程度最低，处于“低饥饿”程度，这表明2012年在中亚五国中，塔吉克斯坦居民的营养不良情况最严重，即存在较大粮食安全问题，其余按照严重程度（降序排列）依次为土库曼斯坦、乌兹别克斯坦、吉尔吉斯斯坦，情况最好的为哈萨克斯坦。中亚国家尤其是塔吉克斯坦取得这样的成绩实属不易，因为2011～2012年大部分农资价格、水价、

① 国际粮食政策研究所（IFPRI），全球饥饿指数以百分制来衡量一个国家，其中0为最佳（“不存在饥饿”），100为最差（亦即分数越高，该国的食物状况越差，尽管这两个极端都不是在实践中取得）。分数低于4.9表示“低饥饿”，分数在5～9.9之间表示“适度饥饿”，10～19.9之间表示“严重饥饿”，20～29.9之间表示“惊人”，而30以上表示“非常令人担忧的”饥饿问题，http：//www.ifpri.org/sites/default/files/publications/ghi12.pdf。

运费等都有不同程度上涨，作为资源相对缺乏的中亚国家，塔吉克斯坦克服这些困难把 GHI 从 2011 年的 17 降低到 15.8（见表 4）。

表 4　2007～2012 年中亚五国的全球饥饿指数（GHI）

国别＼年份	1996	2001	2007	2008	2009	2010	2011	2012
哈萨克斯坦	<5	5.3	5.87	<5	<5	<5	<5	<4.9
吉尔吉斯斯坦	9.1	8.7	7.33	<5	<5	<5	5.5	5.8
塔吉克斯坦	24.4	24.5	29.93	25.9	18.5	15.8	17	15.8
土库曼斯坦	10.1	8.8	10.1	6.4	6.3	6.3	6.2	6.9
乌兹别克斯坦	9.1	10.7	13.6	11.2	7.5	7.1	6.3	6.9

资料来源：国际粮食政策研究所报告。

总之，以营养不足发生率这个替代性考察指标来看，中亚国家的粮食安全水平从高到低依次为哈萨克斯坦、土库曼斯坦、乌兹别克斯坦、吉尔吉斯斯坦和塔吉克斯坦。

四　中亚国家粮食安全 2013 年的发展趋势

综合粮食生产能力、粮食获取能力、粮食摄入能力和利用率等三个要素对中亚国家粮食安全的影响，我们可以看出目前影响中亚粮食安全 2013 年发展趋势的因素大致可分为长期因素和短期因素。长期因素主要是指自然环境、国家发展对农业依赖的影响、农业产业结构、政策等；短期因素主要是指气候、市场等。因此，考察中亚国家粮食安全的发展趋势需要在长期和短期因素上全面分析。

在长期因素上，影响中亚国家粮食安全的条件有：一是部分中亚国家农业地理环境条件欠缺，特别是塔吉克斯坦、吉尔吉斯斯坦。在中亚五国中，除了哈萨克斯坦的农耕地为 2340 万公顷、乌兹别克斯坦为 430 万公顷相对较多之外，土库曼斯坦（185 万公顷）、吉尔吉斯斯坦（127.6 万公顷）、塔吉克斯坦（74 万公顷）的可耕地相对于其人口而言较少。[①] 同时，地形、降水量的不同

① 联合国粮食及农业组织，http://faostat3.fao.org/home/index.html。

对中亚国家农业发展有直接的影响。哈萨克斯坦地形大部分为平原和低地，平原和低地年降水量在 100～500 毫米之间，塔吉克斯坦和吉尔吉斯斯坦地形多山，年降水量在 150～800 毫米之间，土库曼斯坦和乌兹别克斯坦虽以平原和低地为主，但大多分布在沙漠地区，年降水量在 80～200 毫米之间。在中亚各国国内生产总值（GDP）中，农业所占比不同。根据联合国粮食及农业组织的统计数据，在中亚国家中，哈萨克斯坦农业占国内生产总值的比重最低，最高是乌兹别克斯坦。可见，在中亚国家中乌兹别克斯坦对农业的依赖程度最高。二是中亚国家农业组织结构改革进程缓慢阻碍了农业的发展。受苏联时期专业分工的影响，农产品生产发展不均衡。以 2010 年中亚国家农产品主要进出口贸易的商品为例，哈萨克斯坦主要进口离心原糖、大麦、鸡肉、葵花籽油等，出口小麦、小麦粉、大麦、小麦麸等；吉尔吉斯斯坦主要进口小麦、小麦粉、精制糖等，出口葡萄、大豆、家畜毛皮、牛肉产品等；塔吉克斯坦主要进口小麦粉、小麦、精制糖和番茄等，出口皮棉、马铃薯、洋葱、干果和果汁；土库曼斯坦主要进口小麦、巧克力、人造黄油、离心原糖等，出口皮棉、棉籽、短绒棉、棉籽油、脱脂羊毛等；乌兹别克斯坦主要进口小麦粉、精制糖、麦麸等，出口皮棉、葡萄、棉籽饼、新鲜水果和短绒棉。[①] 由此可见，中亚国家居民的主要粮食来源——小麦，能够自给且大量出口的只有哈萨克斯坦。三是中亚国家农业改革成果不大，除了哈萨克斯坦外，其他四国的抗风险（气候变化、经济危机、粮价上涨等）能力不强。针对粮食安全问题，近几年中亚国家积极制定了相应的政策，采取措施来促进粮食产量的提高，以及开展国际合作提高粮食获取能力。例如，一些中亚国家一方面对内出台政策鼓励粮食生产，并加大农业基础设施投入；另一方面还积极与其他国家进行国际经济技术合作提高农业生产能力和在相对稳定的价格上获得国际供给。2010 年，塔吉克斯坦修改了 2001 年通过的《土地使用计划法案》，提高了政府对土地的干预能力，[②] 并通过了提高粮

① 联合国粮食及农业组织，http：//faostat. fao. org/。

② 联合国粮食及农业组织，Zvi Lerman and David Sedik，*The Economic Effects of Land Reform in Tajikistan*，Oct. 2008，pp. 23 – 24，http：//www. fao. org/fileadmin/user_ upload/Europe/documents/Publications/Policy_ Stdies/Tajikistan_ en. pdf。

食安全的国家发展计划；[①] 乌兹别克斯坦则通过价格和税收政策来鼓励粮食生产。[②] 但是，据前文对中亚国家粮食生产能力的分析，我们已经了解到这些措施的成效并不大。此外，农业基础设施和设备不足也影响了中亚国家的农业发展，例如交通网不足或老化，农业机械化水平不高，现有设备大多还是苏联时期的装备，90%的技术设备在超期使用。

在短期因素上，影响中亚国家粮食安全的条件是：一是因气候多变，粮食进口缺乏稳定性。虽然进口能力强的中亚国家通过进口能缓解一定的粮食安全压力，但是也存在着较大的风险。例如2012年因干旱问题，俄罗斯、哈萨克斯坦、乌克兰等独联体小麦产区（一些中亚国家粮食进口的主要来源地）减产，[③] 就给粮食安全水平较低的中亚国家带来了压力。因为减产势必推高国际粮价，粮食进口价的增高对粮食安全水平较低的中亚国家的居民而言将增加家庭支出，增加中亚国家家庭负担。即便是一些中亚国家依靠丰厚的能源或其他收入对高粮价实施补贴制度，但这种措施起到的也仅仅是缓冲和调节作用。例如，一些中亚国家（如土库曼斯坦、乌兹别克斯坦）可以利用其他优势资源。二是中亚国家粮食冬小麦播种情况。与2011年相比，哈萨克斯坦的谷物（85%是小麦）种植面积减少了30万公顷，此外由于哈萨克斯坦小麦产量95%主要依靠春小麦，因此冬播小麦数量对其2013年的产量影响不大。吉尔吉斯斯坦冬小麦播种面积提高了5%，由于近几年歉收，吉尔吉斯斯坦小麦种子库存不足，作为人道主义援助，俄罗斯提供了2万吨小麦种子。2012年入冬前的降水为塔吉克斯坦冬小麦的种植创造了较为有利的条件，但是由于灌溉等基础设施不足等问题，塔吉克斯坦冬小麦种植只完成了计划的92%。2012年冬播前土库曼斯坦的墒情也较为有利，但也只是完成了计划面积的60%，

---

① 联合国社会经济理事会，*Poverty Reduction Strategy of the Republic of Tajikistan For 2010 - 2012*，pp. 28 - 32，http：//planipolis. iiep. unesco. org/upload/Tajikistan/Tajikistan _ PRSP _ 2010 - 2012. pdf。

② 联合国发展计划，Dosbergen Musaev，Yorbol Yakhshilikov，Kakhramon Yusupov，Food Security in Uzebekistan，2010，http：// www. undp. uz/en。

③ 联合国粮食及农业组织，Latest forecasts confirm a significant tightening of global grain supply-demand balance in the 2012/13 marketing season，06/09/2012，http：//www. fao. org/worldfoodsituation/wfs - home/csdb/en/。

与 2011 年度持平。乌兹别克斯坦冬播计划完成较好，达到了 2011 年最高水平，如果 2013 年气候有利春播，乌兹别克斯坦可能会减少棉花种植，扩大粮食种植面积。[①] 三是世界粮食生产和市场的变化。2013 年 2 月 7 日联合国粮农组织预测 2013 年世界谷物产量可能会提高，因为欧洲冬小麦播种面积增加了 4% ~5%，但是俄罗斯与乌克兰冬小麦的播种面积与 2011 年基本持平。此外由于库存的减少，世界主要产粮国都有可能提高春小麦播种面积，并预测 2013 年世界谷物产量比 2012 年增长 0.6%。[②] 不过，尽管产量可能有所增加，但世界谷物贸易在 2012 ~2013 年度可能会有所下降，即只有 2975 万吨粮食用于交易，比 2011 ~2012 年下降 6%。国际小麦贸易（包括面粉）在 2012 年 6 月至 2013 年 7 月间的交易量大概有 1365 万吨，比上一年同期下降 7.4%。[③]

综上所述，在长期和短期因素的共同作用下，2012 ~2013 年度中亚国家粮食安全的总体趋势是，有粮食安全问题的国家依然在低安全水平徘徊，特别是塔吉克斯坦和吉尔吉斯斯坦两国问题最为严重。吉尔吉斯斯坦暂时稍好于塔吉克斯坦，但吉尔吉斯斯坦有继续恶化的趋势。乌兹别克斯坦和土库曼斯坦情况稍好，但前者比后者稍差。哈萨克斯坦的粮食安全水平在中亚国家中依然最高。

---

① 联合国粮食及农业组织，GIEWS Country Briefs。

② Higher 2012 world cereal production than was forecast in December, but stocks still expected to decline, http://www.fao.org/worldfoodsituation/wfs – home/csdb/en/.

③ Higher 2012 world cereal production than was forecast in December, but stocks still expected to decline, http://www.fao.org/worldfoodsituation/wfs – home/csdb/en/.

Y.7
中亚国家进入新的选择期

赵常庆*

摘　要：

1991 年中亚国家独立，对国家发展道路进行了第一次选择。20 年过去了，国际形势和中亚地区形势都发生了很大的变化，面对俄美等大国的争夺，中亚国家在经过艰难的探索之后，开始进入新的选择期，主要是对国家体制、发展模式的选择，更重要的是对外交方向的选择。由于中亚国家国情不同，外交方向的选择已经出现较大的差异。本文就影响中亚国家再次选择的原因、中亚国家选择的方向作了论述，并对中国在此问题上应做的工作谈了看法。

关键词：

中亚国家　发展道路　选择

2012 年是国际形势相当复杂的一年，大国关系仍不和睦，世界经济下行压力增大，新的热点问题不断产生，发展中国家的独立和主权频频受到威胁。独立仅仅 20 年的中亚国家虽然位于欧亚大陆的腹地，也不能独善其身，世界形势和中亚形势的变化都对这些年轻国家产生影响。特别是 2012 年前后中亚国家正在对国内外政策进行调整，进入一个新的选择期，这些影响就显得格外突出和引人瞩目。

一　影响中亚国家选择的重大国际和地区形势变化

国际和地区形势变化层出不穷，其中对中亚国家影响最大的有以下一些。

* 赵常庆，中国社会科学院俄罗斯东欧中亚研究所研究员；中国国务院发展研究中心欧亚社会发展研究所副所长。

（一）与中亚国家关系最为密切的俄罗斯由独立最初10年的衰落和疲软逐渐走向复兴，今日基本恢复了元气，国家政策也由媚西逐渐转向自主和自强

苏联解体后，由叶利钦领导的俄罗斯处于一片混乱状态，国家面临再次解体的危险，经济处于危机状态，人民生活水平不断下降。更为严重的是，国家缺乏独立自主政策，任凭西方和国内媚西专家指点前进方向。当时俄罗斯的国际地位也在下降，几乎沦为令西方不屑的二流国家。

从2000年普京连任两届总统执政八年之后，俄罗斯的情况发生了很大的变化，国家不仅避免了再次分裂的危险，经济也开始恢复，在国际舞台上又可以看到俄罗斯硬汉的身影，听到它敢于在西方面前示强的声音。对中亚国家而言，俄罗斯由企图抛弃它们转为拉住它们不放，彼此关系也在发生变化。俄罗斯修改了对外政策，由全面媚西转向独立自主，这对中亚国家的政策走向也产生较大的影响。

（二）美国实现了多年梦想，开始进入中亚，中亚地区形成大国博弈特别是俄美两国公开角力的局面

美国对中亚已经觊觎很久，直到苏联解体后才开始进入，先是从经济领域进入，“9·11”事件后借“反恐需要”之名又在军事领域进入，从而填补了美国在世界军事布局的空白。美军进驻中亚后，拉近了与中亚国家的距离，稀释了俄罗斯在中亚的利益和影响力。俄罗斯的战略空间在中亚受到挤压。2005年美国在中亚策动了“颜色革命”。这是美国在与俄罗斯博弈中最为得意的时候，似乎美国“民主推进”政策可以使独联体国家改变颜色脱离俄罗斯。然而，美国由于对中亚国家的国情缺乏足够的了解和低估了俄罗斯的能量和影响力，导致在中亚策动“颜色革命”碰壁，俄罗斯趁机吹响了反击的号角。俄美中亚博弈事实上是两国全球博弈的组成部分。由于俄美两国国内形势的变化，俄罗斯国力在逐步恢复和强大，美国国力在逐渐式微，导致两国在中亚的争夺态势逐渐发生变化，角色开始互换，由美攻俄守变为俄攻美守。

（三）阿富汗战争10年，美国获得的成果寥寥，却留下一堆问题

2001年美国打响了阿富汗战争，历时10年，造成2000名美国大兵丧生，耗资数千亿美元，非但没有使阿富汗变成“民主国家”，倒是制造了一大堆问题，如造成阿富汗社会的分裂、数万人伤亡、经济严重破坏、毒品泛滥等，毗邻的中亚国家也受到牵连。近年来，中亚国家安全形势严峻，社会问题增多。美国连打伊拉克和阿富汗两场战争，国力消耗严重，人员大量伤亡，国内怨声四起，国际威望下降，迫使奥巴马政府不得不宣布2014年从阿富汗撤军。

（四）世界经济由发展转向衰退，迄今仍在发酵的欧债危机使中亚国家思考欧洲模式是否完全适合于自己

中亚国家独立初期，基本以欧洲很多国家实行的“社会市场经济”模式为楷模改造本国的经济体制。同时随着经济全球化的迅速发展，新独立的中亚国家也纷纷加入。世界经济形势一度很好，但不时发生发达国家为谋私利坑害发展中国家的事情，如1998年的东南亚经济危机和俄罗斯与中亚国家的经济危机都是典型的事例。2008年开始的、迄今仍未完全克服的世界金融危机也是美国大搞虚拟经济引发的，美国、欧洲都身陷其中，也殃及世界包括中亚国家的经济。普遍认为，2008年发生的金融危机不仅是管理方面存在问题，而且是制度方面出现危机。中亚国家独立初期以欧美经济模式为师。然而今日“老师”的窘境使作为“学生”的中亚国家不得不考虑自己今后的路该怎样走，有哪些教训值得吸取。

（五）中国快速发展，成为世界第二大经济体，使中亚国家在与中国合作中获益匪浅，中国成功的实践经验也值得中亚国家吸取

1992年中国与中亚国家建交以来，彼此关系很好，成为好邻居、好朋友、好伙伴。最令中亚国家感兴趣的是，中国经济高速发展，已经成为世界第二大经济体。中亚国家通过与中国经济合作获益匪浅，上海合作组织的成立使中亚国家增加了与中国开展各方面合作的平台，有了更加方便地

与中国接触的渠道。不过，迄今中国模式特别是政治模式仍不是中亚国家学习的榜样。

（六）中亚地区始终没有形成统一的、独立的板块，内部矛盾加剧使得难于同向前行

21 年来中亚国家常把一体化挂在嘴上，但实际上彼此关系渐行渐远，迄今没有形成统一的、独立的板块。俄美两国的争夺和提出的各种设想、计划，加剧了中亚国家的分裂。

（七）最近两年中东北非局势变化使中亚国家压力增大，逐步认识到，选择能维护本国安全的朋友何等重要

卡扎菲由于没有朋友，在紧急情况下无人出手相助，很快成了西方大国刀俎下的鱼肉。叙利亚巴沙尔政权由于得到俄罗斯的支持，至今仍在与西方支持的力量抗衡。这种反差提示与中东北非相似的中亚国家，在重新选择朋友或者说在进行外交抉择时必须环顾左右，三思而行。

形势决定任务，当前形势要求中亚国家必须对自己的内政外交政策作出调整，2013 年前后正处在这个阶段。

二　中亚国家在探索中前进

1991 年底，中亚国家独立。由于独立来得比较突然，各方面准备不足，又没有现成的治国理政经验可以借鉴，只能摸索前行。戈尔巴乔夫执政后期，给尚无自主权的中亚国家移植了“总统制”“多党制”和“三权分立”等西方政治体制，不过中亚国家独立后都按本国领导人的想法作了适当处理。当时无论是在政治体制还是经济体制方面，中亚国家已经出现差异。在政治体制上，有的国家基本模仿俄罗斯，有的国家强调走“自己的路”。在经济体制上，虽然都说要建立市场经济体制，但哈萨克斯坦、吉尔吉斯斯坦等国和俄罗斯一样采取了“休克疗法”，乌兹别克斯坦等国采取了“渐进”方式。这应该是中亚国家的第一次选择。当时哈、乌两国在国家治理方式上已经出现差异。

尽管存在差异，但在俄罗斯和西方推行的政治理念方面，中亚国家大多倾向于俄罗斯。例如，中亚国家基本赞同俄罗斯的“可控民主”和人权观，对西方的关于民主和人权的价值理念不接受，也不理会。这就是说，第一次选择基本是围绕是否跟俄罗斯走的选择，当时由于俄罗斯基本按西方的鼓点走，跟俄罗斯走者倾向于西方，“走自己路”者与西方保持距离。

进入21世纪，美国军事上进入中亚，其影响在中亚逐渐扩大。阿富汗战争拉近了美国与中亚国家的距离，对俄罗斯不感兴趣的乌兹别克斯坦开始寻求发展与美国的关系。只是由于发生“颜色革命”，乌美关系一度变冷，但与俄罗斯的关系仍处于不温不火的状态。

普京执政后的俄罗斯发展很快，经济发展强化了政治欲望，政治设想也随之多了起来，建立“关税同盟”和“欧亚联盟”就是俄罗斯设想的与中亚国家建立新型关系的模式。“关税同盟”也好，“欧亚联盟”也罢，都是以俄罗斯为主导的国家集团，虽然说要建立经济联盟，实际上很难局限在经济范畴而不涉及国家主权问题。普京想以欧盟为榜样建立“俄版”国家集团，其设想远超越经济范畴。由于可能会涉及国家主权问题，迄今中亚国家中明确响应的只有哈萨克斯坦，就是哈萨克斯坦也一再强调其独立性，声明未来的“欧亚联盟”只是经济联盟。乌兹别克斯坦则拒绝加入。土库曼斯坦也不存在加入的可能性，吉、塔两国表示要加入，但何时加入仍不得而知。这除了俄罗斯认为这两个国家不符合标准外，恐怕也与吉、塔两国不够积极，心中另有想法有关。

我们知道，有的中亚国家独立初期一再说要“走自己的路”，然而，这并不容易。这是由于它们都是各方面实力不强的国家，表达独立和自主意愿可以，但真正实施却困难重重。想使本国政治体制具有自己的特点，西方国家不仅不认同，而且利用各种机会施压，迫使它们接受西方的价值观。中亚国家中几乎没有一个国家的政治制度、民主和人权状况，没有受到西方的攻击指责，西方动用一切手段包括经济手段进行要挟。就连声称坚决“走自己的路”的土库曼斯坦，也在欧盟不予投资的压力下在2012年允许新的政党出现，结束了一党制的历史。乌兹别克斯坦为维护国家稳定，对武装攻击合法政权的极端分子进行反制，却受到西方的制裁，而对企图采用暴力推翻合法政府的行径，西方却称之为“革命”。这就是说，中亚国家不按西方的路线图解决国内问题，就会承受来自西方的巨大压力，想独立治国确实步履艰难。

西方除以各种方式施压外，还用所谓“援助”进行拉拢。近传美国在2014年从阿富汗撤军后，会将部分军用物资“赠送”给乌兹别克斯坦和塔吉克斯坦等国。在美国软硬两手的攻势面前，中亚国家时常表现出对外政策的摇摆性，尤其是期望与美国发展关系的乌兹别克斯坦。

三　俄美设定标杆，中亚国家作出不同反应

尽管俄美争夺中亚在苏联解体前就已经开始，但激烈争夺还是在进入21世纪后，或者说，是在美军进驻中亚和俄罗斯逐渐恢复元气之后。

众所周知，美国是自诩为“世界领袖”到处插手的国家，采用各种方式推行自己的价值观，可以说，当今世界的重大矛盾和冲突很多都是美国挑起的或者与美国有关。俄罗斯虽然已经不能与昔日的苏联相比，已经称不上是能与美国比肩的世界强国，但它毕竟是世界大国之一，仍然是在中亚地区影响力最大的国家。美国在世界各地挤压俄罗斯，在中亚也想取代俄罗斯的地位，这就导致俄美两国不可避免地为争夺势力范围展开激烈的争夺。刚刚获得独立的中亚国家虽然想自己主宰命运，但由于经济的孱弱、话语权的弱小，在由大国掌控的世界里，不得不在大国的阴影下谋生存、求发展。以美国为代表的西方国家发达的经济和先进的科技对中亚国家有巨大的诱惑力，俄罗斯则凭借传统联系和人文优势，对中亚国家也在施加影响。中亚国家环顾左右，只能从本国的实际出发，在这两家中选择一个“优先合作伙伴”。当然，这种选择并非非此即彼，而是指具有倾向性的选择。

我们在上面已经提到，20年间俄美争夺态势发生了戏剧性的变化。20世纪90年代到2005年，争夺的基本态势是，美国为攻方，俄罗斯为守方。在这种情况下，中亚国家由对美国的观望、接触到靠近，与俄罗斯的关系则由跟随、摩擦到疏远。当然，这种情况在不同国家也有所不同。哈萨克斯坦与俄罗斯的关系一直较为密切，乌兹别克斯坦与俄罗斯的关系则若即若离。2005年以后，俄罗斯重新回到世界舞台中心，美国由于在国内外遇到更多的麻烦，特

别是因为在中亚策动“颜色革命”和粗暴干涉中亚国家的内政，引起中亚国家的强烈不满，并导致其威望下降，被迫作出战略调整，不得不在中亚采取暂时收缩的政策。暂时收缩并不意味着要放弃，但无论如何这种战略调整为俄罗斯掌控中亚提供了更大的空间。

人们注意到，普京再任总统后除继续推行与哈萨克斯坦等国构建关税同盟外，还提出建立“欧亚联盟”的设想，几乎与此前后，美国抛出“新丝绸之路计划”，中亚国家都是“设想”和“计划”的囊括对象。面对这种情况，倾向谁，跟谁走，是参加“欧亚联盟”，还是接受“新丝绸之路计划”，则成为中亚国家必须考虑的问题，或者说，需要对此作出倾向性的选择。

迄今，哈萨克斯坦已经明确参加“欧亚联盟”，吉尔吉斯斯坦和塔吉克斯坦表现出参加的意向。乌兹别克斯坦明确表示不参加，土库曼斯坦也没有参加的意思。对于“新丝绸之路计划”，乌、土有很大的兴趣，哈萨克斯坦不反对，但与俄共建“欧亚联盟”立场坚定，2012 年 12 月 14 日发布的总统国情咨文《哈萨克斯坦－2050》可作为佐证。

不过应该指出，俄美两国目前的态势并不是终极态势，美国不会永远在中亚处于守势，也不会在 2014 年从阿富汗撤军后就甩手而去，远离中亚。目前美国在中亚只是暂时的收缩，而不是放弃。美国总统奥巴马在 2012 年联合国大会一般辩论发言中声称，美国永远不会放弃在世界推行美国的民主价值观，就说明美国欲对中亚国家实行“民主改造”的目标没有改变。俄罗斯虽然强势回归，但各方面能给中亚国家的好处有限，“欧亚联盟”设想的提出又触动了中亚国家主权这根敏感的神经。这些都成为影响中亚国家选择的因素。2012 年前后中亚国家只是再度进入选择期，而非选择节点。它们的外交选择还取决于其他一些因素，特别是国内因素。

四　面临选择的不仅是外交走向，还有其他方面

上面提到的多是外交方面，其实中亚国家面临选择的并不止外交，还有其他方面，如政体。中亚国家独立时都选择了总统制，2010 年吉尔吉斯斯坦经过国内两次动乱后，认为总统制不适合于本国，遂将总统制改为议会总统制，

这在中亚国家中还是首次，无疑这是一次选择，尽管很多国际观察家对此并不看好，但这毕竟是解决困扰国内诸多问题的一次尝试。哈萨克斯坦总统纳扎尔巴耶夫也说过，在他之后的哈萨克斯坦要加强议会的作用，国家将实行总统议会制。这也是一种选择，只是目前这种方案仍处在酝酿阶段，是否真的改变，还有待以后证实。2012 年土库曼斯坦已经由一党制改为多党制。独立 20 年后，该国做到这一点，也是一个重大的抉择。解决社会保障问题对世界各国都是一个难题，中亚国家也不例外。长期以来中亚国家的社会保障费用由国家全部承担，近期各国改为由国家、集体、个人共同承担，同样也是一种制度选择。2012 年乌兹别克斯坦决定退出集体安全条约组织，对本国安全由集体维护改为自己维护，不再由俄罗斯领衔的集体安全条约组织参与维护，这是在安全问题上较为重大的选择。哈萨克斯坦由“能源和资源立国战略”改为“工业创新战略”，要求外国向非资源领域投资，对向资源领域投资严加限制。2012 年纳扎尔巴耶夫总统在《国情咨文》中又将发展社会领域作为“未来十年发展的主要方向”，这也是国家发展战略的选择。总之，中亚国家在独立摸索前行 20 年之后，开始丢掉不切实际的幻想，能更清楚地认识自己和看待世界，在选择符合本国国情的制度和管理方式，在选择“最优先合作伙伴”问题上更加理性和谨慎。

这里还要指出，中亚国家在国家体制的选择上没有脱离西方的框架，逐渐在向西方制度靠拢，“走自己的路”越来越少。

五 中亚国家走向取决于国内形势和俄美博弈能力

可以预料，未来几年中亚国家国内政策的选择，在形式上会进一步向西方靠拢，西方采用的政治体制仍会继续成为各国的优先选择，不过仍会根据本国国情予以变通，例如，最高领导人任期制就很难实施，起码在土库曼斯坦，也许在塔吉克斯坦是如此。不管是总统制还是议会制，总统的权力会受到一定的限制，这也是一个趋势。经济体制会进一步市场化，经济结构会朝多样化方向发展，改革开放也是必然的趋势。除吉、塔两国已经加入世界贸易组织外，其他中亚国家也会争取加入。至于外交和安全方面的选择，则取决于下列因素：

第一，最高领导人的意志。中亚国家长期实行的是“大总统、小政府、弱议会”的体制，这种情况一时还难以改变。国家外交和安全的大政方针基本取决于总统的意志。例如，哈萨克斯坦由于纳扎尔巴耶夫总统赞同建立“欧亚联盟”和加强集体安全条约组织，故该国的外交和安全政策就倾向于俄罗斯。乌兹别克斯坦总统卡里莫夫对俄罗斯的中亚政策不满意，尤其防范俄罗斯有损本国主权的主张和行动，这就使得乌兹别克斯坦的外交方针和安全政策对俄疏远多于接近，与此同时希望从其他方向寻找可以借用的力量，美国和欧盟就成为其优先选择的对象。目前乌兹别克斯坦的外交方针完全由总统决定。不过，纳扎尔巴耶夫和卡里莫夫两位总统毕竟年事已高，未来其继任者是否仍延续原有的外交方针和安全政策很难断定。如果说哈萨克斯坦与俄罗斯友好的方针不会改变，那么后卡里莫夫时期的乌兹别克斯坦则很难预测。该国有可能再次对外交方针进行选择，如何前行则取决于当时国内外形势的变化。

第二，中亚国家外交与安全政策的走向不仅取决于各国总统的意志，也与俄美两国的国内形势与政策有关。换言之，也取决于俄美两国的博弈能力，也就是它们能给中亚国家的东西多少有关。

中亚国家与大国的关系在很大程度上与大国的给予程度有关，这种给予包括物质上的给予，也包括安全上的给予。俄美两国很清楚这一点，但是否给予，给予的程度，则取决于俄美两国的国内形势的变化和对外战略重点的选择。

中亚是俄罗斯外交的绝对优先方向，俄罗斯历次发布的外交政策构想中都明确表明这一立场，也就是说，俄罗斯不会放弃中亚的立场不会改变。第三次出任俄罗斯总统的普京会继续推行这个政策。然而，想让中亚国家与自己站在一起只靠设想和说教不行，需要有较多的投入。而前些年俄罗斯只许诺不兑现，招致中亚国家的不满。俄罗斯如不改变这种做法，要中亚国家爱它并不容易。普京认识到这一点，2012 年 6 月就任总统后的半年内就遍访中亚国家，也给一些国家带来援助等实惠，明显密切了与哈、吉、塔三国的关系。

美国调整外交政策之后，中亚国家已经不是该国当前外交工作的重点。加上自身日子也不好过，对中亚国家的投入相对减少。很多中亚国家对其期望值缩水，这从客观上有利于俄罗斯推行自己的中亚政策。不过，美国不会对中亚国家置之不理，还会通过物质和军事援助等手段拉住中亚国家，使中亚国家不要完全倒向俄罗斯。

前面已经提到，所谓选择并非非此即彼，而是指选择的倾向性，并不意味着选择一方就完全拒绝或者摒弃另一方。中亚国家多年来执行的是大国平衡战略，20 年的外交实践证明，这种战略给中亚国家带来很多好处，今后各国都不会放弃这个战略。这里所说的“选择的倾向性”，主要是指与俄罗斯为伍，还是更加靠近西方。大国平衡战略决定了，加入俄罗斯主导的“欧亚联盟”，并不意味着完全拒绝美国的“新丝绸之路计划”，哈萨克斯坦就是这样做的。该国已经明确与俄罗斯站在一起构建“欧亚联盟”，但也不拒绝与美国发展经济与军事合作。中亚国家认为对本国有利的事情都不会拒绝。中亚国家将与大国发展关系作为本国外交重点的政策不会改变，大国尤其是俄美两国拉中亚国家的政策也不会改变。“给予”或者说利益，则成为影响中亚国家选择的砝码。中亚国家会根据本国国情和世界与地区形势变化，权衡利益关系，重新评估本国的内外政策，对未来走向作出新的抉择。

六　中亚国家选择期中的中国

2012 年是中国与中亚国家建交 20 周年。建交后彼此各方面关系发展很快，已经成为好邻居、好朋友、好伙伴，成为不同社会制度国家友好相处的典范。所谓“不同社会制度”，主要是指政治制度的不同。中亚国家独立后在国家体制方面特别是在政治体制方面没有采用中国的做法，在经济合作方面成就不小，但也存在不少问题。中国与中亚国家建交后先后制定了若干与中亚国家发展友好关系的政策，如“与邻为善，以邻为伴”“睦邻、安邻、富邻”等，受到有关国家的欢迎，但与俄罗斯的建立关税同盟、统一经济空间直到欧亚联盟相比，以及与美国的“新丝绸之路计划”和欧盟的中亚战略相比，就显得目标不够明确，任务过于笼统，可操作性不强。俄罗斯和美欧的中亚战略具有明确的目的性，甚至具有进攻性，为达到其目的，它们言论上不加遮掩，手段上不畏人言。中国的政策则充满柔性和善意，但欲达到什么目标含糊不清。这就造成了中国付出的很多，但对中亚国家的影响力有限。对中亚国家而言，在俄美两国提出具体设想和计划的情况下，与中国关系将如何发展，中国并没有为它们提出具体的路线图。这与中国缺乏明确的中亚战略有关。战略是在一定历史时期为达到一定目的用于指导全局的方略，而非任何时候都适用的规则或政策。据此而论，中国的确不存在诸如俄罗斯的“欧亚联盟”设想和美国的“新丝绸之路计划”一类的战略，这就使中亚国家难于对中国方向作出选择。然而，无论从哪个角度来看，中亚国家未来的选择，包括对国内政策的选择和对外方针的选择，对中国都很重要。那种认为中亚国家无论如何变化也不会忽视中国这个大邻国存在的观点很值得商榷。我们不妨从另一个角度看问题，即中亚国家变化能否稀释中国在那里的利益呢？如果我们从格鲁吉亚的变化给俄罗斯带来的损害和近期缅甸的变化给中国带来的问题，就会看到，邻国即使很小，其变化也会对大国有所伤害。我们希望任何一个中亚国家都永远不会成为另一个格鲁吉亚或者缅甸，但世界形势变化无常，我们不要忘记“未雨绸缪”这句古训。中国不追求在中亚建立自己的势力范围，但也不能在中亚国家进入新的选择期时无所作为。中国不干涉中亚国家的内政，但中国可以也应该发挥榜样作用，提出自己的战略或者计划供中亚国家选择。另外，中国应该在中亚国家进入新的选择期间力促它们保持和睦，避免发生更大的分裂，这将有助于中亚地区的稳定和发展。当然，更为重要的是，中国要尽快制定明确的中亚战略，用于指导未来中国如何能集全国之力做好对中亚国家的工作。

Y.8
中亚水资源问题的现状与解决的前景

吴宏伟*

摘 要：

苏联解体后中亚国家独立，中亚地区一些大的河流成为跨界河流。由于在如何分配水资源问题上各国存在较大分歧，使这一问题成为影响中亚地区双边与多边关系的重要因素。中亚水资源问题的出现既有历史原因，也有各国经济不断发展的现实背景和需要，关系到各国根本利益，解决起来难度很大。不论是俄罗斯主导下的欧亚经济共同体，还是中国积极参加的上海合作组织多边经济合作，中亚国家水资源问题都是一个绕不开的难题。但是，通过认真分析，可以认为中亚水资源问题并不是一个解不开的死结，中亚国家一定会找到符合各国利益、实现双赢乃至多赢的解决方式。

关键词：

中亚 水资源 现状 前景

中亚有许多河流，大的河流基本上都是跨界河流。东部有额尔齐斯河和伊希姆河，南部有楚河、塔拉斯河、锡尔河、阿姆河，北部有托布尔河。中亚地区的主要水源位于塔吉克斯坦和吉尔吉斯斯坦两国境内的山区。

咸海是中亚地区最大湖泊。阿姆河和锡尔河是咸海盆地的干流。根据世界银行的报告，咸海地区水系水资源总体分布情况是：塔吉克斯坦占55.4%，吉尔吉斯斯坦占25.3%，乌兹别克斯坦占7.6%，哈萨克斯坦占

---

* 吴宏伟，法学博士，中国社会科学院俄罗斯东欧中亚研究所中亚研究室主任、研究员，中国社会科学院研究生院教授，中国社会科学院上海合作组织研究中心副秘书长。

3.9%，土库曼斯坦占2.4%。锡尔河流经乌兹别克斯坦时有一半水资源被利用，流经哈萨克斯坦时有42%水资源被利用，流经塔吉克斯坦时有7%水资源被利用。阿姆河有42%的流量被分配给了乌兹别克斯坦，而吉尔吉斯斯坦只有0.3%。

由于干旱少雨，中亚平原地区对河水的依赖程度要更高一些。根据有关材料，在土库曼斯坦和乌兹别克斯坦，国民经济的80%～90%依赖于发源于上游国家的跨界河流。根据水资源拥有量计算，吉尔吉斯斯坦和塔吉克斯坦属于水资源丰富国家，而哈萨克斯坦、土库曼斯坦和乌兹别克斯坦属于缺水国家。

一　中亚水资源问题出现的原因及其影响

（一）中亚水资源问题出现的原因

根据各国专家学者对中亚水资源状况的分析，造成中亚水资源紧张和水资源状况不断恶化的原因是多方面的，主要包括：

（1）在苏联时期形成的耗水型农业是造成中亚水资源危机的重要原因。专家指出，灌溉才会真正消耗水资源。中亚各国经济结构的不合理以及高耗水型农业在农业生产中的主导地位导致水资源的持续高消耗。在一些国家，农业在国民经济中占有很大的比重。主要的农作物又是需要深层灌溉的棉花、水稻等。中亚地区水资源90%都用于农业灌溉。在乌兹别克斯坦，仅农业灌溉就消耗了整个国家约90%的水资源。

（2）中亚国家不同发展战略也是水资源矛盾与纠纷出现的重要原因。水电是吉塔两国工业生产和居民日常生活的主要能源。在缺少其他能源供给的情况下，两国只有大力发展水电才能满足经济不断发展对能源的需求，同时把水和电作为商品向周边国家出售。这点已经成为两国民众的共识。这种发展战略与下游国家历史上形成的传统优势农业直接发生了尖锐的矛盾。

（3）吉塔两国境内水库的功能发生了转变。苏联时期，吉塔两国境内水利设施的主要功能是蓄水，供下游乌、土、哈等国农业灌溉使用。在中央政府的协调下下游地区则向这两个加盟共和国提供煤、重油及其他能源物资，以满足其对能源的需求。苏联解体以后，吉塔两国获得的补偿性能源供应大大减少，致使其热电厂常常无法正常运转，特别是冬季枯水期居民生活用电和工厂生产用电常常得不到有效保障。有资料说正是由于乌兹别克斯坦在 1993 年冬季没有按约定向吉尔吉斯斯坦提供天然气，吉成为打破中亚水资源平衡的第一个国家。当时吉政府官员下令将托克托古尔水库的灌溉用水改为发电，减少了夏季向下游的放水量。此后，塔吉两国常常在夏天中断或减少给下游国家供水，致使下游国家在春夏季节最需要灌溉用水的时候却常常无水可用，而乌兹别克斯坦等国也用抬高天然气和电力的价格或停止供应的办法给予回击。吉塔两国的大型水利设施由此出现了功能上的转变。这是上游国家与下游国家产生矛盾的重要原因之一。

（4）水利设施损毁严重和不足，水资源使用率很低。这里面包括几方面的问题。第一是苏联时期修建的水利设施在中亚国家独立以后因缺少资金维护而损毁严重，这不仅包括国家内部的水利设施，而且也包括苏联时期修建的跨地区引水干渠等设施。另外还有技术水平落后，这些都导致水资源损耗巨大。水利设施的不完善是长期存在的问题。第二是由于干旱少雨，水蒸发量大和水利设施运行低效，松软的沙土致使河水大量渗入地下，造成大量水资源的浪费。第三是各国都缺少相应的节水以及鼓励节水的有效机制。农民和农民企业家收入太低，无钱也无积极性引进新的节水灌溉技术。大锅饭和免费（或低价）提供用水导致水资源浪费情况十分严重。居民生活用水方面也存在设施陈旧和老化情况。

（5）苏联时期，中亚的水资源管理有一套比较有效的管理模式。苏联解体以后，中亚国家丧失了苏联时期水资源调配和管理机制，由 5 个国家首脑共同决策。原苏联水利部的职能由国际水资源委员会来替代。但这种水资源管理体系已经越来越难以维持。过去那种主要以农田灌溉为主的地区水资源管理制度已不再适用。

（6）造成地区水资源紧张的另一个主要原因是可更新水资源分布不均和径流量年际变化很大。以阿姆河和锡尔河为例。在丰水年，天然河流的水资源量超过多年均值的 40%。锡尔河流域可以达到 51.1 立方千米，阿姆河流域达到 109.6 立方千米。而在枯水年，锡尔河流域仅为 13.6 立方千米，比年均量减少 37%，阿姆河流域比年均值减少 26%。[①] 枯水年份水资源短缺情况更为突出。此外，还有一个不可忽视的原因，全球气候变暖和水源地冰川在逐年减少。

（二）中亚水资源问题带来的影响

中亚地区水资源紧张和环境恶化对中亚地区经济发展与自然环境都带来深远的影响，主要表现是：

（1）中亚地区水资源状况进一步恶化。人口增长和水资源减少将加剧水资源短缺的矛盾，也加大了水资源问题的解决难度。

（2）在吉尔吉斯斯坦和塔吉克斯坦，由于主要水库功能由灌溉转向发电，极大改变了阿姆河和锡尔河流域的水情。春夏两季上游水库为冬季发电而蓄水，造成灌溉季节水量严重短缺。冬天上游水电站放水发电，洪水泛滥时有发生。

（3）咸海面临消失的危险。咸海主要水源锡尔河和阿姆河河水被过度使用或截流，致使咸海水量下降，湖面缩小。由于缺水和污染，咸海流域的动植物资源遭到严重破坏，咸海及其生态保护已经没有好转的可能。干涸的湖床产生的大量盐尘随风飘散，扩散到中亚及俄罗斯很多地方。

（4）水体污染和流域生态的破坏日益加剧。在缺乏资金、技术的情况下，要中亚国家主动阻止并改变这种状况几乎是不可能的，而水资源也将不可避免地被继续污染。锡尔河和阿姆河两大河流的三角洲地区生物多样性明显减少。其他湖泊也难逃被污染的命运。

（5）水资源成为影响中亚经济发展和社会稳定的重要因素。缺水和污染使中亚很多地区的居民无法得到充足、清洁、安全的饮用水，居民健康受到严重威胁。水资源状况的恶化已成为中亚社会经济持续发展的现实和潜在阻碍。

（6）中亚水资源问题使中亚国家之间的关系更加紧张，矛盾难以调和。

---

① 〔哈〕依戈尔·瓦西里耶维奇·塞维尔斯基：《全球国际水域评估项目（Giwa）对中亚地区水资源问题的评估结果》，《人类环境》杂志 2004 年第 1～2 期。

（7）为大国插手和干预中亚事务提供了借口。随着水资源危机和环境危机的不断深化，在中亚国家之间越来越难以达成共识的情况下，为了维护自己的利益，中亚国家各自都在积极寻求外部力量的支持与援助。不但希望大国解决大型水利工程资金不足的问题，也希望在解决水争端问题中站在自己一方。而俄罗斯、伊朗、美国、欧盟等都希望借此增强对中亚国家的影响力和控制力。

二　中亚各国在水资源方面的立场与分歧

（一）吉尔吉斯斯坦的立场

作为水资源丰富的国家，吉尔吉斯斯坦从维护自身利益和解决水资源分配问题的角度出发，提出了水资源商品化、交易市场化的方案。吉尔吉斯斯坦在阿卡耶夫时期就颁布了《关于吉尔吉斯共和国在发源于吉尔吉斯斯坦、流入邻国的河流水资源利用问题上对外政策的基础》的总统令，于 1997 年 10 月 6 日生效。2001 年吉尔吉斯斯坦通过有关水资源利用法，旨在协调解决吉向其他主权国家提供水源问题，规定从吉国获得水资源的国家应向吉支付费用。

（二）塔吉克斯坦的立场

塔吉克斯坦也凭借其境内丰富的淡水资源，提出要建立相互合作机制，合理有效利用这一宝贵自然资源，并希望通过向其他中亚国家提供农业灌溉用水和其他用途水源获取经济利益和其他利益。

塔吉克斯坦对境内水资源的依赖主要源于其他能源资源的缺乏。2008 年冬季几十年未遇的严寒灾害更加坚定了塔吉克斯坦发展水电和能源独立的决心。当时努列克水电站水位下降，发电量减少，使原来就缺乏能源的塔更是雪上加霜。尽管政府采取了一些措施，但杯水车薪，无济于事。最终政府决定停止基本的生产用电，保证民用电的供应。

塔吉克斯坦在现有的努列克和卡拉库姆水电站基础上同哈、乌两国协作，向两国提供灌溉用水。塔吉克斯坦建议包括哈、乌两国在内的其他中亚国家共同承担起维护这些水利设施的费用。

塔经济界人士普遍将目前水能源开发不利的症结归咎于乌兹别克斯坦。塔还认为，桑格图德和罗贡水电站潜在的每年330亿千瓦时的发电能力对正在崛起的中国、印度、巴基斯坦和伊朗的经济发展具有巨大吸引力。据塔方有关人士介绍，根据乌方要求，塔方在修建水电站时也请相关国际机构进行过评估和鉴定，但一直得不到乌方的认可。

目前塔把继续修建罗贡水电站作为全国头等大事。为了使罗贡水电站完成建设，在获得国际资金很困难的条件下，塔吉克斯坦决心依靠本国的力量来继续修建。塔在2010年1月6日开始针对罗贡水电站公开募股，并动员本国民众积极购买罗贡水电站股票，号召民众购买电站股票为水电站建设作贡献。

（三）乌兹别克斯坦的立场

乌兹别克斯坦坚决反对在跨界河流上游修建新的水电站。乌认为，根据联合国公约的精神，在跨界水资源流域修建新的水利工程应有来自中立的国际组织的技术鉴定，并受国际组织的监督。应保证修建这些工程不对生态环境造成难以弥补的后果，不破坏这些流域的国家的水资源利用平衡。

乌兹别克斯坦对塔吉克斯坦在瓦赫什河（阿姆河上游的一条支流）上游修建罗贡水电站十分不满，乌领导人多次公开反对罗贡水电站的修建，称塔吉克斯坦不但无视他国利益还违反了国际跨境河流管理条约。乌兹别克斯坦的专家也就塔正在建设的水电站项目提出质疑，认为水电站建成后，势必会引起阿姆河下游农田灌溉用水方面的危机。

随着塔吉克斯坦水电开发计划的不断实施，塔乌两国之间的矛盾也在不断加深。针对塔吉克斯坦执著继续修建罗贡水电站计划，乌兹别克斯坦不断出台反制塔吉克斯坦的措施，对塔吉克斯坦形成巨大经济压力。面对乌的制裁，塔往往以减少向下游放水进行威胁。

（四）哈萨克斯坦的立场

哈与其他国家的水资源矛盾主要集中在跨境河流水资源的分配、水体污染、灌溉用水严重短缺以及输水设施维护等问题上。哈境内的跨境河流主要有额尔齐斯河、伊犁河、楚河、塔拉斯河、锡尔河和乌拉尔河。

哈萨克斯坦与吉尔吉斯斯坦跨界河流主要有两条，分别为楚河与塔拉斯河。两河均发源于吉尔吉斯斯坦北部的天山山脉，向西北流入哈萨克斯坦境内。独立初期，哈萨克斯坦与吉尔吉斯斯坦常因楚河与塔拉斯河的用水量和水利设施的利用问题发生纠纷，甚至将水作为解决两国间其他问题的手段和筹码。

哈萨克斯坦也反对上游国家单方面对跨界河流开发利用。对中亚国家之间水资源纠纷问题哈认为可以通过组建地区水电同盟来加以解决。在该同盟内可以调节各国对水资源和电力的需求。哈不反对对上游国家给予补偿，但不愿意单独行动。哈乌两国领导人在跨界河流开发利用方面有共同的利益和立场，有时会就跨界河流问题交换意见，表明态度，协调立场。

三　解决中亚水资源问题的难点与有利因素

中亚各国面临严重的水资源危机，这已经成为各方共识。根据相关资料，中亚地区每人年均耗水量为 2800 立方米。随着中亚人口的逐年增加，在水资源总量不变甚至可能减少的情况下，人均耗水量和人均水资源占有量将逐步下降。一方面水资源缺乏和矛盾已经严重影响各国经济发展和社会稳定，另一方面也在严重影响中亚各国之间的相互关系。因此，解决中亚水资源矛盾已经成为迫切的问题。水资源问题解决不了，中亚区域经济合作就是一句空话。中亚水资源问题已经引起中亚各国的高度重视。各国只有加强相互间的紧密合作，才是解决这一问题的唯一途径。

（一）解决中亚水资源问题的难点

第一，在中亚国家水资源问题上，上下游国家之间的矛盾很难解决，各国对水资源认识上存在巨大差异。塔吉克斯坦和吉尔吉斯斯坦认为从自己境内产生和流出的水资源是自己特有的商品，并把开发境内的水电资源作为本国经济发展的支柱产业。而乌兹别克斯坦等下游国家认为跨界河流为沿岸国家共有，上游国家对水资源的开发利用应该得到下游国家的同意。乌兹别克斯坦希望利用上海合作组织来限制塔吉克斯坦和吉尔吉斯斯坦修建新的水利设施并合理协调使用现有的水利设施。

第二，苏联解体使原有经济体系遭到破坏。苏联解体以后建立的跨国水资源管理体系存在很多缺点，不适应形势发展的要求。中亚国家总体上缺少清晰明确的水资源开发利用战略，国家间共同利用水资源的协议得不到有效执行，对各国也没有法律约束力。关于共同开发利用水资源缺少明确的能够为各方接受的立法基础。实际上中亚国家相关机构之间经常召开会议，研究相关问题，也会签署一些协议。问题是中亚水资源问题涉及多个国家，想法各不相同，签署的协议有一个国家不同意就无法执行。

第三，中亚一些国家单方面的决策和行动加剧了跨国水资源利用的紧张局势。由于各国为了自身的利益都计划增加农田灌溉面积或修建新的水库，对水资源的联合利用存在较大分歧。特别是塔吉克斯坦在经历 2007 ~ 2008 年冬季能源特别是电能危机的打击后下决心实现能源独立，计划不顾下游国家的反对续建罗贡水电站。这无疑会加剧与乌兹别克斯坦之间的矛盾。

第四，建立合理的补偿机制说起来容易做起来难。苏联解体以后中亚国家经济发展面临一定困难，能源缺口巨大。下游国家即使同意给两国一定数量补偿，但也很难满足吉塔两国全部需求，而且乌兹别克斯坦也不是很富裕，拿不出更多资金长期补贴塔吉克斯坦。除非国际社会的援助能从根本上解决塔吉两国能源短缺及经济发展问题，否则很难改变两国水电立国的立场。

第五，由于在水资源开发与规划方面各国达不成共识，缺乏整体和长远考虑，因此很难对主要河流全流域开发作出整体合理规划与安排。这种状况如果得不到改正，造成的损失和后果可能会是无法弥补的。有专家指出，中亚国家基本没有对水资源状况及其影响因素进行深入细致的研究，对未来水资源规划和预测也缺乏科学性和可靠性。水资源开发规划是涉及千秋万代的大事，如果出现重大失误，其影响将是灾难性的。

第六，在规划解决中亚地区水资源时也要考虑阿富汗因素。阿富汗境内一些河流也是属于中亚河流的水系。阿姆河一些河段是阿富汗与中亚一些国家的边界。因此，中亚水资源的分配使用还不能排除阿富汗。

（二）解决中亚水资源问题的有利因素

解决中亚水资源问题虽然困难重重，但也绝非完全没有可能。实际上也存在很多积极的因素，主要有：

第一，苏联解体以后，中亚国家经历了痛苦的转型期，经济大幅倒退，人民生活水平急剧下降。现在，各国都把经济发展置于非常重要的地位。水资源问题与各国经济发展密切相关，而且通过十几年发展，各国经济都有了进一步发展，这为水资源问题解决奠定了良好的经济基础。

第二，中亚水资源问题已经引起了中亚各国政府和民众的普遍关注和重视。各国政府都有解决中亚水资源问题的强烈愿望，都认为应该尽快坐下来共同协商解决这一涉及各国根本利益的大问题。尽管上下游国家之间为水资源问题吵得不可开交，但斗而不破，并没有因此严重影响双边关系。由此，在中亚水资源问题上不存在要不要合作的问题，而是如何合作的问题。这是中亚水资源问题解决的先决条件。

第三，1991 年苏联解体后中亚国家间建立了水资源合作委员会，使苏联时期形成的河流统一管理机制在一定程度上得以延续，避免了因苏联解体而导致水资源利用混乱情况的出现，同时也为各国之间的对话创造了条件。在过去若干年间已经签署了若干关于跨界河流水资源联合开发利用的协议，尽管这些协议执行情况不容乐观。

第四，中亚地区水资源丰富国家和水资源缺乏国家的经济基本是互补的。互补性主要表现在三个方面。从分工上看，上游国家塔吉克斯坦和吉尔吉斯斯坦利用水库和水电站储存了相当数量的水资源，而下游国家则是主要的用水地区；从拥有资源种类看，上游国家水资源丰富，但石油、天然气等资源缺乏，下游国家水资源缺乏而石油天然气资源却很丰富；从经济发展程度看，上游国家经济基础薄弱，人口相对较少，经济发展缓慢，而下游国家人口稠密，农业和工业相对发达，经济基础不错。可以说两类国家形成了事实上的互补关系。

第五，中亚水资源问题受到国际社会的普遍关注。国际组织在解决中亚水资源问题方面正在发挥越来越重要的作用。包括世界银行、亚行等金融组织以及其他一些国际组织的研究和应用项目为解决中亚水资源问题提供了很大帮助。中国、俄罗斯及西方一些国家的企业和财团也在积极考虑参与中亚地区水电资源的开发和利用。国际社会的积极参与，为经济实力相对较弱的中亚国家解决水资源问题提供了资金和技术保障。

四　解决水资源问题取得的进展

现在很多人一谈到中亚水资源问题，马上就联想到中亚一些国家无休止的纠纷和无法化解的矛盾以及束手无策的政府，实际情况并非完全如此。中亚国家政府都是非常务实的政府，在跨界河流问题上上下游国家虽然存在较大的分歧，但各国政府都在为解决矛盾进行不懈的努力，并且取得了积极进展。

（一）已经采取的措施

1. 成立跨国水资源协调机构，签订相关协议

中亚地区上下游国家之间虽然因水资源等问题矛盾重重，但经过协商和妥协，有关国家还是可以就一些重要问题达成协议。目前，中亚国家之间签署的有关水资源方面的协议主要有三个：哈、吉、塔、乌、土五国推进咸海水资源保护、管理和发展的国际合作协定；哈、吉、塔、乌、土五国在当前形势下利用水资源的协定；哈、吉、塔、乌、土五国共同规划和利用跨国水资源的协定。

在成立相关国际机构方面也取得一定进展。苏联解体后不久，中亚国家就在塔什干成立了中亚地区水资源合作委员会以及哈吉塔乌国际委员会等机构来协调解决中亚水资源问题，并为此签订了一系列协议，设立了辅助发展项目和技术协助项目。

2002 年 10 月 5 日，中亚合作组织成员国——哈、吉、塔、乌四国峰会在塔吉克斯坦首都杜尚别召开。各方就关于签署国际水资源财团协议达成一致。10 月 6 日四国首脑继续讨论咸海流域生态环境和社会经济发展问题，表示要强化基金会执委会工作，在实施环保项目方面加强协调行动。强调要深入研究咸海干涸的原因，寻找科学对策，采取措施避免咸海干涸给本地区和世界环境造成破坏。同时还通过了 2010 年前咸海盆地发展规划。此外，在杜尚别设立了阿姆河和锡尔河水资源管理局。为了加强中亚地区水资源的有效管理和利用，已经计划成立由多国参与的水利水电联盟，该联盟将比国家间水资源合作委员会拥有更大的权力。

2006 年 7 月 26 日在亚太经社会的倡议下，吉尔吉斯斯坦和哈萨克斯坦共同成立“楚河 - 塔拉斯河委员会”，并就共同分享和管理两河水资源所承担的相关义务问题签订了协议。该委员会负责协调和监督两国在分享两条河流水资源时履行各自的义务。根据两国协议，哈萨克斯坦同意向吉支付一定费用，以抵偿吉在其境内运营和管理几个大坝和水库的部分费用。为“楚河 - 塔拉斯河委员会”的组建提供支持的联合国机构除了亚太经社会之外，还有联合国欧洲经济委员会。此外，欧洲安全与合作组织也提供了支持。亚洲开发银行为“楚河 - 塔拉斯河委员会”秘书处的设立和这两条河流上一些基础设施的维修提供了资金支持。该委员会的成立也为其他国家间在解决水资源分配及利用问题上提供了值得借鉴的经验。

2. 在下游国家修建水库进行集中蓄水和用水调节

为了解决冬季蓄水夏季使用问题，一些下游国家已经修建或正在考虑修建蓄水调节水库。乌兹别克斯坦修建了阿尔纳塞水库，但有资料说该水库堤坝和围堰的坚固程度令人担忧。哈萨克斯坦也在考虑在南哈萨克斯坦州科克萨雷镇附近的锡尔河上修建一座新的调控水库，库容达到 200 亿 ~300 亿立方米，以在冬季蓄水，夏季则放水灌溉棉田。土库曼斯坦也有类似在沙漠中修建水库的计划。但此类计划也得到一些生态学家的反对。反对的理由是计划修建的水库面积很大，每年将有大量水被蒸发；修建大型水库将导致地下水位提高，使耕地出现严重的盐碱化。

3. 大力推广节水技术，发展节水型农业

节水型农业有了一定发展。有资料表明，虽然农业灌溉面积增加了，但总的灌溉用水量却基本没有增加，甚至有所减少。如 1990 年灌溉用水量是 106.4 立方千米，但到 2000 年已经减少到 94.7 立方千米。[①] 灌溉用水的减少

① 〔哈〕依戈尔·瓦西里耶维奇·塞维尔斯基：《全球国际水域评估项目（Giwa）对中亚地区水资源问题的评估结果》，《人类环境》杂志 2004 年第 1 ~2 期。

主要是因为推行节水政策和节水技术以及用节水农作物替代棉花的大量种植。

4. 实施拯救咸海计划

苏联解体后，中亚国家多次召开会议讨论咸海问题。1993 年 3 月，中亚五国首脑在哈萨克斯坦的克孜勒奥尔达举行会议，成立了咸海流域问题跨国委员会，建立了拯救咸海国际基金会。1995 年 9 月，在联合国倡议下中亚国家和有关咸海流域可持续发展问题的国际组织在咸海南部的努库斯市举行会议，中亚五国元首出席并签署了著名的《努库斯宣言》（即《咸海宣言》），就治理咸海进一步达成共识。1997 年 2 月，在阿拉木图召开了中亚地区首脑会议，发表了《阿拉木图宣言》。联合国、世界银行及其他国际组织派代表参加了会议。会议决定，将拯救咸海国际基金会与咸海流域问题跨国委员会合二为一。合并后的名称是拯救咸海国际基金会，由乌兹别克斯坦总统担任该基金会主席。会议还决定制定咸海流域可持续发展公约。由于咸海危机的影响已超出区域界限，引起全世界的关注，联合国、世界环境组织、世界银行、欧盟等国际组织、机构和一些国家多次召开以咸海为题的国际会议，研究讨论咸海的现状和未来。2008 年 3 月 11 ~ 12 日乌兹别克斯坦在塔什干召开《咸海问题、其对居民基因储备、动植物世界的影响及国际合作减缓其后果的措施》的国际代表大会。

由于咸海地区生态环境维护耗资巨大且需要长期投入，如果没有外界的援助，咸海沿岸各国难以承担，咸海地区生态环境前景不容乐观。

5. 国际组织积极支持中亚解决水资源问题

在中亚国家寻找解决水资源问题办法和途径的同时，相关国家和国际组织也在积极发挥作用。2001 年联合国拨款 175 万美元用于实施中亚地区能源和水资源项目。近年来由亚洲开发银行主导的中亚区域经济合作计划也开始关注中亚水资源问题。2008 年 4 月在阿塞拜疆首都巴库召开能源部门协调委员会第七次会议，提出了一项中亚地区经济合作计划能源部门战略。2008 年 7 月根据中亚第五次部长级会议的总体行动计划制定了中亚区域经济合作国“能源行业区域合作战略计划”（草案）。草案指出，应该使所有濒临重要水域（阿姆河、锡尔河、比亚尼河）的沿岸国家实现利益共享。沿岸国家的相关协议可以提高阿富汗、吉尔吉斯斯坦和塔吉克斯坦等中亚国家建设和管理大型水电站的能力。这些电厂除了满足国内需求及其他一些国家冬季电力短缺以外，还可以向其他地区出口剩余电力，同时又不能对下游国家的灌溉和公共用水供应造成危害。文件强调中亚区域经济合作成员国可以学习和参考其他政府间机构管理跨界河流的经验。文字不多，但抓住了中亚水资源开发利用中的关键问题，指出了解决中亚水资源问题的方向与思路。

（二）现有的解决方案

1. 成立跨国水资源研究和管理机构

2007 年 3 月 28 日，欧盟及中亚五国代表在哈首都阿斯塔纳举行会议，吉外交部长卡拉巴耶夫提出在吉首都比什凯克设立一所水与能源机构，协助解决水资源分配问题。吉塔两国政治水利分析专家也表示，必须设立一个区域性的水资源管理学术机构，协助中亚各国在水资源分配上达成共识。有学者指出，在 2003 年举行的淡水议题国际论坛中已有类似的提议。其结果是促成在杜尚别成立了“国际水资源研究中心”，进行水资源、相关社会议题以及发电问题的研究。有学者建议成立包括直接受影响国家以及一两个毗邻大国（如中国和俄罗斯）、国际金融机构等参加的联盟。一些专家和学者认为，当前中亚急需研究出一套共享水资源的经济机制，但仅仅强化研究能力尚不足以解决水资源争端，必须要有政治意愿才行。

2. 在国际组织框架下解决中亚水资源问题

除双边谈判解决上下游之间的水资源纠纷以外，中亚国家也尝试在多边框架下和相关国际组织框架下解决本国关注的水资源问题。欧亚经济共同体 2006 年成立专门机构，制定有效利用中亚水资源和能源的战略，并起草相关战略文件。2008 年亚洲开发银行支持的中亚区域经济合作计划推出的《中亚区域经济合作国能源行业区域合作战略计划》将水电合作作为区域合作的重要领域，要促使该地区水资源开发原则达成一致意见。

3. 建立正常的水资源有偿使用机制

建立水资源有偿使用机制是节约用水最好的措施之一。苏联时期，居民用水免费或低价是政府向公民提供的福利。苏联解体以后一些中亚国家延续了这种福利政策，这就使居民很少有节水意识。世界银行的报告指出，除了制订中亚国家居民用水计划以外，还应该对灌溉用水、工业用水和净化水利用实行收费。专家建议应该根据国际经验和用水现状来确定中亚地区水资源的收费标准。

4. 在塔吉克斯坦和吉尔吉斯斯坦两国大力发展小水电

过去塔吉克斯坦把主要人力、物力和财力都放在了大中型水电站建设方面，时至今日也未完全放弃，仍在各种场合不断呼吁外资投入到苏联时期遗留下来的大型水电项目未完工程上。但仅凭独立后吉塔两国自身国力继续完成这些大项目，在现阶段以至不远的将来都是不可能的。更实际的做法是把注意力转向发展小电站上来。近年来吉塔正在朝此方向努力，正在规划和建设一系列小型水电站，并初见成效。

五　解决中亚水资源问题的前景

在人们的认识中，中亚地区属干旱和半干旱地区，由于水资源严重缺乏而导致出现危机和矛盾。不过，很多学者都认为，从水资源总量说中亚并不属于严重缺水的地区，中亚地区水资源总量应该可以满足当前中亚各国生产和生活的需要。中亚水资源的紧缺在一定程度上是由于自身自然条件的限制造成的，但“中亚水危机不是量的危机，而是一种分配危机；问题不是水短缺，而是水管理。中亚有充足的水量，但是得不到合理利用”。这种观点我们认为有一定道理。

中亚水资源问题是敏感而复杂的问题，这涉及上下游国家切身的利益，站在不同的立场和角度会得出完全不同的结论。各方的立场代表着各国的根本利益，其他人很难作出孰是孰非的判断。这一问题的解决一是难度极大，二是还得由上下游国家自己谈判解决。但现在的世界是全球化的世界，处在同一地区的国家在各个方面都有千丝万缕的联系。中国与哈萨克斯坦、吉尔吉斯斯坦、塔吉克斯坦三国相连，与乌兹别克斯坦和土库曼斯坦是近邻。随着中国与中亚各国经贸合作日益深入，合作项目不断增多，中亚地区水资源问题多多少少都会对中国与中亚国家合作产生直接或间接的影响。实际上已经发生过由于水资源纠纷导致投资项目终止，中国企业蒙受巨大损失的事件。作为长期研究中亚问题以及中国与中亚国家关系的学者，中亚水资源问题应该是我们研究的问题之一。

中亚各国在水资源问题上的矛盾是由历史和现实的诸多因素积累而形成的，也受到其他非经济因素的影响，具有长期性的特征，不可能在一朝一夕间得到完全彻底解决。中亚国家今后一体化进程和区域经济合作是否顺利在很大程度上取决于中亚国家能否合情合理地解决水资源共同利用问题以及各国在这个问题上所持的立场和态度。为此，中亚国家需要共同致力于找到解决水资源问题的方案，使地区有限的水资源得到合理的利用和必要的保护。

有必要对中亚水资源问题的主要矛盾再次进行梳理。第一，中亚地区水资源纠纷主要并不是因为缺水而造成的。第二，上游国家对水资源开发利用的目的与下游国家并不完全相同，吉塔两国主要是发电，发电本身并不消耗水资源。而下游国家主要是灌溉，在用水问题上上下游国家并没有出现巨大冲突。第三，下游国家对上游国家进行补偿在苏联时期就已经形成机制，说明这一方案已经得到各国的认同，但补偿应该有一定限度，不能超出下游国家的能力，否则这个机制不可能长久。

通过分析可以看到，虽然中亚国家之间的水资源纠纷表面看很复杂，但并不是解决不了的问题，只要对症下药，考虑到各方的利益，这个问题还是可以解决的。因此，笔者对中亚水资源问题的合理解决抱有乐观的态度。

从前面的叙述中我们可以看到，经过多年探讨和摸索，在解决中亚水资源问题方面实际上已经提出了不少好的建议和措施，有些措施实际上现在已经在实施，这使解决中亚水资源问题有了一定的基础和条件。笔者认为，不论是中国还是俄罗斯，在与中亚国家经贸合作中水资源问题总是一个绕不开的话题。中国无法回避，也不应该回避这个问题。中国的态度应该一要慎重，二要有选择和有限介入。

中国有选择参与中亚水资源合理利用的途径，主要是双边渠道和多边渠道。双边渠道应避免卷入现阶段吉塔两国与下游国家的水资源纠纷。合作的内容应该主要是对现有正在运营的水电站设施进行技术改造、提高发电效益、建设新的火力发电站、参与没有争议的小水电建设、发展新能源、完善国家和地区电网以及降低冬季对水电的严重依赖等方面。对下游国家主要是参与电网改造、推广节能技术，发展节水型农业，发展新能源，帮助其调整经济结构，设法使下游国家有能力在冬季最需要能源的时候向上游国家提供稳定且价格较低的电力。

通过这些做法就有可能缓和上游国家和下游国家的矛盾，使中国和俄罗斯摆脱左右为难的境地，同时对缓解咸海生态危机也有一定帮助。更重要的是在上海合作组织框架下去进行这方面合作，可以凸显上海合作组织在解决中亚地区复杂经济问题上的能力，增强组织的凝聚力和生命力。

Y.9 俄罗斯的中亚政策及其前景

薛福岐*

摘　要：

中亚在俄罗斯对外政策总体布局中居优先地位。2012年，俄罗斯在国内政局进入中期稳定的背景之下，明显加大投入力度，着力加快一体化进程，扩大双边合作，在政治、经济和安全方面为该地区可能发生的变化做准备。俄主导的统一经济空间、独联体自由贸易区等一体化进程获得新进展。俄与中亚各国的双边经济与安全合作也有新的收获。与此同时，中亚地区国家全方位外交政策没有发生根本改变，美国也不会放弃对中亚事务的参与，这意味着俄罗斯中亚政策面临挑战。

关键词：

2012年　俄罗斯中亚政策　前景

2012年1月1日，俄罗斯、白俄罗斯、哈萨克斯坦三国“统一经济空间”

---

* 薛福岐，博士，中国社会科学院俄罗斯东欧中亚研究所战略研究室主任、研究员。

协定正式生效。2012 年 9 月，独联体 8 个成员国（俄罗斯、乌克兰、白俄罗斯、摩尔多瓦、亚美尼亚、哈萨克斯坦、吉尔吉斯斯坦和塔吉克斯坦）参加的独联体自由贸易区开始正式运作。俄罗斯驻吉尔吉斯斯坦军事基地的期限延长 15 年，驻塔吉克斯坦基地延长 30 年。俄罗斯在中亚地区的军事存在得到有力巩固。可以说，2012 年，俄罗斯在国内政局进入中期稳定的背景之下，明显加大投入力度，着力加快一体化进程，扩大双边合作，在政治、经济和安全方面为该地区可能发生的变化做准备。统一经济空间、独联体自由贸易区等一体化进程获得新进展。与中亚各国的双边经济与安全合作也有新的收获。

本文从安全合作、经济合作两个方面对 2012 年俄罗斯中亚政策进行分析概述。

一　安全合作

俄罗斯视中亚为传统势力范围，是所谓的特殊利益区（Зона привелигированных интересов）[①]，在该地区拥有广泛的利益。毫无疑问，对俄罗斯而言首要的利益考虑来自安全领域。

有鉴于中亚国内存在复杂的内部政治经济和社会矛盾，俄罗斯关切“阿拉伯之春”是否会在这些国家上演，进而影响到俄罗斯自身的安全与稳定。而俄罗斯加强与中亚各国的合作，有助于提升中亚各国维护内部稳定和秩序的能力建设。

俄罗斯关切中亚各国打击跨国有组织犯罪和毒品贩运的能力，因此想要通过扩大双边合作，在地区安全，包括打击恐怖主义与贩毒和有组织犯罪等方面取得成效。中亚一些国家权力交接的前景及其可能造成的冲击，也是俄罗斯必须要考虑到的一个重要因素。

俄罗斯认为，美国计划于 2014 年从阿富汗撤军，同时在周边国家建立一批目的和期限不明确的军事基地。但来自阿富汗的恐怖主义和毒品威胁并未减

① 2008 年 9 月 12 日，时任俄罗斯总统梅德韦杰夫在会见“瓦尔代”俱乐部专家时表示，俄罗斯有自己的利益区。事实上，俄罗斯将后苏联地区称为“近邻”，即表示与其他邻国区别看待。

少。俄罗斯对此不能无动于衷。普京曾表示，俄罗斯在阿富汗有明确的利益。俄罗斯面对大规模的毒品入侵，国民健康受到严重威胁。

俄罗斯主要通过双边和多边两个途径与中亚国家开展安全合作。就双边而言，普京在 2012 年就职之后分别对中亚五国进行正式访问，与吉尔吉斯斯坦和塔吉克斯坦等国在军事基地等问题上达成新的协议，进一步巩固了俄罗斯在中亚的军事存在。

1. 与吉尔吉斯斯坦的合作

2012 年 10 月，俄罗斯总统对吉尔吉斯斯坦进行正式访问，双方签署六项合作协定，涉及水电合作和俄军事基地等问题。其中有关俄罗斯军事基地的协议将于 2017 年生效，基地将保持到 2032 年，协议期满后可再延长 5 年。目前，俄罗斯在吉境内共有四个军事基地：伊塞克湖的鱼雷试验场，一个军事通讯站，一个地震观测站和驻扎在坎特的军事基地。俄罗斯在吉境内长期保持军事基地，无疑对吉本身，乃至俄罗斯的安全具有至关重要的意义。

双方在发表的联合声明中指出，俄罗斯支持吉方将马纳斯机场的美军转运中心改变为纯粹民用性质的计划，并同意研究在该机场建设民用运输基础设施，服务往返欧亚两大洲之间的货物运输。

2. 与塔吉克斯坦的合作

2012 年 10 月 5 日普京访问塔吉克斯坦期间，与塔方就 201 军事基地问题达成一致，[①] 将基地的期限延长至 2042 年。俄罗斯有权在 2042 年租约期满后要求把租期再度延长 5 年，且次数不限。作为回报，俄罗斯承诺向塔吉克斯坦军队提供现代武器装备并提供培训。同时，俄罗斯将放宽对塔吉克斯坦人在俄罗斯工作和居留的限制，把就业许可有效期从 12 个月延长为至多 3 年。[②]

3. 加强集体安全条约组织

这方面主要是强化集体安全条约组织现有军事力量，完成集体维和部队的组建，整合现有的快速反应部队、维和部队、特种部队，增加空军力量等。可

① 第 201 基地驻扎俄军 201 摩托化步兵师大约 7000 人，是俄罗斯最大的海外军事基地。

② 据不同渠道的数据，目前每年大约有 130 万塔吉克斯坦人在俄罗斯打工，2011 年劳工汇款大约 30 亿美元，相当于塔吉克斯坦国内生产总值的一半。这对于塔国内社会经济稳定具有重要意义。——作者注

以说，在集安条约组织框架内，2012 年俄罗斯主导的军事一体化进程取得明显进展。

当然，俄罗斯与中亚各国在禁毒、打击有组织跨国犯罪、打击极端主义和恐怖主义、情报交换、人员培训和物质技术援助方面保持着长期密切合作，通过多边和双边多个渠道密切掌握中亚地区各种动态。这也是俄罗斯在中亚安全问题上的重要工作方向之一。

对俄罗斯而言，主导中亚地区一体化进程、推动双边关系的关键动因依然是政治和安全考虑。俄罗斯需要维护自身安全，为此必须加强合作来维护中亚地区的安全。吉尔吉斯斯坦、塔吉克斯坦是俄罗斯打击贩毒、遏制宗教极端势力向俄罗斯境内渗透，以及解决劳工问题的两个关键伙伴。从经济意义上来看，吉市场规模很小（年 GDP 约为 50 亿美元），对俄完全不具有任何意义。而俄在吉境内的项目却具有地区政治军事和地缘政治意义。

二　双边经济合作与一体化

第一，2012 年 1 月 1 日正式生效的俄罗斯、白俄罗斯与哈萨克斯坦三国之间“统一经济空间”协定，是更密切的一体化进程，包括建立统一的商品、服务、金融与劳动力市场，以及超国家管理机构（欧亚经济委员会，Евразийская экономическая комиссия）。俄白哈三国计划 2015 年在“统一经济空间”的基础上建立欧亚经济联盟（Евразийский экономический союз）。

第二，2012 年 9 月，独联体 8 个成员国（俄罗斯、乌克兰、白俄罗斯、摩尔多瓦、亚美尼亚、哈萨克斯坦、吉尔吉斯斯坦和塔吉克斯坦）参加的独联体自由贸易区开始正式运作。独联体自贸区的目标并不是建立统一的海关和经济空间，只是为特定范围的商品贸易设定免关税措施。目前，除吉尔吉斯斯坦和塔吉克斯坦之外的 6 个独联体国家已经批准了有关文件。乌兹别克斯坦、阿塞拜疆和土库曼斯坦没有参加。

第三，2012 年 10 月，俄罗斯总统普京访问吉尔吉斯斯坦，签署六项合作协定。其中在水电领域俄罗斯公司（Интер РАО ЕЭС）将与吉方合作建设并运营卡姆巴拉塔水电站 1 号机组（装机容量 1900 兆瓦），而俄罗斯水电建设公司（РусГидро）与吉方合作建设纳伦河上游阶梯电站（共计四座电站，装机容量191兆瓦）。双方合营，股份均等。俄罗斯表示，俄罗斯与吉尔吉斯斯坦之间的同盟和战略伙伴关系是俄罗斯外交政策的优先方向。

除了上述协定之外，双方在政治、经贸、文化、人文、军事和军事技术领域、地质勘探和油气工业现代化改造、矿业合作、银行业，以及农产品生产、加工和在两国市场的推广等方面将开展合作。

可以说，俄吉两国之间的双边合作机制和内容是丰富的。双方设有政府间经贸科技与人文合作委员会，签订2010～2013年政府间经济合作纲要，在教育、科学、文化艺术、信息、青年政策进行协调。俄罗斯在吉尔吉斯斯坦传播俄语，自2011年6月起在比什凯克设立俄罗斯科学与文化中心。同时，俄罗斯承诺维护在俄吉尔吉斯斯坦劳工的权益。此外，俄罗斯在水资源开发问题上支持吉尔吉斯斯坦的立场。吉尔吉斯斯坦政府决定于2013年底加入俄白哈关税同盟。俄罗斯则支持吉加入俄白哈关税同盟和统一经济空间。

在吉方十分关切的债务问题上，俄罗斯决定免除吉尔吉斯斯坦2005年1.89亿美元债务，2009年3亿美元债务将在2016年起的十年间免除。分阶段免除债务是俄罗斯方面的一个“保险”措施。

第四，2012年6月4日，普京对乌兹别克斯坦进行正式访问，签署深化战略伙伴关系的联合声明，以及乌兹别克斯坦加入独联体自贸区的谅解备忘录。根据备忘录文件，乌兹别克斯坦于2012年底前加入独联体国家自由贸易区条约。

俄罗斯是乌兹别克斯坦最重要的贸易伙伴，双边贸易正稳步快速发展，2011年两国贸易额达到67亿美元，比2010年增长9%。

第五，2012年6月7日，俄罗斯总统普京对哈萨克斯坦进行正式访问。两国元首举行会谈，探讨推进关税同盟、统一经济空间框架内的一体化进程等问题，就两国经贸、能源、航天等领域的合作交换了意见，并签署一系列合作协议。

续签《友好合作互助条约》是俄哈领导人会谈的重要成果。该条约是俄哈双方于1992年5月25日签订的。俄哈领导人签署该条约的修订和补充议定书，将友好条约延长10年，并根据当前一体化的需要，新增了一系列条款。

哈俄两国在关税同盟、统一经济空间内密切协作，目前正着手共建欧亚经济联盟。统计数字显示，2011 年俄哈双边贸易额创历史新高，达 250 亿美元。哈俄合资企业目前已超过 3500 家，遍布各行各业。

此外，在普京访问期间，俄哈两国政府还签署了有关合作开发小水电，以及两国毗邻边境地区居民免签证的协定。

第六，2012 年 10 月 4 ~ 5 日，普京对塔吉克斯坦进行正式访问，与塔方签署一系列合作文件，涉及军事、禁毒、能源和移民政策等领域，以及在矿业、建筑、轻工业和食品工业、工业品生产和农产品加工等领域的合作。同时决定提升政府间经济合作委员会的级别，以扩大经贸和投资合作，加大力度履行俄塔政府间经济合作纲要。

第七，2012 年 10 月 5 日，普京对土库曼斯坦进行正式访问并出席独联体元首峰会。峰会上签署了培训反恐人员、设立独联体成员国反洗钱机构负责人理事会等文件。后者旨在协调成员国打击洗钱和资助恐怖主义等工作。

三　前景分析

2012 年，俄罗斯通过各种方式下大力气加强在中亚地区的军事和经济存在，是一个值得关注的发展态势。可以看到，俄罗斯在中亚方向采取的努力是多方面的，既有多边领域的俄白哈关税同盟、俄白哈统一经济空间乃至未来的欧亚经济共同体，直至欧亚联盟，以及独联体自贸区，也有双边层面的军事基地，经济技术援助，免除债务，对中亚国家在俄劳工的优待安排，在中亚国家安排建设项目，等等。同时，俄罗斯强化与地区大国（哈萨克斯坦）的关系，加强安全合作。一方面，俄罗斯由点到面，未雨绸缪，防范未来可能出现的动荡局面，在一定程度上为中亚国家提供安全保障；另一方面，俄罗斯通过在吉境内建设和运营水电站，试图在未来获得可观的经济利益，而且更重要的是将得到中亚地区水资源的“钥匙”，在中亚国家水资源分配问题上充当居间调停的角色。

尤其值得注意的是，在俄罗斯面临人口危机、大力吸引境外俄罗斯族人回迁的背景下，计划从 2015 年起要求独联体国家公民使用护照而不是身份证入境俄罗斯。这个措施直接影响到中亚国家在俄罗斯的大量劳工。对吉尔吉斯斯坦和塔吉克斯坦而言，劳工汇款具有极其重要的经济和社会意义，根据世界银行的数据，分别占吉 GDP 的29%，塔 GDP 的47%。换言之，俄罗斯的限制措施有可能大幅度减少这两个国家前往俄打工者的人数，从而影响到劳工汇款，其后果是不言而喻的。俄罗斯可通过对上述两国移民政策的调整，获得一张足以影响其国内经济和社会局势的牌。

中亚诸国对俄罗斯国内的发展与稳定也具有重要意义。第一，中亚诸国是俄罗斯传统盟友，与俄保持着密切的政治、经济、文化与人文联系，具有共同的文化与语言空间。第二，在安全领域，中亚各国内部的稳定，以及有效打击各国内部极端主义与恐怖主义势力的能力，打击毒品贩运和跨国有组织犯罪的成效，对俄罗斯具有重要意义。第三，阿富汗在 2014 年美国撤军之后的局势发展有可能投射到中亚诸国，进而对俄罗斯产生影响。事实上，中亚国家是俄罗斯与阿富汗之间的缓冲地带。第四，中亚各国的资源禀赋与独特地理位置，具有极大的地缘政治意义和投资吸引力。第五，中亚两个大国，哈萨克斯坦和乌兹别克斯坦都面临领导人世代更替的紧要关头，对其未来的发展具有重要影响。

因此，可以说 2012 年俄罗斯在中亚地区的进取态势是一个具有中长期性质的战略选择，是俄罗斯实现民族复兴、恢复大国地位战略的重要环节。俄罗斯只有借助中亚，只有通过实现与中亚各国紧密的政治经济安全一体化，才能在未来多极世界格局中占据一席之地，成为多极世界中的重要一极。与此同时，俄罗斯的中亚战略在多大程度上能够达到预期目标，尚有许多未知数。其中俄罗斯国内因素，中亚国家内部发展因素，以及区域外国家，尤其是美国在该地区的作用，都有可能对俄罗斯中亚战略产生影响。

第一，来自俄罗斯自身的因素。俄罗斯中亚政策的效果，在很大程度上取决于俄罗斯自身发展以及自身资源的限制。当然，俄罗斯经济发展水平对中亚国家具有相当大的吸引力。但从自身发展的角度来看，如果俄罗斯在未来一个时期的经济社会发展乏善可陈，则俄对地区国家的影响力就会受到干扰，且不一定能够依托自身实力促成新的质量。

第二，挑战来自中亚国家独立以来坚持的全方位外交政策。中亚国家无疑需要与俄罗斯发展密切合作关系，同时也在积极拓展与其他大国的合作。换言之，这是一枚硬币的两面：一方面俄罗斯不能也不可能全面满足中亚国家的合作需求；另一方面，中亚国家也不愿意对其他国家关闭合作的大门，因此更多地在搞平衡外交①。因此，俄罗斯中亚政策成效，也取决于俄能够在多大程度上提供契合地区国家需求的合作方式。

第三，区域内部和区域国家内部的不稳定。2014 年之后，地区安全将成为一个紧迫问题。来自阿富汗的威胁，区域国家之间在水资源等问题上的矛盾，区域国家内部政治斗争、民族矛盾、社会矛盾与冲突都有可能引发新的不稳定局面，对俄罗斯影响和保障地区安全的能力构成考验。

第四，阻力来自西方，尤其是美国的新丝路计划。按照美国的说法，所谓新丝绸之路计划，属于地区经济一体化范畴，旨在建立经济和交通网络，涵盖中亚和南亚地区，核心则是阿富汗。这个计划的关键取决于阿富汗中亚邻国的合作意愿。

在新丝路计划框架下，美国积极支持中亚国家向阿提供各种形式的援助。其中哈计划在 2014 年之后向阿富汗安全部队提供援助，向阿富汗提供大量留学名额。土库曼斯坦向阿富汗提供人道主义援助，参与阿境内铁路和能源基础设施建设，支持土库曼斯坦向阿富汗、巴基斯坦和印度出口天然气的协议，以及连接这四个国家的天然气管道建设即将进入实施阶段。美国支持乌兹别克斯坦建设一条连接阿富汗与中亚的铁路线，并向阿富汗提供电力。而作为回报，美国计划撤销 2004 年起针对乌兹别克斯坦实施的武器出口限制，向其提供用于打击恐怖主义和贩毒的装备，并提供人员培训援助②。

美国声称在中亚地区拥有广泛利益，涉及能源合作，人权与民主，打击贩毒和极端主义等。美国计划于 2014 年从阿富汗撤军，中亚各国的重要性凸显。

美国与中亚国家举行定期的年度双边磋商，其中与哈萨克斯坦的战略伙伴对话涉及地区安全、支持阿富汗、扩大经贸合作等问题。

2011 财年，美国向地区国家提供 1.7 亿美元，用于加强边境安全，打击贩毒和恐怖主义，向军队和警方提供援助。其中 600 万美元用于军队的物资装备，300 万美元用于军队人员培训。

---

① 2012 年 6 月 28 日，乌兹别克斯坦照会集体安全条约组织秘书处，终止参与该组织活动。2012 年 12 月 19 日，在莫斯科召开的集安条约组织理事会扩大会议上批准了乌方的请求。集体安全条约组织官方网站，http：//www. odkb – csto. org/session/detail. php？ELEMENT_ ID = 1544。

② http：//www. fergananews. com/article. php？ id = 7434.

可以看出，美国的中亚政策在很大程度上旨在鼓励地区国家发展出一套独立的政策路线，因而对俄罗斯形成一定意义上的牵制，防止俄罗斯单独主导该地区国家的外交议程。

2012 年俄罗斯中亚政策的进取性是不言而喻的，其背后无疑是俄罗斯重振大国地位、打造多极世界中一极的战略意图，具有深刻的国内和国际背景。从俄罗斯国内角度看，普京 2012 年 3 月赢得总统大选重返克里姆林宫，意味着在一个中期阶段俄罗斯内外政策的稳定性与连续性，这个阶段俄罗斯将集中力量推动国内经济社会发展，客观上需要中亚各国保持政治稳定和社会安宁，需要与中亚各国发展各个层面的关系，为国内发展战略服务。

Y.10

美国中亚政策的变与不变及中国的应对

肖　斌*

摘　要：

自中亚国家独立以来，美国先后以“大中亚计划”和“新丝路计划”为蓝图设计了其中亚政策，并以此提高了美国在中亚的影响力。作为美国对外政策的一部分，美国的中亚政策直接受国际体系、地区力量格局、国家等三个层次的共同影响。在单极体系尚未发生质的变化的情况下，美国的中亚政策存在着稳中有变的可能性，即美国将在推动中亚国家民主化、市场开放和地区安全合作方面有突出表现。保持制衡是美国中亚政策不变的战略目标，大国将会在中亚地区继续博弈，“强三角关系”（即中俄关系向紧密的方向发展）在中亚出现的可能性将增大。中国将有可能在双边及多边层次上采取措施反制美国中亚政策对中国可能带来的负面影响。

关键词：

美国中亚政策　制衡　中国

一　美国对中亚[①]的政策及其效果

自中亚国家独立以来，美国的中亚政策进行了几次调整，其中以“大中亚计划”（2005 年）和“新丝路计划”（2009 年）为核心的中亚政策较为明

---

* 肖斌，政治学博士，中国社会科学院俄罗斯东欧中亚研究所中亚研究室助理研究员。

① 作为概念，中亚最早由德国地理学家亚历山大·冯·洪堡（Alexander von Humboldt）于 1843 年提出。尽管对中亚概念中所包含的范围存在多种界定，但大致可以划分为三类，其中以哈萨克斯坦、吉尔吉斯斯坦、乌兹别克斯坦、塔吉克斯坦和土库曼斯坦等 5 国定义的中亚概念是迄今最为普遍接受的概念。为了研究需要，本文中的中亚也以此概念为准。

确和具体。不过，“大中亚计划”和“新丝路计划”并不代表美国中亚政策的全部，它们只是美国中亚政策的核心。目前，美国以“新丝路计划”为核心对中亚国家展开了多领域的外交活动。根据美国国务院南亚和中亚事务局所公布的信息，[①] 美国中亚政策的主要内容大致归纳为以下几个方面。

◇目标：通过协调安全与政治之间的关系，从而使美国能够与中亚国家建立可行的、长期的伙伴关系。

◇核心利益：推动中亚在阿富汗稳定中的辅助作用；促进民主和人权；打击毒品和人口走私；支持平衡的能源政策和发展能源资源；促进经济增长和提高美国公司的机会；阻止大规模杀伤性武器扩散。

◇主要方式：通过年度双边磋商机制与中亚国家在政治、经济、安全、教育、文化等层次上开展对话、合作或援助。重视美国国际开发署在“中亚经济合作计划”中的作用。

◇辅助方式：重视地区和国际协调机制的作用，帮助促进中亚和南亚地区间的经济一体化；鼓励和帮助中亚国家加入世界贸易组织，从而实现中亚国家开放市场。重视与非政府组织间的合作，如亚洲开发银行、世界银行、阿迦汗发展集团等机构。

从 2012 年美国与中亚国家的关系来看，很多方面都有较大的突破。现实效果主要有：

一是与中亚国家建立了年度双边磋商机制（ABCs），并通过该机制美国与中亚国家讨论了安全援助、经济投资、教育文化交流、人权和民主化改革等问题。例如，向乌兹别克斯坦提供了安全援助；与哈萨克斯坦在控制大规模杀伤武器不扩散上合作顺利；与吉尔吉斯斯坦不仅在马纳斯运转中心上有合作，而且向吉尔吉斯斯坦政府的政治改革提供帮助；根据“自由行动计划”，在 1992～2010财政年美国已向塔吉克斯坦提供了 9.88 亿美元援助，2012 财年将

① 美国国务院网站；Robert O. Blake, Jr, “U. S. Policy in Central Asia”, Forum of the Central Asia-Caucasus Institute, SAIS, Washington, DC, January 25, 2012. Robert O. Blake, Jr, “Central Asia: Toward a Great Gain, Not a New Great Game”, Indiana University's Inner Asian and Uralic Natural Resource Center, October 18, 2012。Robert O. Blake, Jr 为美国负责南亚和中亚事务的助理国务卿。——作者注

达到4500万美元，预计2013财年援助额度将为3741万美元。①

二是与中亚国家在阿富汗的安全过渡期内发挥地区作用达成了一定的共识，即中亚国家的领导人已认识到阿富汗安全问题的复杂性及在地区层面调节的必要性，并计划结合本国的实际情况在该问题上发挥一定的作用。例如，除中亚国家已有的转运中心外，2012年3月塔吉克斯坦开始向驻阿富汗的国际安全部队提供撤离物资的陆路运输服务，美国也加强与塔吉克斯坦在国防、打击恐怖主义和毒品走私方面的合作。

三是美国的“新丝路计划”中所倡导的内容已被中亚国家部分或全部认同，并已在推动地区间合作上发挥作用。例如，通过CASA－1000项目，乌兹别克斯坦、土库曼斯坦和塔吉克斯坦提供电力以满足阿富汗日益增长的能源需求；乌兹别克斯坦建成了一条连接阿富汗马扎里沙里夫与乌兹别克斯坦海拉坦的铁路；哈萨克斯坦、土库曼斯坦和阿富汗也正建设一条阿富汗与里海连接起来的铁路；塔吉克斯坦与美国在南亚的战略伙伴——印度也将在水电项目开发上合作，并与印度建立了长期战略伙伴关系；② 土库曼斯坦－阿富汗－巴基斯坦－印度计划建设的天然气管道项目（或者TAPI）也取得了较大的进展。

四是在促进中亚国家开放市场上取得较大的进展。美国已经与哈萨克斯坦和塔吉克斯坦签署了双边协议。鼓励美国公司投资中亚国家，在2012年5月阿什哈巴德举行的美土双边磋商中，有100多家美国公司参加了美国的商业展览；8月在塔什干举行的美乌年度双边磋商中，有25家美国企业随同参加了会议，美国通用汽车公司在乌兹别克斯坦建立的年产20万辆汽车的合资公司也运转顺利，并计划在2013～2014年度扩大生产。③

五是在人权、民主等领域美国获得了许多与中亚国家对话的机会并有所发

① 美国国会研究服务中心，Jim Nichol，Specialist in Russian and Eurasian Affairs，“Tajikistan：Recent Developments and U.S. Interests”，Summary。

② 印度国防研究与分析研究所，Meena Singh Roy，“India and Tajikistan：Building a long-term Strategic Partnership”，September 18，2012。

③ 英国路透社，“In Uzbekistan，a Chevy on every corner”，Sep. 5，2012，http：//www.reuters.com/article/2012/09/05/gm－uzbekistan－idUSL6E8K55ZL20120905。美国通用汽车公司，“GM Opens Engine Plant in Uzbekistan”。

展。2012财年中，美国提供了2660万美元支持中亚国家的民主改革、人权和法治发展、公民社会建设等。同年8月，美国与乌兹别克斯坦政府共同举办了第一次公民社会论坛。此外，美国向吉尔吉斯斯坦议会建设提供了帮助，与哈萨克斯坦政府就人权发展问题进行了对话。

针对美国中亚政策在中亚地区取得现实效果，可以确定的是通过中亚政策，美国已处在收益的阶段。那么在这种状态下，2013年美国的中亚政策是否会发生变化将是其他大国比较关心的问题。因为这将影响到中亚地区国际关系未来的发展趋势，以及涉及其他大国中亚政策的调整。为此，下文将讨论影响美国中亚政策发生变化的因素及可能变化的方向。

二　影响美国中亚政策发生变化的因素

毋庸讳言，中亚对美国维护其全球领导力具有十分重要的战略意义。借助阿富汗问题，美国进入了中亚，并对中国、俄罗斯形成了潜在的战略威慑①，由于中俄两国缺少挑战美国在中亚存在的实力，中俄选择了与美国“有限合作”的政策。中国和俄罗斯抓住战略机遇，过去10年中国较好地发展了与中亚国家关系，俄罗斯对中亚的政策也逐渐从被动“防御”转向积极“进攻”，例如欧亚经济共同体、集体安全条约组织和俄白哈三国关税同盟“协同共进”，以及“欧亚联盟”构想的出台等。而美国却因阿富汗问题逐渐形成了“沉没成本效应”。为了摆脱阿富汗问题的束缚，制衡中国影响力在中亚的逐渐扩大和俄罗斯影响力的“回归”②，美国中亚政策也从“大中亚计划”调整为“新丝路计划”。为了配合“新丝路计划”的实施，2012年在很多公开场合美国官方代表阐述了其中亚政策。

由于美国中亚政策是其对外政策的一部分，而对外政策一般受体系、地区

① 所谓威慑在性质上属于心理学概念，一般意义是指A方让B方相信，B方所采取的任何针对A方的行动所面临的风险会大于收益。参见〔美〕詹姆斯·多尔蒂，小罗伯特·普法尔茨格拉夫《争论中的国际关系理论》（第5版），阎学通、陈寒溪等译，世界知识出版社，2003，第371页。

② 张晓慧：《俄罗斯影响力在中亚的“回归”》，《新疆社会科学》2008年第6期，第45～49页。

和国家三种层次的影响而变化。[①] 目前，美国中亚政策外部环境正面临这样几种影响。

一是单极体系的强度相对变弱。受国内经济的影响，美国维护单极霸权的能力有所削弱。为了能继续保持在国际体系中的影响力，美国的对外政策进行了调整，以亚太“再平衡”政策最为突出。虽然不能简单地断定亚太“再平衡”就意味着美国亚洲政策的重心全部转移到“亚太”这个区域概念中，如果从地缘政治的重要性来看，美国应继续保持在阿富汗的影响力，但就美国国家利益而言，亚太地区的确比中亚地区重要且容易控制，因为亚太地区的安全还对美国有直接的影响，而且还有日本、韩国、菲律宾、澳大利亚等盟友的协助。为此，美国国防部新版《防务战略指南》（2012 年 1 月）也明确表示，美国的军事部署和防务资源将向亚太地区倾斜，而美国国务卿克林顿·希拉里也曾多次表达了美国政府对亚太地区的关注，[②] 2012 年 8 月在第 43 届太平洋岛国论坛后，希拉里明确重申了“21 世纪是美国的太平洋世纪”。可见，在单极体系相对变弱的条件下，伴随着美国对外政策重心的调整，美国的中亚政策也存在着变化的可能性。

二是地区力量格局变化的影响。长期以来，俄罗斯是中亚地区的主导性国家，中国、美国在中亚的影响力相当（或中国稍强于美国）。近 3 年来，随着中亚政策的实施，美国在中亚的影响力开始逐渐上升，并有超过中国逼近俄罗斯之势。受美国因素的影响，中亚地区格局有可能从“弱三角关系”（即中俄联系松散）变为“强三角关系”（即中俄关系向紧密的方向发展）。预防中亚“强三角关系”出现，削弱（甚至瓦解）中俄全面战略协作伙伴关系，且分化中俄两国与中亚国家之间的关系可能更符合美国的国家利益。在这种动机的驱使下，美国也可能会产生调整其中亚政策的动机，使中亚政策更具弹性。

---

① 肖斌：《西方视野中的中国与中亚关系》，《中亚国家发展报告（2012 年）》，社会科学文献出版社，2012，第 241 ~253 页。

② 美国国务院网站。Hillary Rodham Clinton，“Remarks on Principles for Prosperity in the Asia-Pacific”，July 25，2011；Hillary Rodham Clinton，“Commemorating U.S. Peace and Security Partnerships in the Pacific”，August 31，2012.

中亚国家对外政策的“调整”对地区力量格局变化也有较大的影响。尽管单极体系有弱化的趋势，但依然没有一个大国能在中亚拥有独一无二的影响力。相反，独立20多年来，中亚国家更多是通过大国平衡政策寻求自己的国家利益，不只是受大国的摆布。美国的“大中亚计划”之所以调整为“新丝路计划”，除了美国国家利益的需要之外，也与中亚国家对“大中亚计划”的抵制密切相关。相反，美国的“新丝路计划”在一定程度上符合了中亚国家的需要，中亚国家在不影响与俄罗斯、中国关系的基础上，开始改善并提升与美国的双边关系（2012年的表现极为突出）。作为中亚地区传统的主导性大国，俄罗斯也意识到美国的这种潜在的挑战，不断在政治、经济、军事等方面加强与中亚国家的合作，[①] 并接受中国发展与中亚国家的关系。面对新形势，中国调整了发展与中亚国家关系的方式及内容，强调企业和市场的作用，并提供资金、技术等推动中亚国家的互利合作。

可见，大国关系、大国与中亚国家关系等外部因素都是影响中亚地区力量格局的关键要素，尤以大国关系为重。由于这些外部因素都存在变数，中亚地区力量格局也存在着变化的可能性，并影响着美国的中亚政策。

三是国家层次的作用。俄罗斯经济的发展和中国的崛起可能是影响美国中亚政策变化的最重要的诱因。2012年俄、美、中领导人都进行了选举，普京完成了“车王易位”，奥巴马竞选连任成功，习近平成为中国共产党新一届的中央领导人。领导人的变化虽不会对对外政策产生质的改变，但受各国发展和核心决策层变化的影响，对外政策也存在着调整的可能性。另外，由于中、俄、美三国在中亚的利益既有共识也有分歧，那么只要存在较大分歧无论怎样都会影响美国的中亚政策。尽管美俄两国间在很多方面有趋于一致的利益，例如扩大贸易和投资关系、签订《新削减战略武器条约》、阻止阿富汗被塔利班控制（或者变成一个失败的国家）等等，但是美俄两国之间依然缺乏战略互信，俄罗斯数量庞大的核武器以及较高武器装备技术水平，很难让美俄关系保持顺畅。俄罗斯支持美国在阿富汗打击塔利班，但并不乐于见到美国发展与中亚国家的关系，削弱俄罗斯所主导的中亚地区秩序。

---

① 张晓慧：《俄罗斯影响力在中亚的“回归”》，《新疆社会科学》2008年第6期，第45~48页。

对于如何看待中国的崛起也将对美国中亚政策的变化产生影响。根据美国国家情报委员会2012年12月公布的报告（《2030年全球趋势：不一样的世界》）中的内容，美国官方研究机构认为，美国和欧洲国家将不再享有霸权地位，而是可能会与新兴经济体分享这种地位。虽然美国在新的国际体系中依然处于“全球领导者”地位，但在2030年之前中国的经济总量可能会超越美国。[①] 中国与中亚国家的关系正处在一个良好的发展期，受中国崛起的直接影响，中亚国家的经济也不断在发展。可以肯定的是，中亚国家的自然资源，尤其是能源在中国发展中将起到越来越重要的作用。作为战略性资源，可靠、持续、稳定的能源供给将会促进中国的不断发展。因此，如果美国能正面看待中国的发展，那么美国的中亚政策不会有直接针对中国的变化；如果美国负面看待中国崛起，那么美国的中亚政策可能会有更多遏制中国的成分。在最大程度上切断中亚国家对中国的能源供给将可能是美国中亚政策的重要内容，也不排除美国暗中支持中亚“疆独势力”的可能性。

综上所述，根据国际体系、地区力量格局变化、国家等三个层次的分析，美国的中亚政策存在着稳中有变的可能性。这是因为，单极体系在短期内不会发生质的变化，地区力量格局的分化组合也需要一段时间进行调整；虽然中国和俄罗斯两国会积极应对美国的中亚政策，但中俄两国国家实力和制衡美国霸权的共同利益都相对较弱。因此美国中亚政策相对稳定。在变化上，美国中亚政策可能会更加突出重点，例如会更加注重推进中亚国家民主化进程、市场开放、边境管理培训等方面。此外，美国从阿富汗撤军并不意味着中亚地区会“再次”成为美国等西方国家权力真空，美国还有对中亚地区的力量结构进行“修正”的强烈意愿，通过经济援助（或合作）加强与中亚国家的双边关系并实现新的突破可能是美国中亚政策战略目标。如果结合美国的亚太“再平衡”政策，美国的中亚政策也存在着变化的可能，因为美国的亚太“再平衡”政策出台后，中国的反应似乎已超出美国预先的估计，中国与美国的战略互信似乎有降低或继续降低的趋势，为了避免在中亚地区中俄两国的强烈抵制，在不

---

① 美国国家情报委员会网站，A publication of the National Intelligence Council，“Global Trends 2030：Alternative Worlds”。

影响美国既定战略目标的前提下，美国中亚政策也可能会进行一些调整，即加强与中国、俄罗斯在解决中亚地区问题上的合作，甚至可能会弱化与中亚国家的双边关系。

三 美国中亚政策的战略目标

美国介入中亚地区事务已有30多年历史，但对中亚地区产生直接影响还是应该从2001年“9·11”事件后算起。美国及其北约盟国启动《北大西洋组织公约》第5款，发动了对阿富汗的军事打击，并以此为契机在中亚国家建立了军事基地。虽然中俄两国对美国的做法心存疑虑，由于自身实力有限，中俄两国无力阻止美国强势介入中亚地区，从而“接受”了美国军事基地在中亚国家存在的事实。至此，美国凭借自己支配世界的实力，既“惩罚”了阿富汗塔利班政权，也初步实现了进入中亚权力“真空”地带的目标，把中俄两国的目光吸引到中亚地区，稳固了其全球霸权地位不受挑战。[①] 美国官方曾明确提出其中亚政策的战略目标是“制衡”（Balancing）的概念。2006年4月25～26日，时任美国助理国务卿包润石在国会举行听证会上说，美国的中亚政策主要是为中亚国家提供一个选择机会……避免它们受中俄两国的制约。[②] 那么为什么美国中亚政策的战略目标是制衡?

一是国际体系依然属于单极，失去了体系的约束，美国可以依靠其霸权地位在全球行动中恣意妄为。而在无政府状态下，国际权力结构从失衡到恢复均势可能是一个漫长的过程。中国、俄罗斯在中亚都有重要的利益且与中亚国家关系密切，随着中国与俄罗斯两国实力的变化，以及中、俄两国的战略合作，使中、俄两国增强了主导中亚地区的能力，这让美国认识到中国与俄罗斯的潜

① James M. Lindsay, “George W. Bush, Barack Obama and the future of US global leadership”, http://www.chathamhouse.org/sites/default/files/87_ 4lindsay.pdf.

② Richard A. Boucher, “U.S. Policy in Central Asia: Balancing Priorities”, Assistant Secretary of State for South and Central Asian Affairs Statement to the House International Relations Committee Subcommittee on the Middle East and Central Asia, April 26, 2006, http://2001-2009.state.gov/p/sca/rls/rm/2006/65292.htm.

在挑战,[①] 于是美国出台了“大中亚计划”（2005 年），但是由于该计划在实施过程中并不理想，根据美国国家利益的需要，2009 年美国出台了“新丝路计划”并以之取代了原先的“大中亚计划”。

二是在国家利益不一致的前提下，国际间关系出现预期效用最大化的可能性较低，即强对抗、强合作。假定国家间关系在理论上存在强对抗（简称 A）、对抗（简称 B）、对抗且合作（简称 C）、合作（简称 D）、强合作（简称 E）等 5 种状态，那么在一般情况下国家间关系总是在 B 至 D 之间徘徊。由于缺乏实力相当的竞争对手，在单极体系下大国争霸的意愿并不强烈，其政策更多是维护现状或修正现状。这两种政策取向也是有条件而出现，维护现状更多出现在强单极体系，而修正现状则更多出现在弱单极体系。因此，美国中亚政策“修正”地区秩序的意愿要远远大于在中亚地区争霸。

三是在相对和平的单极体系下，霸权国针对中、俄两国选择遏制政策并不适用。因为美国在维护其国家利益的过程中也需要中、俄两国的协助，例如限制大规模杀伤性武器扩散，伊朗、朝鲜问题等。2012 年 9 月美国国务卿希拉里会见中国外长杨洁篪时说，“我们致力于与中国建立合作伙伴关系，这也是我们亚太再平衡政策的一部分。”[②] 对于美俄关系，美国寻求建立一个在合作的基础上追求共同的利益，在相互尊重的基础上坦诚、开放地讨论分歧的合作关系。[③] 此外，即便美国有很强的意愿针对中国、俄罗斯选择先发制人和遏制战略，但是因长期财政赤字而濒临“财政悬崖”（Fiscal Cliff）也预示着美国没有能力“独力”。在对抗与合作共存的前提条件下，为了实现中亚政策的战略目标，美国依然选择的是“离岸制衡”（Offshore Balancing）政策。为此，美国整合了国务院的相关职能机构，把南亚局与中亚局加以合并,[④] 用以配合

---

① 美国现实主义学者、“中国威胁论”的主要思想来源约翰·米尔斯海默教授在其著作中写道，“当中国的权力增长后，美国与中国势必成为对手。”参见《大国政治的悲剧》（中文版），上海世纪出版集团，2008，第 3 页。

② 美国国务院网站，Hillary Rodham Clinton，“Remarks With Foreign Minister Yang Jiechi Before their Meeting”，Beijing，China，September 4，2012，http：//www. state. gov/secretary/rm/2012/09/197312. htm。

③ 美国国务院网站，Bureau of European and Eurasian Affairs，“U. S. Relations With Russia”，December 14，2012，http：//www. state. gov/r/pa/ei/bgn/3183. htm。

④ 南亚与中亚事务局涵盖 13 个国家，1.7 亿多人口。——笔者注

中亚政策的调整。美国的这种做法不仅增强对中南亚地区的决策能力和战略空间，同时还利用印度“北进”中亚的目标而制衡中国。不仅如此，美国还积极支持日本、欧盟等进入中亚的能源市场以及参与阿富汗问题的解决，从而达到通过多种外部力量制衡中国与俄罗斯的目标。

四是制衡而非遏制符合美国在中亚既有的利益。虽然美国与中亚国家在双边关系上取得了进展，但是中、俄两国与中亚国家在地缘上的紧密联系，以及俄罗斯在中亚独特而巨大的影响力，美国的中亚政策也很难选择遏制为目标。相反，制衡不仅能符合美国在中亚的利益，也能在一定程度上为中亚国家所接受，因为中亚国家的对外关系也选择的是大国平衡政策。为了能达到制衡的效果，美国加强了与中亚国家的经济合作，试图尽量在经济上使中亚国家与中、俄两国“断桥”，即减少与中、俄两国的经济联系。美国国际开发署在这里扮演了重要的角色。2011 财年美国向中亚国家提供了 1.158 亿美元援助，其中哈萨克斯坦 1320 万美元，吉尔吉斯斯坦 4200 万美元，塔吉克斯坦 4350 万美元、土库曼斯坦 590 万美元和乌兹别克斯坦 1120 万美元。[①]援助所涉及的领域包括农业、教育、医疗卫生、边境管理、对外贸易等项目。

综上，从“大中亚计划”到“新丝路计划”美国中亚政策在内容上发生了一些变化，但其制衡中国与俄罗斯的战略目标不会发生变化。如果美国中亚政策的战略目标发生变化，那么至少要满足一个条件，即美国决策者认定中国（或俄罗斯）对其国家安全的威胁更大。面对美国中亚政策带来的潜在挑战，中国将会如何选择？

四　中国对美国中亚政策的应对

纵观近现代史，中亚地区一直是大国博弈的场所。自冷战结束以来，俄罗斯、中国、美国、德国、日本以及欧盟、北约等大国和国际组织活跃于中亚，其中俄罗斯继承了苏联在中亚的“历史遗产”，是中亚地区首要的主导性大

① 美国国际开发署网站，http：//centralasia. usaid. gov/。

国。由于单极体系的压力及中俄两国在中亚存在共同的安全利益，俄罗斯接受中国进入中亚地区，并与中国一道创建了地区性多边安排，即“上海五国机制”，并在2001年升级为上海合作组织。经济的飞快发展使中国参与中亚地区事务的能力增强，尤其表现在经贸合作方面。中亚国家独立20年来，中国与中亚国家的贸易额增长了数十倍。据统计，1992年中国与中亚国家建立外交关系，并随之发展经贸合作关系，当年中国与中亚五国的贸易总额仅为4.6亿美元，到2011年已超过364.5亿美元，比1992年增长了78倍多。[①] 针对中亚未来的发展和中国国家利益的需要，中国领导人在2012年上海合作组织峰会上宣布，今后3年，中方将为其他成员国培训1500名专家。今后10年，中方将为其他成员国提供3万个政府奖学金名额，邀请1万名孔子学院师生来华研修。为促进成员国发展，支持上海合作组织框架内经济合作项目，中方决定向其他成员国再提供100亿美元贷款。[②] 中国在中亚影响力的增大，并不是俄罗斯、美国等大国都乐于接受的，甚至在中亚国家内部也有不少政治精英对中国的影响产生顾虑。因此，中国在回应美国的中亚政策时，可能会同时受制于大国关系、中亚国家的政策取向和中国自身的实力等三种要素。由于上述三种要素都存在较高的不确定性，无论双边还是多边关系，中国在中亚地区能够回旋的空间并不大，甚至还存在继续变小的可能性。

虽然中国没有明确中亚政策，但是维护地区安全和推动地区发展可能是中国在中亚所追求的核心利益，而且两者相辅相成。因为这不仅是作为一个大国的国际责任和义务，也是中国国家发展的需要。此外，中国对美国中亚政策也存在两面性，即希望美国在中亚稳定与发展上发挥更多的作用，但又不愿意看到美国在中亚的影响力因此而加大。如果中国及俄罗斯认为美国的中亚政策能够发挥正面作用，那么在中亚也许会出现以相互尊重、互利共赢的合作伙伴关系为特征的新型大国关系。而中亚地区大国关系的现实是，中国和俄罗斯对美

---

① 李垂发：《我国与中亚国家经贸合作稳步发展》，中国经济网，http：//intl. ce. cn/specials/zxgjzh/201206/06/t20120606_ 23384119. shtml。

② 胡锦涛：《维护持久和平　促进共同繁荣——在上海合作组织成员国元首理事会第十二次会议上的讲话》，2012年6月7日，人民网，http：//politics. people. com. cn/GB/8198/243877/243899/18107983. html。

国的中亚政策心存疑虑，至少在中国看来，美国的中亚政策与其亚太“再平衡”政策都是针对中国的。在双方都缺乏战略互信的条件下，中国可能会对美国中亚政策作出以下回应。

一是保持地区均势。根据这一政策，在坚持国家利益的基础上，中国可能会巩固和发展与俄罗斯的关系，尤其通过强化双边关系制衡来自外部的威胁，并寻找更多的利益共同点，共同推进上海合作组织的发展。保持地区均势并不意味着挑战美国的霸权地位，而是冷静对待中美关系的一种选择。事实上，20多年来，中国也是单极体系的受益者之一。因此，在中亚地区安全问题上，在不损害国家利益的基础上，中国可能会部分接受美国的中亚政策，与美国中亚政策有意见分歧时，中国也会与美国沟通并积累共识。不过，在单极体系未发生根本改变的情况下，中国更倾向于寻求中亚的地区均势，即中、俄、美三角关系，其中中俄战略关系优先，通过加强中俄关系这种“软制衡”方式来实现地区均势，因为地区均势更符合中国的中亚利益。

二是注重加强与中亚国家的双边关系。由于中亚国家之间还存在一些难以在短期内解决的问题，加之俄罗斯更希望集体安全条约组织在中亚地区安全上发挥主动性作用，上海合作组织维护中亚地区安全的作用有限。中国有可能一方面加强上海合作组织框架下多边合作，另一方面加强与中亚国家的双边合作。尤其在经济合作方面，中国具有一定的优势，中亚国家也乐于“搭便车”，因此中国有可能加强与中亚国家在资源开发、基础设施建设、便利贸易等方面的合作，并积极鼓励中小型企业进入市场化程度较高的中亚国家投资。不过，与美国不同的是，中国可能更擅长通过建立私人关系来发展与中亚国家关系，私人关系可能见效快，但也存在着较大的不稳定性。

三是中国还会加强与联合国等国际组织的合作，目的是通过将美国束缚在一套国际制度、规范上，以限制美国的行为。束缚方式之所以有效，是因为制度、规范对于美国行为的合法化，以及其他国家对美国的合作与服从都有重要的作用。同时，中亚国家领导人对美国的中亚政策也存在一定的保留态度，因为担心如果过度依赖美国，那么美国可能越来越多地干涉其国内政治。

总之，在“新丝路计划”的推动下，美国已改善与中亚国家的关系，并增强了美国在中亚的影响力。尽管美国中亚政策在具体内容上还存在着变化的可能性，但保持制衡是其不变的战略目标。为了防止美国中亚政策可能带来的负面影响，中国将有可能加强与俄罗斯的关系，寻求地区均势，并通过加强与中亚国家的双边关系，以及加强与国际组织的合作，在最大程度上弱化美国中亚政策对中国的负面影响。

Y.11

从欧亚联盟看中亚国家的区域整合

王志远*

摘　要：

中亚国家区域经济整合的步伐进展较慢，在俄罗斯的牵头下，由俄罗斯、白俄罗斯、哈萨克斯坦组建的关税同盟已经成为独联体内部最为紧密的区域合作组织。当普京提出将“关税同盟”发展为“欧亚联盟”时，一个非常清晰的区域一体化进程已经清晰地展示出来。那就是随着俄罗斯经济政治转型的深入，在独联体框架内重新实现其大国的领导地位，这是俄罗斯高层一直以来的愿望。只是在转型初期，内忧外患的俄罗斯不具备实现这一目标的实力而已。因此，有必要系统探索欧亚联盟的本质特征以及后续的影响，这样才能从更深层次上讨论中亚国家的区域一体化进程。

关键词：

关税同盟　欧亚联盟　区域一体化　独联体

苏联解体后，尽管原加盟共和国成立了独立国家联合体，但不可否认的是，成员国之间的区域整合并不明显，以至于在独联体框架内，成立了诸多次区域合作组织。中亚国家在参与地区经济合作中态度表现得尤为积极，但总是“说的多、做的少”，因此在中亚地区，卓有成效的经济合作组织始终没有出现。普京在2011年10月提出“欧亚联盟”战略后，中亚国家的区域合作开始日渐明晰，那就是以俄罗斯为核心，依托“欧亚联盟”这个外部动力，逐步向更深的区域经济合作方向发展。因此，从欧亚联盟视角看待中亚国家的区域经济整合就显得非常必要和重要。

* 王志远，中国社会科学院俄罗斯东欧中亚研究所副研究员、博士。

一　从“关税同盟”到“欧亚联盟”

区域经济一体化既是一个过程，也是一种状态。就过程而言，其中必然包括成员国之间消除各种壁垒和障碍；就状态而言，则表现为区域内商品、劳动、资本、技术等自由流动。在现实中，区域一体化一般发生在地理相邻的国家之间，目标是促进商品、资本、技术、劳动自由流动，以充分发挥各个成员国的资源禀赋优势，提高分工和协作的效率，实现区域一体化中的双赢和共赢。按照区域一体化的不同程度，理论界一般把区域一体化分为六个阶段：特惠关税区、自由贸易区、关税同盟、共同市场、经济同盟、完全经济一体化。但有些地区的一体化过程也会出现跨越式发展过程，并不是严格按照这种顺序递进式发展。

20 世纪 90 年代以来，世界经济全球化发展的背景为中亚国家区域一体化提供了难得的机遇，中亚国家积极开展本地区的经济合作，还积极开展同周边国家的区域合作，加入不同的区域经济组织。

1994 年哈萨克斯坦、吉尔吉斯斯坦、乌兹别克斯坦签署《统一经济空间条约》。1998 年塔吉克斯坦加入，正式成立中亚经济共同体。2002 年中亚经济共同体改为中亚合作组织。

1999 年俄罗斯、白俄罗斯、哈萨克斯坦、塔吉克斯坦、吉尔吉斯斯坦五国首脑签署了《成立欧亚经济共同体条约》，2000 年欧亚经济共同体正式成立。

2004 年俄罗斯加入中亚合作组织之后，由于欧亚经济共同体和中亚合作组织成员国基本相同，2005 年欧亚经济共同体和中亚合作组织合并。

2001 年 6 月，中国、俄罗斯、哈萨克斯坦、吉尔吉斯斯坦、塔吉克斯坦、乌兹别克斯坦六国成立上海合作组织。2002 年，在亚洲开发银行的建议下，中国、哈萨克斯坦、吉尔吉斯斯坦、塔吉克斯坦、乌兹别克斯坦、阿塞拜疆、蒙古国成立亚洲开发银行中亚区域经济合作机制。

2003 年哈萨克斯坦、俄罗斯、乌克兰、白俄罗斯签署统一经济空间协议，并决定加快区域一体化进程。2009 年俄罗斯、白俄罗斯、哈萨克斯坦组成关税同盟。

从中亚国家的区域一体化发展情况看，虽然各国广泛参加区域合作组织，并且中亚国家之间也采取措施提高区域整合程度，提出向着更高的层次发展中亚地区的区域一体化。但是，从世界上较为成功的区域一体化看，区域经济的整合并非一朝一夕，中亚国家的一体化进程仍然任重而道远。有研究对俄罗斯、白俄罗斯、乌克兰、哈萨克斯坦组成的统一经济空间进行评估，其区域经济整合程度要明显好于中亚国家。[①] 可见，在诸多区域合作组织中，中亚国家并没有因为地理位置相近，而实现更快的区域整合步伐，这在一定程度上也说明了单纯以中亚国家为主体构建区域合作机制的艰难性和复杂性。

如果对中亚国家所参与的区域合作机制进行系统评估，其中最具代表性和实质性的当属俄罗斯、白俄罗斯、哈萨克斯坦组成的关税同盟。这个从2009年开始正式启动的区域合作组织已经开始全面实施对内消除关税、对外统一关税的措施，俄白哈也成为地区内经济整合最为深入的三个国家。需要特别指出的是，在国际金融危机爆发后，俄罗斯以及中亚国家所受到的冲击，非但没有减缓关税同盟的步伐，反而直接促使各项措施落实，加快了区域整合的速度和效果。从俄罗斯的角度看，金融危机爆发后，经济局势的恶化强化了其整合中亚国家的内在动力，这样既能够提高其国际经济地位，又能为后危机时代的大国博弈做更加充分的准备。哈萨克斯坦的目标同样非常明确，作为粮食出口和能源出口大国，哈国非常希望与俄罗斯联手，共同面对国际能源和粮食市场，提高国际话语权。在后危机时代，能源价格和粮食价格经历了跌宕起伏的变化，哈萨克斯坦迫切希望稳定农业和能源产业的发展预期，确保两大重要产业平稳发展，提高出口竞争能力。因此，推进关税同盟的建设，对于哈萨克斯坦实现上述目标来说，无疑将更加有效地应对金融危机的后续影响。与俄罗斯和哈萨克斯坦相比，白俄罗斯参加关税同盟的目的相对简单，就是希望在削减关税的条件下，尽量扩大与俄罗斯和中亚国家的对外贸易往来，以此促进本国经济发展。三种不同的目标模式却指向了同样的方向，那就是促进经济一体化进

---

① 王志远：《中亚国家区域一体化进程评估》，《俄罗斯中亚东欧研究》2010年第5期。

程，并向着更高层次的区域合作组织前进。

当然，在关税同盟实施过程中，也并非没有分歧和争议，其中最为关键的就是统一征收的关税收入如何分配的问题。在关税同盟成立之前，三国的出口商都需要缴纳关税、增值税和消费税。关税同盟正式启动后，三国之间的关税全部取消，自然不存在利益分配问题。增值税和消费税采取先征收、后返还的方式，即进口商需要向本国缴纳增值税和消费税，而出口商可以依据税票在本国获得退税，这样的税收管理模式，实际上能够提高出口积极性，加快三国之间贸易往来。由于税收与货物相关联，税收的利益也泾渭分明，不会出现过多的争议。但是在对外统一征收的关税中，存在着较大的争议。在进入三国领域的货物中，执行统一关税，税收收入的分配比例自然成为争夺的焦点，按照三国经济规模的比例，俄罗斯可以获得90%以上的关税收入，但这种提议很快遭到了白俄罗斯和哈萨克斯坦的反对，认为俄罗斯所占的收入比重过大。最终权衡的结果是，按照三个国家对外贸易规模的比重分配关税，因为这样基本能够反映关税收入的来源比例。按照这一方案：俄罗斯获得了87.97%的总关税收入；白俄罗斯获得4.7%；哈萨克斯坦获得7.33%。可见，关税同盟内部也存在利益的争夺，而并非无争议的区域合作。

显然，关税同盟并非区域经济合作的最高阶段，还需要经历共同市场、经济同盟等发展阶段，才能实现完全的经济一体化。这也使得俄罗斯对于未来的发展充满期待，发展更高层次的区域合作组织就成为俄罗斯高层的必然选择。在后危机时代，普京再次竞选总统之间提出“欧亚联盟”战略，这样的背景下，“关税同盟”进化为“欧亚联盟”就成为各方积极响应的战略举措。更为关键的是，当区域合作组织发展到一定程度后，组织扩大成员国规模也必然会更加顺利，那么以俄罗斯为核心的一个后苏联空间内的区域合作组织必然会在更大范围上覆盖中亚地区。届时，中亚地区的经济合作也必然会出现俄罗斯主导的状态。普京提出的“欧亚联盟”，其目的就在于此，而对于中亚国家而言，其中既存在机遇，也存在挑战。机遇是多年来迟迟没有进展的区域合作终于迎来了广阔的发展空间，中亚区域合作也找到了合理的发展方向。而挑战则来自“欧亚联盟”本身，在这样一个以俄罗斯为核心的组织内，如何权衡和保护好自身利益，是中亚国家必须面对的选择。

二 俄罗斯与独联体：合作还是竞争

苏联解体后，由于产业布局和资源禀赋的差异，原加盟共和国之间的经济联系并没有瞬间断裂，例如俄罗斯工业基础雄厚，但原材料主要来自乌克兰、阿塞拜疆等国；俄罗斯纺织业发达，但棉花、丝绸等原材料主要来自中亚国家。此时的后苏联空间虽然不存在较为紧密的区域一体化组织，但是对于区域经济合作的需要是非常迫切的。在俄罗斯学界有两种相互对立的观点，一种认为在苏联时期，由于中央计划经济的作用，市场关系并没有真正发挥作用，事实上各个国家之间不存在区域经济一体化；另一种观点认为，尽管苏联时期实行的是计划经济，但是各个国家之间的经济一体化程度非常高，是一种复杂的国民经济分工格局。① 我们认为这两种观点并不完全对立，苏联时期的中央计划经济决定了强制性的国民分工格局，使得原加盟共和国之间存在着经济互补性；另外，由于计划经济的作用，这种经济互补性并非自发形成的，需要统一的协调和配制才能运行，苏联解体后需要依靠国际贸易的方式来进行，自然使得区域经济合作的难度大大提高了。综合以上观点可以发现，独联体国家之间开展区域经济合作非常必要，但是在可能性方面有所欠缺，需要一个强大的国家来带动整个地区的经济一体化进程，继承了苏联大部分经济遗产的俄罗斯自然是首选，但由于经济、政治等综合因素的困扰，当时的俄罗斯并没有真正发挥带动区域经济一体化的轴心作用，使得独联体在区域经济整合方面的功能逐渐弱化，甚至出现“空心化”的特征。

独联体国家最先组建的区域一体化组织非常高级，没有经过贸易、投资和劳动力自由流动等发展阶段，就开始共同使用货币，组建了卢布区，此时的独联体是一个经济联系并不紧密的货币联盟。显然，原加盟共和国之间紧密的产业分工决定了成立经济联盟的必要性，为了贸易的便利化，独联体国家使用同种货币，虽然各国之间经济整合程度并不高，但表面上却已经达到了货币联盟的高度。不过，这种过度超前的一体化组织无法长期存在，卢布区的弊端很快

① 李建民：《独联体经济一体化十年评析》，《东欧中亚研究》2001 年第 5 期。

在独联体内部显现出来。在苏联解体之前，各加盟共和国就成立了自己的中央银行，开始与苏联中央银行共同发行货币。苏联解体后，各国中央银行之间不仅缺乏协调，反而为了铸币税收入陷入了盲目超发货币的怪圈，越来越多的国家以超发货币购买进口产品，所带来的后果自然是卢布区货币体系的严重混乱。独立后的俄罗斯不仅深陷国内通货膨胀困境，而且还要维护整个卢布区的货币秩序，但这并非单一国家所能控制的局面。俄罗斯无法关住其他国家货币超发的闸门，超发的货币很大部分都流入了经济规模最大的俄罗斯，卢布区所带来的通货膨胀溢出严重影响了经济秩序，俄罗斯不得不于 1993 年 7 月宣布放弃卢布区，开始发行俄罗斯卢布。此后，其他国家也纷纷退出卢布区，这个超越发展阶段、近似于货币联盟的卢布区正式解体。

此后，独联体国家尽管积极开展区域经济合作，但由于转型初期各国普遍深受经济衰退困扰，实质性的区域一体化进程并没有出现突飞猛进的发展。独联体在 20 年的发展历程中也更多地表现为“独立”，而非“联合”。这种区域内经济合作组织真空的状态，其深层次的原因主要在于俄罗斯经济增长乏力，不具备拉动整个地区的经济实力。尽管俄罗斯继承了苏联大部分领土，但在转型初期内外交困的局面下，俄罗斯很难成为区域经济中的“火车头”，自然也无法与其他国家形成更加紧密的经济联合。在相当长的时间里，独联体内部真正的区域协作主要依靠几个次区域一体化组织，先后出现中亚合作组织、欧亚经济共同体等区域合作机制，但由于其内部成员国之间经济发展水平差异大，交通基础设施薄弱，这些组织也基本是“说的多、做的少”，深化经济合作的空间仍然很大，独联体框架内经济整合水平亟待提高。

转型初期的俄罗斯，并非缺乏主导原苏联地区的愿望，但由于其经济政治内外交困，不得不选择了亲西方的“一边倒”策略，叶利钦政府甚至认为借助西方国家的援助，能够提升俄罗斯在后苏联空间的主导权和控制权。当这一希望落空后，俄罗斯开始奉行欧亚主义的“双头鹰”策略，逐步将注意力转移到联合独联体国家，并且重视与亚洲国家的合作和交流，但是受制于国内经济萎靡、政治混乱等因素，俄罗斯的对外战略并没有真正落到实处。独联体框架内的各种经济、政治、外交合作，也因为俄罗斯的衰落而变得越来越务虚，真正落到实处的纲领和协议并不多见。普京上台后，富国强军的发展战略使得俄罗斯重新回归世界大国行列，欧亚主义的对外政策也再次出现在普京的施政纲领中，俄罗斯开始以更高的姿态和目标重振大国雄风，“欧亚联盟”就是在这样的背景下提出的，显然是在独联体内部孕育新的区域合作组织，与独联体的关系则表现为合作和竞争。一方面，“欧亚联盟”需要加强与独联体国家的经济合作与交往，拓展其影响力和覆盖面；另一方面，“欧亚联盟”的发展壮大，也会对独联体形成从内到外的冲击。以上两个方面说明，“欧亚联盟”与独联体的关系中，既存在着替代关系，又存在着互补关系。

三 “欧亚联盟”的本质特征与发展方向

进入新千年之后，俄罗斯经济在油气出口带动下逐步走向复兴，经济外交也开始在俄罗斯对外战略中逐渐占据重要位置，除了在能源、贸易、金融等方面与其他国家积极开展合作外，在独联体框架内组建新的更具实质性作用的区域合作组织也成为俄罗斯极力追求的重要目标。2003 年，俄罗斯、白俄罗斯、哈萨克斯坦、乌克兰组建了统一经济空间，在此后的六年中，随着各种贸易优惠措施的实施，这四国市场呈现出逐渐整合的趋势。已有的研究证明，四国统一经济空间的区域一体化程度要高于中亚合作组织，已经成为独联体内部最具发展潜力的经济联盟。[①] 2009 年，俄罗斯、白俄罗斯、哈萨克斯坦正式宣布组建关税同盟，对内实行零关税，对外则实行统一的关税税率，乌克兰由于更加倾向于欧盟，而缺席了这次重要的区域合作。俄罗斯如愿以偿地成为关税同盟中的领头羊，在申请加入世界贸易组织的过程中，甚至还提出过关税同盟三国同时入世的设想，虽然没有真正付诸实践，也足见俄当局对这次区域合作的重视程度。如果说 20 世纪的后十年中，独联体框架内的区域合作逐渐弱化的根本原因，在于俄罗斯正处于经济衰退的无力状态。那么这次关税同盟能够将各种经济合作落到实处，则要归功于近年来俄罗斯经济的高速增长，也由此产生了联合独联体国家发展经济联盟的能力和愿望。毫无疑问，这是俄罗斯内政与外交之间联动效应在经济方面的最直接体现，当经济发展较为顺利后，俄罗斯

---

① 王志远：《中亚国家区域一体化进程评估》，《俄罗斯中亚东欧研究》2010 年第 5 期。

在经济外交方面也更倾向于联合，尤其重视与独联体国家之间的区域合作。

2011 年 7 月 1 日，“俄白哈”关税同盟顺利实施，普京建议以此为基础，组建“欧亚联盟”，在未来的联盟中，俄罗斯是处于绝对优势地位的核心国家，掌握各种经济、金融、贸易政策的主导权，这体现了俄罗斯经济转型阶梯式发展特征的客观要求。2012 年是俄罗斯的总统大选年，“梅普组合”也迎来了轮换的最佳契机，梅德韦杰夫任期内延长了总统执政年限，这意味着普京当选总统后，俄罗斯新一轮“普梅组合”的合作可能将长达 12 年，一切似乎都在沿着 2008 年“梅普组合”权力交接时所设定的程序进行。2011 年 10 月，普京在俄罗斯《消息报》撰文——《欧亚大陆新一体化计划——未来诞生于今日》，首次提出“欧亚联盟”战略，并认为这是联结欧亚大陆的重要经济组织，成员国之间可以更好地协调经济和货币政策。此举引起国际社会的诸多猜测，有的将“欧亚联盟”看做普京未来扩大俄罗斯国际影响力的战略举措，有的甚至认为普京是在 21 世纪重新复制苏联模式。此后，普京也专门针对这些观点进行了回应，并再次重申“欧亚联盟”就是以 2011 年夏天开始实施的俄、白、哈关税同盟为基础，更多地吸收原苏联国家，组成横跨欧亚大陆的区域一体化合作机制。但事实上，“欧亚联盟”并非如国际舆论评价那般复杂，也绝非普京所言这般简单。

“欧亚联盟”并非复制独联体，也不是对独联体框架内各种经济协议的补充和修订，而是希望通过不断扩大的区域合作，从内至外逐渐替代独联体的经济功能。经过这种蜕变过程后，参与欧亚区域经济合作的国家将会发生变化，例如乌克兰就已经公开表示未来将向欧盟靠拢，不愿意加入俄罗斯为主导的“欧亚联盟”。同时，俄罗斯在原苏联地区的经济主导能力将显著增强，这是其在独联体框架内永远无法得到的特殊地位。普京认为“欧亚联盟”的发展方向应当是非常紧密区域合作组织，一体化程度甚至可以比肩当前的欧盟。但不可否认的是，在他的设想中，无论“欧亚联盟”发展到什么程度，都应当是以俄罗斯为中心的“单核”组织，其主导能力要远远超过当前欧盟中德国、法国等核心国家。如果回顾欧盟发展的数十年历史，成员国之间平等、协商、紧密的关系一直是其稳固发展的基础，即使在经济政策和外交战略方面对核心国家有所倾斜，但也不会形成清晰的内核和外围的依附关系。从这个意义上看，“欧亚联盟”很难成为第二个欧盟，除非俄罗斯能主动让出主导权，以更加平等的姿态发展与其他国家之间的关系。

普京在“欧亚联盟”战略中提到了使用共同货币的建议，他本人也多次提到要促进卢布国际化进程，使之成为被广泛接受的世界货币，在“欧亚联盟”区域内推广卢布将为这一战略奠定非常扎实的基础。事实上，2000 年欧元正式流通后，被誉为“欧元之父”的罗伯特·蒙代尔曾经在访问俄罗斯时提出，区域一体化组织组建货币联盟这一理论，同样也适用于独联体国家，这位著名的经济学家甚至准备亲自领导筹备独联体统一货币的相关事宜。[①] 普京和蒙代尔的设想不谋而合，但实现统一货币对于当前以俄罗斯为核心的区域一体化来说，短期内很难实现，其中最大的困难就是如何实现劳动力在区域内自由配置。最优货币区理论起源于对传统浮动汇率制度的扬弃，而这种扬弃的前提条件就是劳动力自由流动。浮动汇率理论认为，当一国出现对外贸易逆差时，汇率会发生贬值，而当对外贸易出现顺差时，汇率会升值，汇率的调节功能使对外贸易能够得到纠正，从而实现对外贸易的均衡发展。蒙代尔提出的最优货币区理论认为，一定区域内的国家，当对外贸易发生非对称性冲击时，如果劳动力不能自由流动，那么需要汇率的调节作用。但是，如果劳动力可以自由流动，汇率的调节作用就可以由劳动力的自由流动来代替。即当外部对于区域内某些国家产生冲击时，对外贸易出现逆差的国家会出现生产下降、失业增多，但劳动力的对外转移可以缓解这种外部冲击所带来的失业问题；当一国对外贸易出现顺差时，则可以吸收区域内其他国家的劳动力来填补就业缺口。因此，蒙代尔认为在劳动力自由流动的区域经济内，诸多国家可以组建货币联盟，既能够降低货币兑换成本，提高经济效益，也可以有效克服非对称性冲击所带来的负面影响。[②] 可见，如果以欧亚联盟为基础，创造统一货币空间，首先要解决的问题就是如何促进劳动力在“欧亚联盟”内部自由流动，但是由于政治、文化、社会、经济发展水平等因素影响，这一目标需要较长的时间来

---

① 刘军梅、顾清：《独联体区域货币联盟的实践、前景与对策》，《俄罗斯中亚东欧市场》2005 年第 10 期。

② Robert A. Mundell, “A theory of Optimum Currencies Area”, *American Economic Review*, 1961, Vol. 51: 657 - 665.

实现，统一货币区的筹建必然漫长而艰辛。

通过以上分析，可以从更深层次上认识“欧亚联盟”战略的本质，这是由俄罗斯经济转型的发展阶段所决定，并且由俄罗斯所主导的区域合作机制，其发展过程表现为逐渐的吸纳独联体国家，并形成对独联体经济功能从内向外的替代，当“欧亚联盟”成熟之时，很有可能就是独联体退出历史舞台之际，形成横跨欧亚大陆的新集团，但却很难成为第二个欧盟。尽管俄罗斯对于统一货币抱有很高的期望，但这一目标只能作为长期战略，很难一蹴而就。

四　欧亚联盟的影响

当前，普京提出的“欧亚联盟”战略已经清晰地展现在世人面前，对于这个尚未建立的国际组织，其发展路径仍然会出现多种可能。对于中国而言，也将会面临新的机遇和挑战，并不断推出更加有效的应对措施，但加强对“欧亚联盟”战略的理解和关注无疑是当前最为迫切的重要任务，也是摆在理论界面前的一项重大课题。普京宣布“欧亚联盟”战略后，在他的振臂高呼下，最先响应的是中亚国家，吉尔吉斯斯坦和塔吉克斯坦两国元首几乎在第一时间里表示赞同，认为“欧亚联盟”既有利于中亚国家经济发展，也有利于区域合作机制向纵深层次发展，形成多赢和共赢的良好局面。这个看似偶然的开局，如果从现实的角度看，哈萨克斯坦、吉尔吉斯斯坦、塔吉克斯坦恰恰是与中国边境接壤的三个中亚国家，“欧亚联盟”如果付诸实施，中国在向西开放的进程中将面临更大的挑战。

当俄白哈关税同盟启动后，三国的平均关税水平都有所上升，中国对外贸易也受到了一定的影响。新疆作为中国向西开放的桥头堡，联结中国和欧亚大陆的重要纽带，关税同盟实施后，新疆对哈萨克斯坦出口额立即出现了30%左右的下降。这种情况不仅表明关税上调对新疆出口企业的影响，也说明当关税同盟启动后，哈萨克斯坦已经开始启动更加严格的海关检查制度，整顿了“灰色清关”，新疆出口额度才会出现如此快速的下降。

当前，中国可利用的开展与俄罗斯和中亚国家对外经济关系的机制仍然是上海合作组织。虽然在“欧亚联盟”的影响下，上海合作组织的经济功能也会出现弱化，但这毕竟是中国能够开展务实合作、扩大对外开放的重要平台。因此，维护上海合作组织的国际地位，加强与成员国之间的经济贸易往来，积极开展与周边国家的合作与交流，自然成为中国应对“欧亚联盟”最为必要的途径。首先，继续利用上海合作组织已有的金融、投资、贸易、能源等合作机制，创新合作办法，提升中国在上海合作组织框架内的发言权和主导权，提高中亚国家与中国开展经济合作的积极性和主动性。其次，大力实施“走出去”战略，鼓励中国企业向中亚、俄罗斯等国开展直接投资，开展技术合作，尤其是目标国急需的关键性技术，并以此带动扩大双边贸易合作规模。再次，以战略眼光看待经济外交，尤其要重视俄罗斯、哈萨克斯坦等国的能源发展战略，尽量在能源进口和能源输送等方面掌握主动权。最后，要加强边境基础设施建设，实现交通运输便利化，扩大中国与中亚国家的边境贸易规模，发展对外贸易物流中心和经济特区，发挥边境小额贸易灵活性强、机动性好等优势。

Y.12

次大国与中亚国家关系素描

石　岚*

摘　要：

中亚国家独立以来，一直致力于积极主动的均衡外交政策。与次大国关系是中亚国家对外关系中的重要内容。过去一年中，中亚国家与次大国，主要是与日本、印度和伊朗的关系，出现了积极的、日益密切的趋势，这些国家在中亚地区投入增加，相互活动增多，双边关系不断提升。中国在坚持睦邻友好合作政策的同时，也需要认真对待中亚国家与次大国关系增强的现实，更好地实现中国外交战略和国家利益目标。

关键词：

中亚　次大国　关系

中亚国家独立21年来，一直致力于积极主动的均衡外交政策。期间，俄罗斯的传统纽带、美国的积极进入、中国的睦邻友好，构成了中亚国家对外关系的重要领域。在俄罗斯、美国、欧盟及其成员国、中国纷纷发展与中亚国家关系，促进双边与多边合作的同时，一些次区域大国也不甘落后，采取各种措施，加强同中亚国家关系，谋求自身利益，扩大自己在中亚地区影响力。对中亚国家而言，与次大国，如日本、印度和伊朗等国的关系，也是其对外关系中的重要方面，是其开展多元外交、平衡外交的重要组成部分。本文仅就2012年次大国与中亚国家之间的关系，进行简单的梳理与分析。

---

* 石岚，新疆社会科学院中亚研究所副所长，研究员。

一 日本与中亚国家关系

日本一直积极致力于发展与中亚国家的关系，这一点在2012年日本遭遇经济困境和与周边国家岛礁矛盾日益凸显后，变得更为紧迫而现实。

早在2012年4月，日本《朝日新闻》报道称，日本经济产业大臣枝野幸男定于5月初访问哈萨克斯坦，并将与包括总统纳扎尔巴耶夫在内的高官会晤。双方预计达成一项稀土开发协议。根据协议，两国将在哈萨克斯坦北部地区联合设立一家工厂，开发生产稀土资源镝。镝被广泛应用于电动汽车、混合动力汽车以及其他电子产品。[①]

日本急于从印度和哈萨克斯坦获取稀土供应，很大程度上与中国严格稀土出口制度，减少稀土出口有关。日本此举显然是为了摆脱长期以来对中国稀土的严重依赖，实现稀土供应多元化战略目标。5月1日，日本经济产业大臣枝野幸男与哈萨克斯坦工业和新技术部长阿谢特·伊谢克舍夫在哈萨克斯坦首都阿斯塔纳会谈，同意把稀土元素镝的对日出口量翻一番。包括住友商事公司等日本企业将与哈萨克斯坦国营企业合作，从现有铀矿山和新开发矿山的残土中提炼稀土。日本政府运营的日本石油天然气金属矿物资源公司提供金融支持。根据日本共同社说法，这是日本企业在海外开发稀土资源的首个案例。[②] 在哈萨克斯坦阿克莫林州斯捷普诺戈尔斯克市建立的哈日稀土合资企业，哈公司持51%的股份，日本SARECO公司持49%的股份。该合资企业生产的产品中很大一部分是国际市场供不应求的重稀土，将主要供应日本市场。该工厂初期生产能力为年产稀土氧化物1500吨，至2015年稀土氧化物产量将提升至3000吨，到2017年产量将增加到5000~6000吨。[③]

2012年5月，哈萨克斯坦国家原子能公司与日本国际合作银行在阿斯塔

---

① http://news. ifeng. com/gundong/detail_ 2012_ 04/30/14246992_ 0. shtml.

② 《羊城晚报》，转引自 http://news. ifeng. com/gundong/detail_ 2012_ 05/03/14298744_ 0. shtml。

③ 中国驻哈萨克斯坦大使馆经济商务参赞处，http://kz. mofcom. gov. cn/article/jmxw/201211/20121108419174. shtml。

纳签署了为期5年的全面战略合作谅解备忘录。备忘录不仅包括吸收日本银行资金，还包括技术援助等项目。同日，哈萨克斯坦工业和新技术部和日本经济贸易和工业部还签署了一系列发展两国经济合作文件，其中包括哈“原子能中心”和日本“东芝公司”签署的放射性核废料技术处理合作备忘录。①

8月，哈萨克斯坦石油天然气公司宣布，哈阿特劳炼油厂与日本国际合作银行、三菱东京日联银行签署建设石油深加工综合体贷款协议，贷款总额2.975亿美元，贷款期限13.5年。这是继2011年12月29日阿特劳炼油厂与中石化、丸红株式会社（日本）和哈萨克斯坦建设服务公司签署阿特劳炼油厂改扩建项目之后，再次为该项目融资。该项目总投资16.799亿美元，建设期41个月，此前中国进出口银行已贷款11.3亿美元用于阿特劳炼油厂建设石油深加工综合体。②

9月，哈萨克斯坦国家铁路公司与日本物流业巨头扇港集团（SENKO）签署战略合作协议，双方商定将扩大日本商品和货物向哈萨克斯坦出口及过境运输，简化运输和海关程序，缩减过境时间，在物流运输领域发展互利共赢合作等。据悉，扇港集团正在“中哈霍尔果斯国际边境合作中心”投资建设现代化的物流中心，并考虑参与“霍尔果斯东大门”经济特区项目。③

11月，在日本东京举行的“中亚+日本”外交部长对话会议上，日本外相宣布将向中亚五国提供7亿美元财政援助，同时表示日本将更加积极地参与中亚的能源开发。日本是一个严重依赖资源进口的国家，中亚又是石油、天然气和矿产资源丰富地区，这为双方合作提供了机遇。长期以来，中亚一直是俄罗斯、美国和中国博弈的舞台。但近年来随着日本与中国、俄罗斯和韩国等的领土争端日益恶化，日本也希望更为积极地介入中亚事务，保障自身安全，同时发挥更为重要的地缘政治作用和国际影响力。正是在此次会议上，日本积极谋求中亚国家在钓鱼岛问题和联合国安理会入常问题上的理解和支持。这被解

---

① 中国驻哈萨克斯坦大使馆经济商务参赞处，http：//kz.mofcom.gov.cn/article/jmxw/201205/20120508100981.shtml。

② 中国驻哈萨克斯坦大使馆经济商务参赞处，http：//kz.mofcom.gov.cn/article/jmxw/201208/20120808277418.shtml。

③ 中国驻哈萨克斯坦大使馆经济商务参赞处，http：//kz.mofcom.gov.cn/article/jmxw/201209/20120908320330.shtml。

读为日本谋求突破国际舞台尴尬状态的一次努力与尝试。

针对日本年底举行的首相选举，纳扎尔巴耶夫总统12月29日向日本新当选首相发出贺信，邀请其访问哈萨克斯坦。

进入2013年，日本与中亚国家关系又出现新的发展。1月11日，哈萨克石油天然气公司称，2015年卡萨甘油气田的原油产量将提高到1300万吨。作为世界新发现的大油气田，卡萨甘油田开采技术复杂，正式原油开采时间由2012年底推迟到2013年初，计划由包括日本Inpex公司7.55%股份组成的North Caspian Operating Company B. V. 联合公司进行开采。2022年前，该公司在哈萨克斯坦市场份额将由目前的18%提高至30%；年原油加工能力由目前的1140万吨提高到2100万吨，原油深加工程度90%以上。

日本与哈萨克斯坦外交领域的另一个突破在于，2013年1月23日，哈萨克斯坦开始与日本和欧盟进行哈公民免签证进入日本和欧盟的谈判。此前，日本国民进入哈萨克斯坦是免签证的，而哈国公务和外交护照进入欧盟国家也免签证。

在乌兹别克斯坦，日本Kubota Corp公司1月25日与乌能源和水资源部签署关于向3个抽水站现代化改造总投资3420万美元的合作协议，日本公司将以交钥匙方式实现该协议，项目工期2年。此前乌国家电力公司1月17日宣布，2013年4～5月将投资12.8亿美元对位于卡什卡达里亚州的塔里马尔江热电厂进行“交钥匙”式的现代化改造。3月底前完成招标工作，进入最后竞标的企业包括日本Mitsui和Sumitomo公司。该项目资金来源为亚洲发展银行提供3.5亿美元、日本国际援助署提供3亿美元、乌兹别克国家发展基金提供2.5亿美元贷款。同期，日本政府决定为乌兹别克斯坦提供147万美元无偿援助，用于2013年在乌各地实施14个教育、医疗和农业领域项目，包括改善锡尔河州和塔什干等地5所中学、苏尔汉河州等3所寄宿制中学的教学条件；为苏尔汉河州围产中心等地残疾人康复中心购买医疗器械；在花拉子模州等地实施农业水渠改造项目。①

① 中国驻乌兹别克斯坦大使馆经参处，http：//uz.mofcom.gov.cn/article/jmxw/201301/20130100017580.shtml。

乌兹别克斯坦政府一直非常重视与日本的关系，两国签署有《乌兹别克斯坦日本友好战略伙伴合作宣言》《乌兹别克斯坦与日本关于发展经济合作及协助乌兹别克斯坦经济改革的联合声明》等重要文件。2011 年 2 月乌总统访日期间，乌企业与日本大型高科技企业签署一系列合作协议，旨在将日本的先进技术和资金吸引到石油、化学、石化、能源、机械制造、纺织工业等乌经济中高速发展领域。两国在“中亚 + 日本”对话等机制下政治和经贸关系发展良好，并成立了“乌兹别克斯坦—日本”“日本—乌兹别克斯坦”经济合作委员会以促进双边经贸合作。[①] 日本目前已成为乌兹别克斯坦最大的投资国之一。建交 20 年来，日本对乌投资总额 23 亿美元，大部分资金来自日本国际合作银行实施的“官方援助发展计划”框架下优惠日元贷款和无偿援助，主要用来实施乌经济中优先发展项目，涉及石油天然气、交通、电信、医疗、教育、农业等领域。[②]

二　印度与中亚国家关系

印度是又一个觊觎中亚的次大国。印度在中亚区域的重要地位随着 2011 年美国“新丝绸之路”计划的提出，有了进一步提升和加强。印度与中亚国家的重点合作内容，聚焦在能源、资源和电力建设等方面。

据统计，2012 年前 9 个月哈俄合资“原子能产品公司”共生产 5358 吨铀产品，较去年同期增加 6.6%，这些产品主要销往包括印度在内的 5 个国家。4 月，印度总理辛格对哈萨克斯坦进行访问，与哈方签订了和平利用核能协定，并宣布制订战略伙伴关系“路线图”。为满足经济发展需求，印度打算将现有的核电站发电能力扩大 4 倍，这就要求到 2014 年前将铀原料的需求量提高到 2000 吨以上。[③] 哈萨克斯坦是其重要的原料来源国。

① 中国驻乌兹别克斯坦大使馆经参处，http：//uz. mofcom. gov. cn/article/ddgk/zwfengsu/201212/20121208496777. shtml。

② 中国驻乌兹别克斯坦大使馆经参处，http：//uz. mofcom. gov. cn/article/ddgk/zwfengsu/201212/20121208496778. shtml。

③ 中国驻哈萨克斯坦大使馆经参处，http：//kz. mofcom. gov. cn/article/jmxw/201104/20110407501004. shtml。

在能源开采领域，2012 年 TAPI（即土库曼斯坦、阿富汗、巴基斯坦和印度四国国名的第一个字母）管线项目又有新的进展。3 月 27 日，正在杜尚别访问的美国助理国务卿布莱克表示，美国鼓励中亚国家支持对伊朗的制裁。中亚国家可通过别的油气管线获得石油和天然气，不用依赖伊朗的能源出口。作为替代方案之一，正在筹建中的 TAPI 天然气管道将得到美国全力支持。[①] 11 月 21 日在阿什哈巴德召开的“石油与天然气”国际会议上，土库曼斯坦国家天然气公司总经理马梅多夫表示，土库曼斯坦致力于建设土库曼斯坦 – 阿富汗 – 巴基斯坦 – 印度的天然气管道。全长 1700 千米的土阿巴印天然气管道建设造价预算为 30 亿美元。2012 年 5 月在美国的大力支持和协调下，土巴印三方签署了管道建设政府间协议。美国负责中南亚事务的国务卿助理帮办林·特烈西表示，美国将全力推动该项目的完成，虽然实现的路很漫长。

11 月 26 日，美国 ConocoPhillips 公司决定将该公司持有的哈萨克斯坦卡萨甘区块 8.4% 的股份出售给印度 ONGC Videsh 国家石油公司，该交易计划在 2013 年上半年完成，交易总额近 50 亿美元。该交易还必须获得哈国政府同意。2013 年 1 月 13 日，印度石油和天然气部长瓦拉帕发表文章，呼吁哈萨克斯坦政府同意此项收购计划。1 月 29 日，哈萨克斯坦国家石油天然气公司表示：不反对印度公司的收购计划。但在欲收购该股份的买家中，中石油是印度公司最有力的竞争者。哈政府必须在 2013 年 7 月底前作出允许哪家公司购买该部分股份的决定。

在塔吉克斯坦，印度已投入 7000 万美元，用于杜尚别附近的艾尼军用机场的现代化改造。近期这一军事合作项目再次成为关注焦点。塔吉克斯坦外交部长扎里菲 2013 年 1 月 18 日与俄罗斯外长拉夫罗夫会谈后表示，在落实俄罗斯总统普京 2012 年 10 月与塔达成的所有协议后才能考虑向俄租借位于杜尚别附近的艾尼军用机场。

印度与乌兹别克斯坦之间的贸易合作在 2012 年也取得不小成果。据统计，2012 年印乌双边贸易额达 1.6 亿美元。印度政府决定自 2012 年起将乌纳入“技术和经济合作”项目规划名单中，大幅提高双方各方面的合作水平。

---

① 新华网，http：//news. cn. yahoo. com/ypen/20120328/952890. html。

2012年底，在俄罗斯总统普京访问印度期间，俄印双方同意确定优先投资项目清单及实施路线图。据称，这些文件将会促进印度和欧亚经济委员会加快签署印度和俄白哈关税同盟全面经济合作的协议。[①] 这是印度与中亚国家、俄罗斯加深合作的新举措。

三　伊朗与中亚国家关系

2012年，伊朗面对西方的经济制裁，加紧了在中亚地区的活动。

8月，伊朗汽车制造商霍德罗集团宣布了向哈萨克斯坦和土库曼斯坦增加出口的计划。

在塔吉克斯坦，伊朗建筑公司参与修建水力发电站和价值3900万美元、连接塔吉克斯坦首都杜尚别和北部的隧道。

伊朗在中亚的主要立足点是塔吉克斯坦。该国和伊朗有相近的语言，相比中国和俄罗斯而言，伊朗在塔吉克斯坦更享有贸易上的优势，这里也是其商品最主要的销售市场。伊朗还是哈萨克斯坦重要的粮食出口对象国和汽车销售市场。2012年1~8月，哈萨克斯坦出口小麦总量为577.9万吨。其中，对伊朗出口仅次于土耳其和阿塞拜疆，列第3位，达到58.6万吨，价值1.3亿美元。[②]

伊朗的一个重要战略构想是修建打通中亚的铁路。然而该铁路自伊朗到土库曼斯坦段15年前建成，其余部分在不断的纠纷与激烈的竞争中依然停留在纸上。2013年1月，塔吉克斯坦铁路公司副总经理乌斯蒙表示，喀什—格拉特国际铁路项目能否修建完全取决于中国。目前的方案是经过吉尔吉斯斯坦和乌兹别克斯坦或经过吉尔吉斯斯坦和塔吉克斯坦，然后到阿富汗，再到伊朗。根据伊朗公司已经完成的线路规划（中－吉－塔－阿线路），铁路总长1972公里，总投资35亿美元，其中塔境内392公里。

---

① 中国驻哈萨克斯坦大使馆经参处，http：//kz. mofcom. gov. cn/article/ddgk/zwshoudu/201212/20121208497708. shtml。

② 中国驻哈萨克斯坦大使馆经参处，http：//kz. mofcom. gov. cn/article/ddgk/tjsj/zhengcfg/201210/20121008376201. shtml。

另一条贯穿哈萨克斯坦 - 土库曼斯坦 - 伊朗的铁路也在建设之中。2012 年 8 月，哈萨克斯坦外交部长叶尔让·卡济哈诺夫在德黑兰会见伊朗总统时，双方讨论了项目进程与未来规划，计划 2012 年底实现项目对接。①

然而，土库曼斯坦和乌兹别克斯坦也已表达了加入从阿塞拜疆的里海海岸到土耳其东部卡斯地区铁路网建设的兴趣。这条铁路将会绕过伊朗，但同时也能为中亚提供他们渴望已久的出海口。

2012 年 9 月，土库曼斯坦总统别尔德穆哈梅多夫突然取消了和伊朗巴斯能源公司的一个据说价值 7 亿美元的合同，转而继续修建至哈萨克斯坦的一条沿里海海岸的铁路线。这其中的具体原因不明，但随着西方对伊朗制裁的日益深化，土库曼斯坦已经重新检视了它和伊朗的紧密贸易联系。分析指出，伊朗在连接中国和中东的古丝绸之路上占有的经济地位不高，但这并不代表这些线路就不重要。伊朗在中亚的贸易和项目相比于其对中国和俄罗斯之间的石油贸易只占很小的一部分，但是现在伊朗经济线路开始向东延伸，说明伊朗寻求在中亚这一个美国影响力相对有限的地区中找到经济缓冲带。

伊朗的薄弱环节是国内教派分裂。大多数中亚国家民众属于逊尼派穆斯林，当地政府对于任何可能会与少数什叶派穆斯林引起宗教纷争的行为都十分警觉。这些分歧，反过来加强了什叶派穆斯林在伊朗和阿富汗部分地区的影响力。②

根据塔吉克斯坦统计署公布的消息，2012 年塔吉克斯坦与世界 102 个国家间的贸易额达 51.376 亿美元，增长 15.1%。按贸易额排序，伊朗位列俄罗斯、哈萨克斯坦、中国、土耳其、阿富汗之后，居第 6 位，双边贸易额达到 2.17 亿美元。

四 未来发展趋势与中国的选择

中亚地处亚欧大陆腹地，均为年轻的内陆国家，与次大国的关系成为其与

---

① 中国驻哈萨克斯坦大使馆经参处，http://kz.mofcom.gov.cn/article/jmxw/201209/20120908318311.shtml。

② 《东方早报》，转引自 http://war.163.com/12/1026/08/8ENRMFMV00014OMD_all.html。

世界交往的重要内容。由于当前中亚国家内部关系复杂，矛盾日渐显现，与这些次大国的关系对于中亚国家谋求更多国际社会支持与帮助，显得更为可贵。

2012 年以来的情况发展可以看出，次大国在中亚地区的活动和关注度在增加。日本、印度等国近年来明显增加了对中亚地区的投入，这不仅仅会收获更多的地缘政治与经济利益，也可以在对华关系中，增加制衡分量。随着中日钓鱼岛问题激化，双方都需要寻找可能牵制对方的机会或手段。在中国的西部邻国施展更大的影响可能成为日本今后一段时期的对外战略选择。

中亚是重要的能源、资源产地，也是中国近年来致力于发展睦邻友好外交战略的重要地区。经过 20 余年的努力，中国与中亚国家关系发展态势良好，取得诸多令人满意的成果。当前形势下，中国一方面要巩固和加强与中亚国家关系，另一方面也要面对可能的变化或威胁，提前准备，积极应对。日本、印度和伊朗在中亚地区影响力和活动力的拓展，就是需要中国认真对待的重要内容。中国的能源安全、中国西部地区的社会安全稳定、中国的睦邻友好合作战略等，都与中国和中亚国家关系的良性发展息息相关。未来中亚很有可能成为中国与日本、印度和伊朗等国利益争夺与战略合作的重要区域。为进一步加强中国与中亚国家关系，我们提出以下三点建议。

一是积极发挥上海合作组织作用，为提高地区国家合作共赢潜力创造平台。

中亚国家中，有四个是上海合作组织成员国。印度、伊朗也是上海合作组织观察员国。作为地区性国际组织，积极努力倡导上海合作组织框架下的更广泛合作，是非常有助于化解内部矛盾，寻找合作共赢机会的。上海合作组织作用力的发挥，也有助于削弱日本的强力渗透造成的负面影响，加大中国在整个区域的作用力和地位的提升。

二是巩固与加强中国和中亚国家睦邻友好关系，以经济合作为基础，推动全面合作。

中国与中亚国家关系的顺利发展，符合双方的国家利益和民众需求，也符合地区发展的根本要求。在已经取得的成绩基础上，依然需要把中国与中亚国家关系，放在重要层面考虑，制定合理有效的战略规划，落实中国与中亚地区的合作项目承诺。新时期中国的战略调整，更加注重与周边地区国家的关系发展，这对中国与中亚国家关系而言，是重大利好。

三是推进中国与中亚国家的人文交流与合作，增强互信。

中国与中亚国家有着悠久美好的交往历史，著名的古丝绸之路就贯穿其间，成为欧亚大陆的历史品牌。中国与中亚国家在资源、产业结构、社会需求等方面，存在着很强的互补性，双方在地缘政治、经济、文化领域的联系，为推进中国与中亚国家的人文交流与合作，创造了良好平台条件。尤其重要的是，越来越多的现实表明，民众之间的互信增强，是真正拓展双边关系，实现长期友好的根本支柱。

Y.13
关于“欧盟在中亚”的几个重要问题

赵会荣*

摘　要：

“欧盟在中亚”的问题有着广阔的研究空间，对于构建中国的当代中亚学以及全面认识中亚和欧盟有着重要的学术和现实意义。本文提出并尝试回答了与“欧盟在中亚”有关的七个重要问题：（1）欧盟中亚新战略的执行效果如何；（2）中亚在欧盟外交政策中的地位有无变化；（3）欧盟以及欧盟成员国如何看待中亚；（4）中亚国家如何看待欧盟及其成员国；（5）欧盟的中亚政策与俄、美、中三国的中亚政策有何异同；（6）欧盟如何看待俄罗斯与中国在中亚的活动；（7）中国与欧盟在中亚是否有合作的可能。

关键词：

中亚国家　欧盟　中国

2007年欧盟推出《欧盟与中亚：新伙伴战略》后，国内学术界对于中亚地缘政治版图上这个跃跃欲试的角色——欧盟及其中亚政策有了前所未有的关注度，出现了一批研究成果。这些成果对于欧盟的新中亚战略以及双边关系等一些基本问题进行了初步的梳理和分析，其中不乏精彩之作。近几年来，国内对于“欧盟在中亚”的研究热度大不如前，仅有零星成果问世。然而，与此课题有关的一些重要问题并没有因为研究热度的下降而自行消失，反而显得更加紧迫。欧盟的中亚新战略执行的效果如何？欧盟在中亚的影响是否上升？中亚在欧盟外交政策中地位有无变化？欧盟以及欧盟成员国如何

* 赵会荣，法学博士，中国社会科学院俄罗斯东欧中亚研究所副研究员。

看待中亚？反过来，中亚国家如何看待欧盟？欧盟的中亚政策与俄、美、中三国的中亚政策有何异同？欧盟如何看待俄罗斯与中国在中亚的活动？欧盟如何看待关税同盟、欧亚联盟和上海合作组织？中国与欧盟在中亚是否有合作的可能？或者上海合作组织与欧盟之间是否有合作的可能？类似的问题无论从基础研究的角度还是从应用研究的角度恐怕都有待研究者进一步关注。本文在这方面想做一些尝试和努力，希望能够抛砖引玉，为此方向的研究作一点贡献。

一　欧盟中亚新战略的执行效果如何？

首先对欧盟中亚新战略的情况略作回顾：2007 年德国担任轮值主席国期间推动欧盟制定并发布《欧盟与中亚：新伙伴战略》，主要的背景有两点：一是欧盟希望摆脱对于俄罗斯能源供应的依赖，使中亚成为欧盟新的能源来源；二是因为中亚邻近阿富汗，欧盟希望中亚国家能够为欧盟在阿富汗的行动提供支持。新战略规定了七个优先方向：人权、法治、良治与民主化；青年人与教育；经济发展、贸易和投资；加强能源和交通联系；环境可持续性和水；抵御共同威胁和挑战；跨文化对话。2007～2013 年欧盟为中亚提供 7.5 亿欧元的援助。

2009 年以来欧盟的智库——欧洲政策研究中心（EUCAM）发布了关于欧盟中亚新战略的系列研究报告①，对于欧盟的中亚政策提出很多很好的建议。例如，加强与中亚国家的高层对话，重视中亚国家对于新战略的看法，根据双方利益异同调整欧盟中亚政策的优先方向。2008 年 6 月和 2010 年 6 月欧盟委员会和欧盟理事会组成联合委员会两次共同制定关于欧盟中亚战略执行情况的发展报告②，认为欧盟在教育、经济发展、贸易和投资、能源与交通、环境政策以及抵御共同威胁和挑战方面取得重要进展，在促进人权、法治、良治和民主化方面采取了重要措施。报告建议，欧盟需要确定主要利益、手段和约束条

① http：//www. eucentralasia. eu.

② Joint Progress Report on the implementation of the EU Strategy for Central Asia（Brussels，28 June 2010），http：//register. consilium. europa. eu/pdf/en/10/st11/st11402. en10. pdf#page＝2.

件，提高欧盟行动的能见度，加强与国际组织之间的协调，在人权、法治和民主、广义安全、水和能源、阿富汗等问题上继续努力。2011 年 12 月欧洲议会推出中亚战略执行报告①，强调发展政策、民主价值观和安全三者之间的联系，认为欧盟需要使中亚国家明白缺乏民主和法治可导致形势不稳。

这些评估报告表明，欧盟内部对于中亚战略还存在争论。争论点包括中亚在欧盟外交政策中的地位、欧盟在中亚的利益内涵以及如何整合这些利益（或者说欧盟中亚政策的优先方向）、中亚安全威胁的程度、提供发展援助的条件、中亚与阿富汗的关系等。欧盟总体上认为该战略执行是有积极效果的，欧盟与中亚国家之间的沟通明显得到加强，不过也存在很多局限性和需要调整的地方。例如，欧盟中亚新战略规定的优先方向过多，利益整合不够，有些利益彼此之间存在矛盾，有些项目仅仅停留在“开会”的层面，欧盟对于中亚的援助不够，在安全合作上表现平平，与中亚国家和其他大国的沟通不够，等等。

欧盟中亚新战略的意义在于，欧盟在中亚问题上集合了所有成员国的声音，对于自身在中亚的利益作出笼统和概括性的声明，对于如何实现在中亚的诸多利益给出了执行框架；欧盟开始认识到中亚国家之间的差异，并尽可能在政策上加以区分。然而，由于这份文件是欧盟单方面作出的，汇合了成员国的不同利益，既不是与中亚国家共同制定，也不是与其他大国和国际组织共同制定，因而在中亚出现一些“水土不服”的情况也是自然的事。

欧盟中亚新战略的影响还很有限。欧盟在中亚的影响并没有因为新战略的实施而得到显著提升，欧盟与俄罗斯、中国不在一个层面，仍属于二流角色。从欧盟中亚战略的优先方向看，教育和人文合作以及经济合作是欧盟做得相对较好的领域。欧盟在中亚最大的影响在于欧盟的形象较好，即软实力。在推进民主价值观方面，欧盟自己的做法前后矛盾，中亚国家对于欧盟在这方面的意图抱有怀疑、失望、反感等消极情绪。欧盟的一位重要官员指出，如果不是欧盟的努力，中亚国家恐怕在威权政治方向走得更远。而中亚的一位学者指出，欧美在中亚国家民主化方面事实上发挥了反作用，“颜色革命”逼迫中亚国家

---

① European parliament resolution of 15 December 2011 on the state of implementation of the EU Strategy for Central Asia （2011/2008，INI），http：//www.europarl.europa.eu/sides/getDoc.do？type = TA&language = EN&reference = P7 - TA - 2011 - 0588.

的领导人加强对政治和社会的控制。能源和安全是欧盟在中亚的核心利益。在能源领域，欧盟主持的南部天然气走廊网络计划（包括纳布科管道、跨亚得里亚海管道、跨安纳托利亚管道等）进展有限，两大气源阿塞拜疆和土库曼斯坦的保障问题因为储量不明和里海划分争议尚存疑问；在安全领域，欧盟的努力犹如往深洞中填了几锹土，距离目标还差得很远。在其他大国较少或根本不涉足的中亚一体化、水资源和环境问题上，中亚的现实不仅没有因为欧盟的努力得到改善，反而继续恶化。

二　中亚在欧盟外交政策中的地位有无变化？

欧盟在中亚的影响有限，首要原因是欧盟不重视中亚，其次才涉及能力大小和政策是否妥当的问题。中亚在欧盟的外交政策中始终处于边缘地位，不如传统殖民地——地中海国家和非洲国家，也不如欧盟的东部和南部邻国（包括乌克兰、白俄罗斯、摩尔多瓦、阿塞拜疆、格鲁吉亚、亚美尼亚以及中东北非共16个国家）。对于欧盟来说，中亚是遥远、落后、文化上与欧洲差异较大的地区，是后苏联地区的一部分。中亚政策处于欧盟的《经济合作与发展合作文件》框架下，而非《邻国政策》框架下，也不属于东部伙伴。2007年以后，中亚在欧盟外交政策中的地位并没有因为新战略的发布而显著提升，推动德国之后的轮值主席国继续与中亚打交道的动力似乎只有惯性，但不能说中亚与欧盟的双边关系没有进展，欧盟成员国与中亚国家之间的经贸合作和政治对话明显加强。2007年欧盟国家中只有德国在中亚五国设立使馆，目前法国和英国也在所有中亚国家设立使馆。2007年欧盟只在哈萨克斯坦有代表处，现在欧盟在除了土库曼斯坦外的中亚四国都设立了代表处。

2014年美国和北约从阿富汗撤军后，中亚作为服务阿富汗国际援助部队的功能可能自动取消，因此中亚对于欧盟的意义可能在短期内下降。另外，欧盟自身面临的债务危机可能在一段时间内束缚欧盟在全球施展政治经济影响，欧盟本来并不强烈的地缘政治抱负在中亚的表现可能更弱。从这两个方面看，欧盟在中亚的影响不大可能在短期内突飞猛进，但欧盟这种在中亚不温不火的角色很可能会长期延续。

三　欧盟以及欧盟成员国如何看待中亚?

欧盟认为自身是代表和平、繁荣和进步的现代化力量，其在中亚的主要利益是能源利益和安全利益。欧盟把中亚的能源与里海的能源联系在一起考虑。欧盟希望能够获得土库曼斯坦的天然气和哈萨克斯坦的石油，摆脱对俄罗斯的能源依赖，因此非常看重这两个国家。哈国内所产原油的1/2属于欧洲公司支配。从哈国进口的原油占欧盟原油进口总量的20%。欧盟不喜欢土库曼斯坦的政治制度，但希望与土在天然气领域紧密合作。欧盟认为，中亚存在很多非传统安全威胁，特别是贩毒、非法移民、恐怖主义和宗教极端主义。欧盟不希望中亚和阿富汗的动荡波及自己，但也不认为对欧盟形成直接威胁。欧盟对两个最贫困、同时也是安全方面非常脆弱的中亚国家——吉尔吉斯斯坦和塔吉克斯坦援助最多，出发点就是防止这些国家的不稳定因素向外蔓延。乌兹别克斯坦对于欧盟来说是中亚最难缠的伙伴。欧盟不认同乌兹别克斯坦的政治体制，对于塔什干的内政外交很无奈，当发现制裁措施无效后欧盟希望通过接触促使该国发生积极变化。在地缘政治方面，欧盟认为自身在中亚是平衡俄、美、中大国影响的力量。

欧盟成员国基本上因为与中亚利益关联度不同而采取不同的中亚政策。德国是最重视中亚的欧盟成员国，首要原因是苏联解体前中亚五个加盟共和国有超过100万德意志族人，目前只剩下约22万。德国关注这些人的生存状况和生活环境。德国统一后开始展现其大国抱负，把中亚看做是应有的外交空间。“9·11”事件后德国在乌兹别克斯坦的铁尔梅兹设立军事基地，派驻数百名军人。德国对于俄罗斯的能源依赖较突出，德国所需35%的原油和40%的天然气来自俄罗斯，因此德国在与中亚国家开展能源合作方面有强烈的愿望。2011年德国与哈萨克斯坦贸易额超过62亿欧元，占同年德国与中亚国家贸易额的85%。哈萨克斯坦有1200多家德资企业。[①] 德国在中亚推行务实主义政策，重视文化传播，致力于教育和语言培训。对于中亚国家来说，德语是除英

① http：//www. inform. kz/rus/article/2489857.

语以外最受欢迎的西方国家语言。

法国有派驻外交代表的传统，是欧盟中第二个在中亚五国均设立使馆的国家，但法国并不重视中亚。法国进口的能源主要来自非洲和中东地区，对于中亚能源的需求不如德国那样迫切。法国与德国一起负责协调欧盟在中亚的法治倡议。法国相对更关注文化传播，但法语在中亚影响很小。法国因为参与北约在阿富汗的国际援助部队关注中亚安全，在杜尚别国际机场驻有法国的飞机和军人。另外，法国与中亚国家，特别是哈萨克斯坦的经贸关系密切，2008 年法国与哈萨克斯坦建立战略伙伴关系。2010 年双边贸易额约 34 亿欧元。法国的一些跨国企业活跃在哈萨克斯坦的能源、军工、航空等领域。法国在中亚的人权和民主问题上属于中间派，不如北欧国家、荷兰、波兰、捷克那么强硬，但比德国要保守一些。

英国在中亚五国都设立了使馆。英国最关注中亚能否为英军撤出阿富汗提供支持，2012 年英国与哈萨克斯坦签署了关于空中交通安全和陆地转运的协议。英国还积极参加北约和欧盟框架下与中亚国家的国防安全合作项目，包括军事演习和培训。此外，英国还关注贸易。2011 年英国与中亚国家的贸易额超过 11 亿欧元。英国是对哈萨克斯坦投资最多的国家之一，主要投资哈能源领域。

荷兰与中亚的双边联系不如欧盟三驾马车，但比欧盟的中等国家要强。荷兰重视民主价值观和人权，良治和法治，把这些看做是地区稳定的保障。2005 年荷兰成为哈萨克斯坦最大的外来直接投资国。2010 年荷兰对哈国投资 58 亿美元，占哈国吸收外来直接投资的 1/3。1997 年荷兰与哈萨克斯坦签订互利税收和投资协议。这项协议使得很多跨国公司都选择通过荷兰公司在哈投资。荷兰除了利用吉尔吉斯斯坦的马纳斯转运中心外与中亚国家在传统安全领域没有合作项目。在非传统安全领域荷兰支持欧盟的项目以及安全部门培训项目。

意大利在中亚的目标有限，主要是能源和安全。意大利仅在哈萨克斯坦和乌兹别克斯坦设立使馆，两使馆还分别负责吉尔吉斯斯坦和塔吉克斯坦的事务。意大利在土库曼斯坦的领馆由设在莫斯科的使馆负责。意大利重视哈萨克斯坦，2009 年双方签署战略伙伴关系协议。意大利的艾尼公司在哈土两国的能源领域较活跃。意大利还与乌哈两国开展军工合作，向乌兹别克斯坦出售军工产品。意大利负责协调欧盟在中亚的水和环境项目。

芬兰认为它在中亚扮演的是国际危机管理的角色。芬兰2010年在阿斯塔纳开设了首个在中亚的使馆。芬兰认为中亚内部威胁比阿富汗撤军给中亚地区安全带来的挑战更大。因此，芬兰积极参加国际组织在中亚地区非传统安全领域开展的项目，特别关注水和食品安全计划。

四　中亚国家如何看待欧盟及其成员国?

中亚国家推行多方位、开放的外交政策，欧盟是其中的一个方向。对于它们而言，与欧盟发展关系可以平衡其他方向的对外关系。中亚国家距离欧洲遥远，交通不便，对于欧洲不熟悉。历史上中亚国家与欧洲国家通过丝绸之路开展经贸和文化交流，但联系并不紧密。尽管中亚国家处于欧亚大陆的腹地，在宗教和文化上特色鲜明，但在文明和文化上很多中亚国家的人都倾向于标榜自己的欧洲属性，而非亚洲或者东方。在中亚国家看来，欧洲国家是西方发达国家，代表着现代化和民主，是高科技和投资的来源。欧盟事实上也的确是中亚国家获得投资的主要来源之一。欧盟主要从中亚国家进口能源和资源，出口机械设备。对于中亚国家来说，与西方交朋友要比做敌人难得多。因为欧美不重视它们，不认可它们，还时不时拿人权和民主来敲打和折磨它们。

哈萨克斯坦是中亚国家中与欧盟关系最紧密的，也是对欧盟期待最多的。哈萨克斯坦认为欧盟对于后苏联地区国家有偏见，没有把哈国纳入邻国政策和东部伙伴对于哈是不公平的。哈萨克斯坦自认为是中亚地区的领袖，是西方可以信任的伙伴，地位与其他中亚国家不能等同。2009年初哈萨克斯坦通过《通往欧洲之路》对外政策纲领。2010年在西班牙等欧洲国家支持下，哈萨克斯坦最终如愿担任欧安组织轮值主席国。欧盟主要成员国与中亚国家的经贸额中，与哈萨克斯坦的经贸额占绝大部分。哈萨克斯坦主要从欧盟国家进口机械设备，向这些国家出口能源。意大利、法国、荷兰、英国、德国、奥地利都是哈萨克斯坦在能源领域的重要客户。

乌兹别克斯坦与欧盟的关系在中亚国家中是最波折的。对于乌兹别克斯坦来说，与欧美开展积极的多层次交流是实现国家发展和进步的战略目标的重要步骤。但与西方接近、与欧盟建立多层次的关系是一个长期和艰难的过程。合作初期主要的障碍是缺乏政治沟通的机制和通信的基础设施，以及乌独立后所采取的政策给欧洲国家留下了乌不愿意进行改革的印象。为了吸引欧盟的注意，乌兹别克斯坦总统卡里莫夫利用各种机会兜售本国资源和强调阿富汗和中亚的安全威胁，并争取到欧洲访问的机会。乌方强调，它是继俄罗斯之后第二个与欧盟签署伙伴合作协议的后苏联地区国家，该协议的签署对于双边关系发展具有重要意义。[①] “9·11”事件使乌兹别克斯坦获得了与欧盟改善关系的机会。但是不久欧盟就开始批评乌内政。2003 年欧洲复兴开发银行要求乌必须履行所提条件，否则不予贷款。“颜色革命”时期，乌调整外交政策，加强对西方的戒备。安集延事件后欧盟对乌制裁，双边关系跌入低谷，乌当局取缔了法国在塔什干设立的中亚研究所。目前乌兹别克斯坦与欧盟的关系已恢复正常，但人权、公民自由以及法律等问题仍是双边关系发展中难以逾越的障碍。

吉尔吉斯斯坦和塔吉克斯坦是与欧盟经济联系最弱的两个中亚国家。西方曾把吉尔吉斯斯坦称作中亚的“民主岛”，吉尔吉斯斯坦自身也以此自豪。然而，民主和人权问题也不时导致吉与欧盟关系紧张，只不过紧张程度不如乌与欧盟关系。欧盟在比什凯克设立了中亚国家水—能源科学院。吉尔吉斯斯坦向欧盟出口的商品中97%是黄金。与吉尔吉斯斯坦关系最密切的欧盟成员国是德国、法国和荷兰。

塔吉克斯坦国内的情况比较复杂，内战结束后，政府与武装反对派之间的较量始终未断。塔吉克斯坦对于欧盟的新中亚战略比较失望，认为欧盟在中亚没有制定国别政策，政策缺乏连续性。塔吉克斯坦不希望欧盟追随美国推行反伊斯兰的政策，希望欧盟帮助该国建设水电站，向阿富汗出口电力，在反毒品和安全领域加强合作。

土库曼斯坦是中亚最闭塞的国家，总统对于国家的控制相对是最严的。欧盟与土库曼斯坦签署的伙伴合作协议至今未生效。欧盟在该国没有设立代表处，仅设立了欧洲之家。土库曼斯坦把实现天然气出口多元化作为外交的重要目标，因此重视欧盟提出的南部走廊计划，也有意参与到纳布科项目中。

① Хуршидбек Иномжонов, “Отношения Узбекистана с Европейским Союзом”, в книге “Центральная Азия : внешний взгляд. Международная политика с центральноазиатской точки зрения”, Friedrich Ebert Stiftung, 2008.

五 欧盟的中亚政策与俄、美、中三国的中亚政策有何异同?

在主体上，欧盟不是一个国家，因此与三国的决策机制有明显差异。欧盟的决策机制较复杂，主要涉及欧盟委员会、欧盟理事会和欧洲议会。欧盟理事会主席、外交与安全政策高级代表以及非决策机构对于欧盟决策也具有一定影响力。欧盟成员国、非成员国、国际组织、非国家角色和私人都可能代表欧盟在中亚从事一些项目。因此，对于中亚国家来说，与欧盟发展关系面临的第一个困难是不知道该和谁打交道。欧盟的决策机制、目标和手段对于中亚国家来说都是模糊不清的。由此，中亚国家在与欧盟打交道的同时更在意与欧盟中的大国发展关系。

欧美都主张在中亚推广民主价值观，都采取双重标准。相比而言，在民主化方面欧盟比美国在态度上要谦卑一些，做法上要柔和一些。美国的全球战略相对清晰，不同的地区战略之间存在衔接。美国在中亚遏制俄、中的意图非常明显，所主张的新丝绸之路战略是把中亚往南向引，在传统安全领域做得很实。欧盟尚未形成自己的全球战略，各地区之间战略是割裂的。也就是说，美国的“新丝绸之路”战略覆盖了中亚和南亚，把二者看作一个整体。而欧盟把中亚与南亚看作不同的对象。欧盟在中亚的主要利益还是与自身能源需求和安全考量有关，不愿意与俄、中对峙或者冲突，在与中亚国家打交道时在意俄罗斯的态度，希望中亚国家往西走，与欧洲发展更紧密的交通和能源联系。欧盟在中亚传统安全方面扮演的角色尚弱，主要依靠北约、欧安组织、联合国和成员国，给外界的感觉似乎跟在美国后面跑，缺乏独立性。欧盟在中亚主要涉猎非传统安全领域，包括边界安全和反毒。

欧盟与中俄两国对于民主与稳定的关系的认识是不同的。中国倾向于认为发展更多是一个经济概念，经济发展有利于稳定，因此致力于与中亚国家开展经济合作，提高中亚国家民众的生活水平。俄罗斯的看法与中国类似。而欧盟认为，发展是一个综合的概念，不仅包括经济发展，还包括社会进步和政治改革，在这样的前提下才可能实现稳定。中俄都认为，各国国情不同，民主没有统一的模式。本国人民有权决定自己的发展道路，反对外国和国际组织干涉，强调国家在经济和社会发展中的重要作用。欧盟认为，西方国家在民主化方面的经验可以向其他国家推广，强调公民社会在民主化过程中的重要作用。因此，欧盟和美国在与中亚国家开展经济和安全合作时都附加政治条件，不认可中国无条件援助和贷款的做法。

在政治改革方面，欧盟和美国与中亚国家的反对派和非政府组织积极接触，给它们提供资金支持，向中亚国家当局施加很大的压力，希望推动中亚国家的民主化实现形式与实践的统一。中俄两国不干涉中亚国家的政治改革进程。俄罗斯在中亚国家政治领域全面、积极渗透，扶植亲俄势力。中国与中亚国家政府保持积极接触，以维系和巩固双边友好关系。经济发展方面，俄罗斯搞一体化，拉打结合，用投资和贷款换取中亚国家出让部分主权和实现军事存在；中国以能源、资源和基础设施为重点致力于与中亚国家的全面经济合作，不以政治条件或实现军事存在为前提。欧盟主要是投放有限的发展援助，同时附加很多政治条件，政治目标似乎高于经济目标。在安全领域，俄罗斯看重传统安全领域，中国致力于与中亚国家在打击“三股势力”方面的合作，欧盟主要致力于在边界防卫和反毒领域的合作。在国际合作方面，欧盟、美国和俄罗斯在国际合作方面积累了很多经验，中国在这方面相对起步较晚。

六　欧盟如何看待俄罗斯与中国在中亚的活动?

在欧洲的一些中亚问题专家看来，俄罗斯在中亚扮演了不情愿的宪兵角色。他们认可俄罗斯与中亚国家在历史、文化、经济、政治等领域的传统和紧密的联系，认为俄罗斯有能力在促进中亚发展与稳定方面发挥重要作用。不过，他们认为，俄罗斯的中亚政策是短视的，俄罗斯在中亚的利益是不同部门、公司和个体的集合，并不统一。俄罗斯始终把中亚看做包袱，看做是安全缓冲区，不愿意为中亚国家的稳定牺牲自己的利益。尽管目前俄罗斯加强了在中亚的攻势，但是俄罗斯搞的包括关税同盟、统一经济空间、集体安全条约组织等一体化举措仅仅能够在哈萨克斯坦、吉尔吉斯斯坦和塔吉克斯坦实现，而且吉塔两国并不情愿。俄罗斯在乌兹别克斯坦和土库曼斯坦的影响是有限的。俄罗斯总统普京关于欧亚联盟的构想证明了俄罗斯搞经济一体化背后的政治目的或战略目的。另外，俄罗斯仅仅在中亚国家的能源、矿产、基础设施、金融等有限的领域具有优势。中亚国家不愿意让渡主权成为俄罗斯一体化框架下的附属品。长远来看，俄罗斯的影响将逐渐下降到与其他大国的影响基本持平的程度。俄罗斯与欧盟在促进中亚地区稳定和发展方面有共识，在反毒、边界、移民、教育等领域拥有开展合作的可能性，但双方也有矛盾。欧盟搞绕开俄罗斯的南部走廊能源体系与俄罗斯垄断中亚能源出口的想法直接对立。俄罗斯希望成为欧洲安全体系中的组成部分，却不被欧洲接纳。与欧盟不同，俄罗斯不认可美国在中亚搞各种名目的中心，包括转运中心、反毒中心，认为美国是掩人耳目在中亚搞军事存在。另外，欧盟不认可俄罗斯的政治体制，也不认可俄罗斯把中亚当做自己的后院，这些都妨碍到俄欧之间在安全领域的合作。

欧洲一些中亚问题专家把中国看做是活跃在中亚地区的谨慎的商人。他们认为，中国并不重视中亚，中国的外交重点在大国和东亚。中国对中亚的兴趣主要源于维护新疆稳定的需要以及获得中亚的能源、资源和市场。他们强调中国在中亚国家吸引外资与对外贸易中所占份额的迅速变化，夸大中国在中亚经济领域的影响力，认为中国的经济行为加剧了中亚国家对中国的依赖。中俄在中亚的竞争关系已经或者即将超越俄美之间的竞争关系，成为大国在中亚关系的主线。他们指出，中国在中亚的军事存在仅限于为中亚国家的军官提供培训，没有军工产品贸易。由于语言障碍、文化差异等原因，培训项目发展很慢。他们认为，上海合作组织是中国开展多边外交实现大国抱负的试验场。有的学者指出，上海合作组织是“东方北约”，是中俄试图联合中亚国家建立起来的反西方联盟。有的学者则认为，上海合作组织是中国渗透到中亚安全领域的象征。该组织的文件确立了维护中亚地区稳定的高远目标，但它的机制在实践层面却是乏力的。自 2008 年起上海合作组织陷入成长危机，没有确定积极的长期发展目标，成员国之间出现很多分歧，内部问题很多。

七　中国与欧盟在中亚是否有合作的可能?

欧盟出台中亚新战略后，欧盟代表与中国官员和学者就中亚问题举行过多次会晤。通过沟通，双方发现，彼此对于中亚形势有很多共同关切，在维护中亚地区稳定与发展方面拥有很多共识和共同利益。欧盟在经济合作方面拥有技术优势和管理优势，中国拥有资金和人员的优势，双方可以在促进中亚的农业、工业和科技发展方面优势互补，共同发挥作用。在非传统安全领域，欧盟在开展边界防卫和反毒方面积累了一定经验，中国与中亚国家在信息交流方面合作顺利，三方可以在打击毒品走私、边界监控和打击“三股势力”方面建立信息交流机制，分享彼此的经验。欧盟与上海合作组织也可以在上述领域开展对话并朝着合作的方向努力。尽管双方的差异很大，在有些问题上还缺乏共同语言和存在竞争，各自在发展的过程中都面临一定困难，但加强沟通、增进共识无疑将推动双方最终走向合作共赢的道路。

对于上述七个问题的探讨显然无法涵盖研究“欧盟在中亚”的所有关键点，作出的阐释由于个人视野与能力的局限性恐怕未必都能切中要害。对这一问题的研究可拓展的深度和广度都很大。欧盟作为正在形成中的全球角色，尽管遇到了债务危机和内部政治问题，但欧盟的政治抱负是不会改变的。欧盟签署里斯本条约、制定邻国政策、东部伙伴关系文件和中亚战略，这些都表明欧盟试图建立全球战略。以中亚的视角看待欧盟的对外政策或许可以对欧盟以及欧盟的外交获得更加立体和细微的认识。而欧盟与中亚国家的关系并非静止的，而是处于不断的变化中。短期内，欧盟对于中亚的关注度可能下降。但长远来看，欧盟势必逐渐增加对中亚的关注，这势必对俄欧关系产生影响。观察欧盟在中亚如何处理俄罗斯因素无疑对于中国是有借鉴意义的。而这也为研究欧俄关系提供了新的视角。以欧盟的视角考察中亚同样可以丰富中国对中亚的认识，有益于中国的中亚研究以及当代中亚学的构建。欧盟作为与美国联手在全球范围内推广民主的伙伴，欧盟涉足中亚是对美国的中亚政策的一个主要补充和行为渠道。欧美对于中亚国家的政治、经济和社会发展到底发挥了什么作用，是推动中亚国家逐步走向现代化以及融入世界全球化、民主化和市场化的洪流，还是相反？两者之间主动与被动的关系如何？这个问题同样可以扩展到后苏联地区的新独立国家。

Y.14
土耳其与中亚国家关系发展缕析

李　琪*

摘　要：

土耳其是一个正在国际舞台上崛起的重要国家，近年来调整了本国的外交战略，视中亚为土耳其外交政策的重要方向。本文阐释了土耳其与中亚国家关系互动的时代背景；缕析了土耳其与中亚国家关系发展路径；指出了土耳其与中亚国家关系发展中存在的问题，概括了未来发展趋势。

关键词：

土耳其　中亚国家　关系　发展　问题　趋势

当今世界正在发生巨大的变化，利益交汇点日益增多。土耳其作为一个在国际舞台上正在崛起的重要国家，调整了本国的外交战略，即从长期以来奉行的亲西方战略，转为保持与西方密切关系状态下的强化“东向”外交，视“中亚为土耳其外交政策的轴心”①。如何评估这一外交战略取向之下，土耳其与中亚国家之间的关系？土耳其与中亚国家之间的彼此互动将对地缘政治、地缘经济和地缘文化产生什么影响？值得我们关注和研析。

一　土耳其与中亚国家关系互动的时代背景

回溯历史，6 世纪中叶以后，突厥向中亚地区的渗透增强。东、西突厥汗

---

* 李琪，陕西师范大学中亚研究所所长、教授。

① Реджеп Эрдоган: Центральная Азия является стратегической осью турецкой внешней политики, Казинформ, Астана, 22.05.2012.

国相继灭亡，其中一部分突厥人西迁至中亚，与中亚土著居民相互接近、逐渐融合。在此过程中，突厥语在新形成的部族中占据了优势。公元10世纪前后，在中亚游牧的突厥语部落中有一支在酋长塞尔柱的率领下，进入小亚细亚（今土耳其的亚洲部分），与周邻部落发生混合，使奥斯曼土耳其人出现在历史舞台上。第一次世界大战之前，“奥斯曼突厥语系的文献、教科书等就对俄罗斯帝国操突厥语民族产生了深远的影响。而俄罗斯帝国操突厥语民族对土耳其亦拥有巨大的精神作用”。奥斯曼帝国后期，“青年土耳其党”就派遣人员到俄国的突厥斯坦进行“将具有突厥之根的各个民族结为一个联合整体”的宣传，并建立了密切联系。奥斯曼帝国灭亡之后，穆斯塔法·凯末尔·阿塔土克于1923年在奥斯曼帝国的废墟上创建了一个新的土耳其共和国。新土耳其政府的政策是坚持独立，立足于土耳其国家边界之内的主权之上。土耳其国父穆斯塔法·凯末尔·阿塔图克倡导新的民族认同思想和土耳其社会非宗教化，并用拉丁字母取代阿拉伯字母书写土耳其语。他多次重申，受到严重创伤的土耳其已不再是过去那个巨大、多民族的奥斯曼帝国，需要集中力量从事国内建设，构建有利于对外关系的国内政策；放弃以往的“泛突厥主义”有助于实现与苏联关系的正常化。然而土耳其国内的“泛突厥主义”思想并没有消失。土耳其的某些知识分子和政治精英依然致力于“将苏联中亚－土耳其的兄弟们居住的地区突厥斯坦脱离俄罗斯，拱手交给土耳其”，“建立一个统一的突厥语系的民族国家——土耳其帝国”。但是由于苏联对“突厥思想体系”的警觉和清洗，对哈萨克、乌兹别克、吉尔吉斯、土库曼等民族进行文字改革，强化各民族突厥语之间的差别，淡化其血缘－文化共同性，实行“俄罗斯化”和“苏维埃化”等措施，使得“在苏联东部地区居住的主要操突厥语民族：哈萨克、吉尔吉斯、乌兹别克、土库曼、鞑靼和巴什基尔等”① 与土耳其的外在联系中断。

冷战结束，苏联解体，亚欧地缘政治、地缘经济、地缘文化格局发生了巨大的变化。为了填补中亚意识形态和权力的真空，大国和周边国家在这一地区

---

① 哈·扎·加比杜林、阿·米·阿尔沙鲁尼：《俄国的泛伊斯兰主义和泛突厥主义简论》（俄文版），伦敦，1990，第30、122页。

展开了激烈的角逐。土耳其地处欧亚结合部，作为中亚地区东向近邻，占据得天独厚的地缘优势，同时与中亚地区一些世居民族具有历史、种族、宗教、文化和语言方面的渊源关系，于是力图在中亚的竞争中实现本国利益最大化。土耳其在中亚的推进主要靠两种运作形式：一是泛突厥主义的意识形态，二是独特的“土耳其发展模式”。

土耳其历届政府的中亚政策均强调与操突厥语国家和地区全面发展关系，加强具有“奥斯曼之根”的“突厥人之间的联系”“重振突厥世界”的理念。[①] 在“同根”“同宗”“同族”的“突厥民族”情结和“共同历史”“共通语言”“共有文化”等符号性和感知性内容的吸引和作用之下，中亚操突厥语民族与土耳其人之间联系密切的方向性纽带得以恢复。民族认同和情感意识连带的地缘网络逐渐扩展，进而强化了中亚与土耳其情感和文化上的连接。

中亚国家独立伊始，处于新旧历史时期的分野、社会体制变革、经济转轨陷入危机，面临着新生的主权独立国家如何发展的问题。而土耳其则被西方世界推崇为“伊斯兰世界的民主样板”。基于土耳其与中亚国家之间特殊的历史文化联系，以民主政府与市场经济相结合、东西方文化相交汇、传统浓重的伊斯兰教与政教分离的世俗国家体制相共存为特征的“土耳其发展模式”，无疑对正在茫然于如何寻求本国发展道路的中亚国家具有巨大的吸引力和借鉴意义。于是土耳其的“示范”作用在中亚得以提升。但是随着时间的推移，中亚各国逐步意识到“除了我们自己，谁也改变不了国家的命运”。他们在政治上始终不渝地坚持国家的主权，根据自身的地缘政治和地缘经济特点制定本国的内外政策和战略。经过一段时期的探索和实践，逐步确立了具有本国特色的政治体制和发展道路。乌兹别克斯坦共和国选择了“乌兹别克发展模式”（УЗБЕКСКАЯ МОДЕЛЬ РАЗВИТИЯ）[②]，哈萨克斯坦共和国选择了“哈萨克斯坦‘第三条道路’发展模式”（Казахстанская модель “третьего пути” развития）和“21 世纪哈萨克斯坦发展模式”（Казахстанская модель

① Караван，Республиканская газета Казахстан，Алматы，26. 05. 2000.

② Андрей ТЕШАЕВ，Максим ЕФРЕМОВ，«УЗБЕКСКАЯ МОДЕЛЬ» РАЗВИТИЯ-ОДНА ИЗ ЛУЧШИХ В МИРЕ，народное слово，18，09，2012.

развития в XXI веке)[①]，土库曼斯坦共和国选择了"土库曼改革模式"（ТУРКМЕНСКая МОДЕЛЬ ПРЕОБРАЗОВАНИЙ）[②]。中亚国家独立 20 多年来，大多沿着独立、主权和自主选择的发展道路和模式，在政治、经济、文化和社会诸多领域取得了巨大的成就。

二　土耳其与中亚国家关系发展路径

地缘政治和地缘文化处于东西方交叉之点的土耳其，在外交政策方面历来基于根深蒂固的国家传统和现代土耳其的理想。其特点之一是希冀通过"突厥民族"间"天然的认同感"，将全球战略意义之重要板块，即土耳其、俄罗斯、伊朗、阿富汗、中国及中亚诸国境内所有操突厥语的民族联合起来，建立一个"从亚得里亚海到中国边界"横跨欧亚的"突厥联盟"，以期"重温奥斯曼土耳其帝国之梦"。

中亚五国中除塔吉克斯坦外，其他四国都是以某一操突厥语民族命名的民族国家。苏联解体，中亚五国独立之后，土耳其政府即刻承认中亚五国独立，确立了全方位发展与中亚国家间关系的外交政策，将其作为本国最为重要的外交方向之一，并以此为切入点解决自身面临的地缘政治问题。

长时间来，土耳其在对外关系方面致力于"依附大国外交"的基点。美国与土耳其的利益结盟是其核心。冷战以后，美国与俄罗斯在中亚地区的博弈愈演愈烈。美国将俄罗斯与伊朗的结盟关系视为其扩张中亚的竞争对手，进而支持盟友国土耳其作为中亚国家最理想的典范，力主中亚各国与土耳其的关系不断发展，逐步将这些新生的民族国家纳入西方体系。美国的支持无疑是土耳其在政治、经济和文化等领域与"亲缘国家"展开合作的后盾和推动力。

1992 年，土耳其总统图尔古特·厄扎尔（Turgut Özal，1927 - 1993）试

① Карлыгаш ЖУСУПБЕКОВА, Казахстанская модель развития в XXI веке, страна и мир, 07. 01. 2012.

② Юрий ПЕТРОВ, ТУРКМЕНИСТАН ПОКАЗЫВАЕТ ПРИМЕР " РОССИЙСКАЯ ГАЗЕТА " ВЫСОКО ОЦЕНИЛА ТУРКМЕНСКУЮ МОДЕЛЬ ПРЕОБРАЗОВАНИЙ, РОССИЙСКАЯ ГАЗЕТА, 03. 04. 2003.

图加强土耳其与中亚突厥语国家的联系，制定了建立一个类似欧盟的突厥共同体的规划，倡议召开首届“突厥语国家首脑会议”，成员国包括土耳其、哈萨克斯坦、吉尔吉斯斯坦、乌兹别克斯坦、土库曼斯坦和阿塞拜疆。1992年10月首届“突厥语国家首脑会议”在土耳其首府安卡拉举行。同年，土耳其以创始国身份，倡导成立“中亚西亚经济合作组织”，得到刚刚独立的中亚各国的积极响应。该组织由土耳其、土库曼斯坦、乌兹别克斯坦、塔吉克斯坦、吉尔吉斯斯坦、哈萨克斯坦、阿塞拜疆、阿富汗、巴基斯坦、伊朗十国组成，是一个包括近800万平方公里土地，3亿多人口的以伊斯兰文化为特色的国家间合作组织。其所涵盖的地区战略地位十分重要，位于世界“心脏地带”，控扼阿拉伯海、波斯湾、里海、黑海、地中海等世界主要油气产区和海运要道，也是国际各种力量的交叉点。再者，这些国家都是伊斯兰国家，其东南部不仅是“金新月”毒品产区和集散地，而且是国际反恐的核心地带。

恰逢其时，美国完成了在东、西两线的战略部署，正将触角伸入中亚。1997年美国出台了“新中亚战略”，把削弱俄罗斯和遏制中国作为主要内容，并依靠土耳其等盟国推行“新中亚战略”的实施。首先，美国通过土耳其展开与俄罗斯在里海-中亚地区的原油与天然气管道之战。冷战结束之后，俄罗斯、土耳其和伊朗等多国纷纷力争里海-中亚油气管道经过本国领土，并达成了一个“南北两线、对半出口”的里海早期石油协议。这个协议既照顾了俄罗斯的利益，也兼顾了土耳其等国家的利益。但是美国对此极不满意。它趁俄罗斯陷于车臣危机，促使土库曼斯坦、阿塞拜疆、格鲁吉亚和土耳其四国签署了修建经里海和外高加索到土耳其的天然气管道，通过土耳其将里海战略能源引向西方市场。美国破例对土库曼斯坦的能源计划提供“特殊政策”，积极支持修建绕开俄罗斯，自土库曼斯坦穿越伊朗到土耳其的天然气管道。可见美国冀望于借助土耳其同俄罗斯进行里海-中亚地区的管道争夺。

随后，土耳其又以观察员身份参加由哈萨克斯坦等国在1994年成立的“中亚经济共同体”。与此同时，土耳其还积极致力于仿效阿拉伯联盟体制，在具有文化共同性国家基础上建立一个国际组织。2000年，土耳其主管中亚经贸事务的国务部长柴伊提出与宗教、语言及习俗相仿的中亚突厥语系国家阿塞拜疆、哈萨克斯坦、土库曼斯坦、乌兹别克斯坦和吉尔吉斯斯坦建立一个由六国组成的突厥国家联盟，先由扩大经贸往来为主向其他领域扩展。

1992～2001 年是土耳其与中亚突厥语国家关系的密切期。十年间举办了七届“突厥语国家首脑会议”。此后，由于土耳其将主要精力置于推动加入欧盟，与中亚突厥语国家的合作“形式多于实际”，且搞大国主义，不时表现出“突厥语国家联盟”领头羊的态势，引起中亚国家的不满。至此，中亚国家与土耳其的关系进入了短暂“冷淡期”。“突厥语国家首脑会议”和“突厥语国家和族群友谊合作大会”亦因此中断。随着国际各种势力围绕中亚地缘政治、地缘经济和能源的博弈愈演愈烈，土耳其怎能错失良机，放弃自己在这个具有“亲缘关系”地区的“领袖地位”，于是重提“突厥语世界联盟”并“积极参与中亚国家的能源规划”。在与中亚国家关系遭遇五年的间断之后，土耳其重新启动与突厥语国家的合作。在土耳其的积极推动下，2006 年 9 月，“第十届突厥语国家和族群友谊合作大会”在土耳其海滨城市安塔利亚恢复举行。同年 11 月 17～18 日，“第八届突厥语国家首脑会议”也在安塔利亚举行，与会首脑强调要进一步加强突厥语国家之间的合作，实现共同发展。土耳其重回中亚带来的必然结果是彼此之间更为频繁的关系互动。

2008 年以来，土耳其与中亚一些国家的关系进入新的活跃期。为了重新调整与中亚的国家关系，解决彼此间存在的实际问题，2008 年 2 月 6 日，土耳其全球化战略研究所主办了“土耳其在中亚地区的发展前景与存在问题国际学术会议”。2009 年 10 月 3 日，第九届“突厥语国家峰会”举行，与会国家首脑签署了纳克希万协议，成立了架构与欧盟及阿拉伯联盟类似的突厥议会（Turkic Council），总部设在伊斯坦布尔。这次会议，土耳其、阿塞拜疆、哈萨克斯坦和吉尔吉斯斯坦四国首脑还签署了成立“突厥语国家合作理事会”的协定。2010 年 9 月举行第十届“突厥语国家峰会”，土耳其总统阿卜杜拉·居尔（Abdullah Gul）提出“六国一族”论①，要求加强各国“基于共同历史、语言、文化和认同基础之上的团结”。2011 年 10 月 21 日首届“突厥语国家合

① 六国是指土耳其、阿塞拜疆和中亚的哈萨克斯坦、乌兹别克斯坦、吉尔吉斯斯坦和土库曼斯坦。

作理事会”成员国峰会在哈萨克斯坦第一大城市阿拉木图举行。阿塞拜疆总统阿利耶夫、哈萨克斯坦总统纳扎尔巴耶夫、吉尔吉斯斯坦总统奥通巴耶娃和土耳其副总理博兹达出席会议，共同签署了《阿拉木图宣言》，在经济、安全、社会文化和国际事务合作四大领域达成共识。这次峰会被认为是开创突厥语国家合作的里程碑。2012 年 8 月 23 日，第二届“突厥语国家合作理事会”峰会在吉尔吉斯斯坦首都比什凯克召开。吉尔吉斯斯坦、哈萨克斯坦、土耳其和阿塞拜疆等四个成员国首脑与会。2012 年 12 月 29 日，“世界突厥青年联盟”第 15 届代表大会在伊斯坦布尔召开。与此同时，“突厥民族青年同根源 - 同目标国际学术研讨会”也在哈萨克斯坦历史名城阿拉木图召开。

除了通过建立国家间组织加强联系外，土耳其与中亚国家的密切关系首先表现在社会文化领域的务实合作。早在中亚国家独立之初，土耳其就与中亚四个操突厥语国家签订了“国际学生交流计划”。土耳其不仅派出教师前往中亚教授“土耳其语”，而且接受了数千名来自突厥语国家的大学生，并向他们提供奖学金。20 年来一批又一批在土耳其学习毕业的留学生，已返回祖国服务。仅哈萨克斯坦，截至 2012 年已有 1500 名留学生毕业于土耳其的各所高校①。为了加强与这些学生的联系，目前土耳其教育部国际教育署正在致力于建立“国际学生交流站”“土耳其毕业学生数据库”、“突厥语国家大学联盟”，以及“突厥语国家科研基金会”。在“国际突厥语文化组织”的推动下，2011 年 5 月土耳其举行了突厥语国家、地区与社会电视媒体会议。其主旨是“媒体联合，人民联合”，加强“突厥意识”和“突厥文化”的宣传和保护，推广突厥世界语言的同一化。哈萨克斯坦、吉尔吉斯斯坦参会，乌兹别克斯坦、土库曼斯坦缺席。2012 年是“国际学生交流计划”实施 20 周年，土耳其举办各种盛会，包括论坛、学术研讨会、演唱会等文艺演出。“国际突厥语文化组织”为此举办了画展。这一系列活动都通过土耳其广播电视总局中亚频道和音乐频道现场直播。在土耳其和哈萨克斯坦双方密切合作和努力之下，目前在

---

① Лаура ТУСУПБЕКОВА，Астана-Анкара：синергия партнерства. Глава государства Нурсултан Назарбаев провел переговоры с Премьер-министром Турции Реджепом Эрдоганом，Казахстанская правда，24. 05. 2012.

哈萨克斯坦的突厥斯坦市建立了以 X. A. Ясави（X. A. 亚萨维[①]）命名的国际土耳其－哈萨克大学，在阿拉木图开办了以 C. Демиреля（苏莱曼·德米雷尔[②]）命名的非国立大学，建立了“Достык”（哈萨克语：友谊）教育中心和 24 所哈萨克－土耳其中等学校与小学。在伊斯坦布尔开办了以哈萨克伟大的思想家、著名诗人阿拜·库南巴耶夫命名的学校。

文化联系促进了经济合作。苏联解体，土耳其迅速在中亚国家开办了 2000 多家合资企业。同时，土耳其还组建了专门机构，协调对中亚国家的政策，帮助、指导和鼓励这些国家建立和经营私人企业，发展市场经济。随后，哈萨克斯坦与土耳其建立了国家间商务委员会。一时间，土耳其占据了哈萨克斯坦经济领域一些部门（交通、基础设施、建筑、电话通信、食品、轻工业和制药业）的优势地位。2008 年，哈萨克斯坦与土耳其之间的商品流通额达 15 亿美元；已有 1600 家土耳其公司向哈萨克斯坦的各类项目注入资金。1993 年以来，土耳其直接向哈萨克斯坦投资逾 18 亿美元。自 2004 年以来哈萨克斯坦向土耳其的投入超过 6 亿美元。2011 年土、哈双边贸易额达 33 亿美元，比 2010 年提高 73%。哈萨克斯坦向土耳其主要出口矿产资源、化工产品、非贵重金属及其制品；从土耳其主要进口建筑材料、化学产品、塑料及塑料制品、食品、机器和设备。2012 年 5 月 24 日哈萨克斯坦共和国总统纳扎尔巴耶夫与土耳其总理埃尔多安签署了《新协作经济纲领》，其目标是实现土、哈贸易额达百亿美元。[③] 土耳其对吉尔吉斯斯坦也采取了积极的外联政策。2010 年 4 月吉尔吉斯斯坦政权更迭和奥什事件以后，土耳其资助其 1000 万美元的建筑材料。2011 年土耳其总理埃尔多安与吉尔吉斯斯坦总理阿尔马兹别克·阿坦巴耶夫在比什凯克和安卡拉举行多次会谈。埃尔多安表示，给予吉尔吉斯斯坦 4.5 亿美元的投资。因此，土耳其得到了吉尔吉斯斯坦“达斯坦（Дастан）军

---

① 霍加·艾哈迈德·亚萨维（X. A. Ясави，1103－1166），伊斯兰教的一位圣人，安葬于哈萨克斯坦历史名城突厥斯坦。

② 苏莱曼·德米雷尔（Süleyman Demirel，1924－　），土耳其政治家，7 次出任土耳其总理，1993～2000 年任第九任总统。

③ Лаура Тусулбекова，Астана-Анкара：синергия партнерства. Глава государства Нурсултан Назарбаев провел переговоры с Премьер-министром Турции Реджепом Эрдоганом，Казахстанская правда，24. 05. 2012.

工厂”49%的股份①。2011年4月25日吉尔吉斯斯坦总理阿坦巴耶夫访问土耳其，其间，为促进双边关系，吉尔吉斯斯坦与土耳其将互勉签证。2012年1月12～15日和8月16日，吉尔吉斯斯坦新任总统阿尔马兹别克·阿坦巴耶夫相继访问土耳其。土耳其与吉尔吉斯斯坦宣布建立战略联盟。两国总统签署了土耳其－吉尔吉斯斯坦建交20周年联合声明。两国外长签署了土耳其－吉尔吉斯斯坦2012～2013合作备忘录和司法协助条约。土耳其总统阿卜杜拉·居尔强调，土耳其与吉尔吉斯斯坦政治领域方面的合作不只限于双边，而且还将继续加强在国际领域的合作。土耳其将继续在经济、贸易、军事领域、安全和国防问题方面与吉尔吉斯斯坦共同合作。2012年3月19日，吉尔吉斯斯坦总理詹托罗·萨特巴尔季耶夫在上耳其举行的两国贸易投资论坛上表明，欢迎土耳其商人投资吉尔吉斯斯坦黄金开采和加工业，吉政府为此将创造所有必要条件。2012年土耳其对吉尔吉斯斯坦的出口增加了50%；土耳其与吉尔吉斯斯坦的双边贸易达3亿美元。土耳其各类企业给予吉尔吉斯斯坦的投资达5.85亿美元。2013年1月26日土耳其资本市场理事会代表团访问吉尔吉斯斯坦，并与吉国家金融监管局在吉－土经贸合作委员会框架下签署“合作与技术援助纲要”，包括协助吉尔吉斯斯坦发展与调整资本市场、建立贵金属交易中心、提高国民金融意识等。上述纲要的实施旨在提高吉国资本市场对外资的吸引力，从而推动吉尔吉斯斯坦共和国政府确定的国家级战略项目。在加强经济贸易合作的同时，土耳其还积极扩大在中亚的军事影响，主要致力于军事技术和军事政治方面的合作。截至2011年土耳其已为土库曼斯坦培训1299名军事教官，乌兹别克斯坦培训426名，吉尔吉斯斯坦培训401名，哈萨克斯坦培训383名。② 综上可见，中亚国家独立20周年之际，是土耳其加强与中亚操突厥语国家合作关系的又一个良好契机。土耳其为推动与中亚国家的合作正在注入新的活力。

回溯20多年来土耳其与中亚国家关系的发展脉络，经过了活跃期、冷淡

① Мурат Лаумуллин д. п. н., Турция и Центральная Азия, Ресурсы Фонда Карнеги Из международных центров Карнеги, 18.12.2012.

② Мурат Лаумуллин д. п. н., Турция и Центральная Азия, Ресурсы Фонда Карнеги Из международных центров Карнеги, 18.12.2012.

期和重振期三个阶段，目前仍在继续发展。其中折射出土耳其在现实形势下的中亚战略不断调整。从土耳其方面看，寻求一种超地域、跨国家的新的民族（或种族）共同体的认同，在一个特定的经济和文化圈内充当其领袖，强化自身地缘政治、地缘经济和地缘文化的主导地位是土耳其对中亚的战略选择。从中亚国家来讲，随着各国日益融入现有的国际体系之中，它们看自己、看世界的认识不断变化。中亚国家从最初对自身发展道路的经验盲从，逐渐转变为根据本国国情和国家利益选择发展道路和对外战略定位，其全方位外交政策所追求的目标日益扩大，成为国际社会多边机制的积极合作者和重要参与者，并在其中发挥作用。

三　土耳其与中亚国家关系发展中的问题

土耳其与中亚国家建交20年来，总体上保持了友好合作的战略伙伴关系。但是鉴于彼此之间在地缘战略和社会、经济、政治、文化建设等诸多方面存在着利益不同和目标差异，其关系发展难免遇到诸多问题和制约因素。

1. 中亚国家在与俄罗斯传统关系和与土耳其文化亲缘关系中权衡利害

俄罗斯和土耳其均为中亚的地缘近邻。双方在中亚拥有多方面的利益关系。长久以来，俄罗斯视中亚为传统势力范围及国家安全的南部屏障，积极谋求在中亚的军事存在。而土耳其则借“文化亲缘”，从中亚国家独立之初就试图以一个“世俗的、民主的、市场经济的伊斯兰国家”[①] 模式遏制俄罗斯在中亚的影响。激烈的利益争夺必然导致土耳其与俄罗斯在中亚地缘板块中的矛盾碰撞。“9·11”事件后，美国发动阿富汗反恐战争以及周边环境的变化给中亚的土、俄关系增加了诸多变数。长久以来，中亚各国在对外关系的合作中始终把俄罗斯、美国、中国和土耳其等国置于优先发展方向，但其中俄罗斯是中亚各国外交的首要方向。因历史的渊源关系，中亚国家均视俄罗斯为第一大贸易伙伴和投资伙伴。不仅以往，即便在当今国际和周边环境不断变化的情况下，中亚国家在安全领域，除自身防务以外，往往需要依靠俄罗斯军事保护和

① 〔美〕塞缪尔·亨廷顿：《文明的冲突与世界秩序的重建》，新华出版社，2002，第156页。

发挥作用。在很多方面俄罗斯与中亚国家形成了更为牢固和紧密的关系。

在外交战略取向方面，于建国100周年（2023年）之前，获得欧洲联盟成员国资格是土耳其追求的核心目标和基本国策。1963年迄今50年来土耳其一直竭尽全力朝着加入欧盟的方向努力。虽然实现这一理想遥遥无期，但是为了应付来自诸多方面的阻力，土耳其耗费了相当大的精力。土耳其将中亚国家作为外交的重要方向，主要取决于它在能源方面对中亚国家的依赖。鉴于此，在维护中亚地区的政治稳定和安全方面，尤其是在2014年美国从阿富汗撤军之后，土耳其能够发挥多大作用？中亚国家对此表示怀疑。反观之，在地区安全、经济和能源问题上，土耳其与俄罗斯的角逐，进一步扩大了俄罗斯在中亚地区的影响，使俄罗斯获利甚丰。近期，哈萨克斯坦通过对反恐怖主义和极端主义斗争框架下伙伴关系的评估认为，土耳其在保障地区安全领域发挥不了重要作用。土耳其在加强中亚的军事政治影响方面采取的政策成效不大。[①] 土耳其虽然在乌兹别克斯坦拥有较大规模的投资，但对于乌兹别克斯坦经济而言，俄罗斯的重要性远远高于土耳其。土耳其与塔吉克斯坦一直保持着较为正常的贸易关系。但这两年也在发生变化。据统计，2012年塔吉克斯坦和土耳其的对外贸易额总计4.689亿美元，比2011年同期下降了78%，其中向土耳其出口商品总计3.823亿美元，主要是初级铝和皮棉。从土耳其进口商品总计8650万美元。塔吉克斯坦与土耳其贸易顺差达到2.958亿美元。塔吉克斯坦与俄罗斯的对外贸易额始终居首位。仅2012年1~10月，塔、俄两国贸易额总计8.347亿美元。通过外交实践，中亚国家清醒地意识到，土耳其的政治抱负远远超出了自身实力，与同中亚接壤的俄罗斯相比，无论在安全领域，还是在经济方面，土耳其能提供的实际援助和支持，远远无法满足中亚各国的需求。对于政治、经济逐渐走向成熟的乌兹别克斯坦、哈萨克斯坦等中亚国家而言，土耳其与俄罗斯、美国等更强势的竞争对手相比较，只能算是第二梯次。

2. 中亚国家以解决内部问题为当务之急，土耳其影响有限

中亚国家独立20多年来，经过不断探索和实践，在政治、经济、文化和

① Досым Сатпаев, Турция пытается вернуться в Центральную Азию. Политические риски в Центральной Азии, Risk. kz, Февраль 23, 2008.

对外合作等诸多方面都展现出新的面貌；政局基本稳定，经济稳步回升，对外合作不断推进，在国际舞台上的影响力逐步提高。然而不容忽视的是，成就与挑战、发展与问题、稳定与矛盾并存。存在许多不稳定和不确定因素。稳定基础脆弱，安全形势严峻，权利阶层矛盾突出，民族（部族）冲突频发，社会分层差距拉大。如果国内严重的社会经济问题得不到解决，那么国家的稳定发展迟早会再度陷入艰难处境。面对困境，自救才是破解之路。正如哈萨克斯坦总统纳扎尔巴耶夫提出的“我们不会照抄、照搬任何经验，我们做那些我们需要做的事情”。因此，走自己的路，不断进行本国政策调适，谋求和促进民族融合、社会均衡、经济发展和国民凝聚是国家建设和进步的重要途径。

虽然土耳其积极主动地与中亚国家保持良好的外交关系。但是中亚各国在双边关系的发展进程中均严格把握发展自我的首位性。哈萨克斯坦积极吸纳土耳其在本国非资源领域投资的目的是，利用土耳其作为本国在国际市场商业竞争活动中的另一个途径。当土耳其各类企业渗透哈萨克斯坦经贸领域后，哈萨克斯坦适时出台了严格限制吸收土耳其籍工人的政策，为本国公民提供更多的就业机会。2011 年 3 月，乌兹别克斯坦当局根据本国总检察署反金融与税务犯罪科的督查，以土耳其一些企业“利用乌兹别克斯坦为其建立的良好投资环境和友好关系”违反税法为由，采取了清理土耳其贸易公司代表处和查封土耳其商业活动的强硬手段，关闭了 50 家土耳其企业。多家土耳其驻乌兹别克斯坦的知名企业被列入破坏经济信誉者名单。被没收的土耳其不法企业和商人的资金和商品材料总值逾 16.7 万美元。[①] 乌兹别克斯坦以此推动本国经济贸易市场的改革。在 20 多年的发展进程中，中亚国家深刻意识到，要想在国际舞台上扮演重要角色，发展本国经济、解决内部问题、保持国家政治稳定才是当务之急和长远之计。

在这方面土耳其的问题在于，早在冷战时期，由于苏联的民族宗教政策，对泛突厥主义的严控和抵御，土耳其对中亚国家的影响失去主动，70 年间处于一种蛰伏状态。20 世纪 90 年代初，当土耳其产生觊觎中亚的愿望之时，它

① Мурат Лаумуллин д. п. н., Турция и Центральная Азия, Ресурсы Фонда Карнеги Из международных центров Карнеги, 18.12.2012.

在中亚国家起支配作用的能力仍然受到极大的限制。中亚国家对具有分离主义倾向的“泛突厥主义”始终保持高度警觉。哈萨克斯坦的专家指出，“语言和文化共同性对一个经济联盟来说，并无多大意义。突厥语国家内部原本就矛盾重重。”土耳其经济学与工艺学学院教授穆斯塔法·艾登也承认，“虽然土耳其较之中国和欧盟具有在这一地区巩固地位的更多机遇，但是，它对于苏联的解体，毫无准备，因此迄今为止也没有形成研究中亚问题的最好的专家队伍。”①

3. 土耳其搞大国主义，引起中亚国家不满

在中亚战略方面，土耳其通过输出政治、经济模式，即所谓的“土耳其模式”，极力争夺这一地区，企图充当中亚的盟主或新的“大哥”，以填补苏联解体后中亚出现的“政治真空”。此外，土耳其积极发展与中亚关系的目的是占领中亚市场，试图成为欧亚的“能源交易所”，控制途经中亚，自东向西的能源通道。② 但是土耳其没有顾及一个重要的因素。尽管它冀望独占控制中亚的优势地位，然而让其出乎意料的是，遭遇到中亚“主权国家的冲撞力”和“防守术”。中亚国家的政治精英排斥拒绝任何新的意识形态控制本国。在对外关系方面，中亚国家坚持按照自己的意志，根据本国的情况，自由选择自己的社会制度、国家形式和决定国家的对内对外政策；在国际社会中构筑自己的话语权。他们不会听命于任何一个国家，用一个声音说话。中亚国家对土耳其以领袖自居，对土耳其输出“突厥共同体”和“土耳其发展模式”存有戒心。这种不信任因素不同程度地影响到中亚一些国家与土耳其的关系。土耳其重归中亚以后，更加积极地宣传“突厥语国家联盟”。而与媒体对这一联盟的高调报道形成鲜明对比的是，乌兹别克斯坦、土库曼斯坦等有关国家首脑对参加“突厥语国家联盟”峰会的态度十分消极。自1995年起乌兹别克斯坦总统伊斯拉姆·阿卜杜加尼耶维奇·卡里莫夫就没有出席过突厥语国家峰会。在2009年的第九届峰会上，与会各国首脑签署了成立“突厥语国家合作委员会”

---

① Досым Сатпаев, Турция пытается вернуться в Центральную Азию. Политические риски в Центральной Азии, Risk. kz, Февраль 23, 2008.

② Мурат Лаумуллин д. п. н., Турция и Центральная Азия, Ресурсы Фонда Карнеги Из международных центров Карнеги, 18. 12. 2012.

的协定，而土库曼斯坦总统古尔班古雷·别尔德穆哈梅多夫表明，本国外交政策建立在“积极中立”的基础之上，因此不能参加该组织，并以此为由而拒绝签字。乌兹别克斯坦亦未加入“突厥语国家合作委员会”。

近年来乌兹别克斯坦对土耳其试图在突厥－伊斯兰世界扮演新大国主义角色及其傲慢表示极度不满。两国关系趋于冷淡。早在20世纪90年代，乌兹别克斯坦当局为了与土耳其发展经济、文化、教育关系，准许土的一些网站在乌登录。然而随着时间的流逝，一些网站散布被禁的努尔西教派（Нурчилар）学说，公开宣扬谋求建立自西伯利亚至巴尔干半岛的大突厥国，并开设地下讲经点、成立地下宗教极端组织和为极端主义活动出资的地下工厂。2009年乌兹别克斯坦在全国范围内对努尔西教派的追随者进行大规模“清理”。2011年3月乌兹别克斯坦当局指控土耳其的一些企业资助在土耳其和乌兹别克斯坦均被禁止的努尔西教派组织；谴责土耳其支持乌兹别克斯坦的反对派，拒绝将反对派代表人穆哈迈德·萨利赫交给乌兹别克斯坦。乌兹别克斯坦当局认定穆哈迈德·萨利赫与恐怖主义分子有关。[①] 与中亚其他国家相比，乌兹别克斯坦对土耳其的态度最具个性。近两年来，两国关系处于极不稳定和极不正常的状态。对于乌兹别克斯坦来讲，在其政治经济逐渐走向成熟的现阶段，相比俄罗斯和美国而言，土耳其在其地缘战略关系中的地位已变得无关紧要。

从整体看，中亚国家与土耳其的关系大多仅局限于经济和文化的范畴。正如吉尔吉斯斯坦学者所述，“经济合作、文化交流与政治利益和国家主权是两码事。中亚国家独立不易，我们不会向任何大国主义和超国家的大民族主义交出主权。大国主义和大民族主义都是为了自己的利益。”[②] 在中亚地区呈现大国角逐，外来不确定性因素日益增多的情势之下，中亚各国均冷静面对。这是土耳其难以实现“盟主”梦想的最大障碍。上述不利因素的互动影响，彼此牵制，制约着土耳其和中亚国家关系的发展，使彼此之间关系的深化保持在一定的限度之内，阻碍着土耳其按照自己的意志将中亚置于掌控之下。由此可见，土耳其打造突厥民族共同体和突厥民族经济圈的愿望难以实现。

---

① Николай Зубов, Нурчилар-троянский конь исламских радикалов в Средней Азии, Белый Парус, 19.03.2012.

② 陕西师范大学中亚研究所与吉尔吉斯斯坦人文大学教授的座谈。

四 结语

综观现实，土耳其一直希望能在国际舞台上，特别是在中亚地区发挥重要作用。但是由于种种原因，在土耳其对外关系全景中，它与中亚国家的关系并不突出。正如土耳其全球化战略研究所所长奥图鲁穆巴斯卡尼所说，“遗憾的是中亚国家独立以后，土耳其没有能够占据这一地区的重要地位。”① 首先，中亚地区各类国际组织、地区组织日趋活跃，并与大国的博弈相互交织，构成这一地区地缘政治形势的特殊性。由土耳其主导的“突厥语国家经济合作联盟”等组织与活跃在中亚地区的“欧亚经济联盟”“集体安全条约组织”和“上海合作组织”等比较，其影响力十分薄弱。苏联崩解 20 多年来，虽然土耳其在经济、贸易、文化、教育，乃至军事等领域给予中亚国家一定的投资、贷款、金融和技术的支持和帮助。但因国力所限，同类援助与其他大国比较，无法相提并论。其次，在中亚国家中，目前土耳其只与哈萨克斯坦和吉尔吉斯斯坦的国家关系维持正常。倾向西方一直是土耳其精英在外交上的一个重要目标。这一点与上述两国的利益所求不谋而合。鉴于地缘政治和地缘经济地位，土耳其和哈萨克斯坦都把欧亚视为自己的势力范围。土耳其在很多问题上与哈萨克斯坦达成共识，支持哈国的主张，致力于中亚突厥语国家更为紧密的一体化。其目的之一在于限制俄罗斯、中国和伊朗对中亚地区的影响。土耳其深知，没有哈萨克斯坦的支持它便很难插足中亚和整个欧亚地区。同时，土耳其也十分担心哈萨克斯坦国际地位的不断提升会遏制自己在突厥世界和整个欧亚地区的影响。对于哈萨克斯坦来说，“突厥世界联盟”只是其外交政策上“多世纪性”的美好“参照物”②，这一理想是以坚持独立自主性和追求在中亚地区的领袖地位，有助于巩固和发展哈萨克族的自我意识和民族认同为前提。可见，土耳其和哈萨克斯坦的关系很大程度上是维系在相互利用的基点之上。而

---

① Николай Зубов, Нурчилар-троянский конь исламских радикалов в Средней Азии, Белый Парус, 19. 03. 2012.

② Михаил Калишевский, Тюркское единство против Евразийского союза? Международное агентство новостей «Фергана», 25. 10. 2011.

土耳其与乌兹别克斯坦之间的相互不满在与日俱增，与土库曼斯坦的关系也难以捉摸。总之，土耳其与中亚国家的关系十分微妙，存在许多不确定因素。土耳其建立突厥语国家协调一致的有效机制难以实现。但是，随着土耳其的崛起，及其对里海 - 中亚地区能源的需要和依赖，它必将继续扩大自己在这一地区的影响，努力发展与中亚国家的关系，积极参与对里海 - 中亚地区石油天然气管道和过境运输线路的管控和争夺，参与中亚国家交通运输基础设施的建设，不断巩固在中亚地区占有的一席之地。

Y.15
阿富汗与中亚问题

王 聪*

摘 要：

2012 年阿富汗塔利班的攻势被有效遏制，中亚“三股势力”也受到较大打击。但是随着2014 年的临近，中亚国家对阿富汗安全问题的担忧逐渐上升，而俄美两大国在地区的博弈也愈演愈烈。

关键词：

阿富汗 中亚 俄美博弈

一 阿富汗与中亚的整体安全形势

2012 年阿富汗和中亚的安全形势总体可控，但是一些安全隐患仍然存在。在阿富汗，塔利班发动的春季攻势被有效遏制。4 月，塔利班“习惯性”地在喀布尔等地发动春季攻势，同时进攻重兵把守的总统府、议会、机场等，规模之大连阿富汗内政部长贝斯米拉·穆罕默迪都不得不承认，“这是自 2001 年底阿富汗战争打响以来和 2006 年塔利班重整旗鼓之后，塔利班首次对众多目标发起如此规模的攻击。”不过塔利班的春季攻势很快被击溃，其中阿富汗国民军发挥了重要作用。此外，2012 年整个阿富汗战场都发生了趋稳的转变。纵观阿富汗全境，南部地区驻阿联军重创了塔利班在赫尔曼德及坎大哈的指挥、后勤基地。在北部，联军扭转了反叛势力对昆都士等省份的渗透势力。① 不过尽管总体安全形势可控，恐怖袭击事件还是时有发生，造

---

* 王聪，中国现代国际关系研究院研究人员。

① “2012 年现代院论坛”课题组，《阿富汗重建：地区性挑战与责任》，《现代国际关系》2012 年第 6 期。

成了不小的人员伤亡。2012 年阿富汗国民军和警察从北约接管了较多的防务事务，因此安全压力加大，伤亡明显上升。阿富汗国防部称，国民军在军事情报、火力支持和排雷方面存在一定不足，平均每月约有 110 名士兵和 200 名警察殉职。

2012 年的中亚国家没有出现类似 2010 年和 2011 年那样的恶性恐怖袭击，但是“小打小闹”还是有一些。2 月 7 日，吉尔吉斯斯坦强力部门在奥什州逮捕了 8 名宗教极端分子，他们均属“伊扎布特”在吉乌边境的基层组织成员。3 月 24 日，哈萨克斯坦安全部门破获一起企图在阿拉木图实施恐怖袭击的案件。袭击直接策划者是 37 岁的哈公民帕夫洛夫。帕夫洛夫长期藏匿在国外，曾担任哈萨克斯坦商业银行——“突厥世界”银行（BTA）前董事长阿布利亚佐夫的私人保镖队长。阿布利亚佐夫被哈检方指控犯有多项重罪，目前也藏身海外。5 月 31 日，中哈边境哈方一侧的“戈尔内”边防哨所起火，15 人死亡，其中 14 人是哨所士兵，1 人是附近猎场看护人。哈检方指认唯一的幸存哨兵是肇事凶手。但哈民众和专家怀疑，“戈尔内”哨所案可能是恐怖袭击。6 月 29 日，吉尔吉斯斯坦护法机构在奥什地区逮捕了一名“伊扎布特”领导人。该男子出生于 1979 年，是伊扎布特组织内的“副埃米尔”，即该组织在奥什市的领导人，在他的住所处发现了小册子、光盘、视频等宣传材料。7 月 11 日，哈萨克斯坦阿拉木图州陶萨马累村一幢小楼发生自制炸弹爆炸，8 人死亡。警方判定是恐怖分子在制造炸弹时发生意外所致。17 日清晨，这些涉案的恐怖分子在阿拉木图州卡拉塞地区被包围，9 名恐怖分子被击毙。7 月 21 日，塔吉克斯坦戈尔诺 - 巴达赫尚自治州国安局长纳扎罗夫在塔阿边境附近被谋杀，政府认为地方军阀艾耶姆别科夫及其手下犯罪集团有重大嫌疑。艾耶姆别科夫长期从事毒品、珠宝、烟草走私活动。7 月 24 日，政府对该州首府霍罗格展开清剿，共打死 30 名武装分子，抓获 40 人，包括 8 名阿富汗籍公民。8 月 13 ~ 14 日，哈萨克斯坦阿拉木图州一森林公园陆续发现 11 具尸体，警方称不排除是恐怖组织所为。综合上述事件，应该说除了塔吉克斯坦戈尔诺 - 巴达赫尚自治州案件比较严重以外，其他的影响都不是很大。而且戈尔诺 - 巴达赫尚自治州事件虽然也涉及“三股势力”和毒品走私，但基本上也可以算是政府军对武装反对派的围剿。

二　中亚国家在阿富汗的战略目标与措施

中亚国家尽管国力、社情不尽相同，但对阿富汗战略目标却基本一致，主要就是防止阿富汗危险局势外溢至中亚地区。中亚国家的这种担忧主要有以下几个原因。

首先，阿富汗恐怖组织与中亚“三股势力”联系紧密。且不说因为种种原因南下的中亚最大恐怖组织“乌兹别克斯坦伊斯兰运动”，即使是当下活跃在哈萨克斯坦的“哈里发战士”和“瓦哈比”也大致如此。哈萨克斯坦专家认为，哈国恐怖组织基本呈网状结构，而不是垂直隶属关系，这大大提高了恐怖组织的生存能力，因为在个别子系统遭破坏时其他部分受到的影响也不会很大。以“瓦哈比”为例，该组织由八个部门组成，分别是意识形态中心、名义首领、宣传出版体系、非法运输通道、武装分队、财务体系、各地区的基层组织和训练营。其中意识形态中心、名义首领和训练营设在境外，而训练营正是设在阿富汗或巴基斯坦部落区。①

其次，阿富汗毒品是中亚地区的不稳定因子。俄罗斯常指责北约在阿富汗只反恐不反毒。2012 年 11 月联合国毒品和犯罪问题办公室公布的《阿富汗鸦片调查报告》显示，2012 年阿富汗全境罂粟种植面积约为 15. 4 万公顷，同比增长 18%。95% 的罂粟田集中在治安较差的南部和西部。阿富汗鸦片农场交货价约为 200 美元，这对于人均 GDP 只有 550 美元的普通民众而言诱惑还是比较大的。不过毒品贸易的大部分利润被恐怖极端组织拿走了，从某种程度上说阿富汗毒品是中亚地区恐怖组织赖以生存的根本也不为过。此外，毒品不仅给中亚地区安全带来威胁，也是社会稳定的负面因素。近年来，中亚出现了从毒品中转区向消费区转变的趋势，哈萨克斯坦吸毒人数年均增长率为 24%，吉尔吉斯斯坦为 12%，乌兹别克斯坦为 11%。吉尔吉斯斯坦正式记录在案的瘾君子人数是 5000 人，而联合国统计材料称，吉尔吉斯斯坦的瘾君子人数可

① «Доклад о ситуации с терроризмом в Казахстане в 2011 – 2012 годах», http://vlast.kz/?art=1028.

能已达10万。乌兹别克斯坦国家毒品管制中心称，乌共约2万名吸毒成瘾者登记在册，但实际吸毒人数可能10倍于此。[①]

针对上述复杂局面，中亚国家主要采取了以下措施来应对：严厉打击“三股势力”和贩毒集团，积极参与阿富汗重建工作。2012年中亚各国都采取了一些措施来遏制恐怖主义。一方面各国加大了强制手段。2012年2月，塔吉克斯坦粟特州法院一次就审判了涉嫌参与极端主义活动的34名“乌伊运”分子。2012年前11个月，哈萨克斯坦护法机构共侦破112起恐怖主义和极端主义案件，制止了24起恐怖犯罪活动。根据哈萨克斯坦法院决定，哈政府取缔了15家被认定为恐怖组织的外国机构。在加大强制手段的同时，各国也夯实了法律基础，做到法理反恐。2012年10月，哈萨克斯坦通过《抵制通过犯罪所得收入合法化和携带资金通过关税同盟海关边界以资助恐怖主义》的法令。这项协定是2011年12月在莫斯科签订的。根据该协定，关税同盟各国海关机构将与相关部门协同，采取措施防止犯罪所得收入合法化等。当今世界恐怖袭击按地区和攻击手段分类大概有以下几种模式：俄罗斯鞑靼斯坦地区的恐怖分子多是暗杀政府官员，其目的是使地方政府机构瘫痪；俄罗斯车臣地区的主要是炸毁民宅、扣押人质，目的是制造民众恐慌心理；巴基斯坦的是用自杀性汽车炸弹袭击政府大厦、外国使馆和外企办事处，目的是使政府机构瘫痪；巴勒斯坦的是用人肉炸弹攻击公共场所，目的是制造社会恐慌；拉美地区的主要是绑架政客、大商人的子女，目的是向精英层施压。针对上述几种模式，中亚各国在防范时都会存在一定的短板，很难独立承担反恐任务，因此加强国际合作成为必不可少的选择。2012年中亚国家与域内大国举行了多场联合军演。6月，上海合作组织“和平使命－2012”联合军演在塔吉克斯坦举行，哈、中、吉、塔、俄五国参加。8月，“边界－2012”联合军演在俄罗斯车里雅宾斯克州“切巴尔库尔”靶场举行，吉、俄、塔三国参加。在打击三股势力的同时，中亚国家也加大禁毒力度，对阿富汗外运毒品进行“围追堵截”。2012年，哈萨克斯坦6～10月查获超过20吨的毒品，发现了1307起毒品犯罪活动，包括53起贩卖大宗毒品活动。塔吉克斯坦警方2012年共缴获毒品

① 《国际恐怖主义与反恐斗争年鉴（2009）》，时事出版社，2010。

约6吨，其中海洛因515公斤，鸦片原料630公斤和大麻类毒品4832公斤，缴获毒品总量比2011年激增了41.1%。不过即便如此，还是有相当数量的阿富汗毒品“顺利闯关”进入欧洲市场，政府官员腐败便是重要原因之一。塔吉克斯坦毒品监督署署长纳扎罗夫曾称，“塔国几乎每一个毒品犯罪组织都有官方‘保护伞’。”而吉尔吉斯斯坦国家禁毒局局长则因“工作问题”于2012年被解职。

阿富汗战争进程已经充分证明“战争手段解决不了阿富汗问题”，因此积极参与阿富汗重建工作是中亚各国所采取的一贯政策。2012年中亚国家主要是通过下列项目参与重建进程：CASA-1000（中南亚输电项目），TAPI管道项目和交通项目建设等。中南亚输电项目又名CASA-1000（Central Asia South Asia Regional Electricity Trade Project），主要是把吉尔吉斯斯坦和塔吉克斯坦的夏季余电通过电网，过境阿富汗，送至巴基斯坦。早在2008年，相关各方——阿富汗、吉尔吉斯斯坦、巴基斯坦和塔吉克斯坦四国政府签订了关于修建CASA-1000项目的有关协议。2010年1月，塔吉克斯坦议会下院批准了关于修建CASA-1000项目的协议。2011年3月，塔吉克斯坦总统拉赫蒙对巴基斯坦进行了为期三天的访问。期间，两国就集中精力完成中、南亚电力合作计划达成一致意见。2012年CASA-1000项目取得了较大进展。5月，吉尔吉斯斯坦、塔吉克斯坦、阿富汗和巴基斯坦四国能源部长签署了CASA-1000高压输变电项目合作备忘录。7月，塔吉克斯坦能源部称该项目可能将于2013年末启动，一期完成后输电能力为1000兆瓦，未来输电能力可能将提高至5000兆瓦~6000兆瓦。项目初期建设所需资金约8.65亿美元。不过CASA-1000的前景如何目前尚不可知。从理论上来说，吉尔吉斯斯坦和塔吉克斯坦并不缺乏水电，缺少的只是开发水电的技术和资金。塔吉克斯坦水电资源在中亚地区位居第一位，但利用率很低。此外，支撑CASA-1000项目的中亚水电站多位于跨界河流上。跨界河流利用问题向来是中亚国家难解的心结。因此CASA-1000项目能否落实更多地还要看各方的协调工作。TAPI项目又名土阿巴印天然气管道项目，取四个国家的英文单词首字母组成。早在1995年土库曼斯坦和巴基斯坦曾就跨阿富汗管道进行技术可行性论证，后因2001年阿富汗反恐战争而项目搁浅。2002年，土库曼斯坦、阿富汗和巴基斯坦三国领导人达成土阿巴天然气管线框架协议，当时计划是从土库曼斯坦经阿富汗南部到达巴基斯坦马尔丹市，全长 1460 公里，年输气量 300 亿立方米。2003 年，土库曼斯坦和俄罗斯签署了一份长达 25 年的天然气合同，俄罗斯几乎垄断了土气出口市场，土阿巴管道谈判被迫中止。2006 年，由于不满俄长期低价购气，土库曼斯坦与俄罗斯签署了新的天然气合同，这给土阿巴管道项目带来一线生机。2008 年，印度加入该项目，形成土阿巴印管道项目。2010 年 12 月，土阿巴三国总统、印石油部长及亚行行长在土签署了《TAPI 管道政府间协议》。2012 年 5 月，土库曼斯坦、巴基斯坦和印度三国能源部门代表签署《TAPI 管道供销协议》。根据该协议，2018 年起土库曼斯坦将向阿富汗、印度和巴基斯坦出口天然气共 330 亿立方米/年。拟定的管道走向为，起点是土库曼斯坦马雷州的加尔克雷士气田，经阿富汗坎大哈、巴基斯坦的奎达市至印巴边境法济尔加市。沿线各方都能从 TAPI 项目中有所收获。对阿富汗而言，这条管道可提供大约 2 万个工作岗位，同时还有每年 4.5 亿美元的过境费。不过由于建设资金等多方面问题尚未得到妥善解决，TAPI 管道目前看来更像是“纸上谈兵”。2012 年，中亚国家参与阿富汗重建工作落实最好的还是交通项目建设。1 月，乌兹别克斯坦交通运输部门开始修建“哈伊拉通 - 马扎里沙里夫”铁路，项目总价值约 1.3 亿美元。这条铁路线将大大降低中亚国家和阿富汗之间的货物运输费用和时间，对促进地区经济发展意义重大。

三　北约撤军与俄美博弈对地区的影响

尽管离 2014 年北约移交防务的期限越来越近，但是俄美在地区的博弈似乎变得更加激烈。2012 年俄美多次展开中亚外交，中亚各国也在利用后美军时代的阿富汗大做文章。

2012 年俄罗斯高层多次访问中亚。6 月，普京接连访问乌兹别克斯坦和哈萨克斯坦，展开上任后首次中亚行。4 日，普京抵达塔什干，与卡里莫夫总统举行会谈。两国元首探讨了发展战略伙伴关系、经济合作多元化以及乌加入独联体自由贸易区等问题，还就部分问题进行了一对一会谈。会谈结束后，两国总统签署了《深化战略伙伴关系宣言》和《乌兹别克斯坦加入独联体自由贸易区谅解备忘录》。7 日，普京抵达阿斯塔纳，就深化欧亚一体化、俄哈能源（燃料和核能）和宇航领域双边合作与纳扎尔巴耶夫总统举行会谈。会后，两国签署了《俄哈友好合作互助条约》（修订版）和经济领域合作协议。

9 月，普京访问吉尔吉斯斯坦，与吉总统阿坦巴耶夫举行会谈。两国元首就以债务换合作项目达成一致。依照协议内容，俄罗斯将立即免除吉方 1.89 亿美元的债务，2016 年起 10 年内进一步免除多笔债务，总额为 3 亿美元。作为交换条件，俄罗斯位于比什凯克附近坎特空军基地的租赁期限将延长 15 年，2017 年起开始生效。除了基地项目，俄罗斯还获准参与吉两座大型水电站重建项目，分别是坎巴拉塔一号水电站和纳伦河流域水电站项目。应该说，普京此次对吉尔吉斯斯坦的访问收获颇丰。

10 月 4 ~5 日，普京对塔吉克斯坦进行为期两天的访问。两国签署了多项协议，总结起来有五个方面。一是塔吉克斯坦政府同意俄 201 军事基地继续在塔驻扎，2042 年到期，并可顺延 5 年。二是俄将对塔提供免税石油，并将石油产品价格下降三到四成。三是俄打算参与塔水电建设。四是俄将对塔放宽移民政策。五是俄罗斯将为塔吉克斯坦提供资金，培训缉毒专家等。不过，目前俄塔的这五项协议并没有完全落实。2013 年 1 月，俄外长拉夫罗夫访塔。塔外长坚称，俄罗斯需要先兑现对塔的承诺，之后塔议会才会审议俄 201 军事基地延期等问题。

综合以上俄对中亚的数次高访，可以总结出 2012 年俄罗斯的中亚外交主要有以下几点。一是利用中亚国家对阿富汗安全形势的普遍担忧，加速打造以俄为首的中亚集体安全体系。2014 年前北约将向阿富汗政府转交安全防务。阿富汗未来局势将何去何从，中亚国家对此较为重视。哈萨克斯坦总统纳扎尔巴耶夫称，“国际安全援助部队撤离阿富汗后，中亚地区所面临的安全威胁将会增加。”塔吉克斯坦总统拉赫蒙则表示，“塔吉克斯坦是阿富汗鸦片向俄罗斯和欧洲地区走私的重要途径。塔方多年以来坚持不懈地打击毒品走私。北约军队撤出阿富汗后，塔方的缉毒压力将会骤然增加。国际社会应对塔吉克斯坦给予必要帮助。”二是利用水资源问题，介入中亚国家纠纷。在对吉尔吉斯斯坦和塔吉克斯坦这两个上游国家的访问中，普京都提及了修建水电站的设想，而且拟与吉尔吉斯斯坦合修的水电站位于跨界河流上。三是利用传统经济联系对中亚国家施加影响。俄罗斯试图通过以上途径来缔造“欧亚联盟”，实现俄版的中亚一体化。

相比俄罗斯总统普京的高调出访，2012 年美国的中亚外交级别略显逊色，但也十分务实。2012 年 2 月，美国国务院称将暂时恢复对乌兹别克斯坦的“非致命性”军事援助。援助时间为期六个月，援助内容包括夜视镜、个人防护设备和全球定位系统等非致命性军事设备。国务院发言人维多利亚·纽兰称，此举将加强乌兹别克斯坦应对跨国恐怖主义的能力，也有助于确保进出阿富汗交通线的安全。2 月，哈外交部长卡泽哈诺夫访美，与国务卿克林顿就哈美政治、经贸和文化人文领域合作进行了会谈，重点讨论了能源、粮食安全以及通过科技合作促进哈经济多样化等问题。两国同意就阿富汗问题、民主化问题以及能源经贸合作问题加强战略对话。两国还决定建立“哈美战略伙伴关系委员会”，并将其作为哈美两国的双边政治磋商机制。

3 月，美国防部长帕内塔访问吉尔吉斯斯坦，与吉国防会议秘书塔巴尔季耶夫举行会谈。帕内塔称，马纳斯过境运转中心对保障美军向阿富汗运送物资作出较大贡献。在经过巴基斯坦的南方线路关闭后，“北方通道”变得更加重要。塔巴尔季耶夫则认为，2014 年后吉美可就运送物资问题继续展开合作，但马纳斯运转中心必须成为民用运输枢纽。

3 月，美国中央司令部司令詹姆斯·马蒂斯访问土库曼斯坦，与土总统别尔德穆哈梅多夫举行会谈。双方谈到确保安全与稳定、应对全球威胁和挑战等问题，并就发展双边伙伴关系的前景交换了意见。别尔德穆哈梅多夫称，与美国的合作是土库曼斯坦对外战略的重点方向之一。詹姆斯·马蒂斯表示，美国视土为负责任的伙伴，愿与土政府发展全面的关系。

6 月，美国副贸易代表马兰提斯访问哈萨克斯坦，马表示美支持哈萨克斯坦加入世贸组织，称加入世贸组织有助于提高哈萨克斯坦在国际经济体系中的地位，也有助于吸引更多的外国投资者。哈萨克斯坦的生产厂商也可获得更多机会把产品直接推送到多个国家的市场。

2013 年 1 月，美国负责中南亚事务的助理国务卿布雷克访问土库曼斯坦和吉尔吉斯斯坦。布雷克称，美国感谢土库曼斯坦对阿富汗安全稳定所作的贡献，支持土能源出口多元化。不过布雷克在访问吉尔吉斯斯坦时并没有和吉总统就马纳斯运转中心问题达成一致意见。

综合这些访问可以看出美国在中亚的主要目的有以下几点：一是确保“北方通道”的顺畅。目前北约的阿富汗运输线有两大条。经过巴基斯坦的南部线路和经过独联体国家的北方通道。2012 年 6 月，北约秘书长称已经与哈萨克斯坦、吉尔吉斯斯坦和乌兹别克斯坦达成协议，北约获准经过这些国家将物资和军事装备运出阿富汗。这标志着北方线路正式双向贯通。二是借撤军在中亚打下楔子。俄罗斯学者曾警告，美国打算将在阿富汗使用过的部分军备转移送给中亚国家。如果果真如此，那影响不亚于开设新的军事基地。此外美国近些年设想的“新丝绸之路计划”也都是以阿富汗为地理中心，范围覆盖整个中亚和部分南亚地区。

由此可见，俄罗斯正在实现自己的抱负，美国也不会轻易放弃嘴边的奶酪。阿富汗、中亚地区并不会随着 2014 年的临近而变得消停。美俄争夺将会愈发激烈，而中亚各国的外交政策也会愈显务实。

2012 年乌兹别克斯坦外交政策看似变化最大，先是拟加入独联体自由贸易区，后是中止集安组织成员国身份，其实这些选择都是寻求自身利益最大化的最好体现。和乌兹别克斯坦相比，土库曼斯坦外交没有出现非左即右的摇摆，而是延续了平衡的中立。目前，俄罗斯购买土气在土出口中仅占很少的一部分，对于能源立国的土库曼斯坦而言，俄罗斯影响正在逐渐弱化。此外 2012 年土库曼斯坦共向驻阿富汗的北约部队出售了价值 8.2 亿美元的物资，约占土全年 GDP 的 2% ~3%，这也是一笔不小的收入。与土库曼斯坦一样，塔吉克斯坦对俄罗斯也存在一定离心倾向。不过现在断言中亚地区已呈现“美攻俄守”还为时过早，最多算是拉锯战。毕竟阿富汗动荡对所有的中亚国家来说都是不可承受之重。或许在下一个五年里，谁能真正为中亚国家提供安全保障，谁能真正满足中亚国家经济发展的需要，谁才会在博弈中占据主动地位。

Y.16

中国与中亚能源合作新进展

许勤华*

摘　要：

中国与中亚各国的能源合作是双方经贸合作的重要组成部分，而双方经贸合作又是双方政治关系持续发展的重要基础，因而，能源合作在中国与中亚关系大局中占有极其重要的位置。中国与中亚各国的合作，不仅是为获得能源资源和经济利益，还是为获取外交运作空间和国际支持，更重要的是，营造稳定友善的西北边疆，获取有利于中国崛起的战略依托。2012年，无论中国周边的地缘政治经济生态发生何种不利于中国的变化，通过自身对中亚的战略和政策运作，中国与中亚能源合作还是在能源外交、油气领域、基础设施、合作方式等获得了新的进展。

关键词：

中国与中亚　能源合作　新进展

2011年，中国的进口石油依赖度攀升到57%。获得稳定的能源供给地对中国十分重要。在美国对华疑虑升级，加速对华战略防范，右倾的安倍晋三再次担任日本首相并对中国持强硬立场，而东南亚的菲律宾、越南等国在南海纷争再起时也欲借助外力牵制中国的新形势下，中亚对中国的地缘战略重要性日益凸显。以能源合作为重点，与中亚各国开展更高层次、更宽领域、更深程度的合作，不仅对于满足中国的能源需求极其重要，而且对于打破美日的战略围堵，拓展外交活动空间十分必要。2012年，在实际操作中，中国与中亚各国的合作保持了良好的势头。据塔方统计，1～11

---

* 许勤华，中国人民大学俄罗斯东欧中亚研究所副所长，副教授。

月中塔双边贸易额为6.18亿美元，同比增长0.1%，中国为塔吉克斯坦第三大贸易伙伴。[①] 1~10月，中乌双边贸易额为22.64亿美元，同比增长32.04%。[②] 前三季度，中吉双边贸易额为8.74亿美元，同比增长28.6%。[③]

一 政治保障：高层互动更加密切

2012年，在面临着外交困局和压力陡增的严峻形势下，中国与中亚国家的高层往来更为密切，前所未有地表现出更高的互动频率。

1月，全国人大常委会副委员长陈至立作为胡锦涛主席的特使前往中亚五国进行访问，并出席中国与上述五国建交20周年庆祝活动。3月，哈萨克斯坦总理马西莫夫对中国进行了访问，时任国家副主席习近平与他进行了会晤，温家宝总理与他举行了中哈总理第一次定期会晤。6月，上海合作组织元首峰会在北京成功召开。6月1~7日，塔吉克斯坦总统拉赫蒙对中国进行了正式访问，访华期间中塔共签署了10个合作协议，内容涵盖能源、工业、交通、地质、农业、金融等多个领域。拉赫蒙在回国后立即召开政府工作会议，指示各个政府部门负责人，为有效实施相关协议，尽快提出具体落实计划。6月5~7日，乌兹别克斯坦总统卡里莫夫对中国进行了访问，访问期间中乌双方签署了经贸、投资、金融等领域的合作协议和合同40余项，总金额52亿美元，涉及油气开采、运输和加工，化工产品生产，以及电子、信息技术和电信、制药、建材等高科技领域项目。双方同意将积极推动中乌天然气管道项目建设和运营，形成向中国长期供应天然气的稳定过境通道，双方同意进一步扩大自中亚向中国天然气输送能力。双方还将全面支持尽快实施中-吉-乌铁路建设项目，保障从中国到中亚和南亚国家的最短运输线路。9月初，中国国务院副总理回良玉访问了吉尔吉斯斯坦和乌兹别克斯坦，讨论扩大输华天然气问题。中

---

① 《2012年1~11月我为塔吉克第三大贸易伙伴》，http://tj.mofcom.gov.cn/aarticle/jmxw/201212/20121208504892.html。

② 《今年1~10月份中国与乌兹别克斯坦双边贸易额增长超过32%》，http://uz.mofcom.gov.cn/aarticle/jmxw/201211/20121108459406.html。

③ 《前三季度中吉贸易额增28.6%》，http://kg.mofcom.gov.cn/aarticle/jmxw/201211/20121108460500.html。

乌两国签署了一系列经贸合作协议，总金额达5.35亿美元。9月下旬，中共中央政治局常委周永康访问土库曼斯坦，出席了在土中资企业座谈会并讲话，并考察了中石油与土库曼斯坦的合作项目。12月7日，中国—哈萨克斯坦合作委员会第六次会议在阿斯塔纳举行，国务院副总理王岐山和哈副总理克里姆别托夫共同主持了会议。会议期间中哈双方讨论了安全、能源、地质矿产、交通、金融、经贸、科技人文等方面的合作问题。

二 巩固拓展：油气领域的合作继续深化

中国与中亚国家在油气领域的原有合作项目进展顺利，双方合作继续深化。中方在中亚油气领域合作的重点国家是哈萨克斯坦、乌兹别克斯坦和土库曼斯坦三国。在合作时，双方既重视油气的勘探开发，也重视管线的建设，同时，双方在能源深加工利用领域的合作也有新的进展。

中国与中亚国家在油气领域的勘探开发得到巩固和加强，双方除进行传统油气开发外，还着手准备开发页岩油气。9月，中石油集团副总裁薄启亮在接受哈媒体采访时表示，中方准备巩固和加强在哈萨克斯坦的石油项目资源基地。首先，是对奇姆肯特炼油厂实施现代化改造工程，该项目需要约20亿美元的投资，拟通过上海合作组织框架内的低息贷款融资。其次，中石油将通过“曼吉斯套油气公司”参与里海大陆架油气开发项目，目前正在对拥有的两个石油区块进行勘探，并根据评估情况实施工业开采。此外，中石油还将加强对现有的在克孜洛尔达州、阿克纠宾州、曼吉斯套州和南哈州的资源基地进行开发，并在近期着力提高中哈油气管道的输送能力。① 11月，乌兹别克斯坦政府计划吸引中煤集团参与纳沃伊州桑格兰套油页岩矿综合加工项目，责成乌兹别克石油天然气公司与中煤集团就该项目实施问题进行商谈，预计年底完成对中方页岩油提取技术的研究，之后开始关于项目合作形式的探讨。据专家评估，乌油页岩储量近470亿吨，桑格兰套矿的页岩油柴油馏分产出率约为30%，

① 《中石油将巩固和扩大在哈萨克斯坦的石油资源基地》，http://kz.mofcom.gov.cn/article/jmxw/201209/20120908366282.shtml。

为乌同类主要矿产地中最高指标。①

自2009年12月，中国—中亚天然气管线开通后，能源管线领域的合作日益重要。2012年，中国继续与中亚在能源管线建设、运营维护等方面开展合作，以获取稳定可靠的天然气供应。2011年12月，“中国石油国际有限公司”与“乌兹别克斯坦天然气运输公司”签订了天然气运输协议。根据该协议，乌方于2012年4月1日起以国际市场天然气价格向中国输气。由中国石油天然气集团公司投入4.82亿美元修建的“中国—中亚”天然气管道“C线”（乌兹别克段）乌境内总长525公里，该项目的完成为乌向中国境内每年输气100亿立方米提供了可能。② 2012年8月起，乌天然气开始供应中国。“乌兹别克斯坦—中国”天然气管道C线的建设和运营将极大地提高出口和过境中国的中亚天然气数量。到2012年末，供气量可达40亿~50亿立方米。据预测，到2016年，乌向中国出口天然气有望达到每年250亿立方米。8月，中哈合作修建的“别伊涅乌—希姆肯特”天然气管道项目开工建设。该管道总长1477公里，输气能力为100亿立方米/年，项目总造价约为35亿美元，采用一系列先进的创新工艺。建成后既能解决哈南部供暖用气问题，也能向中国出口天然气。该项目一期“巴佐伊—希姆肯特”段计划于2013年6月完工，其后将进行一系列技术试验，并在10月前通气，为哈萨克斯坦南部各州超过570个居民点的约150万居民提供冬季供暖用气，还可以为江布尔州新建的化肥厂等工业设施提供工业用气。③ 11月，“哈萨克原油运输”公司总经理卡贝尔迪透露，中哈原油管道将于2014年满负荷运输。卡贝尔迪称，中哈双方目前正就此进行商务洽谈，按照双方协定，阿塔苏至阿拉山口的运力将于2014年达到2000万吨，该段两个泵站已开始建设。④

---

① 《乌兹别克斯坦拟吸引中煤集团开发油页岩》，http：//uz. mofcom. gov. cn/aarticle/jmxw/201211/20121108450331. html。

② 《乌兹别克斯坦拟于4月1日起通过“中国－中亚”天然气管道向中国输送天然气》，http：//uz. mofcom. gov. cn/aarticle/jmxw/201201/20120107933655. html。

③ 《“别伊涅乌－希姆肯特”天然气管道项目开工建设》，http：//kz. mofcom. gov. cn/article/jmxw/201209/20120908318322. shtml。

④ 《中哈原油管道将于2014年满负荷运营》，http：//kz. mofcom. gov. cn/article/jmxw/201211/20121108423817. shtml。

中亚国家将能源深加工作为延长能源产业链条，发展多元化经济，维护本国能源安全的重要手段。中国也高度重视与中亚国家开展能源深加工领域的合作。由于能源深加工项目建设时间长，投入资金多，中国企业在合作时也注意与国际同行，包括合作国的公司组成利益共同体，丰富合作形式，共同开发，以降低合作的风险。2011 年 12 月 13 日，中国石油土库曼斯坦阿姆河天然气项目二期工程（第二天然气处理厂）正式开工，土总统别尔德穆哈梅多夫参加了奠基仪式。2012 年 1 月，中国石化集团炼化工程有限公司与日本丸红株式会社、哈萨克斯坦工程服务公司组成的联合体，与哈萨克斯坦阿特劳炼油厂签署了关于“交钥匙”承包建设原油深加工工程项目的合同，项目金额 16.8 亿美元，工期 41 个月。在联合体中，中国石化集团炼化工程有限公司是该项目的总执行方，日本丸红株式会社负责通过日本国际合作银行进行融资，并参与采购和物流运输，哈萨克斯坦工程服务公司负责建设和供应。该原油深加工工程是哈“加速工业创新发展国家纲要”中最大的投资项目之一，也是阿特劳炼油厂改造的收尾项目，建成后可使该厂的原油加工深度提高至 85%，并可以生产符合“欧-5”标准的发动机燃油、制造深色石油产品，而每年用于加工的重油和减压柴油等原料可达到 240 万吨。[①] 11 月，哈萨克斯坦石油与天然气部石油加工和油品生产监控管理首席专家穆拉特·图雷德别科夫表示，哈已和中国开始进行石油来料加工合作。穆拉特表示，第一批哈萨克斯坦石油已经于 2012 年 10 月份运至中国进行加工，之后石油产品将通过中石油的汽车加油站供应。

三　外延引导：基础设施建设继续加强

基础设施建设是中国与中亚的能源合作和经济合作的重要保障。便捷的交通不仅有利于能源外运和贸易往来，还具有很强的传导和带动效应，能推动所在国的经济发展，并在长期内形成稳定的贸易流向，塑造潜在的市场形态。中

---

① 《中石化等组建联合体与阿特劳炼油厂签署原油深加工合同》，http://kz.mofcom.gov.cn/aarticle/jmxw/201201/20120107916701.html。

国与中亚既在基础设施建设方面进行合作，也与中亚企业在基础设施领域进行技术合作，优化交通布局，提高交通效率。

2012 年，哈萨克斯坦继续进行“中国西部 - 西欧”国际过境公路的改造工作，“中国西部 - 西欧”公路占整个交通预算的主要部分，达 1790 亿坚戈。10 月 27 日，由中国路桥公司承建的沙赫里斯坦隧道工程①举行了竣工交接仪式，塔吉克斯坦总统拉赫蒙出席了仪式。拉赫蒙总统高度评价隧道工程竣工的重要意义并对中国政府的大力支持表示感谢。为表彰中国建设者的卓越功勋，拉赫蒙总统向两位中国企业代表授予友谊勋章，这是中塔建交以来塔政府第一次向中国企业代表授勋。塔总统在贺词中指出，该项目对塔具有战略意义，隧道的贯通客观上完成了“丝绸之路”的复兴，使塔走出了交通瓶颈，该路将成为连接欧亚大陆最短的通道，有利于塔吉克斯坦及欧亚各国的经济发展。12 月 14 日，哈总统纳扎尔巴耶夫在国情咨文中指出，哈政府必须在 2013 年内制定并通过国家基础设施发展规划，基础设施必须朝两个方向发展：国家经济融入全球经济一体化，以及将基础设施建设向国家内陆地区推动。当前，哈的一些全国性基础设施项目正在建设中，最终应该在 2020 年前将哈萨克斯坦过境运输能力提高 1 倍，2050 年前应提高至原来的 10 倍。

4 月 12 日，乌兹别克斯坦国家铁路公司召开铁路信号项目新闻发布会对外宣布，该公司铁路信号项目在中兴公司的协助下进展顺利。自新信号系统投入运营之日起，塔什干 - 安格连铁路过货能力提高了 50%，有助于安格连地区采矿业的发展，促使乌兹别克斯坦成为中亚国际物流中心。② 9 月 1 日，“阿拉木图 - 阿滕科里”客运列车线路开通，该列车线路运行于新建成的“热特肯 - 霍尔果斯”铁路上，将为从阿拉木图市前往中哈霍尔果斯国际边境合作中心的商人们提供巨大方便。预计到 2013 年上半年，从中国境内经霍尔果斯

---

① 沙赫里斯坦隧道为塔吉克—乌兹别克公路改造工程的组成部分，位于塔吉克斯坦首都杜尚别—胡占德公路 180 公里处，全长 5253 米，海拔近 3000 米，地质情况极为复杂，是中亚目前最长的隧道，也是目前我国在海外建设的单体最长隧道。隧道于 2006 年 8 月 22 日开工。《中塔经贸合作取得重要成果，塔吉克总统高度评价中国路桥公司承建的隧道工程》，http：//tj. mofcom. gov. cn/aarticle/jmxw/201210/20121008406325. html。

② 《中兴公司参与乌兹别克斯坦铁路改造项目获得乌方好评》，http：//uz. mofcom. gov. cn/aarticle/jmxw/201204/20120408078052. html。

进入哈萨克斯坦境内的火车线路也将开通。11 月，在全球“哈萨克斯坦 - 新丝绸之路”项目框架内，哈国家铁路公司开通试运行“武汉 - 巴尔杜比采（捷克城市）”集装箱专列。全程 10569 公里，耗时 14 昼夜。由于在“电子列车”项目框架内采用了货物海关预申报制度，专列过关仅用了 1.5 个小时，由标轨到宽轨的换轨时间创纪录地仅用了 10 个小时。

四　领域扩展：电力领域的合作继续开展

中国与中亚各国的合作并不局限于油气领域，双方在电力领域合作也继续深化开展。2 月 27 ~ 29 日，中国进出口银行代表团副行长朱鸿杰率团访问了塔吉克斯坦，与塔财政部等部门举行会谈，就进出口银行在塔贷款项目实施情况、存在问题和进一步深化合作的前景进行了深入探讨，并实地考察了相关项目进展情况。塔总统拉赫蒙接见了代表团，表示希望进一步拓宽合作领域，探讨新的融资方式，并希望中方提供优惠贷款新建 100 公里双回路输变电线路。[①] 6 月，中国华立仪表集团股份有限公司参与建设的乌兹别克斯坦塔什干市 0.4 千伏电流互感器生产厂正式投产。8 月 1 日，中国特变电工公司承建的上海合作组织优惠出口买方信贷项目下吉尔吉斯斯坦国家级重大项目达特卡—克明输变电项目开工仪式在吉克明市举行，吉总统阿坦巴耶夫出席并致辞，认为该项目的实施是实现吉能源独立和安全的重要一步。[②]

五　方式探索：金融合作深入开展

金融合作是中国与中亚国家合作的重要领域。对中国来说，与中亚国家开展金融合作有多方面的好处和必要：既有利于与中亚各国开展实体经济层面的合作，也有利于合理恰当地使用中国规模巨大的外汇储备，确保美元外汇以国外资

① 《中国进出口银行代表团成功访问塔吉克斯坦》，http：//tj. mofcom. gov. cn/aarticle/jmxw/201203/20120307992333. html。

② 《特变电工承建的吉国家级大项目开工仪式日前举行》，http：//kg. mofcom. gov. cn/aarticle/jmxw/201208/20120808277717. html。

本和利益存在的形式保值增值，同时积累跨国、跨区域金融合作的经验，为人民币的国际化创造良好的条件；既有利于推动合作的深化，推动中国国有和民营企业更稳健、更具风险抵抗力地走出去，使中国的资本优势与中亚的资源优势通过资金黏合剂更紧密更便捷地结合起来，也有利于将分散于诸领域的合作用资金链连接起来，行成有机一体的合作网络，推动合作的横向延伸；既有利于克服企业面临的资金短缺的障碍，减少当下合作的麻烦，也有利于锁定合作预期，减少未来合作的风险，使经济合作增强对经济周期和价格波动的免疫力。

与中亚的能源金融合作是中国与中亚国家金融合作的重点支持领域，因为能源合作周期长，风险大，金融合作在其中扮演了某种保险箱的作用。对于中国来说，对外金融是连接政府所拥有的庞大经济资源和民间高涨的对外合作热情的经济契合点，可以撬动合作之门更宽广地打开，也是将中国所拥有的经济资源转化成经济影响力乃至政治影响力的重要工具。而对于中亚国家来说，由于普遍缺乏资金，而又面临着资源开发、基础设施建设、改善民生等沉重的国内治理任务，与中国开展多种形式的金融合作对其极具吸引力。而且，开展能源金融合作也有利于创新和丰富合作形式，完善合作格局。此外，中亚各国中央政府和高层领导的认可和推动，也使中国企业在具体实施操作中更容易获得政策支持和相关资源。

2012 年 5 月，塔吉克斯坦财政部表示，塔吉克斯坦共使用中国贷款 8. 78 亿美元，中国对塔贷款主要用于塔国计民生必需的基础设施建设，其中包括塔乌公路、塔中公路、输变电站等项目。这些项目的顺利完工直接带动两国经贸关系的发展，形成双方互利共赢的良好发展局面。特别是“塔—乌公路”的建成极大地方便了塔南、北地区之间的联系，使路途所需时间由最初的 15 个小时缩短为 3 个半小时。“南—北”输变电线项目的建成完善了塔吉克斯坦国内电网系统，对其实施“能源独立”战略具有重要意义。5 月 19 日，中国国家开发银行与乌韩合资“天然气化学公司”签署了贷款协议，为乌兹别克斯坦“舒尔几里油气田”资源开发及深加工项目提供融资。该项目总投资 40. 31 亿美元，申请银行融资 26. 18 亿美元，其中开发银行贷款 2. 5 亿美元。[①] 中国

① 《国家开发银行向乌兹别克斯坦提供贷款用于油气开发，受到乌第一副总理赞誉》，http：//uz. mofcom. gov. cn/aarticle/jmxw/201205/20120508136950. html。

公司参与的乌高新技术工业园建设工作也在展开，金融技术合作积极推进，乌在中国国家开发银行和进出口银行项下的贷款总额已达 45 亿美元。12 月，乌第一副总理阿济莫夫在比什凯克出席上海合作组织总理会议时表示，中国有关银行已向乌提供超过 50 亿美元资金，其中 40 多亿美元具有优惠性质。① 12 月，哈萨克斯坦天然气运输公司称，中国开发银行将提供 18 亿美元用于修建别涅乌—希姆肯特天然气管线。借款人（运营商）为别涅乌—希姆肯特天然气管道有限责任公司（哈天然气运输公司和中石油持股合资公司）。哈国家油气公司与中石油实施的该天然气管道将通过曼格斯套、阿克纠宾斯克、克孜勒奥尔达和南哈州，全长 1475 公里，项目建成可保障哈南部地区使用西部天然气。②

六　平台搭建：会展成为促进合作开展的重要引擎

中国与中亚国家都重视通过会展来展示彼此的优势，为相关企业搭建交流平台，从而为开展合作创造条件。中国组织了一系列展会，大力推动中国企业与中亚国家开展合作。9 月 2～7 日，以“睦邻交流、增进了解、文化互动、合作发展”为主题的第二届中国—亚欧博览会在新疆乌鲁木齐举办，55 个国家参加。国务院总理温家宝出席了开幕式并发表了主旨演讲。展会集中签约投资合作项目 170 个，总金额达 2068.53 亿元人民币，比首届博览会增长 11.78%。签约项目涉及现代农业、食品加工、电力、能源、矿产开发、机电、纺织、旅游、化工、商贸物流等 14 个领域。民间投资成倍增长，是本届博览会的一大亮点。在签约项目中，民间资本签约项目 125 个，占签约项目总数的 73.53%，较首届增长 1.35 倍。③ 在展会举办前，中国有关部门专程赴中亚国家举办了推介会。4 月 27 日，第二届中国—亚欧博览会推介会在

① 《乌第一副总理表示中国有关银行向乌提供资金超过 50 亿美元》，http://uz.mofcom.gov.cn/aarticle/jmxw/201212/20121208472872.html。

② 《中国开发银行将为别涅乌－希姆肯特天然气管道建设项目提供 18 亿美元贷款》，http://kz.mofcom.gov.cn/article/jmxw/201212/20121208487374.shtml。

③ 《亚欧博览会集中签约两千亿元 增长 11.78%》，http://finance.sina.com.cn/china/20120904/031413035400.shtml。

比什凯克举行，吉前总统奥通巴耶娃、外交部官员、当地企业界代表和主流媒体记者，以及驻吉外交使团多名大使等约200人参加了活动，活动对第二届中国—亚欧博览会进行了详细推介。6月，新疆维吾尔自治区人民政府代表团访问了塔吉克斯坦，并成功举办第二届中国—亚欧博览会推介会。塔吉克斯坦工商界对第二届中国—亚欧博览会表现出浓厚兴趣，出席会议的有塔各工商界代表、相关政府部门代表等，纷纷表示将积极参加第二届中国—亚欧博览会。

中国主动走出去，在中亚国家举办了经贸合作论坛。5月24日，中国国际贸易促进委员会和乌兹别克斯坦工商会在塔什干共同举办了“中国—乌兹别克斯坦经贸合作论坛”，国家开发银行驻乌工作组、中石油工程建设公司、中石油国际事业有限公司、中国通用技术集团有限责任公司及中国技术进出口总公司等驻乌中资企业代表参加了论坛。论坛召开期间，四川省贸促会和新疆贸促会分别与塔什干市工商会和塔什干州工商会签订了合作协议，为中乌两国区域经贸关系的发展带来了新机遇。新疆、山西等地方政府也在中亚组织了商品展会。

结　论

中国与中亚各国的能源合作是双方经贸合作的重要组成部分，而双方经贸合作又是双方政治关系持续发展的重要基础，因而，能源合作在中国与中亚关系大局中占有极其重要的位置。中国与中亚各国的合作，不仅是为获得能源资源和经济利益，还是为获取外交运作空间和国际支持。更重要的是，营造稳定友善的西北边疆，获取有利于中国崛起的战略依托。在2012年，无论中国周边的地缘政治经济生态发生何种不利于中国的变化，中国都应该认识到，决定自己与中亚各国关系前景的主要因素在于自身对中亚的战略和政策运作。中国的千年历史告诉人们，与中亚地区的关系是衡量中国本身实力的重要指标，当中国进入繁荣昌盛期时，中国的势力就会越过帕米尔高原，深入到中亚地区，直达里海地区。丝绸之路作为联系东西方世界的贸易通道就会畅通无阻，中国与外部世界交往密切，并能够以自信的面貌和进取的精神来面对世界。当中国进入实力衰退期时，中国的势力就会迅速退回到新疆地区甚至是河西走廊等地，中西贸易通道就会流转不畅，中国在失去与外部互动时会变得日益僵化和保守，并用怀疑的态度和不安全的心理来对待外部世界。中国在中亚地区经营的历史也启示我们，政治影响的撒播必须建立在强大的经济实力和技术水平的基础上，和平、友好和互利的经贸往来是构筑彼此间成熟稳定关系的牢固基石。

Y.17
从阿塞拜疆加巴拉雷达站看俄美在外高加索的争夺

李勇慧*

摘　要：

2012 年 12 月，俄罗斯宣布关闭自苏联解体后就开始使用的位于阿塞拜疆加巴拉雷达站，自此，阿塞拜疆领土上不再有外国驻军，同时，俄罗斯在外高加索地区的军事基地就只存在于亚美尼亚。对于一向强调在独联体地区有“特殊利益”，况且对存在于独联体境内的苏联军事设施几乎享有独一无二的使用权的俄罗斯而言，放弃加巴拉雷达站的战略意图耐人寻味。此举不仅透射出俄阿关系走向，更使外高加索地区相对平静的局势再掀波澜，预示着外高地区地缘政治版图将发生变化，俄美将裹挟着外高三国在该地区掀起新一轮地缘战略争夺。

关键词：

俄罗斯　阿塞拜疆　加巴拉雷达站

一　俄罗斯放弃使用，加巴拉雷达站前途未卜

（一）加巴拉[①]雷达站

加巴拉雷达站位于阿塞拜疆北部，是苏联导弹防御体系的重要组成部

---

* 李勇慧，中国社会科学院俄罗斯东欧中亚研究所助理研究员。

① 加巴拉位于连绵起伏的高加索山谷中，夏季山坡上绿草茵茵，山谷中森林茂密；冬季白雪皑皑，一年四季景色优美。加巴拉雷达站带动建起加巴拉市，近 2 万人居住在此。城中有学校、医院、百货商店等生活配套设施，一应俱全。阿正计划在加巴拉发展旅游业，在此建设五星级宾馆、国际机场、高尔夫球场以及滑雪场等旅游娱乐设施。

分，于 1985 年投入使用，属于“达利亚尔”（Daryal）型雷达站。除了装备有功能强大的雷达预警系统外，能抗拒 7 级强震的袭击。它能对方圆 6000 公里范围内、来自地面和空中的包括中程导弹和洲际导弹的发射活动进行监测，其无线电波可覆盖整个中东地区，包括叙利亚、以色列、土耳其、伊朗、伊拉克、波斯湾地区、阿富汗，甚至印度部分地区及其海域。[①] 1991 年苏联解体后，雷达站归阿塞拜疆所有。但由于阿塞拜疆不具备使用该雷达站的能力，遂同意将其租借给俄罗斯军方使用。按照俄阿两国 2002 年签署的协议，俄罗斯以每年 700 万美元的价格租用雷达站，协议有效期至 2012 年 12 月 24 日。

俄罗斯国内关于放弃使用加巴拉雷达站分为两派意见。反对派认为，加巴拉雷达站对于俄罗斯在防御导弹进攻方面具有重要的战略安全意义。例如，2007 年，以美国为首的北约以监控伊朗导弹威胁为由，计划在波兰部署反导系统，在捷克建立雷达站。俄罗斯认为这是美主要针对俄罗斯部署的反导防御战略。在无力阻止的情况下，为了参与并制衡美反导防御系统，俄向美国提议共同使用加巴拉雷达站，希望将加巴拉雷达站纳入美反导系统，但美国当时并未同意。然而在 2012 年俄罗斯同阿塞拜疆进行续租谈判时，美国却向俄罗斯表示有意在加巴拉进行合作。反对派认为，此举表明加巴拉仍然是美同俄在外高进行博弈的载体之一。[②] 支持派认为，俄罗斯暂停租用阿塞拜疆加巴拉雷达站不会影响俄安全，因为本国导弹袭击预警系统能力由于“沃罗涅日”新型雷达站的使用大大增强。俄罗斯世界武器贸易分析中心主任伊戈尔·科罗特琴科认为，在阿尔马维尔（克拉斯诺达尔边疆区）部署的“沃罗涅日”新型雷达站已投入使用，其系统各项指标都超过加巴拉雷达站并将覆盖其监测地区。“沃罗涅日”雷达站是俄独一无二的研究成果，其他国家没有类似产品，包括美国。这个雷达站的战略技术性能不仅能发现包括小型目标在内的弹道目标，还能监控潜在敌人使用其他类型精确制导武器的情况。[③]

---

① http：//ria. ru/analytics/20121211/914287438. html.

② Не сошлись в цене，http：//vz. ru/politics/2012/5/24/580309. html.

③ Не сошлись в цене，http：//vz. ru/politics/2012/5/24/580309. html.

（二）俄阿双方在续租加巴拉雷达站谈判中立场相左

从2012年3月开始，俄罗斯就续租加巴拉雷达站同阿塞拜疆展开谈判，双方谈判的焦点是价格和租赁时间。阿塞拜疆在续租谈判中将租借费用从每年700万美元提高到了3亿美元，并希望俄罗斯签订短期协议。阿塞拜疆外交部新闻发言人埃利曼·阿卜杜拉耶夫（El'man Abudullaev）一直强调，这笔费用应用于补偿雷达站辐射给加巴拉区造成的环境损失和该地区无法用于旅游开发所造成的损失。同时，阿塞拜疆认为签订长期协议将违反本国的军事学说，不愿在本国的领土上长期存在一个外国的军事基地。① 俄罗斯则认为阿塞拜疆要价太高，希望维持现有条件，并签订到2025年的长期协议，还将对加巴拉雷达站进行现代化改造。按照俄罗斯的计划，加巴拉雷达站将被升级为新型的“沃罗涅日－DM”雷达站，相应的设备已经开始生产。俄罗斯国防部有关人士指出，“阿方在续租条件协商过程中的立场是非建设性的。”俄军方将领认为，“毫无理由地将租金提高数十倍（从700万美元到3亿美元），并且租期过短（三年），令人难以理解”，并且“按对方提出的租借价格几乎可在俄罗斯境内建造两个类似的新站”。②

此外，对俄租用加巴拉雷达站的使用目的阿国内众说纷纭，也是阿立场强硬，拒不降价的因素之一。主要有两种说法：一是认为俄利用该基地培训间谍，并在阿境内到处活动，危及阿国家安全；二是以色列情报机构摩萨德向阿通报俄利用该雷达站除了正常预警外，还监测阿塞拜疆与土耳其以及以色列的军事合作情况。③

（三）加巴拉雷达站命运的不确定性

俄罗斯放弃使用加巴拉雷达站，阿媒体对加巴拉雷达站未来的使用情况做

---

① РЛС в Габале и внешняя политика Заербайджана, http://rus.ruvr.ru/2012_12_12/RLS-v-Gabale-i-vneshnjaja-politika-Azerbajdzhana/.

② Как «Оборонсервис» РЛС в Габале сдал, http://wek.ru/versii/84174-kak-oboronservis-rls-v-gabale-sdal.html.

③ Кризис вокруг РЛС в Габале, или почему Ильхам Алиев непоехал на саммит СНГ?, http://azerros.ru/maintheme/8349-krizis-vokrug-rls-v-gabale-ili-pochemu-ilham-aliev-ne-poehal-na-sammit-sng.html.

出种种猜测。一是废铁说。加巴拉雷达站的价值关键在于支持雷达站运转的软件，俄罗斯撤走时，必定带走软件，专家担心到时雷达站将无使用价值，变成一堆废铁。二是美国说。如果美国一旦接手，加巴拉将加入美国及北约的反导防御网络，成为监测控制伊朗导弹的前沿阵地。三是以色列说。以色列有条件成为接手该雷达站的人选，但一旦以色列进入阿塞拜疆，伊朗会作出强烈反应，引发地区局势不稳定。①

二　几点初步看法

从阿塞拜疆不惜得罪俄罗斯提高加巴拉雷达站的租金，迫使俄罗斯放弃加巴拉雷达站，可以得出以下几点初步看法。

（一）阿塞拜疆亲西方、去俄化政策愈加明显

作为原苏联的一个加盟共和国，阿塞拜疆在独立之后走上了独立发展的道路。阿塞拜疆国家虽小，但具有非常重要的地缘政治地位，它是连接欧亚大陆的桥梁，身处地区各大国的环绕之下。布热津斯基将阿塞拜疆列为“地缘支轴国家”。因此，阿塞拜疆的战略选择关系到国家的兴衰。东欧剧变和苏联解体引发了欧亚格局的剧烈变动，导致了欧亚格局的重组。阿塞拜疆地位的独特性和重要性凸显，成为俄美争夺的主要对象。对于刚独立的阿塞拜疆来说是在夹缝中生存，独立后亲西方的一边倒政策让阿付出惨重代价，阿老总统盖达尔·阿利耶夫上台后重新调整对外政策，奉行对俄美平衡的外交政策，其对外政策的主要目标是与世界各国建立并发展平等互利的合作关系，最大程度和最有成效地利用这种合作关系，以巩固阿塞拜疆的国际地位，同时保障国内的稳定发展。

近几年，随着阿政治稳定，经济发展，阿外交上积极进取，着力提高其国际地位和国家形象，奉行务实的以融入欧洲为目标的多方位的外交政策，亲西

① Азербайджан в окружении ненадежных соседей, http://www.zerkalo.az/2012/azerbaydzhan-v-okruzhenii-nenadezhnyih-sosedey/.

方、去俄化政策越来越明显。促使阿外交政策发生变化的主要原因既有内部因素，也有外部条件的影响。

1. 内部因素

首先，政治、社会形势总体稳定。2012 年 4 月，阿修改“政党法”，扩大支部，党员人数增加，执政党“新阿党”执政地位更加牢固。反对党缺乏明确的政治纲领和领导人，加之，当局通过行政手段和司法制度控制住反对党，执政党的控局能力进一步加强。政府积极解决民生问题，执政基础稳固。其次，经济持续稳定发展。能源仍是其国民经济支柱产业，但同时政府积极推行经济发展多元化战略，努力改变过度依赖能源出口的经济结构。在 2012 年达沃斯经济论坛发布的国家竞争力排行榜中，阿名列第 46 位，独联体地区第一位。如今阿塞拜疆已经成为外高三国中的强国，其经济总量占到外高三国的 80%，人口不断增加，国力稳定增长。

2. 外部条件

首先，美国、欧盟将油气资源丰富的阿塞拜疆看做是摆脱对俄能源依赖的供应地之一。尤其在中东地区冲突威胁加剧，西亚北非局势动荡复杂的背景下，外高地区局势相对平静，其能源生产和外运的经济价值和国际地位也因此凸显，受到欧盟的高度重视。其次，阿也是美欧在外高地区拉拢和控制的重要国家。美欧在继续巩固格鲁吉亚颜色革命胜利果实的同时，通过对阿在人权民主上的打压和在能源等领域的合作，促使阿明确了融入欧洲的战略发展方向。2012 年 5 月，在一个与伊朗为邻的伊斯兰教国家成功举办充满时尚气息的欧洲歌曲大赛，以及加巴拉雷达站停用、俄罗斯军人从阿塞拜疆领土上撤出，这两件事足以表明阿希望在该地区树立标杆，扩大影响，迎合西方的口味，也说明西方在阿已拥有相当的影响力。

（二）俄阿关系进入阿独立以来最复杂阶段

1. 当前俄阿关系的主要表现

从苏联解体至 2011 年，阿塞拜疆与俄罗斯的关系经历了僵持、升温阶段。2012 年双边关系由热变冷。

首先，俄阿高层政治对话正在减少。2000 年普京上台后，俄阿关系进入一个调整转折期，梅德韦杰夫担任总统后，俄阿关系进入平稳友好的发展阶段。这个时期双方高层互访不断，各个领域的合作进一步加深。但从 2011 年开始至今，俄罗斯总统尚未访问过阿塞拜疆，甚至在普京复任后多次出访中亚，也未曾到访过阿塞拜疆。

其次，双方在国际问题上立场不一，主要分歧表现在对叙利亚问题上。2012 年初，阿塞拜疆取得的最大外交成果之一是当选为联合国非常任理事国。在阿看来，这是阿在国际舞台上影响力增强的表现，但同时也要担当更多的国际责任和义务，并且在重大的国际问题上应该作出自己的选择，而这种选择往往是非此即彼，即在美俄两方中选择。在联合国对叙利亚采取制裁的决议上阿塞拜疆投了赞成票①，此举令俄罗斯大为不满。

最后，经贸领域的合作差强人意。俄罗斯曾是阿塞拜疆最大的贸易伙伴，2011 年两国贸易额突破历史纪录达到 28.29 亿美元，比 2010 年增加了 47.4%。根据阿塞拜疆海关统计，2012 年 1～11 月阿俄贸易总额为 20.52 亿美元，与去年同期相比下降 21.5%，阿塞拜疆对俄罗斯出口 8.53 亿美元，比去年同期下降 23.5%，阿塞拜疆自俄罗斯进口 11.99 亿美元，比去年同期下降 20.6%。俄罗斯从阿最大贸易伙伴国降为第四大贸易伙伴国。

2. 影响俄阿关系发展的主要因素

俄罗斯放弃加巴拉雷达站透射出俄阿关系中深层次的矛盾——控制与反控制难以消除，反映出阿决心摆脱俄罗斯控制，减少对俄依赖，试图走一条渐亲西方的道路。俄罗斯从加巴拉雷达站撤出被看做是阿塞拜疆外交上的一次重大胜利。

首先，道不同，不相为谋。自独立以来，阿塞拜疆不断探索国家发展道路，认同西方的价值观，谋求加入西方大家庭逐渐成为阿追求的国家发展方向。阿塞拜疆在里海油气资源禀赋和区域经济中的独特地位，为其摆脱俄的依赖提供了前提条件。况且，经过独立 20 年的经济发展，得益于石油天然气开采和出口的收入，带动经济强劲增长，阿成为世界重要的油气输出国。阿在外高的地缘政治地位愈加重要，对俄产生的离心倾向愈加明显。阿认为俄罗斯提

① http://azadqarabag.azerall.info/index.php?newsid=1834.

出的欧亚联盟思想具有恢复帝国的野心，并对此非常警觉，对俄提出的一系列独联体一体化的建议也反应冷淡。

其次，纳卡问题上心怀怨恨。当前阿对外政策的首要任务是解决阿塞拜疆与亚美尼亚间的纳卡冲突问题，这也是国家的首要任务[①]。阿亚战争结束后，解决纳卡问题成为阿外交的中心任务。为解决此问题，阿尽可能创造有利的国际环境，但是，国际组织对纳卡问题的解决都流于形式。纳卡问题久拖不决，阿认为主要症结是俄罗斯的不作为。从纳卡问题的产生，以及俄亚关系的特殊性看，俄罗斯是解决纳卡问题的一把钥匙，但是，俄的战略考虑是主要利用纳卡问题牵制阿塞拜疆，如果纳卡问题一旦解决，俄就失去对阿的主要控制手段。因此，维持纳卡问题现状对俄有利，阿自然产生对俄的不满和怨恨。

最后，能源问题上南辕北辙。阿塞拜疆为了保障能源安全，摆脱俄罗斯对能源供应的控制，坚定奉行能源绕过俄罗斯出口欧洲及成为能源外运大国的战略。阿成为欧洲摆脱俄罗斯能源依赖的主要合作伙伴。在美西方积极参与和支持下，阿独立后先后建成了绕过俄罗斯的两条油气管线，即巴库—第比利斯—杰伊汉输油管道，以及南高加索输气管道（巴库—第比利斯—艾尔祖姆鲁）。开发蕴藏储量巨大的沙赫杰尼兹气田二期计划使阿更有信心继续实施天然气出口欧洲的战略部署。2012 年，阿总统阿利耶夫批准了阿塞拜疆与土耳其共同建设跨安纳托利亚天然气管道（TANAP）的协议。[②] 该管道所具有的意义如同当年修建巴库—第比利斯—杰伊汉油管的意义，为阿将来与欧洲油气战略合作奠定了基础。TANAP 气源为沙赫杰尼兹气田二期，阿塞拜疆天然气将于 2017 年通过 TANAP 首次进入欧洲市场，预计最初年产量 100 亿立方米，到 2025 年翻一番。与此同时，阿仍以沙赫杰尼兹气田为气源，先后要建设通往欧洲的另外两条管道：一条是跨亚得里亚海天然气管道，将天然气从里海地区运输到西欧的意大利；另一条是纳布科西管道，将天然气运送到中欧。阿上述战略与俄罗斯在欧洲的能源战略背道而驰。尤其是 TANAP 天然气管道被认为与俄罗斯的“南流”管道形成竞争态势。此外，阿为充当连接中亚、里海油气的过境

① Речь Ильхама Алиева на четвертом совещании руководителей органов дипломатической службы，http：//ru. president. az/articles/6304.

② TANAP булет построен，http：//www. zerkalo. az/2012/tanap - budet - postroen/.

国做充分准备，因为，阿除了自身油气储量丰富外，周边土库曼斯坦、哈萨克斯坦、乌兹别克斯坦等国都拥有储量巨大的天然气，并期待通过跨里海天然气管道外运到欧洲，但是由于涉及里海划界问题，跨里海天然气管道项目遭到俄罗斯的强烈反对。

3. 未来俄阿关系随着阿的崛起充满不确定性，但只会斗而不破

相对于格鲁吉亚和亚美尼亚来说，阿塞拜疆的战略地位在俄罗斯的外高战略中更加突出，可以说阿是“俄美在南高加索地区争夺最为激烈的国家”，也是“俄罗斯在南高加索地区控制手段最少的国家”。[①] 其一，阿塞拜疆作为外高加索三国中疆域最大、资源丰富的里海国家之一，经济可以自立，对俄罗斯依赖程度相对较低；其二，阿塞拜疆地缘战略位置重要，是里海能源向西方输出的最佳通道，是减少中亚国家对俄罗斯依赖的一个重要矢量；其三，阿塞拜疆属于伊斯兰国家，与俄罗斯北高加索地区的穆斯林居民区相邻，“从冷战惯性影响和新地缘政治竞争的角度看，北高加索是俄罗斯最不走运的地区”。[②] 影响俄北高加索局势稳定的因素十分复杂，其民族问题的解决部分程度上与南高加索地区尤其是与阿塞拜疆息息相关。因此目前阿塞拜疆是俄罗斯在外高加索仍需要极力争取的国家。而阿塞拜疆在俄罗斯的侨民问题、贸易关系等多个方面也反映了阿塞拜疆与俄罗斯的传统联系难以割舍，围绕加巴拉雷达站近一年的谈判是俄阿关系一波三折、斗而不破的写照。

（三）俄美在外高地区为各自利益将展开长期战略角逐

2012 年俄美在外高地区角力依然激烈，有关各方的斗争和角逐在可预见的未来难见消停。俄罗斯停止使用加巴拉雷达站并不意味着俄在同美国的战略角逐中处于劣势，而是传递出俄美在阿塞拜疆及外高地区将会为维护各自政治、经济、安全利益进行新一轮激烈争夺的信号。俄罗斯必定要调整对阿政策及外高战略，格鲁吉亚、亚美尼亚和阿塞拜疆也在为自己国家利益的最大化进行选择和定位，美国将采取软硬兼施两手，对外高三国拉拢施压并举，加大对

---

① 郑羽、蒋明君主编《普京八年：俄罗斯复兴之路（2000～2008）》（外交卷），经济管理出版社，2008，第 186 页。

② 〔俄〕B. A. 季什科夫：《民族政治学论集》，高永久等译，民族出版社，2008，第 129 页。

外高地区的战略投入，但是双方不会轻易打破现有的脆弱平衡。

1. 随着外高三国地缘政治渐亲西方的变化，俄美在外高将呈现新一轮较量

外高三国经济处于复苏期，政治、外交上都不同程度追求融入欧洲。阿塞拜疆政局稳定，总统阿利耶夫执政地位稳固，亲西方、去俄化政策明显。2012年10月格鲁吉亚议会选举后，政局整体平稳，新政府将继续推行民主改革，政体将变为更加符合西方民主价值观的议会制。亚美尼亚5月议会选举后，执政联盟分裂，投射出亚主要政治力量在内政外交政策上出现分歧。亚向俄一边倒局面出现裂痕。2013年外高三国均将举行总统大选，围绕大选三国国内各派政治力量已开始角力，如无太大变数，阿总统选举会相对平静，亚、格总统选举各派争斗会相对激烈。各大国亦将利用三国大选来增强在本地区的影响力，展开新一轮地缘政治较量。

2. 油气资源丰富凸显外高地区的战略价值，大国竞相争夺

美国和欧盟试图通过能源合作等经济手段联合中亚、里海沿岸国家摆脱俄罗斯对该地区能源的控制，推出南部天然气走廊计划，阿塞拜疆和土库曼斯坦是该计划的主要气源国。欧盟声称，里海法律地位尚未解决时，该地区任何开采都是允许的。欧盟先后与阿塞拜疆和土库曼斯坦达成修建里海天然气管道的协议。美国和欧盟欲以该管道为契机，从点到面，一揽子解决里海问题。俄对美欧插手里海问题，争夺该地区能源的做法反应激烈，表示将不惜武力捍卫在里海的利益。

3. 北约和集安条约组织在外高地区显示军事存在，争夺外高三国

随着伊核问题不断升温，阿富汗后撤军时代的临近，外高的军事、交通战略价值不断上升，成为各方战略争夺目标。2012年9月北约秘书长拉斯姆森访问外高三国，表示北约将强化在外高的军事存在，加强同三国的准同盟合作。拉斯姆森高度评价阿亚格三国在阿富汗战争中给予北约的帮助。北约拟重启对外高三国的扩张进程，执行单独伙伴行动计划，开展实质性合作。俄着力增强集体安全条约组织在外高的军事安全作用。亚美尼亚是以俄罗斯为主导的集体安全条约组织的重要成员国，每年定期举行联合军事演习。9月在亚美尼亚举行“协作－2012”集安条约组织联合军演。俄采取软硬兼施的手段一直诱拉阿塞拜疆加入该组织。7月，俄将推动纳卡问题的解决写入集体安全条约组织声明中，一方面，强化了俄在解决纳卡问题上的地位和作用；另一方面，意在争取阿塞拜疆加入该组织。

4. 俄美大国插手，外高地区热点、难点问题升温

首先，纳卡问题久拖不决，导致地区局势日趋紧张。2012 年在阿亚停火线上屡发违反停火协议事件，双方擦枪走火时有发生，并造成多人死亡。8 月底，阿引渡杀害亚美尼亚军官的萨法罗夫回国，获特赦，并授予其国家英雄称号，引起亚强烈反应；10 月亚宣布在争议领土上开设机场，引发阿强烈抗议。这两个事件导致两国关系进一步恶化，地区局势趋于紧张，阿亚双方发生小规模冲突的可能性上升。纳卡问题一定程度上成为美法俄用来把控阿、亚及外高地区的筹码。纳卡问题久拖不决的原因，一是冲突双方严重对立，立场迥异。二是大国干涉，各有所图。

其次，里海法律地位问题引发地区军备竞赛。由于里海法律地位及划分问题一直悬而未决，双方在谈判桌上始终难以达成一致，里海成为本地区争夺的又一热点。2012 年里海周边国家军事活动频繁，里海问题的胶着状态逐渐演变为军备竞赛，大有用武力解决的态势。美国和西方高调介入里海问题，对沿岸国进行军事援助。俄罗斯、阿塞拜疆、土库曼斯坦、哈萨克斯坦海军不仅竞相更新、增加装备，而且，保卫海岸的演习此起彼伏。其中，中立国家土库曼斯坦也进行了史上第一次代号为“哈扎尔－2012”的军事演习，模拟解救被侵占船只和消灭占领里海石油设施的敌军。

5. 俄美在外高战略角逐是结构性矛盾，难以调和，博弈局面将长期存在

俄美是当今外高地区最重要的竞争对手。对美来说，外高地区不仅是重要的能源产区，而且还是一个主要的地缘政治目标，是美帮助欧盟摆脱对俄能源依赖的支点及欧亚大陆立足的重点；美国和西方控制外高将对俄南部安全构成巨大挑战。美在该地区的战略目标是加强在该地区的影响力，填补力量真空，对俄采取遏制立场，千方百计蚕食俄在本地区传统势力范围，挤压俄的战略空间，削弱俄对传统势力范围的控制和影响。因此，安全、能源和西方民主是美西方在该地区三大战略目标。谋求复兴的俄罗斯在外高主要有两个目标：一是维护俄南部边界安全；二是坚持守住并重新整合原苏联地区的地缘战略空间。随着俄罗斯经济逐渐复苏、国力有所强大，当美国和西方对后苏联空间的进一步渗透和“侵蚀”已经危及俄罗斯的国家核心利益的时候，俄罗斯对来自西方的攻势逐渐加强了反制。2008 年 8 月发生在外高加索的俄格战争就是这种反制的一个逻辑结果。俄格冲突意味着俄罗斯加强了对这一地区的争取，但并没有获得彻底的战略主导权，美国和北约仍然利用各种手段对这一薄弱地区进行渗透。2012 年俄通过举行“高加索 - 2012 年”大规模军演，不仅宣示了俄坚决捍卫俄南部安全利益的决心，而且还是对周边邻国的威慑，表明了俄维护其在外高地区权威和传统影响的决心，并警告企图通过美来遏制俄的目的是不能得逞的。美在巩固控制格鲁吉亚这一重要前沿阵地的同时，加大对阿、亚的拉拢和施压，增强两国对美的期望和倚重，并设法争夺纳卡问题主导权，以逐步削弱俄在外高的影响力。阿迫于美国和北约的压力，通过高价租金迫使俄罗斯放弃加巴拉雷达站便是佐证。①

在俄美外高地区角力中，俄仍占据一定优势。一是俄与三国保持千丝万缕的传统联系；二是俄在纳卡问题上具有独一无二的作用。纳卡问题是俄控制和主导外高局势的重要抓手和筹码。当前，俄正在全力实施复兴国家计划，打造欧亚联盟。而美的战略重点是实施在亚太地区的再平衡，处理阿富汗问题、伊朗、叙利亚问题，加大对中亚的渗透，以及确保欧洲能源多样化战略的实施。因此，俄美都将心照不宣、小心翼翼维持该地区的力量平衡和脆弱的稳定。

① Азербайджан：Как закрытие Габалинской РЛС скажется на российско-азербайджанских отношениях?，http：//russian. eurasianet. org/node/59773.

Y.18

大国在中亚的合作与竞争

——兼论中国加快推进向西开放战略的紧迫性

甄志宏　马莹*

摘　要：

在对中亚地区外部发展环境的新变化和内部发展态势的新动向进行分析的基础上，本文从战略对冲的新视角对中国加快向西开放进程中如何处理与其他大国关系展开了讨论。在此视角下，中国加快推进向西开放战略，通过加快贯通亚欧的交通基础设施和能源管道的建设，推动亚欧大陆经济整合，显然不但能够对冲美国重返亚太战略给中国外交带来的压力，同时也有利于巩固与俄罗斯和中亚国家的友好关系，在该地区合作与竞争中处于主动地位，从而构建有利于地区国家发展的亚欧大陆新秩序。

关键词：

中国　俄罗斯　大国　中亚　合作　对冲

一　中国和俄罗斯在中亚是合作关系

中亚是中国西部重要周边地区，是中国向西开放的门户和战略通道。苏联解体以后，中亚以其独特的地理位置吸引了世界各大国的关注。苏联解体以后的最初阶段，俄罗斯自顾不暇，对中亚地区并不重视，当时俄罗斯把外交工作的重点放在改善与西方国家关系方面。普京担任俄罗斯总统后，俄对外政策作出重大调整，以中亚国家、乌克兰、白俄罗斯为主的独联体地区成为俄外交的

---

* 甄志宏，上海大学社会学院副教授，上海大学国际政治经济研究中心主任；马莹，上海大学社会学院博士研究生。

优先方向。与此同时，美国、欧盟国家、日本、韩国、土耳其、印度等都纷纷把目标投向中亚，在中亚形成了既合作又竞争的格局。中国向西开放必然要进入中亚地区，因而必然要与包括俄罗斯在内的一些大国的战略利益发生关系，本文将通过对中亚地区相关外部环境和内部发展态势的分析，对中国向西开放过程中如何从新的视角处理中国与包括俄罗斯在内各大国之间的关系以及中国加快实施向西开放战略的紧迫性展开讨论。

回顾中俄两国关系的发展历程可以发现，中俄关系具有鲜明的两面性——既关系极为密切又存在对冲。从关系密切的角度看，政治上，自 2001 年两国签署《中俄睦邻友好合作条约》至 2012 年两国元首共同签署《关于进一步深化平等信任的中俄全面战略协作伙伴关系的联合声明》，中俄关系处于前所未有的高水平，已进入互为重要发展机遇，互为主要优先合作伙伴关系的新阶段；经济上，双方全面深化各领域务实合作，努力在 2015 年前将双边贸易额提高到 1000 亿美元，2020 年前提高到 2000 亿美元，将是 2005 年双边贸易额的 10 倍；军事上，以上海合作组织为框架的地区军事安全合作不断深化；外交上，中俄两国在关于叙利亚及伊朗问题上表现出了高度的战略一致性。

但是，与此同时，我们也应该看到，中俄两国之间除了关系密切之外还存在竞争，在这里我们使用了一个较为缓和的概念“对冲”来形容这种竞争。所谓“对冲”并非传统意义上的对抗，对冲概念最初来源于金融领域，意指通过不同的金融产品组合以降低金融投资过程中的风险。本文这里的对冲概念是指一个国家通过多元化的政治战略组合手段，降低本国在国际外交过程中的政治风险。

中俄关系的这一面在中俄关于上海合作组织的功能定位和中俄能源合作上表现得尤为突出。通过上海合作组织加强中国与中亚地区的经贸合作，一直以来是中方的重要战略目标；而俄罗斯对此显然有着不同想法，如表 1 所示，俄罗斯一直通过在中亚周边地区组建次区域经济合作组织来对冲其他国家在中亚地区加强经济关系的努力。俄罗斯主导的欧亚经济共同体、俄白哈关税联盟等一系列次区域经济合作组织相继成立，经贸，尤其是关税壁垒的排他作用不断强化，俄罗斯以此弱化了其他国家与中亚国家经济一体化目标，中国以及上海合作组织框架下的经济合作自然也会在不同程度上受到影响。

俄罗斯对于其他国家的这种战略对冲手段还频繁地运用在能源合作领域。

以中国与俄罗斯远东能源管线的建设为例。最初俄罗斯的远东能源管道为安大线，从俄罗斯的安加尔斯克修至中国大庆。后来，俄罗斯为了避免形成对于中国市场的依赖，更是为了在中俄能源谈判中获取优势地位，频繁修改计划，最终将原有安大线改变为泰纳线，即从俄罗斯的泰舍特至俄罗斯远东港口纳霍德卡，通过运用此种对冲战略来争得中俄能源谈判的主导权。

以上的分析表明，对于中俄关系我们需要有不同于传统视角的新的认识和评价。我们认为：在世界格局深刻变化的当前，大国之间的关系并非像冷战时期不是同盟就是对抗的二元关系。当前中国与俄罗斯建立的全面战略伙伴关系也并非是简单的同盟关系，而是一种多元化的均衡关系，运用战略对冲是实现均衡的重要手段。因此，就中俄关系而言，在一定程度上运用战略对冲手段增加筹码，从而保障自己的核心利益应该是新的结构性条件下处理大国关系的新视角。在此视角下，中国加快推进向西开放战略，加强与中亚国家和其他大国的合作，有利于促进中国西部地区以及中亚地区的稳定和发展，也有利于对冲中国在对外关系其他方向上遇到的一些风险和阻力，从而加大与其他大国合作的筹码，维护自己的正当权益。

从处理中俄关系的传统视角来看，中国和俄罗斯在中亚地区既有共同利益，也有相矛盾的地方，既有合作也会有竞争。一些西方国家学者甚至少数俄罗斯学者常常夸大中俄在中亚地区利益的冲突，把大国在中亚的合作与竞争看作是一场“零和”游戏。这种判断是不准确的。我们认为，中俄在中亚地区共同利益要多于分歧，合作要大于竞争。由于俄罗斯与中亚国家有着传统的关系，因此中国加强与中亚国家的经济联系，将会在一定程度上影响俄罗斯在中亚地区原有的战略格局。但中国可以通过综合措施和手段来调整中国—中亚—俄罗斯三者之间的关系，使三方能够实现合作共赢。从对冲战略这一新视角来看，中国加强与中亚地区的合作不但不会削弱中俄战略协作伙伴关系，反而会加速中国与俄罗斯的合作进程。中国向西开放会帮助俄罗斯稳固其在欧亚大陆的固有地位，同时，中国和俄罗斯贸易关系的互补性使得有着更加坚实经贸基础的中俄关系并不像传统视角所认为的那么脆弱。

二　美国与俄罗斯在中亚战略利益并不一致

近十年来，俄罗斯一直在推动建立以其为主导的独联体一体化机制，其路径是先从经济一体化入手，逐步过渡到政治一体化。如表 1 所示，自苏联解体以来，俄罗斯一体化手段已经由原来组建独联体联盟改变为通过次区域经济合作手段来实现欧亚大陆的整合。

表 1　俄罗斯欧亚共同体战略转变历程

	1991 ~ 1993 年	1993 ~ 1995 年	1995 ~ 2000 年	2000 年至今
欧亚战略	重独轻联	抑独促联	整独局联	局联发展
战略目标	巩固各国独立政权	重振独联体整合功能	以次区域整合形式	推进欧亚一体化

俄罗斯这一以打造欧亚共同体为目标的战略必然与欧盟和美国在该地区的战略利益和目标形成冲突。

表 2　俄、美、欧欧亚大陆战略实施路径和手段

	交通基础设施	能源管道	自由贸易区
俄罗斯	1520 宽轨计划，打造统一运输空间	开辟新通道：南溪、北溪、泰纳	欧亚经济同盟
欧　盟	里海—高加索交通走廊（TRACECA 计划）联通欧洲和中亚	纳布科石油管道	欧盟东扩
美　国	以阿富汗为交通枢纽的印巴铁路网，联通欧洲、中亚和南亚的运输走廊	巴库—第比利斯—杰伊汗管道（联通里海、海湾）	阿—印—巴自贸区

如表 2 所示，围绕中亚地区，俄、美、欧三大势力都提出了由各自主导的欧亚整合战略——俄罗斯的“欧亚共同体”战略，旨在复兴独联体，形成以俄罗斯为主导，中亚各国共同参与的“超国家”经济共同体。俄罗斯在欧亚大陆主导的“欧亚共同体”战略是独联体框架内，以经济、贸易、能源、交通合作为一体的一体化组织。俄罗斯凭借苏联时代对欧亚大陆的整合优势，试图在新世纪通过经济整合功能重建欧亚大陆的主导权。普京在就任总统后签署的《关于俄罗斯联邦对外方针的实施措施》中再次强调发展独联体空间的多边合作与一体化进程的重要性，俄罗斯将在 2015 年前建立起以俄白哈关税同盟和统一经济空间为基础的欧亚经济联盟。

欧盟的“东方伙伴关系”计划，其实质是“欧盟东扩”，加强欧盟与东部邻国的合作关系。“东方伙伴关系”开始于2003年“更大欧洲”概念的提出。“东方伙伴关系”被认为是欧盟的一种“柔性”扩张手段，旨在分化和瓦解俄罗斯主导的欧亚一体化战略，通过该计划试图使独联体11个国家中的5个东方伙伴关系参与国脱离俄罗斯主导的欧亚一体化同盟。该计划的最终目标是使其他独联体国家在经济、政治、贸易、军事和安全等方面远离俄罗斯，将这些国家整合至欧洲大西洋结构中。

美国提出的“新丝绸之路”计划，旨在降低美国从阿富汗撤军所带来的影响，维持和巩固其在该地区的利益。“新丝绸之路”计划旨在保持美国在阿富汗领导地位的同时，削弱俄罗斯在苏联时代所打造的基础设施对中亚各国经济、政治、文化的影响，通过对交通、能源管道等基础设施的重新打造，促进中亚国家能源资源和运输线路的多元化，南亚国家的经济一体化进程。“新丝绸之路”是一个覆盖欧亚空间的跨地区性质的贸易网络，美国在欧亚大陆打造这一网络有助于确认美国在欧亚地区的经济存在，巩固阿富汗战争成果，实现美国最广泛的战略目标。

显然，美国和欧盟的新计划尽管名称不同，但是对俄罗斯的战略围剿态势并没有改变，都希望通过“超国家”组织的形式改变俄罗斯在欧亚大陆的核心地位，可以看作是“北约东扩”的新变体。因此，俄罗斯试图主导的欧亚共同体战略面临着来自其西部和南部欧美联盟的巨大压力，形成欧美联合压制俄罗斯的局势。

无论是俄罗斯主导的欧亚一体化战略，欧盟主导的“东方伙伴关系”还是美国主导的“新丝绸之路”计划，打造能源通道和加强交通基础设施的互联互通都是俄、美、欧三大势力推进各自战略构想的重要手段。纵观当前的欧亚大陆，无论是能源方面还是交通运输方面，都呈现出欧美联合遏制俄罗斯的态势。

就能源通道建设而言，围绕里海地区这一新的能源库，欧盟看重土耳其连通伊朗、伊拉克和里海的优势地理位置，试图过境土耳其打造纳布科石油天然气管道，开辟直通里海的新的能源通道，摆脱对于俄罗斯能源供给的依赖；美国则试图通过修建巴库—第比利斯—杰伊汗管道实现里海和海湾两大油气库的嫁接，与此同时美国注重对阿富汗和印巴地区的整合，打通伊朗、中亚能源运输通道，从而达到其继续凭借控制能源供给和运输通道维持全球霸主地位的战略目标。与此针锋相对，俄罗斯也在竭力开辟南溪和北溪两条新的能源通道，其中北溪通道途经波罗的海抵达德国，南溪通道穿越黑海联通保加利亚、土耳其。俄罗斯开辟北溪和南溪两大能源通道，一方面为了摆脱输欧能源必经乌克兰从而受制于乌克兰的局面，同时也可以对冲欧盟纳布科新管线建成后导致对俄罗斯能源依赖降低所产生的风险。显然，对于完全依靠能源出口维系经济增长的俄罗斯来说，欧盟和美国的新能源通道计划对其欧亚战略构成了巨大威胁。

再看交通基础设施建设，同样体现出欧美联合压制俄罗斯的战略态势。俄罗斯试图在欧亚地区依托其原有1520宽轨计划建立交通的天然屏障打造欧亚统一运输空间。俄罗斯主导的欧亚经济共同体在欧亚开发银行的资助下，制订了成员国交通一揽子计划。该计划预计在2020年前完成7条公路和7条铁路线路的建设，实现欧亚大陆东西方向和南北方向的贯通，打造欧亚国际物流中心。

欧盟则随着“东方伙伴关系”计划战略的提出，试图打造贯穿里海，联通欧洲与中亚的交通走廊（TRACECA计划）。TRACECA是欧洲—高加索—亚洲运输走廊的简称，该计划致力于打造一条从西欧经黑海、南高加索、里海、中亚直达中国的铁路运输走廊。欧洲“东方伙伴关系”计划所打造的TRACECA交通走廊的优势在于是一条无须穿越俄罗斯而直接连通欧洲与亚洲主要国家的运输通道，降低了欧洲在欧亚大陆地区对俄罗斯的依赖，该条运输通道与途经俄罗斯的第一欧亚大陆桥和第二欧亚大陆桥形成对冲格局。

而美国的“新丝绸之路”计划则是希望通过打造印巴铁路网形成以阿富汗为交通枢纽，联通欧洲、中亚和南亚的运输走廊。

综上所述，可以说，从外部环境的发展态势来看，俄罗斯无论是在欧亚一体化的总体战略构想方面，还是在能源出口以及交通基础设施的推进建设方面，都受到来自欧盟和美国的双重挤压。在这样一种国际环境下，与中国合作将成为俄罗斯当前国际局势下的必然选择。近两年来中俄关系取得空前成果也与欧美在欧亚地区对俄罗斯形成包围压制有着密切的关系。欧美与俄罗斯在欧亚大陆腹地形成的2∶1战略态势加快了中俄友好伙伴关系确立的步伐。

三　中俄关系并不脆弱

在非妥协即对抗的传统视角看来，中俄关系受各自战略利益不同的制约较大，有时或某一阶段短时间内甚至可能是脆弱的。这也是一些人不太看好中俄长远关系的重要原因。然而，我们认为，事实上中俄关系并不脆弱，这种不脆弱性尤其表现在中俄经济贸易互补性上。如图1所示，中国93.6%的出口为制成品，而俄罗斯76.5%的进口为制成品，双方进出口贸易的这一特点鲜明地表现出两国经济存在高度的互补性。

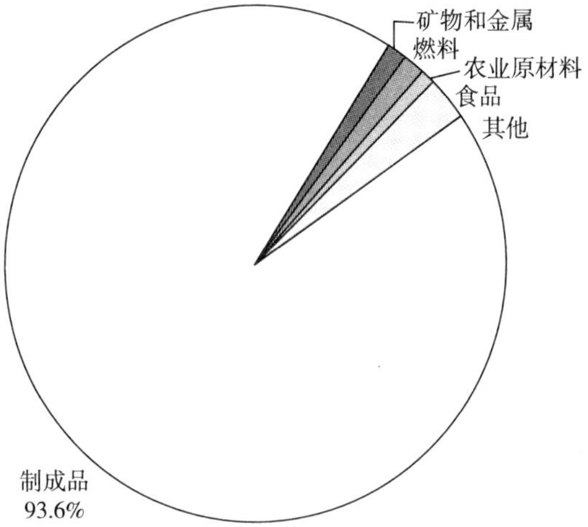

中国出口货物构成

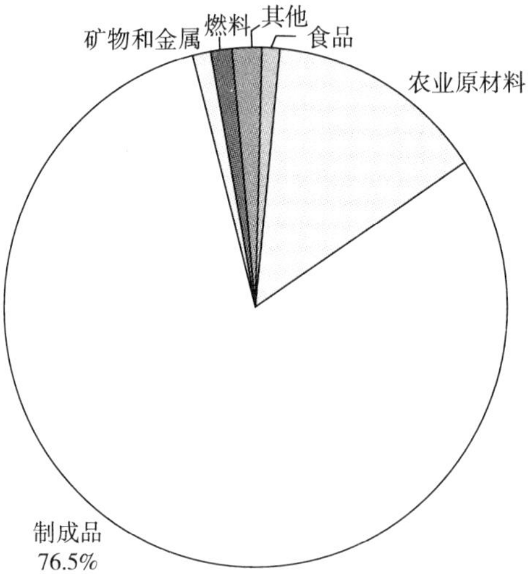

俄罗斯进口货物构成

图1　中俄经济互补性

尤其值得指出的是，在双边贸易方面，如图2所示，俄罗斯对华贸易的依存度远远高于中国对于中俄贸易的依存度。中俄贸易总额仅占中国对外贸易额的2.3%，而占俄罗斯对外贸易额的16%，这就意味着俄罗斯经济对中俄贸易的依赖度远远超过中国经济对中俄贸易的依赖度。

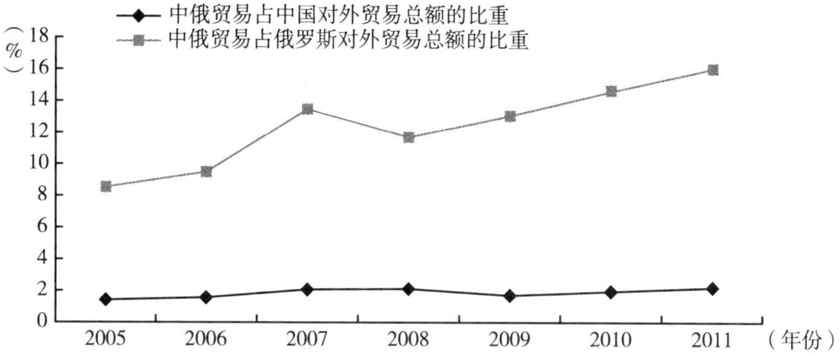

图2　俄罗斯对华贸易依赖度

能源作为俄罗斯出口的主要产品，如图3所示，现今其81%的出口市场集中在欧洲，但是随着欧债危机的加剧，欧洲经济不断下滑，能源需求市场也随之出现萎缩，并且这一趋势在未来数年中不仅不会减弱，只会进一步增强。

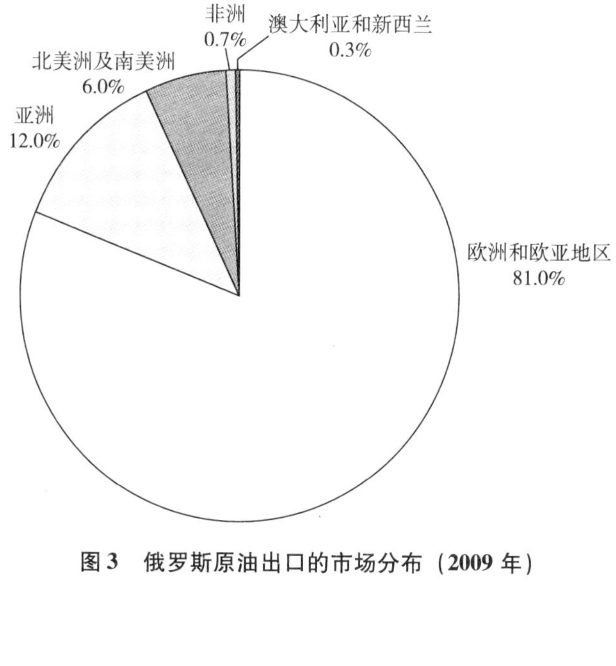

图3　俄罗斯原油出口的市场分布（2009年）

另外，欧盟正在竭力开辟的纳布科能源通道，将帮助欧盟直接从里海地区获得新的能源供应渠道，从而在一定程度上摆脱对俄罗斯的能源依赖。因此，未来欧洲对于俄罗斯的能源依赖将呈下降趋势。而能源出口被公认为近年来俄罗斯经济恢复高速增长的主要动力之一，面对主要能源市场的需求持续萎缩，俄罗斯为了自身的发展，亟须开辟新的需求市场，尤其是东亚市场。

随着中国经济的快速发展，中国对能源的需求不断提升（见图4），预计到2020年中国每日对石油的净进口量将达到1000万桶，预测到2015年中国原油对外依存度将达65%。面对中国未来巨大的能源市场，俄罗斯的能源出口市场将逐渐由欧洲转向中国。中国将成为未来俄罗斯主要开发的能源市场，换句话说，俄罗斯未来经济增长将在很大程度上依赖于中国巨大而稳定的能源需求。

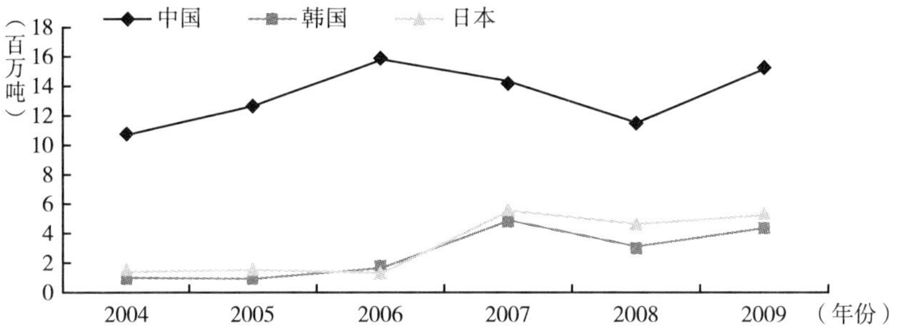

图4　俄罗斯向东亚国家原油出口情况

此外，投资方面，现今中国已经成为俄罗斯的第五大投资来源国。俄罗斯的主要投资来源国原本集中在欧洲，但是随着金融危机的不断加剧和欧债危机的愈演愈烈，欧洲各国经济相继出现不同程度的萎缩，对俄罗斯的投资正在不断减弱。与此形成鲜明对比的是，来自中国的投资正大幅度增长，未来俄罗斯对中国的投资依赖将不断加深。

显然，在继续与以美国为首的北约保持抗衡的基调下，正如普京所言，亚太地区是俄罗斯未来的关键所在，而加强与中国的合作是俄罗斯的不二选择。换句话说，除了与中国合作，俄罗斯在欧亚地区与美欧形成合作的战略选择空间并不大。在国际合作方面，通过运用战略对冲增加谈判筹码，争取自身利益最大化是俄罗斯以及西方国家常用手段，认清这一事实，我方也应该采用西进亚欧大陆战略对冲欧盟东进战略、美国中亚南亚一体化战略和俄罗斯东进亚太战略在推进过程中给中国带来的不利因素，根据过往经验，此举非但不会激化矛盾，相反能够加速推进中俄在欧亚地区合作的进程。

四　大国的欧亚战略及其转变

需要指出的是，我们这里强调的对冲并不是对抗，而是侧重其地缘经济学的意义，即通过加快向西开放进程，推动亚欧大陆经济整合，从而构建有利于中国的亚欧大陆新秩序。尤其是在俄、美、欧三大传统势力针对中亚这一亚欧大陆腹地都提出了明确的战略规划的条件下，中国制定相应的战略以争取主动更显紧迫和必要。

回顾俄、美、欧在欧亚地区推行的战略计划，无论是俄罗斯的“欧亚经济联盟”，欧盟的“东方伙伴关系”还是美国的“新丝绸之路”，其战略实施的重点都在于试图通过加快能源、交通基础设施的互联互通来推进地区经济一体化，本质上都是一种新的亚欧大陆的经济整合计划。用经济合作代替军事对抗，反映出俄、美、欧三大势力对于中亚这一亚欧大陆战略要地争夺的策略和方式正在发生重大转变，即从原有的军事利用和对抗转向经济合作共赢。

如表 3 所示，无论是俄罗斯还是欧盟或美国，在欧亚大陆的整合战略都由最初的军事对抗目标转向现今的经济合作目标。通过突出经济合作、加快交通基础设施和能源通道的建设，打造各自主导的亚欧大陆自由贸易区以吸引中亚地区各国加入已经成为三大势力介入进而主导该地区的新手段。

表 3　俄、欧、美争夺亚欧大陆腹地的战略转变

	军事对抗	经济合作
俄罗斯	集体安全条约	欧亚经济同盟
欧　盟	北约东扩	东方伙伴关系
美　国	阿富汗战争	新丝绸之路

俄、美、欧三大势力之所以转变发展战略，非常重要的原因是这样一种合作共赢的战略顺应和契合了中亚各国自苏联解体以来由求独立转向求发展的重大变化。如图 5 所示，中亚五国在建国初期，致力于寻求苏联解体后的主权独立和领土完整，求独立生存的压力远大于求发展。随着十年的休养生息，尤其是能源和资源输出国搭上了经济全球化的快车，经济保持持续高速增长，求发展已经成为中亚各国政府和民众的共识，GDP 增长、增加就业、提高收入成为各国追求的共同目标。

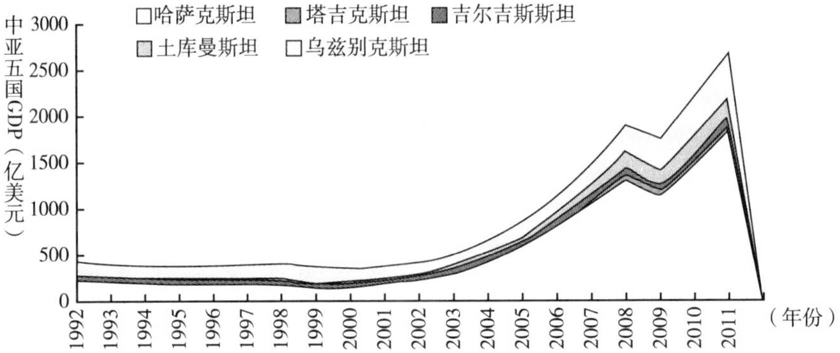

图 5　中亚五国建国以来的经济发展态势

正是在此背景下，三大势力各自提出了经济分享计划，借以拉拢中亚各国融入有利于自身的发展战略当中。能源输出是中亚五国实现经济发展的重要手段，欧盟和美国纷纷以此为出发点，吸纳中亚五国加入由它们所主导的经济合作机制，通过与中亚五国实现互联互通，为五国打造交通基础设施和能源运输通道，保障中亚五国能源输出的顺畅，巩固欧盟和美国在欧亚大陆所主导的整合战略，对冲俄罗斯在欧亚地区的固有影响力。

事实上，与俄、美、欧比较起来，中国更有优势通过与中亚各国建立更加紧密的经贸关系寻求互利共赢。中亚五国的经济结构和对外贸易呈现共同特点：结构较为单一，以能源、原材料出口为主，制造业和加工业相对落后。与此相对，中国的制造业发达，出口以制成品为主，与中亚五国能够形成很强的贸易互补。中亚五国独立十多年来，中国与中亚五国保持着良好的贸易往来关系，如图 6 所示，中国与中亚五国贸易额不断攀升。

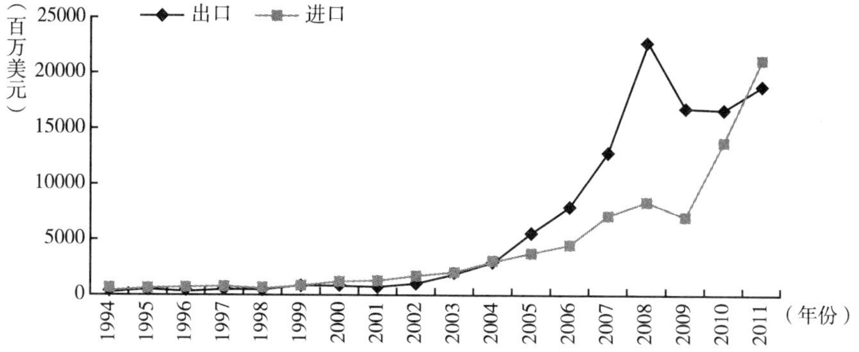

图 6　中国与中亚五国贸易发展趋势

五　中国的亚欧大陆经济整合战略

有鉴于此，中国应该充分发挥与中亚各国在经贸方面存在高度互补性的优势和相邻的地理优势，通过实施有助于当地民众分享经济发展成果的合作模式和战略，推动中国—中亚经济一体化，进而加速亚欧大陆经济整合。

这里需要强调的是，在俄、美、欧纷纷出台各自成果分享型的发展战略背景下，中国在制定自己的向西开放战略时，必须转变原有“走出去”战略在实施过程中部分人和部分企业表现出来的旧模式和旧思维，即仅以换取能源、资源为目的，以投资、贸易为手段，以国内劳工输出为生产主体的发展方式。这种合作方式虽然并不代表主流，但也在一些地区引起了担忧，常常被冠以“新殖民主义”的帽子。因此未来中国需要建立一种全新的“分享型”亚欧经济整合战略。尤其是在当前中亚及中东大多数国家都以寻求经济增长、提高就业和收入水平为第一要务的背景下，中国未来的向西开放战略也必须以能够与各国分享经济发展成果为重点，促进互利共赢。

针对俄、美、欧的欧亚大陆经济整合战略，中国加快向西开放，推进亚欧大陆经济整合战略也应该以修建交通基础设施、打造能源通道和构建自由贸易区这三位一体的立体经济整合体系为手段，构建由中国西部联通中亚、南亚乃至西亚和欧洲的亚欧大陆经济新格局。

交通基础设施方面，加快中吉乌（中线）、中巴（南线）和中哈（北线）铁路、公路、航空的互联互通建设进程，力争实现中国高铁网与中亚、南亚和欧洲铁路网的互联互通。

能源通道方面，除了建设中—土天然气管道外，还要推进建设中国—中亚—伊朗能源和运输管道，打造联通海湾和里海两大油气库的陆路运输管道，真正摆脱敌对势力对中国海上交通运输线路的威胁。

在自由贸易区方面，力争建立一个亚欧大陆自由贸易区，形成来自欧亚两个方向，欧洲（德国为主）与中国、印度、俄罗斯金砖三国共同引领的欧亚大陆经济新格局，这也意味着一种新的全球政治经济秩序的形成。

最后，需要指出的是，实现上述目标的方式也可以是灵活多样的，一方面我们可以继续拓展上海合作组织的经济功能，推进上海合作组织在欧亚经济新秩序重建过程中的作用；另一方面也不能仅仅局限于上海合作组织，应该积极拓展新的渠道，通过新建和利用其他次区域合作组织或者其他专业机构的项目，比如亚洲银行的互联互通项目，推进欧亚大陆交通基础设施的建设，以此为突破口来加快亚欧大陆经济整合的进度。

中亚国家与中国

Sino-Central Asian Relations

Y.19

中国与中亚国家的政治合作继续深化

包 毅*

摘 要：

2012年正值中国同中亚国家建交20周年，也是中国同中亚各国双边政治关系成果颇丰的一年。中国分别同吉尔吉斯斯坦和塔吉克斯坦发表了《中吉联合宣言》和《中塔联合宣言》，进一步丰富了合作的内涵。中国同乌兹别克斯坦也将双边关系提升到战略关系水平，签署了《中乌建立战略伙伴关系协议》。中国同哈萨克斯坦也对2011年升级的全面战略伙伴关系提出了务实的建议。本文将对近年来中国与中亚五国在双边和多边框架内的政治合作进行梳理，并对中国与中亚国家未来政治合作的趋势作一些思考。

关键词：

中国与中亚 政治合作 继续深化

* 包毅，中国社会科学院俄罗斯东欧中亚研究所中亚研究室副研究员，法学博士。

政治合作是国际合作的重要组成部分，主要是指国际关系行为体在政治领域为了实现特定的政治目标，摈弃隔阂、分歧与冲突，以相互协调、磋商为手段，就涉及共同利益的问题达成共识，采取一致政策或行动的政治行为。[①] 政治合作的表现形式为国家政策和政治行动。现阶段，中国与中亚国家间存在着两种主要的政治合作形式，即中国与中亚国家政府间的双边政治合作及在区域合作组织内多边的政治合作。其中，双边的政治合作有两国政府之间的政治关系与战略伙伴关系两个层次；而多边的政治合作主要是指以上海合作组织为平台提出的政治声明与一致主张。

一　多层次的双边政治合作内涵不断丰富

独立以来，中国同中亚各国一直保持着友好的政治关系。2002～2007年，中国相继同四个上海合作组织的中亚成员国签署了《睦邻友好合作条约》，并以此为基础，加强了高层接触与民间交流，增强了政治互信。2012年是中国同中亚国家建交20周年，也正值中国担任上海合作组织轮值主席国，中国与中亚国家以此为契机，在双边的和多边的政治合作框架内，就本国及共同关心的地区与国际问题达成了共识，并提出了一致的政治设想，从而进一步提升了政治合作的水平。

（一）中吉、中塔联合宣言深化睦邻友好合作

中亚国家独立20年间，各国同中国政府间的政治交往与民间接触日益频繁，政治互信不断增强。政府间的政治关系也没有停留在一般意义上的高层互访层面，而是在已有的协议基础上，就进一步深化政治及其他领域的合作表达了积极的合作意向。2012年6月吉尔吉斯斯坦和塔吉克斯坦总统在访华期间，分别同中国发表了《中吉联合宣言》和《中塔联合宣言》，提出了一系列符合本国利益和保障地区发展与稳定的政治诉求。

首先，中吉和中塔联合宣言均强调，要在相互尊重、平等互信、互利合作

① 田凤娟：《合作政治：从新兴向主流演进》，《当代世界》2008年第6期。

的原则基础上，提高政治合作的水平。如《中吉联合宣言》指出，中吉两国将恪守相互尊重、平等互信、相互帮助、互利合作的原则，努力推动中吉睦邻友好合作关系向前发展。政治互信是中吉关系的基础。双方将保持两国领导人密切交往的势头，就双边关系和重大国际和地区问题交换意见，推动两国政府、立法机构，以及政党、社会团体、企业和金融机构之间的全面沟通与合作，不断巩固双方的相互理解和信任。《中塔联合宣言》也指出，双方将继续保持高层交往势头，就双边关系和重大国际问题及时交换意见。两国政府及各部门将加强联系，扩大和巩固政治、经贸、安全、人文等领域合作，不断提升中塔睦邻友好合作关系水平。[①]

其次，在涉及彼此核心利益的问题上，给予对方坚定的政治支持。中吉双边联合宣言指出，双方将继续在涉及对方国家主权、领土完整、稳定和安全以及中亚地区和平与稳定问题上相互给予支持。中方还表示，中国尊重吉尔吉斯斯坦人民根据本国国情选择的发展道路，支持其为维护本国的独立、主权、领土完整与安全所做的努力，并愿为吉尔吉斯斯坦社会经济发展提供必要帮助。同时，中吉双方还特别在宣言中申明，决不允许任何组织或个人在本国领土上从事有损对方国家主权、统一、领土完整及社会稳定、国家安全的活动，两国开展安全领域合作不针对任何第三国。此外，吉尔吉斯斯坦和塔吉克斯坦在国家统一与一个中国政策上给中国以坚定的支持。如吉塔两国分别在联合宣言中宣布，将坚定奉行一个中国政策，承认中华人民共和国政府是代表全中国的唯一合法政府，台湾是中国领土不可分割的一部分，反对任何形式的“台湾独立”，支持两岸关系和平发展和中国和平统一大业。[②]

最后，在共同关心的地区及国际事务问题上开展协商与协作。作为双边政治合作的新领域，两份联合宣言均对维护联合国在国际事务中的核心地位表明一致立场，如中塔双方认为，联合国应在维护世界和平与稳定、促进共同发展、加强国际合作方面发挥核心作用。此外，联合宣言还指出，在维护中亚地

① 《中华人民共和国和塔吉克斯坦共和国联合宣言》，http：//www. gov. cn/jrzg/2012 - 06/07/content_ 2155242. htm。

② 《中华人民共和国和吉尔吉斯共和国联合宣言》，http：//www. gov. cn/jrzg/2012 - 06/07/content_ 2155239. htm。

区安全与稳定方面将积极发挥上海合作组织的作用，“将在联合国、上海合作组织及其他国际和地区组织框架内就相关问题继续加强外交协调，就推动双方重要倡议给予相互支持和帮助”。在发挥上海合作组织作用方面，中吉联合宣言中指出，上海合作组织的宗旨和原则符合本地区当前发展趋势和实际情况，其活动有利于巩固地区安全与稳定。推动上海合作组织持续健康稳定发展是中吉两国的共同目标。① 中塔联合宣言也指出，将在上海合作组织框架内与其他成员国继续加强相互协作，巩固上海合作组织保障地区安全、应对共同威胁和挑战的作用。②

（二）中土保持建设性政治对话关系

中国同中亚的中立国土库曼斯坦一直保持着高水平的政治对话，被土库曼斯坦称为建设性的政治对话关系。土库曼斯坦感谢中国在赋予其中立国地位问题上的政治支持，指出1995年，中国支持联合国大会通过关于土库曼斯坦永久中立地位的特别决议，无疑成为土中关系史中的重要阶段。中国的这一立场是对土和平外交政策的巨大政治和外交支持。国际公认的中立地位有利于土库曼斯坦在国际舞台上发挥积极作用，保障其国内经济的发展，为拓展土库曼斯坦同世界各国发展建设性关系创造了必要条件。③ 2012年，在中土建交20周年之际，土库曼斯坦总统别尔德穆哈梅多夫特别指出，土库曼斯坦和中国共同致力于深化政治、经济、能源和人文等领域全方位合作。两国在重大国际和双边问题上持有相同立场。

为加强政治、经济、能源等领域的地区合作，作为上海合作组织轮值主席国，2012年，中国邀请了土库曼斯坦总统别尔德穆哈梅多夫出席了上海合作组织第十二次元首峰会，为该国同上海合作组织成员国加强合作搭构了

---

① 《中华人民共和国和吉尔吉斯共和国联合宣言》，http：//www. gov. cn/jrzg/2012 - 06/07/content_ 2155239. htm。

② 《中华人民共和国和塔吉克斯坦共和国联合宣言》 http：//www. gov. cn/jrzg/2012 - 06/07/content_ 2155242. htm。

③ Туркменистан-КНР：важная историческая веха долгосрочного партнерства，По материалам Министерства иностранных дел Туркменистана，http：//russian. people. com. cn/31521/7697910. html.

平台。别尔德穆哈梅多夫总统表示，土库曼斯坦作为中立国家，愿意在符合国家利益和对外政策的前提下参与上海合作组织框架内的地区和跨地区合作项目。①

（三）中哈、中乌关系实现战略升级

在恪守《双边睦邻友好合作条约》以及其他现行双边条约的基础上，中国同哈萨克斯坦与乌兹别克斯坦两国分别于2005年3月和2012年6月签署了战略伙伴关系协定，从而在战略高度上进一步推进包括政治合作在内的多个领域的合作，从制度和战略层面保障两国政治合作的前瞻性和可持续性。2011年6月中哈两国又将双边关系发展为全面战略伙伴关系，意在深化互利的务实合作，加强政府间的协调与配合，以实现共同发展和繁荣。中哈与中乌的战略伙伴关系既是对中国同此两个中亚国家长期以来形成的政治互信和友好的政治关系的肯定，也是对未来双边关系的展望与规划。

第一，在政治合作领域，进一步增强政治互信占有相当重的分量。中哈全面战略伙伴关系声明指出，全面战略伙伴关系的政治内涵是：加强政治互信，深化安全合作，共同维护地区安全稳定，其中，政治互信是基础也是政治合作追求的目标。两国将保持领导人之间的密切交往，就双边关系和国际及地区重大问题交换意见；促进两国政府、立法机构、政党、社会团体、企业和金融机构等开展全面交流与合作，不断增进双方相互理解和信任。哈萨克斯坦总统及外交部长都在不同场合表示过，将与中国的全面战略伙伴关系置于哈萨克斯坦外交政策的优先方向，足见其对中哈关系的政治期望。但在政治交往中，政治互信是较高的境界，一般很难达成。中国与中亚国家由于历史、民族等因素的影响，使得中亚国家在独立后对中国的发展与外交政策存在疑虑，特别是在与中国接壤的中亚国家中，对于中国移民和中国经济发展对本国经济的负面影响一直心存忌惮。因此，消除中亚国家对中国的这些疑虑，建立政治互信是一个长期的过程。

---

① 《胡锦涛会见土库曼斯坦总统　推动双边关系深化发展》，2012年6月6日，http://www.chinanews.com/gn/2012/06－06/3943005.shtml。

第二，在涉及彼此核心利益的立场上给予相互支持。中哈与中乌战略伙伴关系协议都指出，协议双方支持对方为维护国家主权、安全和领土完整所作的努力，不允许在本国领土上成立损害对方主权、安全和领土完整的组织。[①] 中乌战略伙伴关系还强调，在维护对方主权、安全和领土完整的事业上，双方均不参与有损对方主权、安全和领土完整的同盟或集团，不采取任何此类行动，包括不同第三国缔结此类条约。同时，双方也不允许第三国利用本国领土从事损害另一方国家主权、安全和领土完整的活动以及建立此类组织和团体。[②] 在中国的核心利益上，如台湾问题上，哈萨克斯坦与乌兹别克斯坦都强调，将坚定地支持中国的立场，反对任何形式的“台湾独立”，支持两岸关系和平发展和中国的和平统一大业。[③]

对于中亚国家的核心利益，如发展道路的选择上，中国也给予了积极的政治支持。两个战略伙伴关系协议均指出，双方将继续相互坚定支持对方选择的发展道路，支持双方在国际上提出的合作倡议。中哈战略伙伴关系协定也提到，中方支持哈方自主地选择发展道路，以及确保本国经济社会发展、实现国家战略优先方向所采取的措施和努力。中方支持哈萨克斯坦维护地区和世界和平与稳定的努力，包括举行亚洲相互协作与信任措施会议（以下简称亚信会议）和世界与传统宗教领袖大会。[④] 中哈双方将继续加强在亚信论坛框架内的协调与合作，推动该进程顺利发展，加强成员国互信与合作，维护地区和平与安全。中国积极响应哈方关于构建地区稳定的提议，支持哈萨克斯坦总统提出的亚信会议，并将担任亚信会议 2014 ~ 2016 年主席国。

第三，政治合作机制不断健全，组织机构进一步完善。目前，中哈全面战略伙伴关系已形成了相应的组织机构和较为有效的协调机制。成立于 2005 年

---

① 《哈萨克斯坦找到了适合自己的发展道路，外交部副部长程国平谈中国与中亚国家关系》，2012 年 12 月 2 日，http：//kz. chineseembassy. org/chn/zhgx/t994376. htm。

② 《中乌两国关于建立战略伙伴关系的联合宣言》，http：//www. gov. cn/jrzg/2012 – 06/08/content_ 2156124. htm。

③ 《中乌两国关于建立战略伙伴关系的联合宣言》，http：//www. gov. cn/jrzg/2012 – 06/08/content_ 2156124. htm。

④ 《中哈关于发展全面战略伙伴关系的联合声明》，http：//www. gov. cn/ldhd/2011 – 06/14/content_ 1883456. htm。

的中哈合作委员会，由成立之初的9个分委会组成，增设至2012年的10个[①]。2012年3月，两国还启动了总理定期会晤机制。作为两国全方位战略合作的重要平台和中哈关系的主要协调机制，中哈合作委员会在全面推动各领域合作，有效落实双方业已达成签署的各项条约、协议，以及促进中哈全面战略伙伴关系方面发挥了重要作用。[②]

第四，在国际和地区事务中寻求共同立场是战略伙伴关系的重要组成部分。在地区安全与稳定的事务中，中哈战略伙伴关系强调，双方将继续加强在联合国、上海合作组织、亚信等多边框架内的协调与合作，就重大国际和地区问题保持沟通，协调立场。中国支持哈萨克斯坦提出的在中亚建立无核武器区，主张核武器国家尽快签署《中亚无核武器区条约》相关议定书。[③] 中乌战略伙伴关系也指出，中亚保持和平稳定，符合地区所有国家的利益。双方坚决反对外部势力干涉中亚国家内政，破坏中亚的和平稳定，为促进中亚地区的和平、安全和稳定作出应有贡献。中乌双方强调，中亚地区的稳定与安全同阿富汗局势密切相关。双方始终高度关注阿富汗局势未来发展及其对周边国家和地区的影响，并将为推进阿富汗的和平重建进程发挥积极作用。[④]

此外，两个战略伙伴关系还主张支持联合国在国际社会打击恐怖主义和应对其他新挑战和新威胁方面的核心作用。中哈双方支持对联合国安理会进行合理、必要的改革，以更好地履行《联合国宪章》赋予的维护国际和平与安全的首要职责。中乌两国也表示，将继续加强在联合国等多边框架内的合作，共同应对全球性和区域性挑战及安全威胁，共同致力于推进全球和地区的和平、安全和发展。

在上海合作组织发展问题上，中哈与中乌战略伙伴关系协议都高度肯定了

---

① 《中华人民共和国和哈萨克斯坦共和国关于建立和发展战略伙伴关系的联合声明》，http：//www. gov. cn/gongbao/content/2005/content_ 64323. htm。

② 《哈萨克斯坦总统纳扎尔巴耶夫会见王岐山》，2012年12月8日，http：//kz. chineseembassy. org/chn/zhgx/t998112. htm。

③ 《中华人民共和国和哈萨克斯坦共和国关于建立和发展战略伙伴关系的联合声明》，2005年7月，http：//www. gov. cn/gongbao/content/2005/content_ 64323. htm。

④ 《中乌两国关于建立战略伙伴关系的联合宣言》，http：//www. gov. cn/jrzg/2012 - 06/08/content_ 2156124. htm。

上海合作组织对于深化成员国之间的睦邻互信与友好合作，促进成员国共同发展，维护本地区和平、安全与稳定发挥的重要作用。今后10年是上海合作组织政治经济发展的关键阶段。在新的国际和地区形势下，中乌将同上海合作组织其他成员国共同应对时代挑战，巩固本国和地区稳定，实施现代化和创新发展，提高自身竞争力。双方将进一步深化在本组织内的协调配合，提高本组织应对各种危机和安全威胁的能力，促进成员国务实合作交流，为建设持久和平、稳定、繁荣的地区作出不懈努力。中哈双方将共同努力，为扩大和深化上海合作组织框架内安全、经济和人文合作领域务实合作作出积极贡献。

二 上海合作组织成员国的政治呼声日渐增强

中国与独立后的中亚国家一直保持着长期友好的政治合作关系。独立初期，中国与俄罗斯及三个中亚邻国在上海五国（上海合作组织的前身）的框架内签订了边界互信与裁军协定，从而为中国与中亚三国政治互信、开展政治合作提供了条件。除土库曼斯坦外，中国同其他四个中亚国家在2002～2007年间相继签署了双边的睦邻友好合作条约，为保持长期友好的政治合作关系奠定了法律基础。① 加强成员国政治互信和睦邻友好是上海合作组织框架内多边政治合作的主要任务。

近年来，成员国对地区及国际热点问题开始统一声调，表达一致的立场，多次阐述了对阿富汗、巴以冲突、伊拉克、朝核问题以及联合国改革问题的共同立场，以上海合作组织的名义开展区域性的政治合作的势头正在加强。2012年6月7日上海合作组织成员国签署了《上海合作组织成员国元首关于构建持久和平、共同繁荣地区的宣言》（以下简称"《宣言》"）。《宣言》确立了将上海合作组织地区建成和谐地区的长远目标，并阐述了成员国对国际地区重大问

① 中国同其他中亚四国在上海合作组织框架内均签订了双边的睦邻友好合作条约。《中华人民共和国和吉尔吉斯共和国睦邻友好合作条约》签署于2002年6月24日。《中华人民共和国和哈萨克斯坦共和国睦邻友好合作条约》签署于2002年12月23日。《中华人民共和国和乌兹别克斯坦共和国友好合作伙伴关系条约》签署于2005年5月25日。《中华人民共和国和塔吉克斯坦共和国睦邻友好合作条约》签订于2007年1月15日。

题的共同立场。首先，上海合作组织对于中国及中亚国家的近邻阿富汗的战后重建与民族和解事业一直给予高度关注，从设立阿富汗联络小组，到邀请阿富汗国家元首出席上海合作组织峰会，再到 2012 年将阿富汗吸纳为观察员国，这些都表明了上海合作组织加强与阿富汗的政治、安全、经济合作的努力。外交部副部长程国平指出，上海合作组织各成员国在阿富汗问题上具有地缘优势，除与阿富汗开展双边合作之外，还将通过该组织的平台向阿富汗提供友好帮助。①

其次，对于地区热点问题，如西亚、北非地区局势，上海合作组织也表达了自己的关切。2011 年 3 月，针对中东北非不断升级的局势，时任上海合作组织秘书长的伊马纳利耶夫就指出，上海合作组织成员国对中东北非地区局势的发展表示关注，希望有关国家政府和人民根据本国人民的根本利益，在充分保护人权、严格遵守国际人道法和确保平民安全的情况下，通过对话和协商，解决面临的各种问题，尽快恢复稳定和正常秩序，走出一条符合自身国情的发展建设道路。对于因西方的政治干涉致使一些西亚和北非国家出现政权更迭的现象，上海合作组织成员国元首在 2012 年的联合宣言②中呼吁，实现自身安全不能以损害其他国家的安全为代价。国际社会应遵循《联合国宪章》宗旨和国际法准则，尊重地区国家和人民的自主选择，缓解地区紧张局势，反对进行武力干预或强行推动"政权更迭"，不赞成进行单边制裁。成员国强调，必须停止叙利亚境内的一切暴力行为，支持尊重叙主权、独立、领土完整的广泛国内对话。主张由联合国安理会对危机进行调解，认为通过政治对话和平解决叙利亚问题符合叙利亚人民和国际社会的共同利益。③ 成员国坚定地认为，个别国家或国家集团单方面不受任何限制地加强反导系统将对国际安全和战略稳定产生危害。所有有关问题必须由有关国家通过政治外交努力来解决。

此外，在联合国改革问题上，上海合作组织近年来也在多个场合发起呼

---

① 《中方称上合组织不会填补北约在阿富汗军事空白》，http：//www.chinanews.com/mil/2012/06-07/3947224.shtml，2012 年 6 月 7 日。

② 联合宣言是指《上海合作组织成员国元首关于构建持久和平、共同繁荣地区的宣言》。

③ 《上海合作组织成员国元首关于构建持久和平、共同繁荣地区的宣言》，http：//world.people.com.cn/GB/157578/18111592.html，2012 年 6 月 7 日。

吁，强调联合国安理会改革的必要性。如2011年上海合作组织阿斯塔纳峰会上，成员国就联合国安理会改革问题强调，改革应遵循最广泛协商一致的原则，不应为改革设立时限和强行表决尚有重大分歧的方案。① 同样，在2012年上海合作组织北京峰会上，成员国再次提出，应在维护世界和平与安全、促进共同发展、加强国际互利合作方面发挥核心作用，并重申支持联合国通过改革提高效率，增强及时有效应对挑战和威胁的能力。②

三　政治合作的评价与前景分析

近年来，政治领域的合作较为活跃，已经成为中国同中亚国家国际合作中的新亮点，无论是双边的还是多边框架下的政治合作都没有仅仅停留在一般层面的政治交往和政治关切上，而是放眼整个中亚地区乃至中亚以外的地区，对世界热点问题及时作出反应。

（一）政治合作符合中亚国家政权安全的需要

首先，无论是双边的还是多边的政治合作，所涉及的内容与政治立场基本一致，除了对涉及彼此核心问题的政治支持外，政治合作的重心主要集中在西亚、北非国家政权更迭问题上。可以说，中亚国家在此时同中国开展如此密集的政治合作，与西亚、北非地区发生的“阿拉伯之春”有直接关系。西亚和北非的一些国家因外部干涉造成国家动荡乃至政权更迭，对于中亚各国的政权稳定是一个不小的冲击。中亚国家在权力结构和执政模式上同西亚和北非国家不无相似之处，因此，对于“阿拉伯之春”向东蔓延心存隐忧。为捍卫国家主权和政权安全，中亚各国迫切需要一种声音，对外部武装干涉和政治染指别国内政的做法表达不满，将对政权安全的威胁防患于未然，因而，在同中国的政治声明中都提到了反对外部势力干涉别国内政。可以说，政治合作反映了中

---

① 《上海合作组织十周年阿斯塔纳宣言》，http://www.gov.cn/ldhd/2011－06/15/content_1885053.htm，2011年6月15日。

② 《上海合作组织成员国元首关于构建持久和平、共同繁荣地区的宣言》，http://world.people.com.cn/GB/157578/18111592.html，2012年6月7日。

亚国家对维护本国政治稳定的需要。

从以往的政治合作中，我们也不难发现，中亚国家的政权在面临外部威胁时，都会寻求大国和地区性合作组织的政治支持。例如在 2005 年“颜色革命”蔓延整个原苏联地区之时，中亚国家就曾以上海合作组织的名义通过了要求美军撤出中亚的政治决议。2011 年底中亚国家也在独联体集体安全条约的框架内发表声明，如果成员国提出要求，该组织的快速反应部队将对该国的政权威胁进行政治干预。由此可见，随着中亚国家进入新的政权更替期，中亚国家对中国和俄罗斯等大国和地区性合作组织的政治依赖将不断上升，政治领域的合作也将随之加强。

其次，对于联合国政治改革问题的一致看法也是中国与中亚各国开展政治合作的焦点。中国以及同为上海合作组织重要成员国的俄罗斯都是联合国安理会常任理事国，在世界和国际事务中发挥着举足轻重的政治影响力。同中国以及在上海合作组织框架内开展政治合作，将有利于提升中亚国家自身的政治影响力，符合中亚国家提高自身在国际事务中的地位与把握话语权的政治需要。在 2012 年中塔联合声明中就曾强调，联合国安理会的改革要优先增加发展中国家代表性，使中小国家有更多机会参与安理会决策。总之，随着自身经济的发展与战略地位的提升，中亚国家借助大国的力量和区域性合作组织表达自身政治主张与立场的政治需求将不断上升。

（二）政治合作的基础不断扩大

长期以来中国奉行“与邻为善、以邻为伴”和“睦邻、安邻、富邻”的外交政策，全力改善和增进与周边国家的双边关系，为自身的现代化建设创造安稳的周边环境。中国同中亚国家的政治合作是一种基于主权平等关系上的互利共赢的合作关系，不存在大国在政治合作中的内容与形式上的主宰关系。无论是中国的外交政策还是中国所依托的政治合作平台——上海合作组织都不主张“非友即敌”的零和博弈，而是恪守平等共赢的原则以及平等互利的合作模式，以维护地区和平稳定为目标，通过推动成员国全方位、各领域的协作，实现互信共赢，因此对于中亚国家最富有吸引力。

中国同中亚各国都处于国家发展的关键时期，双方在政治经济制度、宗教信仰、意识形态、历史文化、法律体系、民族认同与语言文字等方面存在差异，而双方存在着地理毗邻和经济互补的优势，在向市场经济体制的转型过程中面临的发展道路和发展模式选择问题又不断拉近彼此的认同，使得国家同质性逐步增强。双方在政治合作方面既有交集互补的内容，也有求同存异的成分，政治观念与经济行为的互动中将逐步构建和生成相互依存、互推共进的“协同合作”模式。这也成为区域政治合作的共同基础与良好的趋势。

（三）政治合作尚处功能性政治合作阶段

目前，中国同中亚国家的政治合作主要处于功能性合作阶段。功能性合作是指通过调整区域政治合作中双方相互需要与共同发展的政策法规与政策执行，以进一步释放和拓展双方深度合作的能量和空间。中国与中亚国家通过功能性政治合作，调整本国政策与决策取向，寻求共识，实现彼此的政治需要与政治诉求。中国需要一个稳定繁荣的中亚，中亚需要一个稳定和快速发展的中国。二者是相互依存的利益共同体，其政治合作的基本目的主要是满足本国自身的利益诉求，因此，政治合作具有功能性特征，尚未上升到较高层次的制度性合作阶段，即通过调整区域政治合作中的合作制度与协商规则，合作双方就共同的目标与愿望进行对等商议，共同制定双方确定、认可并执行的新制度和新规则，以在合作深度与广度上有重大突破和进展的合作。上海合作组织未来的政治合作有望向制度性合作水平提升，以“一个目标、一个身份、一个声音”一致对外，共同发声以维护中国－中亚国家的整体利益。对于现阶段的中国与中亚国家而言，功能性政治合作还有很大的发展空间，增强政治互信和彼此间的政治依存度还需要较长时间的磨合与互动。

（四）政治合作需化解矛盾，谋求合作共存

中亚国家发展的各个方面都处于转型时期，面临着诸多不确定与不稳定因素，美国和西方加大了对中亚国家政治经济和军事方面的渗透，使中亚国家在对外交往和国际合作方面存在多重选择。同时，中亚各国之间也因民族、水资源、宗教与安全等问题而矛盾不断。由于国情与利益诉求不同，各成员国对上海合作组织的战略定位和倚重程度也不一样，导致了上海合作组织成员国内部

的“个体”与“整体”利益矛盾凸显，成员国对多边合作热情存在差异，组织凝聚力较弱。可以说，无论在双边政治合作还是在上海合作组织空间内的多边政治合作都存在诸多限制性因素。

中国与中亚国家政治合作的发展还有赖于双方共同努力，不断挖掘新的共同利益，以此化解各种矛盾与制约因素，进一步推动政治合作可持续的发展，从而构筑深度的政治互信。在国家发展与政权安全一切求稳的战略前提下，满足国内政治环境的稳定与周边环境的稳定既是中国与中亚国家发展的政治需要，也是政治合作的利益共同点。因此，让共同利益不断扩大和可持续地增长，增强彼此间的政治依存度，谋求相互依存、互推共进的合作将是中国与中亚国家未来政治合作的发展模式。

Y.20

中国－中亚经贸合作的战略选择*

毛雁冰　秦鹏亮**

摘　要：

加强与周边地区的经贸合作一直是中国对外经济政策的重点，面对中国对外经济中所出现的问题，通过与中亚国家在贸易、能源、货币市场、交通运输等领域进行互利性战略选择，来规避中国对外贸易所面临的风险，既符合中国自身的利益，也有利于区域经济的可持续发展和地区经济社会的安全。

关键词：

中国　中亚　经贸合作　战略选择

后危机时期，世界各国的经济发展都面临着结构性调整和新一轮的转型，中国经济在对外经贸合作中也面临着新的问题和风险，这集中体现在欧美需求市场的下滑和国际金融体系的不稳定。就中国－中亚经贸合作来看，中亚地区是连接欧亚大陆和中东的桥头堡，是欧亚大陆经济整合的核心，拓展中亚市场对于中国发展与欧洲的贸易会起到推动作用。同时，中亚及其相邻的里海盆地蕴藏着极其丰富的战略资源，尤其是石油和天然气资源，是目前世界上重要的能源供给地区，被誉为“第二个波斯湾”；而中亚国家正致力于改变本国以自然资源产业为主的单一经济结构，吸引外部投资；另外，中亚地区不断增长的

* 基金项目：上海市级学科建设项目“公共外交新走向研究”专项课题“欧盟与上海合作组织国家的关系研究”。

** 毛雁冰，德国奥尔登堡大学经济学博士，上海大学经济学院讲师，硕士生导师，上海合作组织公共外交研究院研究员，主要研究领域为国际经济关系、发展经济学、德国及欧洲问题研究；秦鹏亮，经济学硕士，中信银行上海分行。

人口数量意味着该地区将是一个潜在的巨大市场，这些都为中国化解外部经济问题提供了对冲性选择。本文在分析中国－中亚双边经贸合作现状的基础上，重点从潜在市场、能源合作、交通运输合作以及货币市场合作等多方面来分析中国可能的战略选择，以求为解决中国经济自身发展的问题提供思路，同时也为区域经济的可持续发展以及地区安全合作提供参考。

一　中国与中亚国家经贸合作现状

苏联解体后，中亚地区形成了哈萨克斯坦、吉尔吉斯斯坦、塔吉克斯坦、乌兹别克斯坦和土库曼斯坦五个国家，该地区无论是从政治角度还是从经济角度都对中国具有极为重要的地缘战略意义。从地缘政治角度看，该地区国家是我国维护西北边疆安全与稳定的重要战略伙伴，也是我国与周边大国或组织，如俄罗斯、欧盟、伊斯兰国家等的战略缓冲地带；从地缘经济角度看，该地区丰富的自然资源，以及棉花、皮革、羊毛等各种原材料，对于维护我国的能源安全和经济发展的可持续性具有重大战略意义。中亚国家自独立以来，其与中国的经贸往来有了长足发展，双边开展经贸往来取得的成果主要得益于许多得天独厚的优势条件。首先，双边开展经贸合作的地缘优势明显。中亚五国都是我国的近邻，其中哈萨克斯坦、吉尔吉斯斯坦、塔吉克斯坦三国与我国新疆地区接壤，边界线长达3300公里，交通运输便利，货物运输成本较低，有利于开展边境贸易。其次，双方经济结构互补性较强。我国急需中亚国家的石油、天然气、矿产品等自然资源，以及棉花、羊毛、皮革等国内短缺原材料，而中亚国家大量需要我国的工业制成品、日用消费品等物美价廉商品，双方市场互补性较强。最后，双方有上海合作组织这一经贸合作平台。虽然上海合作组织是以安全合作起家的，但近年来，该组织的“经济合作”职能得到不断强化，在贸易和投资、能源、金融、交通运输等领域都取得重大进展，为中国与中亚国家之间的经贸合作提供了良好平台。

图1描述的是中亚五国独立以来与中国的双边贸易发展趋势。可以看到，在五国独立之初的1992年，双边贸易额仅为4.64亿美元，占中国对外贸易总额的比重为0.28%。此后近十年双边贸易额增长缓慢，直到上海合作组织成

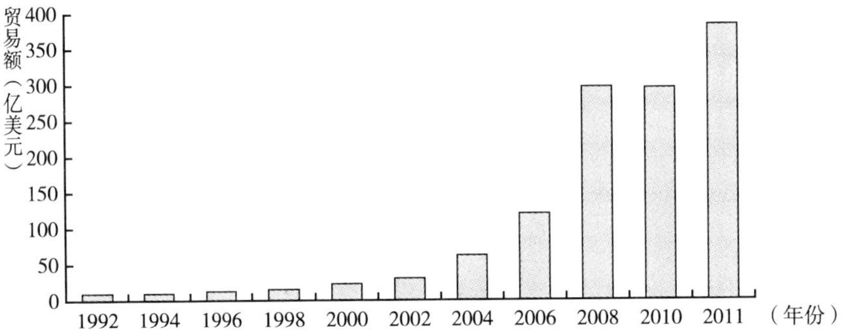

图1　1992～2011年中国与中亚五国双边贸易额

资料来源：根据历年《中国统计年鉴》计算、整理而得。

立时的2001年，双边贸易额仅达到15.09亿美元，年均增长14%。随着上海合作组织的成立和其经济合作职能的不断强化，中国与中亚国家的双边贸易开始呈快速增长态势，到2008年达到308.22亿美元，占中国对外贸易总额的比重达1.2%。虽然受国际金融危机影响，中国与五国的贸易额出现一定幅度下滑，2009年仍达到237.44亿美元，占中国对外贸易总额的比重为1.08%。2011年双边贸易额则回升至历史最高水平396.5亿美元，占中国对外贸易总额的比重为1.09%。这期间双边贸易额年均增长38.7%，远高于上海合作组织成立前14%的年均增长率。同样，对于中亚国家而言，中国在其对外贸易中的地位也显著上升。到2010年，中国已成为哈萨克斯坦的第一大贸易伙伴和第一大出口国，乌、吉、塔三国的第二大贸易伙伴，土库曼斯坦的第四大贸易伙伴。

由此可见，中亚国家独立以来，尤其是上海合作组织成立以来，中国与五国的双边贸易得到了长足发展，有力地促进了各国国内经济的发展，表明区域组织对于促进中亚及周边地区的经贸一体化发挥了重要作用。然而，必须看到的是，中国—中亚经贸合作还存在着诸多问题，影响了双边贸易的进一步扩大。根据历年《中国统计年鉴》的统计数据，在中国与五国的双边贸易中，占据主导地位的是中哈贸易，中国与其他四国的贸易额则相对较小。以2011年为例，中哈贸易额为249.61亿美元，占中国－中亚贸易总额的63%，而与其他四国的贸易额仅占中国 - 中亚贸易总额的37%。[1] 再如，中亚国家由于经济结构单一，与中国的贸易产品主要为油气产品、矿产品、棉花、皮革、羊毛等自然资源和原材料，双边贸易规模受世界经济形势和国际原材料市场波动的影响较大。2008 年爆发的金融危机，对中亚国家的对外贸易和整体经济造成了沉重打击，中亚国家经济结构的不均衡问题暴露无遗。在此背景下，中亚国家开始加快经济结构调整的步伐和经济的对外开放程度，这为中国 - 中亚国家之间经贸合作的深化提供了良好契机。从各国经济发展的利益出发，加强双边经贸合作，可以分散各自经济发展所面临的潜在风险，从长远角度优化经济和外贸结构，形成互惠互利的合作局面，通过合作性的战略选择，发挥区域组织的平台优势，实现双边合作的共赢。

二　中国 - 中亚互利合作选择

从中国经济发展及地区安全的利益出发，须强化与中亚各国的经贸合作，尤其是在贸易和投资、能源、金融、交通运输等领域的合作，以达到双边利益的最大化，实现地区经济的共同繁荣，并进一步促进欧亚经济的整合。

（一）潜在市场的发展

2008 年爆发的美国“次贷危机”引发全球性的经济危机，使世界经济遭受沉重打击，尤其是欧美等发达市场出现大幅度的经济衰退，至今仍未完全恢复；加之当前“欧债危机”的持续蔓延，欧美市场对外部的需求明显下降。因此，中国需要积极寻找新的潜在市场，以降低由于欧美市场的下滑所导致的贸易损失。从另一方面来说，当前中国东部市场已趋于饱和，开始出现产能相对过剩的势头，需要寻找新的市场和经济增长点。虽然我国已经实施了西部大开发战略，开拓西部市场正成为国家发展政策的重点，但是单纯依靠国内的西部市场是远远不够的，进一步开拓中亚市场，乃至中东欧市场，缓解东部市场饱和的压力，是化解未来经济发展潜在问题的有效途径。

---

① 中华人民共和国国家统计局：《中国统计年鉴》（2012），中国统计出版社，2013。

由于中亚国家是我国的西部近邻，其中哈萨克斯坦、吉尔吉斯斯坦、塔吉克斯坦三国与新疆地区接壤，边界线长达3300公里，与我国西部地区开展贸易往来具有得天独厚的地缘优势；另外，中亚地区人口超过6000万，且人口数量不断增长，是一个潜在的巨大消费市场；加上中国西部地区与中亚国家在经济结构、地域文化等诸多方面的相似性，中亚国家无疑成为我国开拓潜在市场的重要选择。

从市场互补性角度看，中国与中亚国家之间具有高度的市场互补性。中亚国家由于自身经济发展相对落后，国民经济以能源行业为主，造成经济结构失衡问题严重，与欧美高端制成品及消费品相比，中国物美价廉的工业制成品和日用消费品更具竞争力，因此中亚国家对中国工业制成品和日用消费品的需求量巨大；同时，中国快速发展的国民经济使中国对能源的需求与日俱增，当前中国已是仅次于美国的全球第二大能源消费国和进口国，因此中国急需来自中亚国家丰富的油气资源、矿产品等自然资源，以及木材、棉花、羊毛、皮革等国内短缺原材料。

虽然近十年来中国与中亚国家的双边贸易得到了长足发展，但贸易规模仍然偏小，仅占中国对外贸易总额的1%左右。究其原因，主要是由于该地区的经贸合作机制不健全，存在着大量的非关税壁垒和贸易投资障碍，阻碍了双边贸易的进一步扩大。因此，要扩大中国与中亚国家间的贸易规模，就要首先有效利用上海合作组织这一合作平台。在上海合作组织框架内，发挥经济一体化的组织协调优势，加强各成员国在海关、质检、投资、电子商务、过境运输等方面的相互合作，加快实现贸易和投资便利化，这将有利于进一步挖掘中国与中亚国家之间的贸易潜力，激发区域经济活力，扩大双边贸易，形成互惠互利的贸易格局。

（二）能源合作的选择

以石油为核心的能源仍是当前世界经济运行的命脉。中国作为全球第二大能源消费国和进口国，能源安全关系国家的重大战略利益。然而，当前我国面临的能源安全形势却不容乐观：一是石油进口来源地过度依赖于中东和非洲地区，根据BP（英国石油公司）的世界能源统计报告，2010年中国进口石油 2.95 亿吨，其中从中东和非洲地区进口 1.85 亿吨，占总进口量的 62.8%，[1] 进口来源地高度集中，但该地区局势长期动荡不安，尤其是近年来随着巴以冲突、叙利亚内乱、伊朗核危机愈演愈烈，我国石油供给的稳定性和安全性遭遇挑战；二是石油运输方式过度单一，目前我国的石油进口除少部分依赖中哈、中俄原油管道运输外，其余绝大部分均依靠海洋运输，其中 80% 以上的海运石油又要经过马六甲海峡这一重要水域，但该地区海盗猖獗、美国势力介入以及南海争端加剧等因素，进一步威胁着我国的能源供应安全。

基于这种严峻的能源安全形势，中国需要积极寻求能源供给和能源运输的多元化选择，保证能源使用的安全性。可以看出，这种多元化战略既包括能源来源的多元化，也包括能源运输方式的多元化。俄罗斯和中亚以其丰富的油气资源，以及与中国接壤的地缘优势，成为我国能源进口多元化战略的重要选择。然而，俄罗斯在对外油气资源合作中过于政治化的表现和单方面追求国家利益最大化的诉求，使得中俄之间的能源合作进展缓慢，单一条中俄原油管道就在“安大线”—“安纳线”—“泰纳线”一波三折的过程中拖延了 15 年之久，至于天然气领域的合作更是一拖再拖，迄今仍未达成最终协议。相比之下，中国与中亚国家的能源合作则要顺利得多。中哈原油管道一期工程于 2005 年 11 月正式竣工，并于 2006 年 5 月 25 日正式对华输油，标志着中国首次实现以管道方式从境外进口石油。2009 年 12 月竣工投产的中国－中亚天然气管道横跨土库曼斯坦、乌兹别克斯坦、哈萨克斯坦和中国四国，是世界上最长的天然气管道，可以为中国提供稳定、可靠的天然气。而哈萨克斯坦、土库曼斯坦等中亚国家通过对华能源合作，不仅可以削弱俄罗斯油气管道对本国油气资源的控制，还可以获得稳定、可观的外汇收入，用于支持国内经济社会的发展，因此这些国家也乐于同中国开展能源合作。

目前，中国与中亚国家的能源合作已取得丰硕成果。根据中国海关总署及 BP 世界能源统计报告的数据，至 2010 年，哈萨克斯坦成为中国的第八大

---

① BP Statistical Review of World Energy June 2012, http://www.bp.com/assets/bp_internet/globalbp/globalbp_uk_english/reports_and_publications/statistical_energy_review_2011/STAGING/local_assets/pdf/statistical_review_of_world_energy_full_report_2012.pdf.

原油供应国，占当年中国原油进口总量的 4.2%；土库曼斯坦则成为中国的第一大天然气供应国，2011 年共向中国输送管道天然气 143 亿立方米，占当年中国天然气进口总量的 46.3%。今后，中国应进一步加强与中亚国家在能源领域的合作，通过油气管道建设，不断拓宽油气的供给方式及输送渠道，使过度依赖中东和非洲进口能源以及海洋运输渠道的供给风险下降，从而保证中国的能源供应安全。由于中国与哈萨克斯坦、吉尔吉斯斯坦、塔吉克斯坦、乌兹别克斯坦四国均为上海合作组织成员国，中国应积极推动并强化该组织框架下的能源对话机制，加强一体化框架下的多边能源合作，促进能源生产国、消费国和过境运输国之间的务实合作，建立统一的油气和能源运输系统；在能源合作方式上，积极推动成员国之间开展多元化的合作方式，通过投资、贸易、合作研发、技术转让等方式将能源合作由资源贸易型向精深加工型转变，同时，带动煤炭、油气、核电、森林、矿产等资源设备和技术领域的合作，[①] 形成上海合作组织成员国之间在能源领域的共同利益，在降低中国能源供应安全风险的同时，也使能源合作真正成为促进中国与中亚国家经济发展的可靠基础。

（三）交通运输合作

完善的交通运输网络是促进贸易往来和发展地区经济的重要基础。目前，中国与欧、美、日、韩等前几大贸易伙伴的贸易往来主要依靠海洋运输。然而，海洋运输方式存在着一些弊端：一方面，采取海洋运输方式所用的运输时间较长，运输成本较高；另一方面，在当前索马里、马六甲等重要水域海盗猖獗的形势下，海洋运输无疑面临着较大风险。因此，中国要顺利地开展对外贸易，就有必要开辟新的交通运输方式，避免过度依赖海洋运输的风险。

中亚作为连接欧亚大陆的枢纽，可以成为中国与欧盟、中东等主要贸易伙伴开展贸易往来的重要桥梁。由于中亚国家均为内陆国家，没有出海口，

---

① 耿晔强，马志敏：《基于博弈视角下的中国与上海合作组织成员国能源合作分析》，《世界经济研究》2011 年第 1 期，第 82 ~86 页。

所以交通运输一直是该地区经济发展的最大问题。如果完善中亚地区的交通运输网络，贯通欧亚大陆，对于中国而言，将节省石油、大宗商品以及其他战略物资运输的时间成本和资金成本，同时也能够避免海上运输的局限和风险，极大地有利于中国与中亚、欧盟及中东等贸易伙伴开展经贸往来；对于中亚国家而言，其作为中欧贸易的重要过境国和商品集散地也将从中受益，有利于其融入世界经济一体化的进程，推动该地区的经济发展。这正如上海合作组织首任秘书长张德广先生所言，“一旦（中亚地区）交通运输的网络建立起来，就会像人体的血液循环系统一样对促进地区经济发展发挥积极的作用。”①

为完善中亚地区的交通运输系统，中国积极推动建立了上海合作组织框架下的交通部长定期会晤机制，这为中亚地区交通运输领域的合作奠定了制度基础。目前，上海合作组织框架下的交通运输合作已取得了一定成果，多条公路和铁路业已建成，如贯通中国—哈萨克斯坦—土耳其的亚洲大陆桥，贯通中国—哈萨克斯坦—俄罗斯—欧洲的欧亚大陆桥；此外，还有多个合作项目正在商谈和实施之中，如霍尔果斯（中国）—热特肯（哈萨克斯坦）铁路干线、中—吉—乌三国公路建设项目、塔—乌公路建设项目等都已启动实施。然而，需要看到的是，虽然近年来中国与中亚国家在交通运输领域的合作取得了重大进展，但相对运输需求的增长来说仍存在较大差距。② 因此，根据发展趋势和需求，中国与中亚国家应探索构建新的区域交通运输格局，形成铁路、公路、航空一体化的交通运输网络。同时，加强各国在交通技术领域、通道经营领域等方面的合作，降低运输成本，提高运输效率。这些交通运输领域的合作无疑将减少中国海洋运输的风险，并为扩大与中亚、欧洲及中东的经贸往来提供有利条件。

（四）货币市场的战略合作

从目前中国与中亚国家开展的金融合作来看，还仅限于双边的合作协议，

---

① 张德广：《聚焦上合：访谈与演讲》，世界知识出版社，2011。

② 车探来：《论中国与中亚国家的交通合作和发展》，《俄罗斯中亚东欧市场》2011 年第 4 期，第 19 ~ 24 页。

缺少多边的、区域性的合作；签订的合作协议虽然较多，但开展的实体性合作较少，合作的项目也大多停留在政策层面，大部分还没有开展商业化运作，对双边和多边贸易的促进作用并没有显现和发挥出来，这充分说明了中国与中亚国家金融合作还处在初级阶段，亟待加强实质性的区域金融合作。①

由于国家间的货币互换可以有效规避国际贸易活动中的美元汇率波动风险，促进双边贸易的扩大，所以货币互换可以成为中国与中亚国家加强区域金融合作的重要途径。虽然美元和欧元仍是当前国际贸易的主要结算货币，但近年来美元汇率频繁波动、“欧债危机”持续发酵，而随着中国与中亚国家经贸往来的不断扩大，油气产品、矿产品等大宗商品交易占据双边贸易的主要部分，继续使用美元作为单一结算货币无疑具有较大的汇率风险和信用风险，将对双边贸易及国家利益造成威胁。因此，中国要保证对外贸易的顺利进行，规避汇率风险和信用风险，就有必要进一步加快人民币的国际化进程，通过参与国际金融体系的构建，优化以美元和欧元为主体的国际货币体系结构，降低潜在的金融风险。

目前，中国与中亚国家之间的金融合作已取得一定进展，双方通过积极开展有关货币和金融领域的合作，努力推动货币互换的实施。2008 年金融危机爆发后，中国、哈萨克斯坦、乌兹别克斯坦三国对改变以美元为主导的国际货币体系，为发展中国家提供更加便利和宽松的贸易环境等方面达成广泛共识。2011 年，中国分别与哈萨克斯坦、乌兹别克斯坦两国签署了 70 亿和 7 亿人民币的双边货币互换协议，对于推动双边的经贸往来起到了重要作用。今后，各利益相关国家应当进一步拓宽融资渠道，依托上海合作组织这个平台，充分发挥银行联合体的作用，为地区的经贸、投资和非资源领域的合作提供金融支持。② 另外，鉴于中俄两国在上海合作组织内部的贸易规模，中国可进一步加强与俄罗斯在区域金融体系中的合作，在上海合作组织框架下以及中亚地区试点和推动人民币与卢布的国际结算，逐步形成区域内的贸易清算支付体系，提

① 朱显平，张建政：《“上海合作组织”框架下的中国与中亚国家金融合作目标及途径》，《东北亚论坛》2007 年第 3 期，第 15 ~ 19 页。

② 凌激：《中国与中亚国家经贸合作现状、问题及建议》，《国际观察》2010 年第 5 期，第 17 ~ 22 页。

升人民币和卢布在国际金融体系中的地位，为本地区国家之间顺利实现贸易的结算、降低金融风险提供必要援助。

三 结论

在当前中国对外贸易形势不容乐观的情况下，通过与中亚国家的经贸合作，有效进行战略选择，可以降低经济合作的风险，加深中国－中亚国家之间的经贸合作，实现双边经济的可持续发展。具体来说，通过与中亚国家的贸易合作，可以使中亚成为中国对外出口的巨大潜在市场，并成为商品向欧洲、中东乃至非洲市场延伸的通道，同时，中国也可以成为中亚国家商品的主要出口市场以及通过中国面向东亚这一更大市场，达到双赢结果；通过与中亚国家的能源合作，可以有效缓解中国能源进口来源地及运输方式过度单一的风险压力，维护自身能源供应安全；通过与中亚国家的交通运输合作，可以大大降低海洋货物运输的成本和风险，促进中欧、中国－中东、中国－中亚贸易规模的扩大；通过与中亚国家的货币互换合作，可以抗衡国际贸易结算中美元、欧元的汇率风险和信用风险冲击，促进双边贸易规模的进一步扩大。总之，加强与中亚国家的经贸合作，形成相互依存、互惠互利的经济合作关系，不仅有利于中国的对外贸易发展，也有利于实现本地区的共同繁荣与可持续发展。

Y.21

中国与中亚：安全合作仍是关注重点

丁晓星*

摘　要：

2012年，中亚地区安全风险有所上升，伊斯兰极端主义在中亚地区传播，导致中亚地区反恐形势恶化，“三股势力”有抬头趋势。局势原本平静的哈萨克斯坦恐怖活动频发。2012年，哈萨克斯坦延续了2011年的态势，发生了多起恐怖袭击事件。阿富汗形势对中亚地区安全的负面影响不断上升。恐怖分子由阿富汗“回流”中亚的趋势明显，中亚是阿富汗毒品运输的重要通道，加剧中亚国家腐败和社会问题。中国与中亚国家有着共同的安全利益，中国希望该地区保持稳定。中国与中亚国家一致认为，恐怖主义、分裂主义和极端主义对本地区和平与稳定构成严重威胁，中国与中亚国家必须合作打击“三股势力”。2012年，中国与中亚国家的安全合作持续深化，主要通过双边框架和上海合作组织多边框架进行，在打击“三股势力”，毒品犯罪与跨国犯罪方面都取得重要进展，有效地维护了中亚地区的稳定与安全。

关键词：中国　中亚地区　安全合作　三股势力

2012年，中国与中亚国家在政治、经济、人文等领域的合作都持续深化。安全合作始终是中国与中亚国家合作的重中之重，这是由本地区的安全环境和中国与中亚地区山水相依的地缘现实所决定的。多年来，中国与中亚国家始终重视安全领域的合作与交流，国防、执法与安全部门之间都建立了通畅的沟通

---

* 丁晓星，中国现代国际关系研究院中亚研究室主任。

渠道和有效的合作机制，保障了中国与中亚国家间安全合作深入推进。中国与中亚国家的安全合作对维护地区安全与稳定发挥着重要作用。

一　中亚地区安全风险上升

2012 年，中亚各国社会矛盾积累导致极端主义传播，哈萨克斯坦等国恐怖暴力事件频发；阿富汗局势对中亚安全产生较大消极影响，恐怖分子“北归”中亚的趋势明显；阿富汗的毒品问题影响中亚及周边国家的社会稳定。

中亚国家独立后，原有的共产主义意识形态被颠覆，意识形态领域出现了“真空”，传统的伊斯兰思想迅速复兴，在社会生活中发挥的作用日益重要。据不完全统计，目前塔吉克斯坦有 3300 多座清真寺，哈萨克斯坦清真寺的数量超过 3000 座，吉尔吉斯斯坦有 2050 座清真寺，每年还增加 100 个左右，这些清真寺大多是接受外国的资助建立的。在伊斯兰教快速复兴、广泛传播的同时，伊斯兰极端主义在中亚也迅速发展，来自中东、俄罗斯和西方国家的极端教派在中亚扩大宣传，招募信徒。目前在中亚传播的主要伊斯兰极端势力有瓦哈比派、萨拉菲派、伊扎布特等，这些教派都主张伊斯兰教的原生纯洁性，号召建立统一的哈里发国家。极端主义的传播已对中亚国家的稳定产生较大负面影响，如在塔吉克斯坦，许多青年人在外国的宗教学校接受极端思想的熏陶，迫使政府不得不采取措施限制青年人在国外的宗教学校学习。

伊斯兰极端主义思想在中亚国家快速传播的主要原因是这些国家存在的社会经济问题。从宗教层面上讲，官方的宗教事务管理机构能力不足，官方认可的阿訇的传教水平不高，要么高深难懂，要么不知所云。而极端分子在传教时，尽管对伊斯兰教进行曲解，但简单易懂，容易蛊惑人心。在社会层面，中亚国家都存在着社会不公现象，社会分化严重，阶层流动不畅，普通民众上升的空间狭小。教育水平下降，青年人难以就业，这些都被极端分子所利用。在经济方面，贫富差距较大，腐败严重，贫困人口对社会的不满情绪积累，而极端组织均宣扬“公正，平等”，并对贫困人口有一些帮扶措施，在贫困人口中传播速度较快。在政治层面，政府和民众之间缺乏有效的沟通渠道，反对党多被禁止活动，只能以激进的手段表达政治诉求。

在中亚地区，尽管伊斯兰极端主义并不直接等同于恐怖主义，但毫无疑问，极端主义所宣扬的“圣战”等宗教狂热思想催生了恐怖主义的发展。在极端主义快速传播的同时，中亚地区恐怖主义势力不断发展壮大。2010 年，吉尔吉斯斯坦的政变及南部奥什地区的种族冲突后，中亚地区的反恐形势恶化，恐怖组织呈现出“本土化”和“分散化”的特点。吉尔吉斯斯坦出现了“吉尔吉斯斯坦伊斯兰运动”，哈萨克斯坦出现“哈里发战士”等恐怖组织。从 2011 年起，中亚地区恐怖活动的最大变化就是此前恐袭事件较多的乌兹别克斯坦恐暴事件明显减少，而局势原本平静的哈萨克斯坦恐怖活动频发。2012 年，哈萨克斯坦延续了 2011 年的态势，发生了多起恐怖袭击事件。2012 年 7 月 11 日，哈萨克斯坦阿拉木图州陶萨马雷村一幢小楼发生自制炸弹爆炸，造成包括 4 名儿童在内的 8 人死亡。警方随后在该州卡拉赛地区的居民区击毙 9 名恐怖分子。调查显示，这批恐怖分子与陶萨马雷村的爆炸案有关。9 月 5 日，阿特劳市一处民宅发生爆炸，1 人死亡。警方在现场发现数枚自制炸弹，并确认死者生前正策划针对强力部门的暴力袭击。9 月 14 日，一伙恐怖分子袭击了阿特劳市中心的警察站，21 日，哈警方将这伙恐怖分子击毙。据哈副总检察长称，2012 年 1 ~ 10 月，哈萨克斯坦共发生恐怖案件 112 起，执法部门成功制止了 24 起恐怖袭击。除恐怖事件外，哈萨克斯坦还发生了多起恶性刑事案件，包括 14 名边防士兵死亡案和阿拉木图州 11 人遇害案。据哈萨克斯坦学者分析，哈萨克斯坦近年来恐怖活动上升的主要原因是极端思想传播和国内的社会经济问题。哈恐怖分子的主要特点是“小股化”，恐怖组织是网状结构，而非垂直结构，没有统一领导，分散在全国各个地方，自行解决人员及供给问题，自行决定发起恐怖活动的目标。哈恐怖分子受俄罗斯高加索的恐怖组织影响较大，他们将袭击的主要目标定为国家的强力部门，以消灭执法人员为目的，很少提出政治要求。①

2012 年，乌兹别克斯坦没有发生大规模的恐怖袭击事件，仅有几次疑似爆炸案件。4 月 1 日，塔什干国际机场附近的一个加油站连续发生两次爆炸。乌官方称由于技术操作原因造成。2012 年 10 月，吉尔吉斯斯坦国家安全委员

---

① Терроризм в Казахстане – 2011 – 2012 годы，http：//www. regnum. ru/news/polit/1598478. html.

会称，吉执法部门成功破获了一起恐怖事件。逮捕 10 名恐怖分子，他们计划在首都比什凯克制造一系列大规模的恐怖事件。执法部门查获了大量的武器弹药和自制炸弹。根据总部设在澳大利亚的非政府组织——经济与和平研究所发布的“全球恐怖主义指数”，对 158 个国家恐怖威胁进行了排名，在中亚地区，哈萨克斯坦排名最高，为第 43 位，塔吉克斯坦第 59 位，乌兹别克斯坦第 86 位，吉尔吉斯斯坦第 92 位。①

中亚三国塔吉克斯坦、乌兹别克斯坦、土库曼斯坦与阿富汗直接接壤，阿富汗北部地区居住着大量塔吉克人、乌兹别克人和土库曼人。边界地区地形复杂，加之跨界民族众多，使得中亚国家与阿富汗的边界难以管控。阿富汗的动荡局势对中亚安全形势产生较大负面影响。一是恐怖势力北上中亚，二是毒品问题。20 世纪 90 年代，中亚最大的恐怖组织“乌兹别克斯坦伊斯兰运动”在受到中亚国家的打击后，流窜至阿富汗，与基地组织关系密切，一直盘踞在阿巴边境地区，在阿富汗北部频繁活动。近年来，该组织不断向中亚地区渗透，影响中亚的稳定。2012 年 7 月下旬，塔吉克斯坦安全部门对纳戈尔诺 - 巴达赫尚的非法武装展开清剿行动，抓捕了 40 名非法武装分子，其中就有 8 名阿富汗人。据称，在清剿行动进行期间，有大批阿富汗恐怖势力朝阿塔边界聚集，试图支援塔非法武装。塔吉克斯坦总统拉赫蒙不得不致电卡尔扎伊，两国共同加强边界管控，防止恐怖分子联合作乱。此外，中亚恐怖分子通过塔吉克斯坦进入阿富汗与巴基斯坦，在那里接受训练后返回中亚制造事端。10 月 18 日，阿富汗安全部门逮捕两名塔吉克斯坦公民，他们疑为“乌伊运”成员，在阿富汗接受恐怖训练。

2014 年，以美军为主体的阿富汗国际安全援助部队将撤出阿富汗，这使阿富汗未来形势的发展更具不确定性。尽管阿富汗国民军的规模不断壮大，但在美军撤出阿富汗后，很难独立担负起维护阿富汗安全的重任。阿富汗动荡的局势必将对中亚地区产生较大的消极影响。此外，近年来，美国通过中亚地区的“北方通道”向阿富汗运输物资的运量加大，在美军撤退过程中，“北方通道”也将发挥巨大作用。因此“北方通道”很可能成为阿富汗恐怖

---

① Global terrorism index，http：//www.visionofhumanity.org/globalterrorismindex/#/2011/OVER/.

势力的袭击目标，这也为中亚国家带来风险。吉尔吉斯斯坦总统阿坦巴耶夫公开表示，美军在吉的马纳斯空军基地给机场和首都比什凯克的安全都带来极大风险。

当前，全球90%以上的鸦片产自阿富汗，阿已成为全球最大的毒品生产国。2007年，阿富汗的鸦片产量达到8200吨的历史峰值，近年来虽有所下降，2011年仍有5600吨。中亚是阿富汗毒品外运的重要通道，也被称为“北方通道”。每年均有大量的鸦片和海洛因经过中亚运输至俄罗斯。据称，乌伊运、伊扎布特等恐怖组织控制着中亚毒品走私，将毒品走私赚取的巨额资金用于购买枪支，招募人员，已呈“以毒养恐，以恐促毒”之势。贩毒集团与极端势力极力削弱当地政权的执政能力，以浑水摸鱼。近年来，中亚各国吸毒人数都在增加，主要以青年人居多。吸毒也导致艾滋病的传播和许多社会问题。此外，贩毒势力不断腐蚀中亚国家的强力部门，加剧了各国的腐败现象。

二　中国与中亚国家共同的安全利益

中国与中亚国家毗邻，与哈萨克斯坦、吉尔吉斯斯坦、塔吉克斯坦的边界长达3300多公里，中国与中亚国家有着大量的跨界民族，在中国居住着哈萨克、柯尔克孜（吉尔吉斯）、乌孜别克（乌兹别克）、塔吉克等民族，在中亚国家也居住着大量维吾尔等民族。中亚国家独立后，中国与中亚国家的关系发展良好，中国与中亚国家是好邻居、好伙伴。在安全领域，中国与中亚国家的命运休戚与共，中亚地区的动荡会影响中国西部地区的安全，如中国出现不稳定，必然也会影响到中亚国家。

多年来，中国对中亚地区的安全形势十分关注，中国希望中亚地区保持稳定。中国与中亚国家一致认为，恐怖主义、分裂主义和极端主义对本地区和平与稳定构成严重威胁，中国与中亚国家必须合作打击“三股势力”。众所周知，本地区的“三股势力”早已沆瀣一气，同流合污，危害到本地区的各个国家。在中亚地区，居住着近30万维吾尔人，在哈萨克斯坦就有20多万，多聚居在与新疆邻近的阿拉木图州和东哈萨克斯坦州，多年来他们为当地的社会经济发展作出重要贡献。不可否认的是，“三股势力”也藏匿其中，“东突厥斯坦解放组织”“维吾尔国际联盟”等“东突”组织在当地煽动“泛突厥主义”思想，妄图搞乱新疆，煽动民族仇恨，不仅对中国，也对哈萨克斯坦的社会稳定产生消极影响。事实证明，新疆“东突”恐怖势力与中亚、阿富汗和巴基斯坦的恐怖分子密切勾结，“东突”分子积极参与在中亚、阿富汗的恐怖活动，而新疆发生的众多恐怖袭击事件都是境外策划，境内实施。因此，打击“三股势力”必须发挥本地区国家的合力，单凭一国之力，无法有效打击。中国与中亚国家对“三股势力”的危害有着深刻的共识，打击“三股势力”始终是中国与中亚国家安全合作的重点。早在2002年12月，中国与吉尔吉斯斯坦、哈萨克斯坦签署了《关于打击恐怖主义、分裂主义和极端主义的合作协定》，随后中国又与乌兹别克斯坦、塔吉克斯坦签署了打击“三股势力”的合作协定，在双边层面加强执法与安全部门的合作，共同打击“三股势力”。

近年来，随着阿富汗毒品生产与走私日益猖獗，通过中亚地区进入中国的阿富汗毒品数量不断上升。中国与中亚国家有着漫长的边界，经贸往来日益频繁，贩毒分子看重中国毒品消费市场，不断加大渗透力度。20世纪90年代，新疆每年破获来自中亚的贩毒案件只有零星个案。2005年以来，经中亚到新疆的贩毒案件数量激增。贩毒集团已建立起从中亚到中国的毒品流通渠道。2007年9月，英国人阿克毛携带4公斤海洛因乘坐由塔吉克斯坦首都杜尚别至乌鲁木齐的国际航班，被中国海关当场查获，后阿克毛被判死刑，引起很大的国际反响。2011年8月，新疆海关查获由巴基斯坦经中国至吉尔吉斯斯坦的特大贩毒案，一次性缴获海洛因596公斤，为新中国成立以来缴获海洛因数量最多的案件。近年来，又出现了国际贩毒集团将大量制造毒品的化学品，如高锰酸钾、醋酸酐、麻黄碱等由中国向中亚及阿富汗贩运的新动向，新疆海关每年均查获大批制毒化学品。中亚毒品走私对中国，特别是新疆地区经济发展和社会稳定构成严重危害，“东突”恐怖势力与贩毒集团勾结作乱，恐怖分子通过贩毒筹措资金，进而招募人员，策划恐怖活动。

随着中亚地区安全风险上升和毒品危害的加大，中国与中亚国家不断深化安全合作。2012年6月，在《中哈共同联合宣言》中指出恐怖主义、分裂主义、极端主义和跨国有组织犯罪活动，包括非法贩运武器弹药、麻醉药品、精神药物和易制毒化学品、经济犯罪等对地区及世界和平与稳定构成严重威胁。双方将在双边、上海合作组织及其他国际组织等多边框架内，继续密切合作应对上述威胁和挑战，共同打击“三股势力”，进一步加强反恐情报交流和反恐行动协调，开展网络、计算机和信息安全领域合作，扩大边防和执法安全合作。[①] 2012 年 6 月签署的《中乌建立战略伙伴关系的联合声明》也指出，双方坚决谴责和反对任何形式的恐怖主义、极端主义和分裂主义，并强调，它们是本地区安全与稳定的主要威胁。中乌将全面加强两国执法、安全部门以及其他相关部门的协调与合作，共同打击包括“东突”恐怖势力在内的“三股势力”、贩毒和跨国有组织犯罪，并加强在双方境内举行的大型国际活动的安保等。双方重申加强两国天然气管道以及其他大型油气项目安保合作的必要性。[②] 中国与吉尔吉斯斯坦、塔吉克斯坦、土库曼斯坦等中亚国家也发表了类似的声明，表明双方合作打击“三股势力”、毒品犯罪与有组织犯罪的决心。

三 2012 年中国与中亚国家的安全合作

中国与中亚国家高度重视安全领域的合作，安全领域的合作主要通过双边框架和上海合作组织多边框架进行。国防、执法与安全部门建立了各个层级的沟通与合作机制，保障安全合作高效运行。

2012 年 4 月，上海合作组织安全会议秘书第七次会议在北京召开，国务委员孟建柱分别会见了与会的中亚国家安全会议秘书，在双边层面上讨论了与中亚国家的安全合作。在会见哈萨克斯坦安全会议秘书塔仁时，孟建柱表示，面对当前地区安全形势发生的新变化，中哈加强执法安全合作的必要性和紧迫性进一步上升。两国应扩大执法安全部门的合作，继续合作打击“三股势

---

① 《中哈联合宣言》，http：//www. fmprc. gov. cn/mfa _ chn/gjhdq _ 603914/gj _ 603916/yz _ 603918/1206_ 604210/1207_ 604222/t938945. shtml。

② 《中乌关于建立战略伙伴关系的联合声明》，http：//www. fmprc. gov. cn/mfa _ chn/gjhdq _ 603914/gj_ 603916/yz_ 603918/1206_ 604762/1207_ 604774/t939461. shtml。

力”。进一步完善反恐情报信息交流机制，探讨建立反恐行动协调机制，共同压缩“东突”势力活动空间。尽快建立快捷、有效的中哈油气管道安保合作机制。不断充实合作内涵，继续扩大双方在禁毒、打击跨国有组织犯罪等方面的合作。在会见乌兹别克斯坦安全会议秘书塔什马托夫时，孟建柱强调，近年来，中乌在共同打击“三股势力”等方面密切合作，维护了两国安全，促进了中亚地区的和平与安宁。双方应继续发扬良好合作传统，推动两国执法安全合作迈上新台阶。进一步加强两国执法安全部门在业务交流、执法培训、警用装备等方面的交流合作。继续加大对“三股势力”的打击力度，严防其制造暴力恐怖事件。不断加强对中乌大型合作项目的安保力度，共同确保中乌天然气管道等大型合作项目安全稳定运营。加强在阿富汗问题上的合作，共同推动阿和平重建进程，帮助阿实现和平、稳定与发展。

在中塔安全合作方面，2012 年 4 月，孟建柱会见了塔吉克斯坦安全会议秘书卡霍罗夫。11 月底，孟建柱在北京会见了来访的塔内务部长拉希莫夫。孟国委强调中国高度重视与塔在安全领域的合作，中塔执法安全领域合作成果显著。中方坚定支持塔方打击恐怖极端势力，维护国内稳定。他还强调，中亚地区“三股势力”、贩毒等犯罪活动日益猖獗，影响地区安全稳定的不利因素不断增加。中塔执法安全部门应进一步采取有效措施，推进在反恐怖、禁毒、打击跨国犯罪等各领域的务实合作，有效应对地区安全形势变化，共同维护两国和本地区的安全与稳定。

在中吉安全合作方面，2012 年 4 月，孟建柱会见了吉尔吉斯斯坦安全会议秘书塔巴尔季耶夫。6 月初，国务委员孟建柱会见了来北京出席上海合作组织峰会的吉尔吉斯斯坦总统阿坦巴耶夫。8 月 16 日，孟国委会见来访的吉内务部长雷萨利耶夫。孟国委指出，近年来，中吉在执法安全领域开展了良好合作。双方在反恐、打击跨国犯罪、边防管理、技术装备交流、执法培训等领域合作成果突出。双方在现有基础上要进一步加强反恐合作，提高反恐情报交流和反恐业务部门交流水平。采取联合行动和有效措施，严厉打击贩毒及其他跨国有组织犯罪，切断“三股势力”的经济来源。积极开展边防合作，加强防范“三股势力”在边境地区的渗透破坏。加强在突发事件处置、大型活动安保、维护社会正常秩序等方面的交流与合作。

在中国与中亚国家的防务合作方面，2012 年 5 月底至 6 月初，中央军委委员、总参谋长陈炳德上将访问了乌兹别克斯坦和塔吉克斯坦，与乌、塔国防部长、总参谋长会谈，讨论加强防务安全领域的合作。陈炳德上将表示，近年来，随着中国与乌、塔关系的发展，中国与乌、塔两国在军队领域的关系不断取得进步。在上海合作组织框架内开展了富有成效的防务安全合作，为维护地区各国和人民的根本利益、维护世界和平与稳定发挥了重要作用。

上海合作组织是中国加强与中亚国家合作最重要的平台，安全合作也是上海合作组织的核心职能，而打击“三股势力”始终被视为上海合作组织安全合作的重点。2001 年，早在“9·11”事件之前，上海合作组织就通过了《打击恐怖主义、分裂主义和极端主义的上海公约》，反映了上海合作组织成员国对恐怖主义威胁的深刻认识，为本组织反恐合作奠定坚实基础。2005 年，上海合作组织通过了《合作打击恐怖主义、分裂主义和极端主义构想》，2009 年，上海合作组织通过《上海合作组织反恐怖主义公约》，使反恐合作迈上新台阶。多年来，中国与中亚国家通过上合组织不断加强国防、执法与安全部门的合作，在上海合作组织框架下建立了国防部长、总参谋长、安全会议秘书、禁毒部门领导人、内务部长、紧急救灾部门领导人、最高法院院长的定期会晤机制，有效推动了中国与中亚国家在防务、安全、执法、禁毒、法律等领域的合作，为维护本地区安全发挥了不可替代的重要作用。

2012 年 6 月 6 ~7 日，上海合作组织成员国元首峰会在北京召开，元首们指出，恐怖主义、分裂主义、极端主义、非法贩运毒品、跨国有组织犯罪等威胁的尖锐性有增无减，世界不同地区局势持续动荡。在此背景下，在危机预警、应急处置方面积极开展政治外交工作及开展安保合作依然是十分迫切的任务。元首们批准了修订后的《上海合作组织关于应对威胁本地区和平、安全与稳定事态的政治外交措施及机制条例》和《上海合作组织成员国打击恐怖主义、分裂主义和极端主义 2013 ~2015 年合作纲要》，进一步扩大了成员国安全合作的法律基础。元首们强调成员国在维护国际信息安全领域开展合作的重要性，指出应防止利用信息通信技术破坏世界和平、稳定和安全，继续在联合国框架内推动制定“信息安全国际行为准则”。[①] 在元首峰会的指引下，上海合作组织安全合作不断深化。

2012 年 2 月，中国外交部长杨洁篪在接受哈通社采访时，详细阐明了未来上合组织安全合作的重点方面：一是继续有效落实《打击恐怖主义、分裂主义和极端主义上海公约》《上海合作组织反恐怖主义公约》等重要法律文件，不断充实合作法律基础。二是继续共同打击“三股势力”、毒品走私和跨国有组织犯罪等，包括打击为“三股势力”融资的活动。同时，进一步完善突发事件应急机制，有效预警和应对威胁本地区和平安全与稳定的事态。三是不断加强和完善上海合作组织地区反恐怖机构工作，提高其在统筹协调安全合作中的作用。四是继续定期举行反恐演习，提高反恐行动能力等。[②]

在 2012 年 4 月 12 日举行的上海合作组织成员国安全会议秘书第七次会议上，各方就维护上海合作组织及其周边地区安全，打击“三股势力”、毒品走私、跨国有组织犯罪和网络犯罪等交换了意见。各方均认为，应进一步健全上海合作组织安全合作体系，完善预警应急机制，加强上海合作组织的快速反应能力和行动能力，切实维护成员国自身和整个地区的安全与稳定。各方一致同意在执法安全领域采取措施，加强边防合作和联合执法，保障多边合作项目平安顺利推进，巩固禁毒部门三级合作机制，打击网络恐怖主义和网络犯罪。[③]

4 月 24 日，上海合作组织成员国国防部长会议在北京召开。各国国防部长强调，作为非军事政治联盟，上海合作组织防务安全领域合作的主要任务是，在《上海合作组织宪章》《打击恐怖主义、分裂主义和极端主义上海公约》《上海合作组织反恐怖主义公约》《上海合作组织成员国国防部合作协定》和《上海合作组织成员国关于举行联合反恐军事演习的协定》的基础上，加强军事信任措施，共同打击恐怖主义及其他地区安全挑战与威胁。部长们指

---

① 《上海合作组织成员国元首理事会会议新闻公报》，http：//www. gov. cn/jrzg/2012 - 06/08/content_ 2156138. htm。

② 《杨洁篪就中哈建交 20 周年接受哈通社的书面采访》，http：//www. gov. cn/gzdt/2012 - 02/20/content_ 2071911. htm。

③ 《上海合作组织安全会议秘书第七次会议在北京举行》，http：//www. gov. cn/ldhd/2012 - 04/12/content_ 2111903. htm。

出，加强上海合作组织防务安全合作具有重要的战略意义。2012 年是组织第二个 10 年的起始之年，在这一承前启后的历史性时刻，应从保证本地区长治久安、繁荣昌盛、人民幸福的战略高度谋划设计防务安全合作未来发展，为建设和谐欧亚地区作出新的更大贡献。①

6 月 14 日，上海合作组织“和平使命—2012”联合军事演习在塔吉克斯坦胡占德市郊外举行，这是上海合作组织框架内的第九次联合反恐军演，哈萨克斯坦、中国、吉尔吉斯斯坦、俄罗斯、塔吉克斯坦五国共派出 2000 多名官兵参加。这是首次在塔吉克斯坦境内举行的上海合作组织多边联合反恐军演。这次联合军演，是上海合作组织成员国武装力量举行的一次例行性多边反恐军事演习，以应对恐怖主义引发的地区危机为背景，重点演练山地条件下联合反恐行动的准备与实施等内容。演习分为战略磋商、战役准备和战役实施三个阶段，通过联合军演深化了上海合作组织成员国间战略互信，提高了战略协作水平，展示了维护地区和平与稳定的共同心愿，同时有力地震慑了危害本地区安全的恐怖分子。

鉴于上合组织各成员国所面临的毒品威胁不断增大，上海合作组织近年来明显加大了禁毒部门的合作。2009 年，上海合作组织启动了禁毒部门领导人、高官、专家工作组三级合作机制。2012 年 4 月初，上海合作组织成员国禁毒部门领导人会议在北京召开。会议期间，各方就国际和地区毒品形势、进一步完善三级禁毒合作机制、加强成员国禁毒领域务实合作、落实《2011 ~ 2016 年上海合作组织成员国禁毒战略》及其《落实行动计划》等问题进行了讨论，并就赋予上合组织常设机构禁毒协调职能问题交换了意见、达成了共识。各方指出，阿富汗毒品问题对本地区的威胁日益严峻，毒品问题与恐怖组织、有组织犯罪相互交织，严重影响本地区的安全、稳定与社会经济发展，严重影响各国社会秩序，危害人民正常生活。上海合作组织作为本地区具有重要影响的国际组织，迫切需要在禁毒领域发挥更加积极的作用，迫切需要统筹协调成员国禁毒力量，加强打击毒品犯罪联合执法和易制毒化学品管理。各方批准了

① 《上海合作组织国防部长会议发布联合公报》，http://www.gov.cn/jrzg/2012-04/24/content_2122302.htm。

《上海合作组织成员国禁毒部门高官会议工作规则》及法律基础、缉毒执法、易制毒化学品管制、减少毒品需求四个专家工作组工作规则。①

根据公安部禁毒局消息，近年来，中国与中亚及俄罗斯在禁毒领域合作成效显著。2008 年 11 月至 2010 年 8 月，在上海合作组织禁毒合作框架下，中国公安部协调指挥广东、新疆、北京等地公安禁毒部门与哈萨克斯坦国家安全委员会合作，4 次实施跨国“控制下交付”行动并取得成功，共抓获在我国境内实施毒品犯罪活动的外籍嫌疑人 17 名，缴获海洛因 6.7 公斤、可卡因 0.67 公斤。中国与俄罗斯、吉尔吉斯斯坦、塔吉克斯坦等国之间也多次成功联合实施“控制下交付”行动。同时，中国公安机关高度重视并积极打击涉金新月地区毒品犯罪，取得了显著战果。此外，2007 年以来，中国共为上合组织成员国举办多边、双边禁毒执法和易制毒化学品管制培训班 11 期，累计为成员国禁毒部门培训各类人员 141 人。提高了有关成员国禁毒执法能力，加深了成员国禁毒部门对其他国家禁毒法律法规的理解和认同。此外，为推动成员国开展务实高效的情报信息交流与联合执法行动，中国在力所能及的范围内，陆续为其他成员国提供毒品查缉技术和设备支持。②

① 《上海合作组织禁毒部门领导人第三次会议举行》，http：//www.gov.cn/gzdt/2012－04/02/content_2105996.htm。

② 《上合组织禁毒合作进入务实发展新阶段》，http：//www.mps.gov.cn/n16/n1237/n1342/n803715/3190672.html。

Y.22

中国与中亚国家迅速发展的人文合作

李自国*

摘　要：

深化中国与中亚各国人文合作是进一步增进双方互信的重要方式，各方对此都非常重视。近年来，双方在双边和多边框架下的人文合作发展迅速，各种形式的人文交流活动频繁。在双边框架内最突出的成就是教育合作，双方互派的留学生数量迅速增加，中亚各国学习汉语热情高涨，成绩突出。在多边框架下，上海合作组织大学、上海合作组织文化艺术节、中国-亚欧博览会文化展示周、“丝绸之路”联合申遗等对推动中国与中亚各国人文交流发挥着越来越重要的作用。

关键词：

中亚　文化　教育　丝绸之路　人文合作

随着中国与中亚各国政治、经济交往不断增多，中国与各国的人文合作也迅速发展起来。各种文化团体互访频繁，人文合作的范围不断扩大，机制不断完善，平台不断增多。社会精英和普通民众间的相互认知水平有了很大提高，认同感增强。中国与中亚国家日益活跃的人文交流已成为巩固国家间长期友好关系的重要保障之一。

一　双边人文交流活动日益增多

一般来讲，人文就是人类文化中先进和核心的部分，即先进的价值观及其

* 李自国，中国国际问题研究所欧亚研究部副主任、副研究员。

规范，其涵盖的主要内容包括：文化、艺术、美学、教育、哲学、语言、历史、法律（规范）、伦理、科学、宗教、思想等。中国与中亚各国的人文合作一般指的是在文化、教育、艺术、媒体、体育、旅游、卫生及社会科学等领域的合作，其宗旨是增进相互了解，巩固友好关系，实现共同繁荣。双方的人文合作有时也用文化合作来概括，如《中华人民共和国政府和土库曼斯坦政府文化合作协定》名为文化合作协定，实为人文合作协定，其内容涵盖了文化、教育、社会科学、卫生、旅游、体育、出版、新闻、广播、电视和电影等各个方面。

近年来，中国与中亚各国的人文交流日益活跃，双边人文交流最突出的成绩体现在五个方面：一是双边人文合作机制纷纷建立，为合作提供了坚实的基础；二是中亚各国青年学习汉语热情高涨，成绩突出；三是书画等艺术展览多；四是文艺团体交流频繁；五是新闻媒体的交流成果显著。

（一）各种双边合作协议为人文交流奠定了法律基础

1. 人文领域的合作协议

中亚各国独立之初就纷纷与中国签订了人文领域的合作协议。最早的是 1992 年 3 月中国与乌兹别克斯坦签订的《中乌政府关于文化、教育、卫生、旅游和体育合作协定》。该协定规定，双方在平等互利的原则之上，发展两国在文化、教育、文学艺术、新闻、出版、电影、广播、电视、卫生和体育等领域的合作。之后，中国又与其他中亚四国分别签署了《中华人民共和国政府和哈萨克斯坦共和国政府文化合作协定》《中华人民共和国政府和土库曼斯坦政府文化合作协定》《中华人民共和国政府和吉尔吉斯共和国政府文化合作协定》《中华人民共和国政府和塔吉克斯坦共和国政府文化合作协定》。这些协定都意在加强双方的人文交流，增进中国与各国人民的相互了解和友谊，巩固睦邻友好关系。另外，中国与中亚各国还签订了很多具体领域的合作协定，如教育合作协定等，以推动具体领域的务实合作。

2. 文化和人文合作分委会

中国与主要中亚国家间还成立了政府合作委员会文化和人文合作分委会，

由文化部门牵头，协调双方的人文合作。2004 年，中国与哈萨克斯坦合作委员会成立了文化和人文合作分委会，这是中国与中亚国家启动最早的人文合作分委会。2012 年 12 月，双方召开了第八次例会，重点讨论了双方的交流合作项目和工作规划、互办文化节等内容。中国与土库曼斯坦、乌兹别克斯坦也先后建立了政府间合作委员会人文合作分委会，并分别于 2011 年 11 月和 2012 年 7 月举行了首次会议。会议决定加快在文化、教育、广电等各人文领域的合作，制订详细的文化交流计划等。分委会是双方深化人文合作的指导、规划和监督机构。

3. 文化交流执行计划

为使双方的人文合作取得实效，中国与多数中亚国家间都制订了人文合作落实计划，如《中华人民共和国文化部和乌兹别克斯坦共和国文化体育部 2010 ~2013 年文化交流计划》《中华人民共和国文化部和塔吉克斯坦共和国文化部2012 ~2014 年文化交流计划》等，这些具体计划有助于将合作意愿落到实处。

（二）教育合作发展迅速，汉语成为“热门”

随着中国经济在全球地位的不断上升，中亚各国学子们对中国文化和汉语的兴趣也与日俱增，学习汉语逐渐成为“热门”。哈萨克斯坦赛福林农业大学校长库里什巴耶夫表示，中国有五千年悠久璀璨的文明，又是当今世界经济发展的“火车头”，因此，汉语代表着进步、知识和未来。在这种形势下，不论是来华的留学生，还是在当地学习汉语的学生数量都大幅增加，且成绩突出。

1. 中亚各国赴华留学生增长迅速

据中国教育部统计，截至 2011 年底，哈萨克斯坦在华留学生达到 8287 人，位居外国留学人数的第 10 位①。而 2006 年在华留学生为 1825 名，居第 14 位②，2004 年不到 500 名，不在教育部统计的前 22 位之内。目前，中国在

① 教育部网站：“2011 年全国来华留学生数据统计”，http：//www. moe. gov. cn/publicfiles/business/htmlfiles/moe/s5987/201202/131117. html。

② 教育部网站：“2006 年全国来华留学生数据统计”，http：//www. moe. gov. cn/publicfiles/business/htmlfiles/moe/moe_ 850/201001/xxgk_ 77799. html。

哈留学生也达到1500人①。2012年6月，塔吉克斯坦总统拉赫蒙在访问厦门时表示，目前塔有1000多位留学生在华学习。这些变化说明，来华留学已成为中亚各国学子的优先选项之一。

2. 孔子学院在中亚各国广受欢迎

截至2012年底，中国在中亚设立的孔子学院已达8所，其中哈萨克斯坦4所，分别为阿克纠宾国立师范学院孔子学院、阿里－法拉比国立民族大学孔子学院、欧亚大学孔子学院和卡拉干达国立技术大学孔子学院，哈是中亚孔子学院最多的国家，在校学习汉语的学生达数千人。吉尔吉斯斯坦2所，即比什凯克人文大学孔子学院和国立民族大学孔子学院。塔吉克斯坦和乌兹别克斯坦目前各有1所，分别为塔吉克斯坦民族大学孔子学院和塔什干孔子学院。塔什干孔子学院是中亚第一家孔子学院，并两度当选全球最佳孔子学院，目前双方正在探讨在乌建立第二所孔子学院的计划。此外，各国还有为数众多的孔子课堂，为中小学生提供汉语教学。吉尔吉斯斯坦孔子学院的志愿者表示，由于学习汉语孩子的人数大增，很多孩子的课本都只能是复印的。孔子学院在中亚各国备受欢迎，为各国培养了成千上万的汉语人才，正成为地区人文交流的重要桥梁。

3. 中亚各国关于汉语教学的研讨会增多

2012年4月，首届哈萨克斯坦汉语教学研讨会在欧亚大学孔子学院举行，主题为“哈萨克斯坦汉语教学及文化推广：过去，现状和未来”。塔吉克斯坦、乌兹别克斯坦等国也先后举办了汉语教学及汉学研讨会。中亚国家举行此类专业性研讨会充分说明，汉语已从过去的“好奇”转向“强烈需求”，汉语教育由“课程开设”提升到“如何教好”的新高度。

4. “汉语桥”中文比赛越来越受到重视，中亚学子成绩突出

“汉语桥”是针对外国学生举行的中文及中国文化的国际性比赛。截至2012年，“汉语桥”中文比赛在哈、吉、塔、乌都已举办了11次，学生的水平越来越高，比赛越来越多地受到当地民众的关注。如在乌举行期间，乌国家广播电台、电视台、《塔什干真理报》、《乌新闻报》等多家媒体都进行了现场

---

① 中国驻哈大使周力：《新的起点，新的机遇》（будущее за горами），哈萨克斯坦《新一代报》，http：//www. np. kz/index. php？ newsid＝11110。

报道和采访。在2012年中央电视台第五届“汉语桥”在华留学生汉语大赛总决赛中，来自塔吉克斯坦的留学生米娜最终问鼎，成为汉语大赛历史上第一位女冠军，在塔引起巨大轰动。本次大赛的八强中有3位来自中亚国家，这充分说明汉语教学在中亚是成功的。

（三）书画等艺术交流活动频繁

2012年中国与中亚国家互办了书画、图画展，使更多民众有机会接触和欣赏对方艺术大师的精品。

1. 中亚国家艺术家在华的活动

2012年8月，“庆祝中哈建交20周年——哈萨克斯坦著名油画家卡米力个人作品展”在新疆举行，数千名中国专业人士和普通百姓欣赏了画展。2012年“中、哈名家画青州”美术作品联展及学术研讨会在山东举行，哈美协主席、人民艺术家马拉提携作品参会。2012年8月，塔人民艺术家库尔班诺夫画展《塔吉克斯坦：丝绸之路上的明珠》在中央美术学院开幕，展出了他游历中国期间创作的50余幅油画作品，表达了他对中国文化的热爱。

2. 中国艺术家在中亚地区的活动

2012年8月，“画说西湖·走进中亚——中国当代国画名家交流展”在吉尔吉斯斯坦国家美术馆揭幕，共展出了中国当代国画名家的100余幅画作和部分书法作品，吉“第一频道”、公共电视台等多家主流媒体对活动进行了报道。2012年10月，为庆祝中乌建交20周年，中国画家代表团在乌兹别克斯坦举办了中国传统绘画展，共展出了中国名家的59幅水墨画力作，让中亚民众体会到了中国绘画的独有特性和传统内涵。此外，中国在塔、乌等国举办了“人文上海”摄影作品展；在哈举行了2012年《脉动中国》图片展；在土举办了“锦绣八桂——广西织锦刺绣艺术展”等。这些展览以生动的图片和实物，向中亚各国民众展示了中国各地的风土人情，介绍了中国各地的发展成就，让观众真切感受到中国璀璨的历史文明和蓬勃的现代气息。

（四）媒体交流成果显著

报刊是普通百姓接触其他国家文化最重要、最便捷的途径之一。2012年中国与中亚各国媒体合作成果显著，双方的媒体人士相互走访，向本国民众发回大量客观的报道，极大地增加了人民间的相互了解。

1. 哈萨克斯坦著名杂志《世界民族文学》发行中国文学专刊

专刊收集了《论语》、杜甫诗词等古代经典，以及王蒙、邵华等当代文学家的名作，成为哈民众了解中国文学的重要窗口。

2.《哈萨克斯坦人看中国》《吉尔吉斯斯坦人看中国》等文集在中亚国家发行

文集从各国知名专家、学者的视角，对中国政治、经济、外交、社会、人文等各个方面进行了详尽的解读，是各国民众全面了解现代中国的难得刊物。

3. 双边关系文件汇编等发行

2012 年 1 月，中国与中亚国家双边关系重要文件汇编、建交 20 周年纪念画册和纪念邮封正式发行，对近 20 年中国与各国友好交往的历史进行了总结。

4. 中国媒体走向中亚

2012 年中国新疆媒体代表团访问塔、吉、哈三国，就做大、做强俄文《大陆桥》杂志，发行塔吉克文《大陆桥》杂志，联合创办《塔吉克斯坦华侨报》《中亚侨报》《哈萨克斯坦华侨报》等签署了相关合作协议。另外，更多中国媒体也在积极向中亚国家拓展，如中新社正筹建驻中亚分社、《中国新闻周刊》拟发行中亚版等。越来越多中国媒体落户中亚，将使中亚民众及华侨有更多机会了解到中国发生的大事小情。

5. 中亚新闻媒体代表团访华并积极发文介绍中国

2012 年应中方邀请，以乌兹别克斯坦资深媒体人、《乌新闻报》主编尤尔达舍夫为团长的中亚新闻媒体代表团访华，他们走访了中国多地，向本国发回了多篇介绍中国的文章。其中尤尔达舍夫发表了题为《你好，中国!》的长篇报道，在《乌新闻报》上连续四期刊发。后他又写了《华为公司对手的谬论》的评论文章，以其考察华为公司总部的亲身经历，驳斥了美国有关部门关于华为公司从事危害国家安全活动的不实言论，在乌各界引起热烈反响。媒体的交流对消除“中国威胁论”等误解作用巨大。

（五）“欢乐春节”活动在中亚国家巡回演出

2012 年 2 月，为庆祝中国与中亚国家建交 20 周年，广西柳州艺术团受中国文化部委派在吉、塔、土等国举行了巡演，向各国民众介绍中国传统节日和传统文化，富有中国特色的歌舞、原生态演唱等节目使观众亲身领悟到中华文化的博大精深与多彩多姿。各国主流媒体对中国代表团的演出盛况都给予了及时报道。

（六）其他领域丰富多彩的人文交流活动

除上述活动外，中国与中亚国家在其他各领域也举行了丰富的活动。在旅游领域，中方正式将哈萨克斯坦列为中国公民组团出境旅游目的地国，这是继乌兹别克斯坦之后的又一个重大突破，今后中国公民访问哈将更加方便。中哈还在霍尔果斯启动了“哈萨克传统文化旅游区”，成为哈向中国民众介绍本国文化的重要窗口。在医学领域，2012 年 10 月，吉尔吉斯斯坦医疗卫生代表团赴新疆考察培训，进一步开拓了中吉医疗领域务实合作。在环境保护方面，中国科学院地理与资源所等科研机构赴吉、塔两国进行了穿越帕米尔高原的科学探险考察活动，与两国相关机构就当地资源、环境与可持续发展进行了联合科学考察，另外，2012 年中国在哈还举行了中国电影周、中国食品文化节等活动。在吉成立了吉国家图书馆“中国文化教育中心”，在乌举行了“中国文化日”等，这些活动都有力促进了中国文化在中亚地区的传播。

二　多边机制为各国人文交流提供了更加广阔的舞台

在中国与中亚各国的人文交往中，多边合作平台正发挥着越来越重要的作用，特别是上海合作组织、中国—亚欧博览会和“丝绸之路”联合申遗等对加快中国与各国人文合作起到巨大的推动作用。

（一）上合组织是推动中国与中亚国家人文合作的重要多边机制

中国和除土库曼斯坦外的所有中亚国家都是上海合作组织成员国，因此上海合作组织自然成为中国与各国发展全方位关系的重要平台。而上海合作组织自成立之日起，人文合作就成为其重要的组成部分。《上海合作组织宪章》第三条明确规定，“扩大在科技、教育、卫生、文化、体育及旅游领域的相互协作”。目前，人文领域合作已与安全、经济合作一起成为推动上合组织发展的三驾马车。其作用主要体现在以下几个方面。

1. 上海合作组织建立了促进成员国人文交流的可靠机制，为中国及中亚成员国间的人文交流提供了资金、人员和技术保障

2002 年 4 月，第一次上海合作组织文化部长会议在北京举行，通过了《上海合作组织成员国文化部长联合声明》，标志着上海合作组织最重要的人文合作机制开始启动。2006 年 6 月，在上合组织峰会期间，各方签署了《上海合作组织成员国政府间教育合作协定》，并在当年 10 月举行了首次教育部长会议。至此，最能体现人文合作的两大领域——文化和教育合作进入有章可循的新阶段。之后，其他领域的合作也逐步启动，如先后召开了“上海合作组织成员国卫生防疫领导人会议”“上海合作组织国家电视台合作论坛”“上海合作组织成员国文化产业论坛”“上海合作组织国家行政学院院长论坛”“上海合作组织大学校长会议”等。

2012 年上海合作组织先后召开了第九次文化部长会议和第四次教育部长会议。在 2012 年 6 月举行的文化部长会议上，成员国签署了《上海合作组织成员国文化部长会晤北京宣言》，这是上海合作组织通过的首个文化宣言。同时还通过了《上海合作组织成员国政府间文化领域合作协定 2012 ~ 2014 年执行计划》等。2012 年 10 月，上海合作组织成员国第四届教育部部长会议暨第二届大学校长会议在比什凯克举行，各方签署了《第四届上海合作组织成员国教育部部长会议纪要》等文件。这些文件和计划为成员国间人文合作提供了法律依据和保障。

2. 上海合作组织拥有多个人文交流和合作平台

（1）上海合作组织大学。2007 年 8 月，俄总统普京提出了成立上海合作组织大学的倡议，并得到各方积极响应。2009 年，中、俄、哈、吉、塔五国就专业方向、参与院校等达成一致意见，意味着上海合作组织大学正式启动。截至 2012 年，上海合作组织大学共有 5 个成员国的 70 所项目院校，设立了 7 个专业方向。在 2012 年第四届教育部长会议上各方还决定，将人才培养从硕士研究生层面扩大至本科生层面。上海合作组织大学已经成为各国教育合作的典范，各方按照协商一致的教学大纲和培养计划，为各国培养急需的高水平专业人才。此外，截至2012年，在上海合作组织框架下还举办了五届“上海合作组织成员国‘教育无国界’教育周”活动，为各方进一步深化在教育、科技和文化方面的合作作出巨大贡献。

（2）上海合作组织文化艺术节。艺术节在各国轮流举办，可设立不同主题，是上海合作组织成员国文化交流的重要渠道之一。首届文化艺术节于2005年7月在阿斯塔纳举行，此后在上海合作组织峰会期间都会举行各种形式的艺术节活动，截至2012年已经举办了七届，现已成为各国艺术家展示本国传统文化、进行交流合作的重要平台。2012年在北京举行了“上海合作组织成员国艺术节——非遗和传统文化展示”活动，体现了上海合作组织对民族传统文化和非物质文化遗产的传承与保护。此外，在上海合作组织框架下还举办了“话说西湖”艺术论坛、“孩子们画笔下的童话”、“和谐之声”音乐会等重要活动，有力推动了成员国间不同年龄、不同领域的人文交流。

（3）上海合作组织框架下的各种培训活动。这是中方主办的多边交流活动，其涉及的培训范围很广，是各国专业人士培养和交流的重要渠道。仅2012年就举办了“上海合作组织成员国执法安全部门边防管理研修班”“中亚国家现代护理理论与技术培训班”“2012年上海合作组织国家教育行政官员来华培训班”“干旱半干旱区节水灌溉及精准农业实用高新技术培训班”“上海合作组织中医养生保健文化官员研修班”“土库曼斯坦文化管理研修班”等。这些研修班内容广泛，不仅涉及人文领域，还涉及经济、安全、农业、救灾、防疫、城市发展规划等各个方面。研修班通过专题讲座、互动讨论、实地考察、亲身体验等形式，使中外专家、官员可以面对面沟通，相互学习，规划双方的进一步合作。

（二）中国－亚欧博览会成为中国与中亚各国人文交往的新载体

2011年9月，首届中国－亚欧博览会暨中国－亚欧经济发展合作论坛在乌鲁木齐举行。此次论坛设立了金融、能源、文化、教育、遗产保护和人文旅游五个合作分委会，人文领域合作占据3/5。在2012年举行的第二届中国—亚欧博览会上，更是举行了中外文化展示周、亚欧“丝绸之路”服装节等大型活动，文化引领博览会成为会议的亮点。温家宝总理在会上也强调指出，“要深化人文交流，增进各国人民的友谊。要扩大文明对话，举办更多的文化、艺术活动，增加互派留学生，促进旅游合作，密切学术机构、青年组织、新闻媒体的友好交往。”①

1. 中外文化展示周

这是本届博览会最重要的活动之一，共包括三大主题艺术展览：“高度——2012 年首届新疆当代艺术双年展”“俄罗斯、乌克兰、哈萨克斯坦、乌兹别克斯坦、塔吉克斯坦、吉尔吉斯斯坦六国美术精品交流展”“大唐西市‘彩绘丝路’美术作品展”。三大展览向来宾全面展示了包括中国和中亚各国的艺术精华，是中国民众集中了解各国文化艺术难得的机会。此外，还举行了“大美新疆”民族歌舞、“木卡姆的春天”、“塞尔维亚芭蕾舞‘爱之圣境’”等三大主题专业艺术演出。中外文化展示周是中外文化交流的一次盛会，而中国和中亚国家都是舞台上的主角。

2. 亚欧“丝绸之路”服装节

作为 2012 年亚欧博览会的重要组成部分，会议还举办了首届亚欧“丝绸之路”服装节。服装节上举办了亚欧“丝绸之路”服装服饰博览会、亚欧时装周、亚欧服装合作论坛和新疆第二届妇女巧手大赛等活动。来自中国、中亚及俄罗斯等国设计大师、服装企业和设备企业参会。这既是一场经济盛会，也是一场服装、服饰文化展示交流会。

3. 中国 - 亚欧出版博览会

该活动为中国与亚欧各国出版界开展交流与合作开辟新的途径，而图书等正是文化的主要载体，中国与亚欧各国出版业合作与发展，必将推动各国文化的相互传播，增强人民间的文化认同和理解。

（三）“丝绸之路”是中国与中亚国家人文合作的重要纽带

“丝绸之路”是古代贯穿东西的经济、人文交往大通道，途经中国西部、中亚各国。在丝绸古道上遗留下众多古城、关隘、长城、石窟等名胜古迹，同时沿线还有不同的民俗、宗教文化和自然风光。2012 年，举行了中国与中亚

① 《再创丝绸之路新辉煌》，温家宝在第二届中国 - 亚欧博览会开幕式暨中国 - 亚欧经济发展合作论坛上的讲话，http：//www. gov. cn/ldhd/2012 -09/02/content_ 2215354. htm。

国家联合申遗、“丝绸之路”市长会议等有影响力的活动，使这条“古路”重焕青春，也成为本地区重要的文化交流、文物保护和旅游合作的平台。

1. 中国与中亚国家联合申遗成功在望

2006年，中国与中亚五国在吐鲁番召开会议，六国提出了联合将“丝绸之路”申报为世界遗产的愿望。2009年11月，“丝绸之路”系列申遗协调委员会正式成立。但由于地域广阔，各国国情和准备情况存在差异，2012年5月，中、哈、吉三国在北京举行了“丝绸之路：起始段和天山廊道的路网”协调委员会第一次会议，决定于2013年2月1日前由三国先行递交申遗文件，并计划于2014年列入《世界遗产名录》。若三国联合申遗成功，将带动其他“丝路”的申遗工作，大大促进中国与中亚各国的文化、旅游、文物保护的合作。

2. “丝绸之路”沿线城市市长会晤

“丝路”的巨大人文价值和市场价值吸引了沿路各国的目光。2012年5月，“丝绸之路”沿线城市市长会议在西安举行，来自中、哈、吉、塔等丝绸之路沿线的12个国家20余个城市的市长或代表与会。会议期间举行了“丝绸之路”国际旅游合作座谈会、与会城市友好交流合作座谈会等，签署了《2012“丝绸之路”城市市长会晤宣言》《2012“丝绸之路”城市市长会晤与会城市发展友好交流与合作协议书》《丝绸之路国际旅游合作行动纲要》等，并创立了“丝绸之路国际旅游合作联盟”。这些文件和机制将为“丝路”沿线各国的人文交流提供新的机遇。

3. 首届“丝绸之路人文合作奖”颁发

该奖项由“世界著名华人美术家环球绘画和平之旅组委会”发起，并联合多家单位成立，旨在发扬“丝绸之路”和平、合作、和谐、交流的精神，表彰在上海合作组织成员国间人文交流与合作领域作出突出贡献的中外人士。2012年6月，在上海合作组织峰会期间举行了首次“丝绸之路人文合作奖”颁奖仪式。俄罗斯艺术家科尔佐娃、塔吉克斯坦驻华大使阿利莫夫、乌兹别克斯坦社会活动家卡里莫娃、哈萨克斯坦学者玛斯木汗、吉尔吉斯斯坦前文化部长拉耶夫和中国中央民族大学教授胡振华获得了本届“丝绸之路人文合作奖”。

四　中国与中亚人文交流前景广阔

当前，中国与中亚各国深化人文合作处在一个良好的历史机遇期。首先，双方民众都渴望了解对方。中国蓬勃的经济发展势头、悠久灿烂的文化深深吸引着中亚各国民众，特别是年轻一代，他们渴望了解中国和中国文化。而随着经济交往增多，也有越来越多的中国人希望深入了解中亚各国的文化传统和当前发展状况。其次，人文合作有利条件很多。中国与中亚国家间有近水楼台的地缘优势，有“丝绸之路”的历史渊源，还有上海合作组织等可以借助的合作平台。可以说，双方合作具有“天时、地利、人和”的各种优势，其发展前景广阔。

但总体来说，目前中国与中亚各国人文合作还处在初期阶段，特别是在文化产业化、文物保护、旅游市场培育、宗教包容教育、传统医学交流、新媒体合作等各方面还有很多可以挖掘的东西。中国与中亚各国应通过务实合作，不断培养中国与各国民众间的相互好感，在文明对话中结成“谁也离不开谁的好邻居、好朋友、好伙伴”①。

---

① 戴秉国在庆祝中国与乌兹别克斯坦、哈萨克斯坦、塔吉克斯坦、吉尔吉斯斯坦和土库曼斯坦建交20周年招待会上的致辞，http：//www.gov.cn/ldhd/2012－01/10/content_ 2041471.htm。

Y.23
中国共产党与中亚国家政党交往的历史与现状

崔丽芝　王 岳*

摘　要：

中国共产党与中亚国家政党关系是两国关系的重要组成部分。独立20年来，中亚五国政党力量发生了一系列变迁，各国政党呈现差异化发展态势。经历20多年实践，中国共产党与中亚国家政党在交往范围、内容和方式等方面都有长足进步并取得积极成效，有力推动了中国与中亚国家关系的全面深化。目前，中国共产党与中亚五国政党交往已形成全方位、立体化的发展格局，政党高层互访日益频繁，交往内容与形式日益丰富，机制化交往态势不断推进，双边政党交往已进入关键机遇期。

关键词：

中国共产党　中亚　政党交往

20世纪90年代初，中亚五国相继取得独立，在宪法制度上确立了类似西方的国家体系，议会民主和多党制亦应运而生，政党活跃度开始上升。与此同时，中国共产党与独联体国家政党交往在苏联解体后面临重启的机遇。在同中亚国家政党交往上，中国共产党抓住一些国家特别是中亚国家在独立之初愿与中国全面发展关系之机，率先取得突破，及时填补了与独联体地区政党交往的空白。进入新世纪以来，随着中国与中亚国家关系的不断巩固与发展，中国共产党与中亚国家政党交往不断取得进展，中亚已成为双边党际交往最为活跃的地区之一。

---

* 崔丽芝，中央对外联络部六局中亚处处长；王岳，中央对外联络部六局中亚处研究员。

一 中亚国家政党发展的历史变迁

独立初期，中亚各国由于受苏东剧变和西方思潮渗透的影响，多党政治和民主制度一时成为“时髦”，各种政治思潮和主张泛起，作为其载体的各类型政党也一度兴起。这一时期中亚五国一下涌现众多政党，但各国政党总体处于摸索和寻求自身定位的过程中，在经历起起落落、分分合合后，有的迅速消亡，有的归于沉寂，鱼龙混杂、相互倾轧、杂乱无序成为中亚各国政党初创阶段最为显著的特点。与此同时，这些国家原共产党组织因其相对完备的组织结构和丰富的人才资源，改头换面后仍成为中亚各国当局的主要借重力量。由于缺乏强大的社会基础和发达的政党政治文化，加之总统威权统治逐步在中亚各国占据上风，各国政党在经历短暂亢奋后在20世纪90年代中期进入相对平稳状态。20世纪90年代中后期，中亚各国议会和总统选举使政党活动再次活跃。为规范政党行为，中亚各国（土库曼斯坦除外）相继颁布了《政党法》，为当局掌控政党发展提供了重要法律依据，中亚各国政党发展进一步受到规范，数量进一步减少，政党分野渐趋明晰，亲总统的“政权党”逐步坐大，并雄居政坛，其他政党逐步被边缘化、生存艰难，多党制在一定程度上徒有虚名。进入21世纪以来，全球民主化浪潮再掀高潮，中亚地区接连受到“颜色革命”和西亚北非动荡影响，各国政治转型面临二次选择，各国政党作用再度受到重视，活动空间有所扩大，新的政党架构正在成形。独立20多年来，中亚五国政党发展出现较大差异。

1. 哈、塔等国逐渐呈现一党为主、多党为辅的态势

哈萨克斯坦独立初期，政党和各类政治组织一度有300多个，经过不断分化组合，大部分已销声匿迹，少数政党得以继续生存。1999年纳扎尔巴耶夫总统将支持其参加总统竞选的政治力量整合为祖国党，并将其作为执政重要依托，该党发展迅速。2006年12月，该党进一步整合其他政治力量并改名“祖国之光”人民民主党，实力进一步增强，成为真正意义上的政权党。目前，哈萨克斯坦主要政党有9个，其中“祖国之光”人民民主党在2012年议会选举后占据83个议席，该国议会内政党还有光明道路民主党（8席）、共产主义人民党（7席），它们是哈萨克斯坦国内建设性反对派。塔吉克斯坦在1997年内战结束后，政治力量重新分化组合。随着拉赫蒙总统十多年的掌权控局，其领导的人民民主党在国内占据了优势地位，其他政党的发展受到制衡。塔吉克斯坦共产党由当初的政权党成为目前的建设性反对派，而作为中亚唯一合法的宗教性政党——伊斯兰复兴党也在逐渐淡化宗教色彩，扩大影响，目前是塔吉克斯坦最大的在野党。目前，塔吉克斯坦主要政党有8个，在2010年2月举行的议会下院选举中人民民主党占据43个议席，伊斯兰复兴党、共产党、农业党、经济改革党在议会中各占据2个议席。随着2013年塔吉克斯坦总统大选的临近，目前伊斯兰复兴党等国内反对派力量在不断整合，积极寻求外部支持，为总统大选造势。

2. 土库曼斯坦历经20年终于迈出多党制步伐

土库曼斯坦的政党制度独具一格，宪法虽规定可以成立政党，但该国实际上由共产党改组的民主党一党长期执政，总统为该党终身主席。别尔德穆哈梅多夫总统上台后，为获得民众支持和减少外界抨击，主动纾缓内外压力，承诺逐步实行多党制等改革措施。2012年2月，土库曼斯坦国民会议通过《政党法》，土库曼斯坦总统称该法律旨在“鼓励多竞争，打破原先民主党的垄断地位”。同年8月，酝酿已久的新党——工业企业家党正式宣布成立。土库曼斯坦国内还不时传出农业党等其他政党正在筹建过程中的消息。

3. 乌兹别克斯坦积极探索多党平衡的发展道路

乌兹别克斯坦明令禁止建立“反对宪法制度和国家安全”的反对派政党，而且利用政党的注册登记制度迫使一些反对党解散或转到国外或地下活动。乌兹别克斯坦独立之初事实上由人民民主党执政，卡里莫夫总统亲任党主席，后为应对西方压力，卡辞任该党主席，乌兹别克斯坦议会在改选后随即进入多党共治时代。近年来，乌兹别克斯坦一直在推进政治改革进程，尝试扩大议会和政党权限。2007年卡里莫夫总统颁布《关于加强政党在国家改革、民主化和现代化进程中作用的宪法性法律》，政党作用得到一定提升。但事实上，乌兹别克斯坦政党独立活动权限和范围仍受到政府严格控制。目前乌兹别克斯坦登记合法政党为4个，分别是人民民主党、“公正”社会民主党、“民族复兴”民主党、自由民主党，均为支持总统的“体制内”政党。

4. 吉尔吉斯斯坦改行议会多党制，但政党发展仍处发育期

吉尔吉斯斯坦为政治比较宽松的国家，政党数量高峰时曾多达三四百个，但始终未形成较有影响的政权党，政党组织涣散且纪律性不强，整体仍处于不成熟状态。2005 年、2010 年吉尔吉斯斯坦相继发生两次动荡就与国内政党政治发展程度有莫大关系。2010 年 6 月吉尔吉斯斯坦通过新宪法宣布改行议会制，同年 10 月举行议会选举，“故乡”党、社会民主党、共和国党、尊严党和祖国社会党进入议会。作为中亚地区率先实行多党议会制的国家，议会内五个政党围绕权力的运行仍在不断上演分化组合。目前，政党在吉尔吉斯斯坦国家政治和社会生活中的地位和影响显著上升，与国家权力运作更加紧密，截至 2012 年底该国登记注册的政党数高达 180 多个。

从总体上看，经过 20 多年发展转型，多党制已覆盖整个中亚五国，政党作用也较前有所上升。但在总统威权体制下，政党仍是当局有效控局和顺利施政的工具。目前，中亚国家正处于发展变化的关键期，“总统强权”的鼎盛时期已经过去，中亚各国的政党活动渐趋活跃，一些较有实力政党的地位和作用不断上升，对国家政治生活的影响力随之扩大。但在未来相当长时期内，中亚的政党体制和政治制度同欧美仍有较大差异，多党体制要真正付诸实施并成为现实，仍需要经历一个漫长的完善和发展过程。

二　中国共产党与中亚国家政党交往的探索阶段

中国与中亚五国建交伊始，中国共产党就以中亚国家主要政权党为突破口，率先同哈萨克斯坦社会党、土库曼斯坦民主党、乌兹别克斯坦人民民主党、塔吉克斯坦共产党等中亚国家主流政党建立正式关系。在这之后，积极尝试与中亚国家其他类型政党开展接触，顺应各国政党形势变化及时调整与中亚国家政党的关系。这一时期，中国共产党与中亚国家党际交往牢牢把握以政权党交往为主线，突出双边互访为主要内容。

1. 与哈萨克斯坦国内政党交往历经数次变迁

由于哈萨克斯坦国内主要政党力量在独立后出现多次大调整，中国共产党与哈萨克斯坦政党交往也历经交往对象的多次变动。在独立初期，哈萨克斯坦社会党一度占据政坛显赫地位。1992 年 4 月该党中央两位书记叶尔蒂斯巴耶夫和安东诺夫联合率团访华，时任中央书记处书记、中央政法委书记乔石会见了他们，双方签署《1992～1993 年两党合作协议》。20 世纪 90 年代中叶，哈萨克斯坦国内政治力量出现一轮大的变动，社会党迅速走向衰弱而无力开展对外交往，得到纳扎尔巴耶夫总统支持的人民统一党开始在哈萨克斯坦政坛占据重要地位。1997 年 5 月，该党主席比扎诺夫受邀访华，中央政治局常委、中央书记处书记胡锦涛会见，两党正式建立关系。1999 年 3 月包括哈萨克斯坦人民统一党在内的多支政治力量联合组成祖国党（即“祖国之光”党前身），总统纳扎尔巴耶夫亲任该党主席，同年 5 月该党代主席捷列先科率团访华，两党关系得以快速发展。2001 年 9 月，该党代主席捷列先科再次率团成功访华。2000 年 8 月，中联部部长戴秉国应祖国党邀请率团访哈，2004 年 3 月中联部副秘书长谭家林率团出席祖国党六大。同年 6 月，中共中央政治局常委李长春应该党邀请率团访哈，分别与纳扎尔巴耶夫总统、议会下院议长、政府总理、祖国党常务副主席举行会见会谈。2005 年 7 月，祖国党执行主席（原称代主席）茹马古洛夫率团访华。2006 年 11 月，中央政治局委员、北京市委书记刘淇应该党邀请访哈，两党就推动双方合作取得重要进展。

2. 与土库曼斯坦民主党关系保持长期平稳发展

土库曼斯坦民主党由共产党直接转变而来，基本保持了原有的组织机构。受时任总统尼亚佐夫的强力支持，土库曼斯坦民主党与中共的交往比较畅通，1993 年和 1996 年签署了两份定期合作协议书。在此背景下，双边交往日益热络，时任土库曼斯坦民主党政治委员会第一书记穆萨耶夫（2008 年离任）先后 7 次率团访华，在 1993 年、1995 年、1998 年和 2004 年访华期间相继受到胡锦涛、李长春、罗干等中央领导的接见。中共代表团亦多次应民主党邀请访土并受到高规格接待，获得良好反响。1995 年时任中央政治局常委、中央书记处书记的胡锦涛同志率团访土。2005 年，中央书记处书记、中纪委副书记何勇率中共代表团访土。

3. 与乌兹别克斯坦政党交往在曲折中前行

独立初，脱胎于乌兹别克斯坦共产党的人民民主党实力雄厚，总统卡里莫夫当时兼任党主席，中共与之接触时间较早。1992 年 3 月，中联部副部长李淑铮率团访问乌兹别克斯坦并与人民民主党第一书记拉苏洛夫会见，两党正式建立关系。1993 年 5 月，该党中央政治委员会第一书记拉苏洛夫率该党代表团访华。同年 9 月，中联部副部长宦国英率团访乌，与该党签署了《1994～1995 年两党友好合作协议》。在此文件指导下，两党关系取得较快发展。1994 年 6 月，该党中央第二书记扎拉洛夫率团访华。1995 年 10 月，中共中央政治局常委胡锦涛率团访乌，会见了人民民主党议会党团领导人。1996 年，卡里莫夫总统退出人民民主党，以超党派自居，该党在乌兹别克斯坦国内地位开始下降，中共与该党关系一度中断。直到 2000 年，中联部副部长蔡武率团访乌，与人民民主党时任第一书记拉扎洛夫举行工作会谈，两党关系得以延续。

4. 与塔吉克斯坦政党交往起步早却发力晚

虽然中共与塔吉克斯坦共产党在 1992 年即建立联系，该党主席沙勃多洛夫 1994 年曾顺访中国，但塔国内战争使得双边党际关系陷入停顿。随着内战结束和国内民族和解进程的推进，塔吉克斯坦国内政治力量出现较大变化，2000 年 3 月人民民主党在首届议会下院选举中大获全胜。2000 年 8 月和 2002 年 8 月，中联部部长戴秉国、副部长蔡武分别应人民民主党邀请率团访塔，两党关系正式确立。2002 年我党召开十六大和胡锦涛同志当选中共中央总书记之际，人民民主党第一时间致电祝贺。2003 年、2006 年和 2007 年时任该党第一副主席达弗拉特佐达三度率团访华。2005 年 6 月，中共中央书记处书记、中央纪委副书记何勇率团访塔。2007 年 8 月，中联部部长王家瑞率中共代表团访塔，与塔人民民主党第一副主席举行工作会谈。

5. 与中亚其他各类政党交往开始起步

吉尔吉斯斯坦政党力量分散且发育不成熟，但这一时期中国共产党积极抓住机遇与吉祖国党、社民党、尊严党、共产党人党等影响力相对较大的政党开始广泛接触，但囿于吉尔吉斯斯坦国内政治形势的急剧变动，与吉尔吉斯斯坦政党交往时断时续。2007 年在时任总统巴基耶夫总统支持下，吉尔吉斯斯坦“光明道路”人民党盛极一时。2008 年 8 月，中联部部长王家瑞访吉并与“光明道路”人民党第一副主席阿拉巴耶夫举行工作会谈，双方正式建立联系。同年，该党副主席阿拉巴耶夫率该党代表团访华。2006 年中联部考察组访乌，与议会内第一大党自由民主党等政党开始接触。在塔吉克斯坦内战结束后，中共与塔共也恢复联系，此后该党主席于2004年率团出席在北京举办的亚洲政党国际会议。中共与塔吉克斯坦伊斯兰复兴党也逐步开展接触，作为中亚地区唯一的伊斯兰合法政党，2004年该党曾派代表出席在北京举办的亚洲政党国际会议。

三　中国共产党与中亚国家政党交往进入全面开拓发展期

随着中国改革开放的全面推进，尤其是2008年国际金融危机以来我国国际地位大幅提升，与世界关系持续深化，中国发展道路成为许多国家和政党学习研究的对象，中国共产党的外部影响显著提高，国际形象日益受到关注。与此同时，中亚地缘政治经济地位日益提升，中国与中亚国家关系不断深化，中国共产党与中亚国家政党交往迎来前所未有的战略机遇期。这一时期，中国共产党与中亚国家政党交往出现了一系列显著特点和发展趋势。

一是立体化、全方位交往格局逐渐成形。目前，中国共产党与中亚五国的17个政党，其中包括执政党、参政党、合法在野党，建立了不同层面的联系。尤其是与中亚五国议会内主要政党均建立了联系，为国家关系的发展起到了促进作用。中国共产党与中亚国家政党交往的内容囊括了政治、经济、社会、文化、外交等各领域；既有政治交流，又有经贸投资；既探讨促进双边关系发展之策，又商谈国际、地区及热点问题解决之道；既有治国理政经验互鉴，又有党建理论研讨；既有文化沟通，又有民意互动。

二是高层交往日益热络。近几年，中国共产党与中亚五国主流政党保持了高频互访的态势。2009年和2011年时任哈“祖国之光”党第一副主席的卡列塔耶夫和尼格马图林分别率该党代表团访华，受到中国共产党高层领导人习近平、贾庆林、刘云山、俞正声等的热情接见。2010年12月，乌兹别克斯坦人民民主党议会党团主席、副议长瓦法耶夫率议会四党联合代表团访华。2010～2012年塔人民民主党第一副主席萨法罗夫、副主席拉季波夫连续三年率团访华。与此同时，中共中央领导也多次率团访问中亚各国。2010年6月，中央政治局常委、中纪委书记贺国强访问土库曼斯坦。同年9月，中央政治局常委、中央书记处书记、中宣部部长刘云山访哈。2011 年 2 月，中联部副部长陈凤翔以中共代表身份出席“祖国之光”党十二大并转交胡锦涛总书记的贺信。2011 年和 2012 年中共中央政治局常委、中央政法委书记周永康相继访问塔、土两国。

三是交往日益走向规范化、机制化。2009～2011 年，中国共产党与哈萨克斯坦“祖国之光”党相继签署《合作备忘录》《2012～2014 年合作议定书》等文件，两党交往走向机制化。2011 年，在拉赫蒙总统见证下，中国共产党与塔吉克斯坦人民民主党签署《两党合作备忘录》，双方商议在高层互访、政党干部培训以及治国理政经验交流等方面将加强合作，双边机制化交往已渐成熟。中国共产党与土库曼斯坦民主党交往也更为密切，逐步向定期交往机制迈进。此外，中国共产党与乌兹别克斯坦议会内四党联合交往的模式初具规模，与吉尔吉斯斯坦主要政党交往也已取得良好开局。

四是交往层级日益丰富。2009 年，中联部分别派代表出席塔吉克斯坦人民民主党代表大会、吉尔吉斯斯坦“光明道路”党代表大会。2010 年哈萨克斯坦“祖国之光”党、塔吉克斯坦人民民主党派代表出席在云南举行的亚洲政党扶贫专题会议。2011 年，塔吉克斯坦人民民主党和共产党、乌兹别克斯坦人民民主党和自由民主党派代表出席在广西举行的亚洲政党专题会议。同年 12 月，乌兹别克斯坦人民民主党议会党团主席兼副议长萨法罗夫率团访华并出席在广州举行的亚洲残运会闭幕式。2012 年初，中国共产党考察组相继赴乌兹别克斯坦、土库曼斯坦、哈萨克斯坦进行访问，与上述三国主要政党进行了工作会谈。同年，中国共产党与吉尔吉斯斯坦政党交往出现历史性突破，相继接待吉尔吉斯斯坦社民党、祖国党、故乡党、共产人民党等代表团访华，在交往中注重加强推进双边地方务实合作和交通基础设施大项目发展。近两年，塔吉克斯坦、吉尔吉斯斯坦等国还相继派出中央和地方书记、企业家、媒体代表来华考察，学习中国在治国理政和党的建设方面的相关经验。在十八大召开以及习近平当选中共中央总书记之际，哈萨克斯坦“祖国之光”党、土库曼斯坦民主党、塔吉克斯坦人民民主党等 10 多个政党在第一时间发来贺电（函），十八大之后中共专家组应塔人民民主党邀请前往该国进行十八大精神宣介。

五是务实合作成为重要内容。在与中亚国家政党交往中，中方相继推动中国国电集团、中国空间技术研究院、中国石油、中兴、华为等十多家企业机构与中亚相关国家开展合作，切实推动了企业“走出去”战略。近几年，务实合作更成为政党双边高层互访的重要内容，中方利用党际渠道积极推动中国中亚油气合作、电力合作、大型交通基础设施建设等一系列重要项目建设，积极为中国与中亚国家经贸合作服务。

四 中国共产党与中亚国家党际交往的主要成效

纵观二十余年发展，中国共产党同中亚国家政党交往卓有成效，为中国党和国家的事业作出贡献。中共与中亚国家政党交往在党中央领导下，实现了理论与实践、体制与机制的创新，为服务党和国家的中心工作、服务国家总体外交、加强党的执政能力、扩大党的国际影响力及中国特色社会主义事业的感召力，发挥着越来越重要的作用。

第一是有效服务于国家外交战略发展的需要。中亚地区是中国的重要战略周边，搭建中国共产党与中亚各国政党沟通平台是中国践行睦邻友好和平外交政策的重要体现，有利于增进中国与中亚国家的战略互信，为国家关系的长远发展打下坚实基础。在交往过程中，中国共产党与中亚地区许多政党建立了深厚感情，与各国政治精英、专家智库等开展了广泛接触，扩大了中亚地区知华友华力量，切实服务于推动国家关系稳定发展这一中心任务。

第二是积极参与国家重大外交行动。充分利用政党外交的独特优势，为中央领导人出访等重大外交行动开展配套工作，举办配套活动，并有效引导活动议程，烘托活动氛围。在联合国改革、地区无核化以及台湾、涉藏、涉疆等各种热点敏感问题上，充分发挥政党外交优势，为推动相关问题的化解发挥着积极作用。在加强党的国际形象宣传上，利用政党外交渠道积极宣传党的路线、方针和政策，积极营造客观正面的周边舆论环境，努力向中亚各国展示中国共产党立党为公、执政为民，民主、进步、开放、创新的良好国际形象。

第三是促进对外交流与务实合作。中国共产党同中亚地区政党的交往始终坚持统筹内外两个大局，着力提升为开拓“两个市场”、利用“两种资源”服务的水平，积极推动双边重要领域和项目合作，为地方合作和企业“走出去”搭建平台，努力促进经济、能源、安全、科技、文化、教育、民生等各领域对外交流合作，为中国有效应对国际金融危机、欧债危机，保持经济平稳较快发展作出了重要贡献。

第四是有效服务于党和国家路线方针政策的制定。通过与中亚国家政党的交流与合作，中国共产党人拓宽了国际和地区视野，增强了对中亚地区的感性和理性认识，同时为中国共产党借鉴国外发展经验、推动国内发展奠定了基础。此外，在与中亚国家政党交往过程中，中国共产党始终注重对外国政党兴衰成败经验教训、地区社会思潮、政党政治发展规律等方面问题进行深入考察，切实为党和国家的决策部署提供智力支持。

政党外交作为国家总体外交的重要组成部分，肩负推进中国和平发展的重任。今后一段时期，中国共产党将在党际关系四项原则基础上，在十八大精神指引下继续与中亚各国政党开展更加紧密的交流与合作，全面提高党的对外交往能力。一方面积极向国际社会展现中国共产党与中国人民爱好和平、敢于担当的负责任国际形象，告诉世界一个客观真实的中国和中国共产党；另一方面致力于推动双边和多边国家关系的长远发展，应对各种风险和挑战，倡导地区和谐，争取维护好和平稳定的周边环境。

国别形势

Country Reviews

Y.24

哈萨克斯坦

王明昌*

摘　要：

2012年哈萨克斯坦政局稳定，议会下院提前选举，顺利实现多党议会制改革。政府继续推进经济创新发展纲要，经济稳定复苏。大国平衡外交游刃有余，与俄罗斯关系进一步加强。纳扎尔巴耶夫总统提出哈2050年战略，规划未来发展前景。但国内恐怖事件骤增，总统接班人问题悬而未决，未来稳定能否持续看法有分歧。

关键词：

哈萨克斯坦　总体形势　2012年

一　政治形势稳定

（一）提前议会选举

1月15日，哈第五届议会下院选举提前举行，三党进入下院：执政

* 王明昌，中国现代国际关系研究院俄罗斯研究所研究人员。

党——祖国之光党获83席，光明道路党8席，共产主义人民党7席。① 来自欧洲安全与合作组织、独联体、上海合作组织等国际组织及29个国家的观察员监督此次选举。哈第四届议会选举在2007年举行，祖国之光党包揽全部席位，因此遭受西方指责。为推行多党制议会制，2009年哈通过了《选举法》《政党法》修正案，规定哈议会下院至少由两个政党的代表组成，选举中赢得7%以上选票的党派可以进入议会，如果只有一个政党得票过7%，则排名第二的政党自动进入议会。哈多党制议会改革渐已成形，但并未改变纳扎尔巴耶夫总统领导的祖国之光党的执政地位，总统执政地位同样无可替代，“建设性反对党”的存在也有力回击了西方对哈的指责。

（二）推进行政体制改革

近年来，哈政府高层人事变动频繁，政府职能部门多次调整，主要原因是配合政府机构改革，防止官员腐败，同时也不排除是为纳扎尔巴耶夫总统接班人做准备。

1. 高层人事调整

2012年1月，哈总统签署总统令进行一系列高层人事调整：任命苏尔丹诺夫担任总统办公厅主任，免去其总统助理职务；任命艾哈迈托夫为第一副总理，免去其卡拉干达州州长职务；任命克里姆别托夫为副总理，免去其经济发展和贸易部部长职务；任命萨金塔耶夫为经济发展和贸易部部长，免去其巴甫洛达尔州州长职务；任命卡帕拉夫为环境保护部部长；任命伊马舍夫为司法部部长；任命库姆哈默德为国务秘书，免去其文化部部长职务；任命朱马卡里耶夫为交通通讯部部长，免去其通讯和信息部部长职务；任命伊谢克舍夫为工业和新技术部部长，免去其副总理兼工业和新技术部部长职务；任命门巴伊为文化和信息部部长。②

① Полный список депутатов Мажилиса Парламента РК V созыва, http://www.zakon.kz/4468238-polnyjj-spisok-deputatov-mazhilisa.html.

② 《哈萨克斯坦政府进行调整》，http://kz.mofcom.gov.cn/article/jmxw/201201/20120107941165.shtml；《谢里克·阿布杰诺夫被任命为劳动和居民社会保障部部长》，http://kz.mofcom.gov.cn/article/jmjg/law/201209/20120908362167.shtml。

9月24～25日，哈权力高层再次出现重大人事调整。纳扎尔巴耶夫签署总统令，任命原第一副总理艾哈迈托夫为政府总理，解除了马西莫夫总理职务，同时任命其担任总统办公厅主任要职。原总统办公厅主任穆辛被调任议会预算调控委员会主任，权力削减。同时，议会下院议长里格马图林被解除执政党祖国之光党第一副主席职务，由原经济发展和贸易部部长萨金塔耶夫接任。还任命叶·多萨耶夫为哈经济发展和贸易部部长；任命现年35岁的东哈州副州长阿布杰诺夫为哈劳动和居民社会保障部部长。哈此番人事调整力度之大较为罕见。

2013年新年伊始，哈总统纳扎尔巴耶夫再次签署总统令，免去哈政府副总理库舍尔巴耶夫职务，任命其为克孜勒奥尔达州州长；任命萨金塔耶夫为哈政府第一副总理兼地区发展部部长；免去哈经济发展和贸易部部长多萨耶夫职务，任命其为新组建的经济和预算规划部部长；免去穆赫塔尔·库尔默罕默德国务秘书职务，任命其为哈文化和信息部部长；任命哈体育署署长叶尔梅基亚耶夫为2017哈萨克斯坦世博会国有股份公司管理委员会主席。[①]

2. 政府职能部门变动

2012年1月，哈总统签署总统令，撤销通讯和信息部，将其职能并入文化部和交通通讯部；改组文化部，成立新的文化和信息部；改组旅游和体育部，成立体育署，同时将管理旅游事务的职能转交给工业和新技术部。[②]

2013年1月16日，纳扎尔巴耶夫连续签署多个总统令，哈政府机构和职能发生较大变动[③]：①环保部职能进一步扩大。除了承担国家绿色经济政策实施和监督职能，还接管了农业部此前负责的保护并监督自然资源合理利用、制定国家水资源管理政策、水资源和渔业发展管理职能（不包括土地改良问题）、建筑和住宅公共事务署固态生活垃圾利用问题相关职能，以及工业和新技术部的再生能源发展领域国家政策制定职能。此外，总统还责成政府建立环

① 《哈政府机构近期人事任免》，http：//kz. mofcom. gov. cn/article/jmxw/201301/20130100006210. shtml。

② 《哈萨克斯坦政府进行调整》，http：//kz. mofcom. gov. cn/article/jmxw/201201/20120107941165. shtml。

③ 《哈政府机构近期职能变动情况》，http：//kz. mofcom. gov. cn/article/jmxw/201301/20130100006211. shtml。

保部渔业和森林、狩猎业委员会。②撤销国家原子能署，将其并入哈工业和新技术部，新组建机构名称为工业和新技术部原子能委员会，该机构职能包括原子能利用、保障核和放射安全、核材料和核装置物理保护、遵守哈境内核不扩散制度。③成立地区发展部，将经济发展贸易部制定并实施地区发展和企业活动支持职能（其中包括协调社会—企业集团活动）划归该部，并对国家建设和住宅公用事业署和土地资源管理署进行重组，划入地区发展部。新组建机构名称为建设和住宅公用事业委员会、企业活动发展委员会和土地资源管理委员会。④经济发展和贸易部重组为经济和预算规划部。财政部的预算规划职能、工业和新技术部的制定国家投资支持和创造良好投资环境政策职能以及内务部的居民迁移政策制定职能划归该部。

二　安全形势严峻

（一）安全事件频发

最近几年，哈国内安全形势愈发严峻，主要表现在强力部门问题频发和恐怖袭击事件骤增。2012 年 5 月哈阿拉木图州中哈一边境哨所，一名边防军射杀 14 名战友和 1 名护林员，并放火烧毁了哨所。6 月 18 日，中哈边境边防哨所 11 名边防军擅自离开的逃跑事件。2012 年 12 月哈南部一架边防部队军用运输机坠毁，机上 27 人全部罹难，其中包括哈边界警卫部队指挥官和哈南部边界警卫部队高级官员。

2012 年哈萨克斯坦护法机构共侦破了 112 起恐怖主义和极端主义犯罪，制止了 24 起恐怖犯罪活动。[①] 3 月哈安全部门在阿拉木图破获一起恐袭未遂案，策划者疑与流亡海外的反对派领袖阿布利亚佐夫关系密切。7 月哈阿拉木图州陶萨马雷村发生自制炸弹爆炸，造成 8 人死亡，警方随后发现一批武器弹药和宗教极端宣传材料，认定爆炸系恐怖分子制造炸弹发生意外所致。7 月 30

① 《哈萨克斯坦恐怖主义和极端主义犯罪呈上升趋势》，http://news.qq.com/a/20121123/000015.htm。

日，哈政府军与藏匿在阿拉木图一栋居民楼的恐怖分子交火，打死6名涉嫌杀死一名警察的罪犯。8月哈警方在阿拉木图州卡拉赛地区击毙9名恐怖分子。

此外，随着国际安全援助部队2014年撤离阿富汗，哈面临的毒品走私形势也更加严峻。2012年6~10月，哈在全国范围内展开代号为"罂粟2012"的打击毒品犯罪专项行动，共查获20吨毒品，发现1307起毒品犯罪活动，其中包括53起贩卖大宗毒品活动和29起毒品走私活动，同时破获5个有组织犯罪团伙。[①] 2013年1月25~31日一周内，哈内务部反毒委员会就破获涉毒犯罪案件76起，共查获各类毒品38千克。[②]

（二）恐怖活动进入"活跃期"

2012年哈国内发生至少14起重大恐怖袭击事件，是历年来最频繁的一年。2012年1~9月，哈涉嫌恐怖活动的刑事罪犯有31人，而2011年全年为33人。[③]

2006年10月哈萨克斯坦高级法院判定以下组织为恐怖组织，禁止其在境内存在：基地组织、东突厥斯坦伊斯兰党、乌兹别克斯坦伊斯兰运动、安萨尔联盟（Асбат-аль-Ансар）、穆斯林兄弟会、塔利班、中亚圣战组织、灰狼（Боз Гурд）、虔诚军、库尔德人民党、社会改革联盟（Общество социальных реформ）等。之后又加入了伊扎布特（伊斯兰解放党）、真理教（日）和东突厥斯坦解放党。[④]

2012年11月哈政治决策研究所发布的《2012年哈萨克斯坦恐怖形势》报告认为，哈恐怖活动可以分为四个阶段：①外来恐怖分子时期（20世纪末至本世纪初）。该时期，哈境内恐怖分子主要来自国外，强力部门抓捕后多将其引渡回国。2000~2004年间共抓获8名涉嫌从事恐怖活动的乌孜别克人。

---

① 《哈萨克斯坦半年内共查获20吨毒品》，http：//news. xinhuanet. com/world/2012 -11/03/c_123908613. htm。

② 《哈萨克斯坦一周内查获38千克毒品》，http：//world. people. com. cn/GB/57507/16995318. html。

③ Доклад "Терроризм в Казахстане"：Общины ваххабитов будут только расти，http：//www. regnum. ru/news/polit/1598478. html.

④ Доклад "Терроризм в Казахстане"：Общины ваххабитов будут только расти，http：//www. regnum. ru/news/polit/1598478. html.

②雇佣恐怖分子时期（2000～2005 年）。该时期哈公民加入国际恐怖组织后多在境外从事恐怖活动，如 2004 年哈公民参与乌兹别克斯坦反政府恐袭。③局部或本土的恐怖分子时期（2005～2011 年）。哈萨克人在本土从事民族极端主义、恐怖主义的犯罪不断上升。2008～2009 年间哈官方统计，共挫败 7 起恐怖活动。这一时期恐怖活动对哈国家安全已产生直接威胁。同时期哈公民从事境外恐怖活动的势头也急剧上升。④境内高发期（2011 年至今）。2011 年后哈境内恐怖活动明显增多，袭击手段也呈多样化，通常哈恐怖组织将内务部、国家安全委员会等强力机关作为直接攻击目标。[①]

哈国内恐怖事件骤增与近年来国际恐怖组织的不断渗透有关。哈萨克斯坦西部靠近高加索地区，南部临费尔干纳地区，均属恐怖事件高发区，北部和东部相对稳定。不同地区的恐怖分子与不同的国际恐怖组织存在联系。哈西部和中部恐怖分子同俄罗斯北高加索地区联系紧密。哈南部阿斯塔纳、阿拉木图地区更多同中亚地区恐怖分子联系，其中主要与乌兹别克斯坦的恐怖组织联系紧密。哈北部和东部地区斯拉夫化程度高，受恐怖组织影响较小。总体来说，哈恐怖组织主要是通过中亚国家间接与阿富汗、巴基斯坦的恐怖组织联系，并未直接与之接触。[②]

三　经济稳步发展

（一）宏观经济指标良好

2012 年哈继续实施复苏计划，经济稳步回升，宏观经济指标良好。初步估计 2012 年哈 GDP 增长 5%，名义 GDP 约 30 万亿坚戈（约合 2004 亿美元），人均 GDP 或超过 1.2 万美元。[③] 开采业和加工工业因外部经济环境恶化发展放

---

① Доклад “Терроризм в Казахстане”: Общины ваххабитов будут только расти, http: //www.regnum.ru/news/polit/1598478.html.

② Доклад “Терроризм в Казахстане”: Общины ваххабитов будут только расти, http: //www.regnum.ru/news/polit/1598478.html.

③《哈萨克斯坦 2012 年 GDP 增长 5%》, http: //kz.mofcom.gov.cn/article/jmxw/201301/20130100004792.shtml。

慢，消费领域（贸易和服务业）成为拉动哈经济发展的主要动力。此外，交通、通信和建筑行业表现积极，银行贷款稳步提高。1～12月建筑业增长2.9%，商贸增长14.6%，交通业增长7.2%，通信业增长9.6%，工业增长0.5%，农业下降17.8%。① 零售贸易额超过4.3万亿坚戈（约合286亿美元），较上年增长12.9%。② 截至2012年底哈共计1689.7万人，失业率为5.3%，通货膨胀率比2011年高6%。③

2012年哈吸引外国直接投资超过200亿美元④，固定资产投资约363亿美元，同比增长3.8%。⑤ 至2012年底，黄金外汇储备总额达860亿美元，自年初累计增长17.9%。⑥

2012年1～11月，哈外贸总额约1252亿美元，比去年同期增长10.9%，其中出口额848.87亿美元，比同期增长6.3%，进口总额403.12亿美元，同比增长21.9%。外贸盈余445.75亿美元，比2011年同期减少4%。其中，56.4%的出口产品运往欧洲，49.6%的进口产品来自独联体国家。与欧洲贸易额占哈外贸总额的43%，与独联体国家贸易额占哈外贸总额的25%（其中与俄、白关税同盟国贸易占17.7%），与亚洲国家贸易额占25.7%。俄罗斯为哈外贸第一大国，占哈外贸总额的17.1%，中国为哈第二大贸易伙伴，占16.9%，意大利为哈第三大贸易伙伴，占12.1%。⑦

---

① Основные социально-экономические показатели, http://stat.kz/Pages/default.aspx.

② 《哈萨克斯坦2012年零售贸易增长12.9%》，http://kz.mofcom.gov.cn/article/ddgk/wtozuzhi/201301/20130100004275.shtml。

③ Основные социально-экономические показатели, http://stat.kz/Pages/default.aspx.

④ 《2012年哈引进外国直接投资超过200亿美元》，http://kz.mofcom.gov.cn/article/jmxw/201301/20130100007358.shtml。

⑤ 《哈萨克斯坦2012年固定资产投资增长3.8%》，http://kz.mofcom.gov.cn/article/jmxw/201301/20130100004806.shtml。

⑥ 《至2012年年底哈黄金外汇储备累计860亿美元》，http://kz.mofcom.gov.cn/article/jmxw/201301/20130108516759.shtml。

⑦ Основные показатели внешней торговли Республики Казахстан, http://stat.kz/digital/vnesh_torg/2012/2013/%D1%8F%D0%BD%D0%B2%D0%B0%D1%80%D1%8C/%D0%A1%D1%82%D1%80%D1%83%D0%BA%D1%82%D1%83%D1%80%D0%B0%20%D1%8D%D0%BA%D1%81%D0%BF%D0%BE%D1%80%D1%82%D0%B0%20%D0%B8%20%D0%B8%D0%BC%D0%BF%D0%BE%D1%80%D1%82%D0%B0.doc.

（二）继续实施经济创新发展纲要

在哈“2050年战略”中，纳扎尔巴耶夫指出，哈萨克斯坦将实行全方位的经济实用主义，寻找新的经济增长点，扶持中小企业的发展，促进国家工业化发展，增加非原料产品的出口比重，促进新能源产业的发展。[①] 2012年12月25日在工业路线图投资项目推介会全国电视电话会议上，他又提出未来10年内哈国家经济发展的三大任务是：第一，对工业提供全面支持，对现有工业进行完善，工业发展为国家带来现实收入。第二，经济多样化发展和经济发展不断更新。第三，逐渐形成新的创新基础。他再次重申工业创新计划是哈最重要的全国项目。[②]

自2010年初实施国家加速工业创新发展纲要以来，哈共启动443个项目，其中2012年上半年启动54项，优化经济结构成效明显。[③] 哈政府加大对非能源产业、原材料深加工领域投资，发展高附加值新型加工业。积极扶持中小企业发展，目前哈中小企业创造的产值仅占21%，总统许诺哈将持续改善投资环境，未来10～15年创新型企业的占比将增长1.5倍，中小企业占比也会翻上一番。哈政府在不断改善投资环境并促进和私营部门的互惠合作，追求能源项目多样化，希望不光吸引原材料开采领域的投资，同时吸引原材料深加工领域的投资。矿山冶金业的发展重点正在改变，其主要任务是逐步建立生产高附加值产品的新型加工产业。[④] 哈萨克斯坦国家油气公司还计划投入60多亿美元用于哈三大炼油厂的改造，以此扩大石油产品的产量并增加加工深度。[⑤]

---

① 《哈萨克斯坦发国情咨文力推新经济增长点》，http：//www. jjckb. cn/2012－12/18/content_418973. htm。

② 《哈总统提出最近10年工业创新发展的三个优先方向》，http：//kz. mofcom. gov. cn/article/jmxw/201212/20121208503643. shtml。

③ 《哈就〈国家加速工业创新发展纲要〉实施情况举办论坛》，http：//kz. mofcom. gov. cn/article/jmxw/201207/20120708212409. shtml。

④ 《哈萨克斯坦“加速发展国家工业化创新纲要”实施情况之六》，http：//kz. mofcom. gov. cn/article/jmxw/201207/20120708210146. shtml。

⑤ 《哈油气计划投入60亿美元用于炼厂现代化改造》，http：//kz. mofcom. gov. cn/article/jmxw/201210/20121008374113. shtml。

（三）能源出口多元化

由于受干旱天气影响，2012 年哈农业生产下降明显。2012 年哈收获粮食净重 1280 万吨，比 2011 年减少一半多。[①] 2011 年哈粮食丰收，达到历史极值 2690 万吨，是 2010 年粮食产量的 2.2 倍。但 2012 年哈仍然保持约 700 万吨的较高粮食出口量。

2012 年哈石油和天然气生产增速降低，石油开采略有下降。全年开采原油 6646.15 万吨，同比减少 1.9%；凝析气 1274.92 万吨，同比增长 3.7%；天然气 402.613 亿立方米，同比增长 1.8%。加速工业创新发展国家纲要对哈油气领域设定的目标是，2014 年前开采量增至 8500 万吨，出口量增至 7500 万吨；天然气开采量增至 540 亿立方米。[②]

2012 年哈其他领域能源开采出口增幅较为明显。2012 年哈水泥总产量超过 639 万吨，较上年增产 13.8%；[③] 铁矿石开采 5257.72 万吨，比上年同期增长 1.6%；开采铜矿石 3835.29 万吨，同比增长 11.5%；铅锌矿 770.43 万吨，同比增长 5.8%；铬精矿 337.4 万吨，同比增长 7.4%。[④] 2012 年哈萨克斯坦共开采天然铀 20900 吨，比 2011 年（19450 吨）增长 7.5%。在世界铀开采量中处于领先位置，约占世界铀开采量 37%。[⑤]

（四）外贸趋势良好

2012 年因外部经济环境不利，尤其是欧洲经济形势恶化，哈外贸增幅明显放缓，但仍保持良好增长势头。1～11 月哈外贸总额达到 1252 亿美元，比

---

① 《2012 年哈收获粮食净重 1280 万吨》，http://kz.mofcom.gov.cn/article/jmxw/201212/20121208496122.shtml。

② 《2011 年哈萨克斯坦石油天然气发展简况》，http://kz.mofcom.gov.cn/article/ddgk/divisoin/201210/20121008392759.shtml。

③ 《哈萨克斯坦 2012 年水泥产量增长 13.8%》，http://kz.mofcom.gov.cn/article/ddgk/divisoin/201301/20130100004288.shtml。

④ 《哈萨克斯坦 2012 年铁矿石开采量同比增长 1.6%》，http://kz.mofcom.gov.cn/article/jmxw/201301/20130100004301.shtml。

⑤ 《2012 年哈萨克斯坦共开采天然铀 20900 吨，同比增长 7.5%》，http://kz.mofcom.gov.cn/article/jmxw/201301/20130100012438.shtml。

去年同期增长 10.9%，其中出口总额 848.868 亿美元，增长 6.3%，进口总额 403.122 亿美元，增长 21.9%。[①]

欧洲依然是哈最大对外出口地和最大贸易区。2012 年 1～11 月哈与欧洲外贸总额为 549.17 亿美元，占哈外贸总额的 43.9%，哈对欧出口约 478.5 亿美元，占哈出口总额的 56.4%；从欧洲进口 70.69 亿美元，占进口总额的 17.5%。意大利是哈欧洲第一大贸易国，1～11 月两国外贸额为 151.52 亿美元，占哈外贸额的 12.1%。其中对意出口 142.66 亿美元，占出口总额的 16.8%；从意进口 8.864 亿美元，占进口总额的 2.2%。哈在欧洲的主要贸易伙伴还有：荷兰（72.1 亿美元，占哈外贸 5.8%）、法国（59.89 亿美元，占 4.8%）、匈牙利（约 48 亿美元，占 3.8%）、德国（38.26 亿美元，占 3.1%）。[②] 根据哈央行发布的材料，截至 2012 年 7 月 1 日，外国对哈萨克斯坦的累计投资额逾 1719 亿美元。其中荷兰位居第一，投资达 472 亿美元，占比超过 27%。[③]

与独联体、关税同盟国贸易稳步发展。2012 年 1～11 月，哈与独联体国家贸易额 314.41 亿美元，占哈外贸总额的 25.1%。其中哈出口额 114.54 亿美元，占哈总出口的 13.5%；哈进口额 119.87 亿美元，占哈总进口的 49.6%，基本达到哈进口总额的一半。[④]

1～11 月哈与关税同盟国贸易额为 221.47 亿美元，占哈外贸总额的 17.7%，其中哈出口 62.56 亿美元，占哈总出口额的 7.4%，因原料矿产品出口减少，比上年同期降低 7.3%；哈进口 159.92 亿美元，占 39.4%，比上年增长 10.5%。哈与俄罗斯外贸额为 214.56 亿美元，哈出口 61.69 亿美元，占 7.3%；哈进口 152.867 亿美元，占 37.9%。与白俄罗斯贸易额 6.91 亿美元，

---

① Внешнеторговый оборот Республики Казахстан，http：//stat. kz/digital/vnesh _ torg/Pages/default. aspx.

② Основные показатели внешней торговли Республики Казахстан по странам，http：//stat. kz/digital/vnesh_ torg/Pages/default. aspx.

③ 《荷兰为哈萨克斯坦最大投资国，累积投资额达 472 亿美元》，http：//kz. mofcom. gov. cn/article/ddgk/zwqihou/201210/20121008387695. shtml。

④ Основные показатели внешней торговли Республики Казахстан по странам，http：//stat. kz/digital/vnesh_ torg/Pages/default. aspx.

占0.6%；哈出口8620万美元，占0.1%；哈进口6.05亿美元，占1.5%。[①]

与亚洲国家贸易额稳步增长。2012年1～11月，哈与亚洲国家贸易额321.62亿美元，占25.7%，其中哈出口217.46亿美元，占哈总出口额的25.6%；哈进口104.16亿美元，占总进口额的25.8%。哈与亚洲国家贸易总额已超过与独联体国家贸易。1～11月哈与土耳其贸易额37.1亿美元，占哈外贸总额的3%；与日本贸易额为19.04亿美元，占1.5%。与韩国贸易额11.48亿美元，占0.9%。[②] 哈韩外贸近年进展顺利，2012年9月韩国总统李明博访哈期间，讨论与哈在能源、加工工业、高科技、农业、文化、教育和旅游方面的合作现状和前景，双方已就加强中小企业合作达成共识，从2013年开始双方将积极在江布尔州开展勘探工作，同时在原子能等领域长期开展合作。[③]

2012年中国从哈进口有所减少，双边外贸额比上年略有下降，但中国仍为哈第二大贸易国。1～11月，哈萨克斯坦与中国贸易额为211.49亿美元，占哈外贸总额的16.9%。哈对中国出口142.875亿美元，占哈总出口额的16.8%；哈从中国进口68.61亿美元，占17%。哈方顺差74.265亿美元。[④] 哈方对中哈能源合作前景十分看好，预计2014年中哈原油管道将满负荷运输，年输油量将达到2000万吨，哈政府正研究本国最大油田卡沙甘油田开发问题，并希望中国投资。[⑤]

（五）未来经济看好

2013年哈萨克斯坦将正式加入世界贸易组织。美国已经宣称将在哈萨克

---

① Основные показатели внешней торговли Республики Казахстан по странам，http：//stat. kz/digital/vnesh_ torg/Pages/default. aspx.

② Основные показатели внешней торговли Республики Казахстан по странам，http：//stat. kz/digital/vnesh_ torg/Pages/default. aspx.

③《韩国总统李明博将于9月12～14日访问哈萨克斯坦》，http：//kz. mofcom. gov. cn/article/jmxw/201209/20120908320331. shtml。

④ Основные показатели внешней торговли Республики Казахстан по странам，http：//stat. kz/digital/vnesh_ torg/Pages/default. aspx.

⑤《中哈原油管道将于2014年满负荷运营》，http：//kz. mofcom. gov. cn/article/jmxw/201211/20121108423817. shtml。

斯坦入世后，国会将审议关于取消杰克逊－瓦尼克修正案对美哈贸易限制的法案。加入世界贸易组织可帮助哈引进先进技术、建立现代化企业和优化国内投资环境吸引外资。但入世也会对哈国内的产业造成冲击。哈农业将面临巨大考验，主要是哈对粮食出口的补贴问题。因本国缺少出海口，哈政府一直实施粮食出口补贴政策，世界贸易组织其他粮食出口国对此表示反对。

总体来说，入世后的哈经济将进入一个新阶段。未来，哈经济将会保持稳定的中速发展。世界银行在“全球经济展望”报告中预测，哈萨克斯坦2013年GDP增长为5.5%，2014年为5.7%，2015年将达到6%。[①] 哈央行行长格里高利·马尔琴科预测，2013年哈经济增长为5%~6%，通货膨胀率预计在6%~8%的范围内。[②] 哈总统在“2050年战略”中则提出，到2050年哈萨克斯坦要跨入全世界经济发达国家30强。

四　平衡外交下侧重与俄关系

（一）延续平衡外交

哈萨克斯坦一贯奉行“积极、实用、平衡”的对外政策[③]。根据国家利益制定外交决策，与所有国家发展友好合作，平衡大国关系。2012年1月27日，哈总统纳扎尔巴耶夫在议会两院会议上发表年度国情咨文，强调哈将继续奉行平衡外交政策，哈愿同东西方各国不断推进互利合作，谋求共同发展。

纳扎尔巴耶夫在哈“2050年战略”中指出，未来将保障现有外交政策的连续性，哈外交的优先方向依旧是发展同包括俄罗斯、中国以及中亚国家的伙伴关系，同时发展同美国、欧盟以及亚洲各国的关系。

---

① 《世界银行预测2013年哈GDP增长将达到5.5%》，http://kz.mofcom.gov.cn/article/jmxw/201301/20130100006206.shtml。

② 《2013年哈萨克斯坦GDP增长预测为5%~6%》，http://kz.mofcom.gov.cn/article/jmxw/201301/20130108518384.shtml。

③ 张宁：《哈萨克斯坦独立后的政治经济发展》，上海大学出版社，2012，第248页。

（二）密切与俄关系

2012 年哈与俄高层密切交往，关系进一步巩固。两国总统在建交 20 周年声明中表示拟于 2013 年草签睦邻同盟条约。5 月 29 日，俄罗斯梅德韦杰夫接任总理后首访哈萨克斯坦，会见了纳扎尔巴耶夫，他强调，俄哈两国不仅是友好国家，而且是特殊战略伙伴。6 月 7 日，俄罗斯总统普京对哈萨克斯坦进行正式访问，商讨了推进关税同盟、统一经济空间框架内的一体化进程等相关问题。把 1992 年 5 月 25 日签订的《友好合作互助条约》延长 10 年，并根据当前一体化的需要，新增了一系列条款。9 月 19 日，俄总统普京参加俄哈第九届地区间合作论坛，哈俄双方签署总额 20 亿美元的 27 项协议。哈总统纳称，俄罗斯伙伴对哈创新工业有所助益。[①] 纳扎尔巴耶夫在 2050 年战略中称，哈将继续巩固关税同盟和统一经济空间，哈外交政策的近期目标是建立欧亚经济联盟。但他同时强调，这些组织不应该损害哈萨克斯坦的政治独立，哈主权不容侵犯。[②]

但随着哈萨克斯坦国内民族情绪高涨，国内社会已出现与俄合作的不同声音。2012 年 12 月哈萨克斯坦航天署署长穆萨巴耶夫公开称，哈萨克斯坦应收回俄租用的哈拜科努尔航天发射场，引发俄方不满。哈总统纳扎尔巴耶夫在 12 月的国情咨文中也明确提出，到 2025 年哈萨克文字将改用拉丁字母。虽然两国政府努力避免拜科努尔问题政治化，但哈坚定维护本国利益的立场已无法改变，未来影响哈俄关系的变数正在增多。

（三）深化对华关系

2012 年哈继续把发展对华关系作为哈平衡外交的重点。3 月 31 日，中哈总理第一次定期会晤在北京举行，温家宝总理和李克强副总理分别会见了哈总理马西莫夫。6 月 6 日，哈总统纳扎尔巴耶夫访问中国并出席上海合作组织成

---

① 《俄哈将在第九届地区间合作论坛上签署 20 亿美元协议》，http：//www. rian. cn/guoji_ cis/20120919/43564920. html。

② 《哈萨克斯坦将建立欧亚经济联盟作为外交政策的近期目标》，http：//news. xinhuanet. com/world/2012 - 12/15/c_ 124099057. htm。

员国元首理事会第十二次会议，其间，胡锦涛主席和习近平副主席分别与其举行会见或会谈。纳扎尔巴耶夫表示，哈对近年来两国经贸、能源等领域合作满意，愿继续实施两国油气合作项目，并拓展非资源领域合作，把农业、科技、生物制药等打造成新的合作重点。哈欢迎中国企业积极参与哈交通基础设施建设，加快推进跨境铁路和公路项目。希望两国互办文化年，使睦邻友好深入人心①。

2012 年 9 月 2 日哈萨克斯坦总理马西莫夫率团出席新疆第二届中国—亚欧博览会，温家宝总理与其举行会谈。马西莫夫称哈萨克斯坦与中国新疆之间的关系，对两国关系发展非常重要，中国、中国新疆的稳定发展，对双方都十分有利。希望加强在经贸、能源、基础设施建设、文化、旅游等方面的交流，进一步扩大人文往来和沟通，促进两国关系发展。②

① 《胡锦涛同哈萨克斯坦总统纳扎尔巴耶夫举行会谈》，http：//news. xinhuanet. com/world/2012 - 06/06/c_ 112133377. htm。

② 《张春贤会见哈萨克斯坦总理卡里姆·马西莫夫》，http：//www. xjzsw. gov. cn/xwzx/qn/2012 - 09 - 04/10627. html。

Y.25
吉尔吉斯斯坦

曹　治*

摘　要：

2012年，吉尔吉斯斯坦国内政治领域发生了两件大事，一件是政府更迭，另一件是地方议会选举，虽有一些小的波折，但总体上看均得以平稳举行。在经济发展方面，受国内政府更迭和外部经济环境持续恶化等内外因素的共同影响，吉经济发展乏力，成为中亚地区国家中唯一经济增长下降的国家。在外交领域，吉保持了传统的多元平衡外交政策的延续性，积极发展与俄罗斯、美国、中国、欧盟、独联体国家等国家和国际组织间的外交关系，取得了一定的积极成果。

关键词：

吉尔吉斯斯坦　总体形势　2012年

一　国内政局保持基本平稳

2012年，吉尔吉斯斯坦国内政治领域发生了两件大事，一件是政府更迭，另一件是地方议会选举。2010年吉尔吉斯斯坦政局发生动乱以来，吉当局在维护国内政局稳定、弥合民族矛盾分歧等方面作出了一些努力。特别是政局敏感时刻明显加强了社会管控力度，从实际效果来看，2012年吉国内政局基本保持稳定。虽然议会执政联盟宣告破裂，政府被解散，但很快就成立了新的政府，没有发生大的、长时间的动乱；年初和年末举行的两次地方议会选举中，虽然反对派在选举结束后提出异议，并组织了一定规模的抗议示威，但总体上仍然保持了选举的平稳有序。

---

* 曹治，中国社会科学院俄罗斯东欧中亚研究所博士。

（一）政府平稳更迭

2011 年总统大选后，阿坦巴耶夫总统授权社会民主党组建新的执政联盟。2011 年 12 月，社会民主党联合共和国党、祖国党和尊严党组成执政联盟后，推选共和国党领导人奥穆尔别克·巴巴诺夫为政府总理。2012 年 8 月 21～22 日，祖国党和尊严党先后宣布退出执政联盟。8 月 22 日，吉尔吉斯斯坦议会执政联盟领导人伊萨耶夫宣布，由于祖国党和尊严党先后退出执政联盟，该联盟解散，政府自动辞职。同日，祖国党发表声明，指责巴巴诺夫“无力解决吉面临的优先任务及经济社会问题”，要求其立即辞职，不能留任代总理。而尊严党领导人库洛夫也指责巴巴诺夫政府工作毫无成效，造成吉经济下滑，政府债台高筑，存在严重的债务违约风险。8 月 24 日，吉尔吉斯斯坦总统阿坦巴耶夫签署命令，宣布解散政府，政府成员继续代行职权，直至新政府组成。巴巴诺夫此次遭到逼宫的主要原因有以下三点：一是其担任政府总理 8 个月来，吉经济没有好转迹象，社会经济状况进一步恶化，使其失去了民众的信任；二是树敌过多，失去了盟友的信任，被指责出卖国家、收受外国公司巨额贿赂、与前总统巴基耶夫过从甚密等；三是失去了阿坦巴耶夫总统的信任。

8 月 27 日，阿坦巴耶夫总统授权社会民主党组建新的议会执政联盟。9 月 3 日，社会民主党议会党团领袖钦内拜·图尔松别科夫表示，社民党、尊严党和祖国党当天签署了组建新执政联盟的协议。组成新执政联盟的三党初步磋商后几乎一致推举总统办公厅主任詹托罗·萨特巴尔季耶夫为总理候选人。9 月 5 日吉议会全体会议选举詹托罗·萨特巴尔季耶夫为吉尔吉斯斯坦新总理。当天的议会全体会议还通过了新政府工作纲要和政府人员组成。吉尔吉斯斯坦新政府由 15 个部和 1 个委员会组成。新政府更换了农业部、外交部、社会发展部和能源部等 5 个部的部长。现年 56 岁的萨特巴尔季耶夫此前担任吉总统办公厅主任一职，还曾担任过交通部长、奥什州和贾拉拉巴德州重建委员会负责人、奥什市市长和奥什州州长。以萨特巴尔季耶夫为总理的新政府的成立，标志着吉尔吉斯斯坦政府更迭的完成，避免了人们之前所担心的政局混乱甚至失控局面的发生。

（二）地方议会选举总体平稳

2012年3月4日，在吉南部的奥什市、北部的卡拉科尔市和托克马克市3个城镇选区及13个农村基层选区进行了地方议会选举。根据中央选举委员会公布的数据，在奥什市73个选区共有约9.3万人参与投票，投票率为75%，最终得票数排名前三的依次为比里姆吉克党（Улуттар Биримдиги）、社会民主党和共和国党。[①] 在托克马克市20个选区共有约1.4万人参与投票，投票率为62%，最终得票数排名前三的依次为共和国党、比里姆吉克党（Улуттар Биримдиги）和为了我们的城市党（За наш город）。[②] 在卡拉科尔市20个选区共有约9600人参与投票，投票率为53%，得票数排名前三的依次为社会民主党、共和国党和联盟党（Союз）。[③]

选举前，吉尔吉斯斯坦多个反对党在奥什市举行了数千人的集会，要求即将举行的奥什市议会选举保持公正。3月5日，选举结束后，在卡拉科尔市对选举结果不满的一些人试图闯入市政大楼，与维持秩序的警察发生冲突，导致包括警察在内的一些人受伤。3月9日，大约500人在托克马克市选举委员会附近集会，要求重新统计该市所有22个选区的选举结果。但与此同时，在市政大楼附近也有民众集会反对重新计票。

2012年11月25日，吉尔吉斯斯坦地方议会选举在包括首都比什凯克在内的25个城市和416个村镇举行。当地时间早上8时整，全国2028个投票站点同时开放，所有投票于19时结束。此次选举共登记选民250多万人，接近吉总人口的一半。7%是本次地方议会选举的一道门槛。根据选举规定，如果没有政党能够获得超过7%的选票，那么议会席位将分配给3个得票最多的政党。如果仅有一党的得票率能跨过门槛，那么排名第2和第3位的政党也可以获得议会席位的分配资格。投票率最高的是乌兹根市，达到了83.47%（22576人参加投票），最低的是在安达尔肯，只有30.34%（1404人参加投票）。首都比什凯克的投票率也不高，只有31.62%（109495人参

---

① http：//www. news - asia. ru/view/2602.

② http：//www. news - asia. ru/view/2602.

③ http：//lazar - kr. livejournal. com/494851. html.

加投票)。[1] 11 月 26 日，中央选举委员会公布统计结果，吉尔吉斯斯坦的地方议会选举中共有 16 个政党获得超过 7% 的选票，按得票数多少依次为：社会民主党、共和国党、同代人党（Замандаш – Современник）、尊严党、祖国党、统一吉尔吉斯党、故乡党、发展党、首都党、祖国正义联盟、雄鹰党、民众党（Эламан）、吉尔吉斯共产党、吉尔吉斯人民大会党、故乡团结党（Мекенынтымагы）和伟大吉尔吉斯人党。其中，社会民主党获得的选票数处于领先位置，共拿下 25 个城市中的 11 个城市。[2]

二　经济发展形势依然严峻

受国内政府更迭和外部经济环境持续恶化等内外因素的叠加影响，吉尔吉斯斯坦 2012 年经济发展乏力，成为中亚地区国家中唯一经济增长下降的国家。2013 年 1 月 12 日，吉尔吉斯斯坦国家统计委员会公布了 2012 年国家经济统计数据[3]，从宏观社会经济、工业、农业、建筑业、交通通讯业、国内市场物价、外贸等几个方面对 2012 年全年国家经济运行情况进行了回顾和总结。

（一）宏观社会经济

2012 年吉国内生产总值为 3043.5 亿索姆（约合 64.2 亿美元），较 2011 年同期下降 0.9%，未达到吉政府年初预测水平（增长 7.5%），其主要原因是“库姆托尔”金矿大幅（46%）减产，影响了整体经济增长。截至 2012 年底，吉全国总人口为 564.6 万人，其中城镇登记失业人数为 6.04 万人，同比减少 1.2%。2012 年，吉官方公布的全国月平均工资为 10566 索姆（约合 225 美元），同比增长 18.6%。

（二）工业

2012 年，吉工业总产值为 1338.23 亿索姆（约合 28.5 亿美元），同比下降 20.2%，下降原因主要是占吉 GDP 约 10% 的“库姆托尔”金矿大幅减产，

---

① http://thesimplyread.com/world/68099/.

② http://www.kginform.com/ru/news/20121126/14403.html.

③ http://stat.kg/images/stories/docs/Express/Svod/express.pdf.

严重制约了吉工业增长。吉官方称减产原因一是矿石品位和提取率同比较低，二是矿区部分地段的地质结构发生变化，清理工作繁杂，严重影响进度。另外，吉今年大规模"清腐"造成的层层检查，以及由此带来的相应"效应"也是造成该金矿不能正常生产的主要原因之一。若不计"库姆托尔"金矿的产值，吉2012年全年工业总产值为831.53亿索姆（约合17.7亿美元），同比增长6.1%。其中采矿业增长22.5%，农业增长1.2%，建筑业增长17.3%，服务业增长11.6%，水、电、气的生产分配增长5.2%，加工业下降27.2%。加工业产值下降还是由于黄金等贵金属的产量下滑所致。

（三）农业

2012年，吉农业产值为1675.1亿索姆（约合35.6亿美元），同比增长1.2%，总体发展稳定。其中，种植业增长0.6%，主要得益于饲料作物增长了5.6%；同时，畜牧业发展良好，禽畜肉产量增长1.7%，牛奶产量增长1.8%，鸡蛋产量增长6.1%，皮毛产量增长2.1%。

（四）建筑业

2012年，建筑业产值为546.25亿索姆（约合11.6亿美元），同比增长17.3%。同期，对吉固定资产投资为626.25亿索姆（约合13.3亿美元），同比增长21.5%。其中，对金融、加工业、水电气生产分配等行业的投资额分别同比增长4.6倍、2倍、1.7倍，但是对通信、交通和住宅的投资额则分别下降66.6%、20.1%和12.1%。

（五）交通通信业

2012年，吉货运总量为3945.64万吨，同比增长4.5%；客运总数为6.026亿人次，同比增长6.3%；邮政和电子通信业实现收入209亿索姆（约合4.5亿美元），同比增长9.2%。

（六）国内市场物价

2012年，吉国内消费品市场销售总额为2865亿索姆（约合61亿美元），同比增长 11.1%。2012 年吉国通货膨胀率为 7.5%，消费者价格指数上涨主要是受果蔬及酒精类饮品涨价带动。

（七）进出口贸易

2012 年 1～11 月吉外贸总额为 63.07 亿美元，同比增长 13.1%。其中出口额为 14.82 亿美元，同比下降 17.4%；进口额为 48.25 亿美元，同比增长 27.6%；外贸逆差达 33.43 亿美元。

面对日益严峻的经济发展形势，2012 年 12 月 17 日，吉总统阿坦巴耶夫在吉尔吉斯斯坦可持续发展委员会首次会议上，宣布了《吉尔吉斯斯坦 2013～2017 年稳定发展战略》[①]，即吉经济发展的五年规划。2013 年 1 月 14 日，该文件在国家理事会第二次会议获得通过，主要内容包括：

一是确立经济发展目标，到 2017 年，吉政府计划将人均国内生产总值从 2011 年的 1200 美元提高到 2500 美元，将国内生产总值从 2011 年的 59.2 亿美元提高到 135 亿美元，平均每年增长逾 7%。

二是明确优先发展领域，吉政府拟在 2017 年将吉建成快速发展中国家，为此拟集中精力优先发展交通、电力、采矿、农业、轻工业、服务业等经济领域。

三是着力改善投资环境，为国内外投资者营造最便利的投资环境，包括减免税收，简化许可证制度，统一技术标准；缩短资金的流动过程，防止无谓的“中间”费用产生；打击经济腐败，保障合法投资者的权益等具体措施。

三　继续奉行多元平衡外交

吉尔吉斯斯坦长期奉行多元平衡外交政策，以更好地维护自身的国家利益。2012 年吉尔吉斯斯坦保持了传统的多元平衡外交政策的延续性，与俄罗斯、美国、中国、欧盟、独联体国家等国家和国际组织平衡发展外交关系，取得了一定成果。

---

① http：//www.gov.kg.

（一）吉俄关系全面发展再上新台阶

2012 年，吉俄双方在军事、经济等多个领域达成共识，并签署多项重要协议，标志着双方关系发展再上新台阶。

在军事合作方面。2012 年 9 月 19～20 日，俄罗斯总统普京访问吉尔吉斯斯坦，普京与阿坦巴耶夫签署了俄驻吉联合军事基地协议，规定俄驻吉军事基地的相关协议将于 2017 年开始生效，合同期限为 15 年，依需要可再延长 5 年。俄罗斯联合军事基地包括机场、试验基地、通信站和地震台。对此，普京明确表示俄罗斯的军事基地将在北约驻阿富汗联军撤出阿富汗之后保障中亚地区稳定。8 月 6 日，俄罗斯、吉尔吉斯斯坦、哈萨克斯坦和塔吉克斯坦四国集体快速反应部队联合举行的“边界－2012”军事演习在俄罗斯拉开帷幕。演习共进行了 4 天，分战斗推演和战斗实施两个阶段。四国指挥部将联合制定消灭假想敌的计划，参演部队将协调行动，8 日进入实兵演练阶段。演习中，参演各国将投入直升机空降兵、摩托化部队、山地突击部队及其他兵种，动用数架“米－8”、“米－24”战斗直升机和“苏－24”轰炸机。此次军演进一步加强了四国快速反应部队的协调作战能力。

在经济合作方面。俄总统普京访吉期间，双方签署了俄方参与吉尔吉斯斯坦卡姆巴拉金 1 号水电站和纳伦河上游水电站的建设和运营协议。卡姆巴拉金 1 号水电站是吉尔吉斯斯坦纳伦河中游水电站中最大的工程之一，年发电量约 50 亿千瓦时，它的建成将有助于满足吉尔吉斯斯坦国家经济发展和居民生活对能源不断增长的需求。此外，吉尔吉斯斯坦获得了俄方对其加入关税同盟的支持。2012 年 12 月 5 日，俄财政部副部长谢尔盖·斯托尔恰克同吉尔吉斯斯坦财政部长奥莉加·拉夫罗娃，在比什凯克签署有关向吉国提供 2500 万美元的援助协议。2012 年 12 月 24 日，阿坦巴耶夫总统表示，吉尔吉斯斯坦将于 2013 年初向俄罗斯天然气工业股份公司出售其国有天然气公司，以缓解严重的能源危机。由于吉尔吉斯斯坦拖欠的费用越来越多，其天然气首要供应国哈萨克斯坦向吉北部提供的天然气时断时续。吉首都比什凯克的数万居民在夜间要忍受－20℃的低温。阿坦巴耶夫说，吉尔吉斯斯坦希望俄罗斯的这家天然气巨头投入不少于 5 亿美元的资金，对吉天然气运输网络进行现代化更新，并对吉天然气资源进行勘探。他说："俄罗斯天然气工业股份公司接受了所有这些条件，并表示希望购买（吉尔吉斯斯坦国家天然气公司的）全部股份。"①

（二）吉美关系的重点仍是马纳斯国际过境转运中心问题

纵观吉美关系近几年来的发展，马纳斯基地问题始终是双方最为关注的中心问题之一。面对吉尔吉斯斯坦新政府在马纳斯机场问题上的多次坚定表态，美国方面动作频频，在反复强调马纳斯机场重要性、安全性和经济性的同时，展开积极外交活动，旨在对新政府在这一问题上的立场进行深度试探，寻找未来的解决途径。2012 年 3 月 13 日，美国国防部长帕内塔突访吉尔吉斯斯坦，与吉官员就 2014 年协议到期后马纳斯过境转运中心前途问题进行了磋商。帕内塔强调，马纳斯过境转运中心对保障美军向阿富汗运送物资的北部分配网络非常重要。吉国家安全会议秘书塔巴尔季耶夫表示，吉美关系的发展面临来自包括阿富汗问题在内的新的威胁和挑战，吉方愿意致力于维护地区安全。但他同时强调，"吉愿意与美国合作，使马纳斯机场在 2014 年后继续运送货物。但同时按现有协议，在 2014 年 6 月后，马纳斯机场应不再存在军事设施。……考虑到我们国家的利益和人民的意愿，马纳斯机场将成为一处民用设施，而不应该用于军事用途。"② 但是在美国方面看来，在过去 20 年里，美国向吉提供各类援助总额达 15 亿美元，2012 年吉仅靠向美军出租马纳斯机场就获得了 2.09 亿美元的收入。对吉来说，这是不小的经济利益，马纳斯基地的问题不是没商量。2013 年 1 月，美国负责中南亚事务的助理国务卿罗伯特·布莱克在出访吉尔吉斯斯坦前曾表示，"目前我们仍在吉就马纳斯国际过境转运中心问题进行讨论"。

（三）吉中关系以高层互访和大项目合作为亮点进一步深化

应中国国家主席胡锦涛邀请，吉尔吉斯斯坦总统阿坦巴耶夫于 2012 年 6

① http://world.people.com.cn/GB/n/2012/1226/c157278-20021515.html.

② Karen Parrish, "Panetta Cites Value of Transit Center in Kyrgyzstan", American Forces Press Service, BISHKEK, Kyrgyzstan, March 13, 2012.

月4~7日对中国进行了访问，并出席了上海合作组织成员国元首理事会第十二次会议。访问期间，胡锦涛主席和阿坦巴耶夫总统在北京举行了正式会谈，中国国务院总理温家宝、中国人民政治协商会议全国委员会主席贾庆林分别会见了阿坦巴耶夫总统。双方在热情友好的气氛中就中吉双边关系现状和发展前景，以及双方共同关心的重大国际和地区问题深入交换意见，达成广泛共识。双方一致认为，无论世界形势如何变化，深化中华人民共和国和吉尔吉斯共和国睦邻友好和互利合作关系都将是两国外交的优先方向。双方愿共同努力，开创中吉关系发展的崭新未来。2012年8月1日，中吉两国政府迄今最大能源合作项目，吉尔吉斯斯坦国家电网的重大能源项目工程，南北输变电通道大动脉工程“达特卡－克明”50万伏输变电工程在克明举行了开工奠基仪式。此项工程合同金额3.89亿美元，建设工期36个月。项目建成后将极大提升吉尔吉斯斯坦南部电网的自主供电能力，实现南北电网的全线贯通，电力互补。此项合同的签署及实施，也标志着中吉能源合作已进入新的发展阶段。

（四）吉欧关系围绕军事合作、民主化进程等重点问题展开

2012年7月弗洛尔女士替换莫雷尔出任欧盟中亚地区事务特别代表。两位代表都在年内访问了吉尔吉斯斯坦，与吉尔吉斯斯坦领导人就欧盟关心的吉国内民主化进程、司法改革和边防安全等问题进行了会谈。1月26日，阿坦巴耶夫总统与欧盟中亚地区事务特别代表莫雷尔举行会谈。在会谈中，阿坦巴耶夫强调，目前吉尔吉斯斯坦的主要任务之一就是继续深化国家司法改革和加强对违法犯罪活动的打击力度。他说，吉方和欧盟在人权和民主领域的合作成果丰富，希望欧盟能继续为吉尔吉斯斯坦的司法改革提供帮助。莫雷尔表示，2011年吉尔吉斯斯坦的总统大选不仅实现了国家权力的和平交接，而且使吉尔吉斯斯坦重回民主发展的轨道。欧盟愿意为落实吉方提出的一系列合理化倡议提供支持。此外，在会谈中，阿坦巴耶夫和莫雷尔还就加强双方在安全、打击毒品走私和跨国犯罪等各领域的合作进行了讨论。

2012年8月9日，刚刚上任的欧盟中亚地区特别代表弗洛尔女士对吉尔吉斯斯坦进行了正式访问。访问期间，弗洛尔对吉两年来的民主化进程给予

了高度评价。她表示，欧盟将一如既往地致力于实现双方合作伙伴关系协议的共同目标，并将进一步推动和深化与包括吉在内的中亚国家的多领域合作。

北约在宣布从阿富汗撤军后，积极寻求扩大“北方运输线”的规模和双向通行能力，不断加强与“运输线”过境国的双边军事合作。3 月 19 日，北约—吉尔吉斯斯坦军人培训与就业项目负责人克里斯托弗·施陶特会见吉尔吉斯斯坦奥什州长时称，北约计划帮助吉尔吉斯斯坦对即将退役的军人进行再就业培训，第一批将培训 25 人，计划共培训 200 人。5 月 23 日，吉尔吉斯斯坦外交部宣布，吉方已与北约签订协议，允许北约物资经吉境内运往阿富汗，并称这一协议对于“吉尔吉斯斯坦和北约进一步发展双边关系有着重要作用，因为双方在稳定阿富汗局势和保障吉尔吉斯斯坦乃至中亚地区的安全上有着共同的利益”。6 月 4 日，北约秘书长拉斯穆森表示，北约已经与哈萨克斯坦、吉尔吉斯斯坦和乌兹别克斯坦三个中亚国家达成协议，北约获准经过这些国家将物资和军事装备运出阿富汗。

（五）吉积极发展与独联体国家间的双边关系

3 月 29 日，吉尔吉斯斯坦总统阿坦巴耶夫抵达阿塞拜疆首都巴库，对阿塞拜疆展开正式访问。访问期间，阿坦巴耶夫与阿塞拜疆总统阿利耶夫举行了一对一会谈，并会见了阿塞拜疆总理拉西扎德、议长阿萨多夫等阿方高官。访问期间两国总统还签署了包括《阿塞拜疆共和国总统和吉尔吉斯斯坦共和国总统联合声明》在内的 6 份文件。阿利耶夫在签字仪式后举行的联合新闻发布会上说，两国将继续增强政治协作，在国际机构中积极作为，相互支持，巩固双方团结。阿坦巴耶夫说，他对两国签署这些重要的政治、经济文件感到高兴，两国关系正进入全新阶段。除联合声明外，两国还签署了有关打击毒品、精神类药品及其原料走私，阿塞拜疆加入世界贸易组织，两国政府文化合作，遵守税法问题，公民保护及预防和消除紧急情况等方面的合作协议。

8 月 22 日，吉尔吉斯斯坦总统阿坦巴耶夫会见了到访的哈萨克斯坦总统纳扎尔巴耶夫。吉总统表示，在小范围会谈中，双方讨论了很多迫切问题，并就许多问题达成共识。目前迫切的问题是粮食安全问题。纳扎尔巴耶夫总统对此表示赞同，并表示将向吉提供 20 万吨延期付款粮食，同时表示将在供应天然气和吉加入俄白哈关税同盟问题上支持吉方。会谈后双方签署了若干文件，其中包括两国总统纪念哈吉建立外交关系 20 周年联合声明，以及两国合作计划和打击非法贩运毒品合作协议。

Y.26
塔吉克斯坦

徐海燕*

摘　要：

2012年塔吉克斯坦政治发展基本稳定，国家颁布系列法律法规继续推进民主化政治改革进程，但脆弱的经济在金融危机背景下存在较大风险。塔吉克斯坦的对外交往更加务实，以为国内经济发展服务为目标营造良好的周边环境。能源短缺制约经济发展，资源出口型经济格局未有改变。国内政策难以摆脱国际环境和国际关系的负面影响，依靠水电振兴国家的战略面临现实困难。

关键词：

塔吉克斯坦　总体形势　2012年　展望

一　2012年塔吉克斯坦政治经济外交概述

塔吉克斯坦位于中亚东南部。产业结构单一，工业基础薄弱，通信、供电、运输不便，国内物资缺乏，经济基础较为薄弱。2012年塔吉克斯坦在政治、经济、社会、外交等领域总体取得了一些进展，但依然存在不少问题。

（一）政局基本稳定

2012年恰逢塔吉克斯坦最高苏维埃第十六次会议20周年，塔吉克斯坦社会各界纷纷回顾这段对国家有重大影响的历史。1992年11月16日，塔吉克

* 徐海燕，法学博士，中国社会科学院世界经济与政治研究所副研究员。

斯坦在苦盏市（原列宁纳巴德市）举行了最高苏维埃第十六次会议，19 日，拉赫蒙当选塔吉克斯坦最高苏维埃主席。在塔吉克斯坦公众看来，“得益于最高苏维埃第十六次会议作出的具有远见卓识的决定，塔吉克斯坦获得了重生”。当时国家正处于内战之中，因战争、饥饿和寒冷造成了上千人死亡。这次会议在塔吉克斯坦历史上被看做是内战结束、塔吉克实现民族和解的标志事件，具有深刻的社会影响。① 拉赫蒙总统连任至今已满 20 年，在他的领导下，塔吉克斯坦政治发展较为稳定、居民贫困率下降、社会经济状况也有所好转。塔吉克斯坦人民都珍惜今日的和平生活，对当前国家制度表现出一定的政治认同，有利于维护当前政局的稳定。

塔吉克斯坦自独立以来就以西方制度为蓝本构建国家体制。2012 年，为了回应欧美等西方国家有关民主政治改革的要求，塔吉克斯坦继续推进司法和法律体系的建设，颁布系列法律修正案，以夯实政治体制民主化改革的基础。作为欧安组织的成员，塔吉克斯坦总统拉赫蒙在 7 月签署了《刑法》修正案，将《刑法》中的第 135 条“诽谤”和第 136 条“侮辱”两项刑事罪名改为“行政违规行为”。而根据修正案的规定，触犯行政法规的行为只会处以罚款而不需承担相应的刑事责任，从而成为欧安组织的第 14 个不再将“诽谤”视为刑事罪的国家。而在欧盟和欧安组织看来，取消追究诽谤和侮辱行为的刑事责任将有助于塔吉克斯坦国内言论自由和民主的发展。②

2012 年 3 月，塔吉克斯坦还对《刑法》中酷刑的使用作出新规定，提出要对对犯罪嫌疑人实施酷刑的执法人员予以刑事处罚和罚款。但在 9 月 20 日，塔吉克斯坦监狱再次发生酷刑致死的案件，引发犯罪人家属、大众传媒，以及国际人权组织的舆论谴责，并促请当局彻底调查，将责任者绳之以法。实际上，欧洲的人权组织及联合国酷刑观察员曾多次指出塔吉克斯坦在执法和司法系统中的缺陷，认为对犯罪嫌疑人在初次审判时就使用酷刑不符合法律程序。③

① Хайдар Шодиев：12 САМЫХ ВАЖНЫХ СОБЫТИЙ УХОДЯЩЕГО 2012 ГОД，30/12/2012，http：//news. tj/ru/news/12 – samykh – vazhnykh – sobytii – ukhodyashchego – 2012 – goda.

② Хайдар Шодиев：12 САМЫХ ВАЖНЫХ СОБЫТИЙ УХОДЯЩЕГО 2012 ГОДА，30/12/2012，http：//news. tj/ru/news/12 – samykh – vazhnykh – sobytii – ukhodyashchego – 2012 – goda.

③ Хайдар Шодиев：12 САМЫХ ВАЖНЫХ СОБЫТИЙ УХОДЯЩЕГО 2012 ГОДА，30/12/2012，http：//news. tj/ru/news/12 – samykh – vazhnykh – sobytii – ukhodyashchego – 2012 – goda.

在颁布的一系列法律修正案中，值得关注的是《劳动法》的修订案。这一法律涉及塔吉克斯坦公民的劳动、就业、养老，以及医疗保障等多个领域。修订案涵盖了国有或私营部门工作的所有在职人员，甚至对国家的执法部门和军事部门的工作人员也“一视同仁”。同时，国家对于那些病患者、失业者、残疾人和养老金领取者等不能从事社会劳动的人员提供的保障也有不同程度缩减。这个修订案是基于国家经济和财政困难的无奈之举，因采用“一视同仁”的“公平”原则，并没有引发广泛的不满情绪。

塔吉克斯坦还加大了互联网监控力度。互联网技术的普及在阿拉伯国家反政府浪潮中起着至关重要的联络作用。塔吉克斯坦政府也逐渐认识到加强互联网管控的重要性。为了迎接 2013 年的总统大选，消除大选中的不稳定因素，塔吉克斯坦政府电信部门在 2012 年多次对互联网进行管制。其中，力度最大的是 11 月政府一次性关闭了 131 个网站。这些“惩罚性措施”涉及社交网站、音乐和提供视频资源的网站等。其中，最为瞩目的是具有欧美背景的“脸谱”网（Facebook），曾涉嫌对“政府及其国家领导人的诽谤”被两次查封，但该网站通过欧洲安全与合作组织和欧盟等西方国家的干预，从 12 月 4 日起，禁止访问 Facebook 的规定被取消。政府还出台规定对通信设备进行了管制，规定政府安全部队在霍罗格及其毗邻地区展开专门行动时禁止使用手机。[①] 塔吉克斯坦在政治领域的一系列措施保障国家整体稳定的局面，为 2013 年总统大选营造适宜的和平环境。

（二）经济平稳增长

塔吉克斯坦历史上是一个农业国。在经济结构方面，农业、林业、畜牧业、捕鱼和鱼类养殖占有较大比重。工业多为采矿、电力和轻工业。首都杜尚别市和位于国家西南工业区的苦盏市是全国最大的工业中心。此外，贸易、修理业、酒店和餐饮、运输、通信、建筑等行业占有一定的比重。

虽然塔吉克斯坦在苏联时期开始了工业化进程，国民经济结构仍呈畸形发

---

① Хайдар Шодиев：12 САМЫХ ВАЖНЫХ СОБЫТИЙ УХОДЯЩЕГО 2012 ГОДА，30/12/2012，http：//news. tj/ru/news/12 – samykh – vazhnykh – sobytii – ukhodyashchego – 2012 – goda.

展。独立后20多年，农业占主导地位的经济结构有所改变。根据塔吉克斯坦国家统计局资料，2012年塔吉克斯坦国内生产总值为311.611亿索莫尼，约合75亿美元。按照可比价格计算，比2011年增长了7.5%。国内生产总值的构成如下：商品生产占46.1%，服务业占42.3%，税收占11.6%[①]。上述数据表明，塔吉克斯坦经济结构得到不同程度的优化。

不仅在国内生产总值方面，与2011年相比，2012年塔吉克斯坦外贸总额也呈增长态势，达到51亿多美元，比上年增长了15.1%。商品出口总额超过13亿美元，增长了8.1%；进口总额超过37亿美元，增长了17.8%。外贸逆差额为24.18亿美元。

塔吉克斯坦出口到国外的主要有原铝、皮棉、贵金属和农作物。与2011年相比，2012年运输器材和铝制品的出口量扩大了2倍，贵金属的出口量增长了58%，纺织品增长了11.6%。但食品加工出口减少了52%，机械和设备减少了42.6%，非贵金属及其制品减少了18.9%，农作物减少了8.2%。进口的主要产品为运输设备及食品。其中，与2011年相比，运输设备的进口增加了2.3倍，植物产品增加35.8%，食品增加10%。

2012年塔吉克斯坦与102个国家建立了外贸关系，其中包括10个独联体国家。塔吉克斯坦主要贸易伙伴是俄罗斯，双边贸易额超过了10亿美元；其次是哈萨克斯坦（7.99亿美元）、中国（6.69亿美元）、土耳其（6亿美元）、阿富汗（2.32亿美元）、伊朗（2.17亿美元）。其中，从俄罗斯进口商品额占进口总额的25.4%，哈萨克斯坦为16%，中国是12.9%。[②]

2012年塔吉克斯坦加快了融入世界经济的步伐。塔吉克斯坦曾于2001年5月29日申请加入世界贸易组织，所有谈判已于2012年的10月26日完成。世界贸易组织（WTO）12月10日在日内瓦总部召开非正式理事会，正式批准塔吉克斯坦加入世界贸易组织。根据世界贸易组织规则，塔吉克斯坦立法机构应于2013年6月7日前批准相关协议，这一国内程序完成30天后，塔吉克斯

① Объем ВВП Таджикистана в 2012 году превысил MYM7, 5 млрд, 14/01/2013, http: //www. toptj. com.

② Таджикистан: В 2012 г. на 8% уменьшился экспорт продуктов растительного происхождения, 15/01/2013, http: //www. kazakh – zerno. kz.

坦将正式成为世界贸易组织的第159位成员①。塔吉克斯坦总统拉赫蒙认为，加入世界贸易组织是塔吉克斯坦历史上的一个里程碑，也是继吉尔吉斯斯坦之后第二个加入WTO的中亚国家。这将为国家社会和经济的可持续发展奠定基础。

塔吉克斯坦是一个地处中亚腹地的山地国家。公路和铁路是主要运输方式。2012年塔吉克斯坦在交通建设方面取得重大成就。作为典型的山地国，10月27日耗资43201亿索莫尼的“沙赫里斯坦”隧道竣工是塔吉克斯坦国内的一大盛事。“沙赫里斯坦”隧道打通了地质情况极为复杂被高山阻隔的南北地区。隧道全长5253米，海拔最高处达3000米，是中亚目前最长的隧道，对国家社会经济发展具有重大的战略意义。隧道的开通对于经常行驶此条路线的长途运输司机是一个福音，因为在以往的运输途中，常常因异常天气发生致人死亡的意外事件。隧道的竣工还显著降低了居民的旅行时间。隧道开通后，从杜尚别到苦盏原为10~15小时，而现在只需3~4个小时。隧道的开通不仅是政府提高民生的重要举措，而且也是中国同塔吉克斯坦友好合作重大成果的体现。“沙赫里斯坦”隧道是目前中国在海外建设的单体最长隧道。

另一方面，除继续受金融危机的影响外，塔吉克斯坦经济发展依然受到能源短缺、经济结构不合理等问题的制约。从2012年3月以来，塔吉克斯坦多地遭遇了异常天气的考验。不仅国内多处桥梁道路受损，同时还给农业，特别是畜牧业造成不小的损失。其中，对农作物造成的经济损失约为130万美元，畜牧业遭受的损失约为91万美元。② 接受外国贷款和援助是塔吉克斯坦缓解国内经济困难的重要途径。塔吉克斯坦总统拉赫蒙今年已多次向国际社会申请了紧急人道主义援助。这些资料显示，塔吉克斯坦国家总体发展水平低，经济脆弱，改变国民经济结构尚需时日。

（三）社会还存在不稳定因素

2012年塔吉克斯坦社会总体上保持了稳定，但也存在一定安全隐患。非

① Хайдар Шодиев：12 САМЫХ ВАЖНЫХ СОБЫТИЙ УХОДЯЩЕГО 2012 ГОДА，30/12/2012，http：//news. tj/ru/news/12 - samykh - vazhnykh - sobytii - ukhodyashchego - 2012 - goda.

② 《新疆经济报》2012年4月13日。

法武装分子与阿富汗极端势力长期在戈尔诺—巴达赫尚自治州与政府军进行武力对峙。7 月塔政府军再次对戈尔诺—巴达赫尚自治州霍罗格地区展开行动，清剿当地非法武装，有 30 名非法武装成员被击毙，包括阿富汗人在内的 41 名非法武装成员被捕。但同时，清剿行动造成 1 名平民和 17 名公职人员死亡，40 人受伤。为了尽快恢复当地秩序，塔吉克斯坦最高检察院 12 月 26 日宣布，将不再起诉那些曾参与武装冲突但自愿向政府上缴武器的非法武装成员[①]。

此外，塔吉克斯坦国内还出现大规模的公众抗议行为。这一事件缘起于 9 月 5 日，塔吉克斯坦国内最大的服装市场发生火灾，虽然政府出动了 29 名消防队员和 16 辆消防车，但仍有超过 2500 名商家遭受不同程度的损失并伴有人员伤亡。火灾发生后，数百名商家对市场管理感到不满，举行了抗议集会，杜尚别市市长答应尽快消除火灾的影响，并对受害者给予帮助。此次交涉被看做政府与公众之间的“没有中间人”的民主行动。[②]

（四）继续奉行多元外交，塔俄关系有新进展

近年来，全方位、灵活、务实外交已成为塔吉克斯坦的外交准则。与其他中亚国家一样，塔吉克斯坦因特殊的地缘环境成为美俄等世界性大国势力角逐的地区。塔吉克斯坦被美国看做是通向阿富汗的仅次于乌兹别克斯坦的重要交通线，被俄罗斯看做是“传统的后院”。两个大国均谋求在这里驻军常态化。与此同时，塔吉克斯坦也以此为资本，积极寻求两个大国的经济支持，展开军事领域，特别是在打击毒品走私和有组织犯罪方面的务实合作，维护国家边界安全，为塔吉克斯坦谋求良好和平的外部发展环境。

另一方面，基于国家发展规划及地缘分布特点，塔吉克斯坦十分重视水利、铁路、公路等基础设施的建设，积极发展加工制造业和服务业。为此，十分重视发展与中亚其他邻国、中国、伊朗等周边国家的关系，希望与这些国家的合作为国内基础设施、能源和矿产开发等项目提供资金和技术支持。

---

① Хайдар Шодиев：12 САМЫХ ВАЖНЫХ СОБЫТИЙ УХОДЯЩЕГО 2012 ГОДА，30/12/2012，http：//news. tj/ru/news/12 – samykh – vazhnykh – sobytii – ukhodyashchego – 2012 – goda.

② Хайдар Шодиев：12 САМЫХ ВАЖНЫХ СОБЫТИЙ УХОДЯЩЕГО 2012 ГОДА，30/12/2012，http：//news. tj/ru/news/12 – samykh – vazhnykh – sobytii – ukhodyashchego – 2012 – goda.

1. 与美、俄的关系

处理与美、俄的关系是塔吉克斯坦外交的重要方向之一。塔吉克斯坦认为，发展与美、俄两国的关系不仅可以在保持国家主权独立上发挥平衡作用，而且从中获得的政治支持和经济援助对塔吉克斯坦国家的发展有重大意义。

2012 年，塔美关系十分平顺。美国继续加大了对塔吉克斯坦的经济援助。2 月 16 日美国总统奥巴马提出将塔吉克斯坦和吉尔吉斯斯坦作为中亚发展优先援助国并将有关预算提交美国国会审议。此项预算共 3880 万美元，以用来维护塔吉克斯坦的稳定，包括安全、卫生、教育、粮农及打击极端主义势力等多个领域。保持与塔吉克斯坦的友好关系，对美国控制阿富汗局势也有极大的作用。

2012 年塔吉克斯坦与俄罗斯在驻军期限、能源供求、移民政策等方面谈判取得重大进展。俄罗斯总统普京于 10 月 4 ~ 5 日对塔吉克斯坦的访问，被塔吉克斯坦媒体称为外交中最为重要的事件。

双边会谈的成果之一是解决俄罗斯驻军期限问题。当前，俄罗斯驻塔吉克斯坦 201 军事基地是俄海外最大的陆军基地，驻扎约 7000 名俄罗斯军人，主要部署在杜尚别、库尔干秋别和库洛布市三个地区。驻军协定是双方在 1993 年 5 月签署的，并将在 2014 年到期。普京访问塔吉克斯坦后，俄罗斯不仅无偿获得继续租用第 201 军事基地的权力，还使期限延长至 2042 年。期满之后，若双方无异议，则每隔五年履行一次续约手续。[①]

与此同时，俄罗斯承诺帮助塔吉克斯坦实现军事现代化，提供军事技术和后勤装备，增加塔国军官在俄军事院校的培训名额。针对塔吉克斯坦关于降低石油出口税率的诉求，俄罗斯还与塔吉克斯坦签署了部分石油产品的免税协议，每年提供 100 万吨免税的石油产品以缓解塔吉克斯坦国内能源短缺的局势。鉴于俄罗斯目前是塔吉克斯坦最大劳务移民输入国这一事实，俄方还承诺为来自塔吉克斯坦的劳动移民延长登记期限，让他们一次获得 3 年的工作许可。[②]

俄塔的新协议极大地缓解了 2011 年来双边就地缘安全、能源进口、劳动

---

① 俄塔两国签署一系列协议，涉及军事、移民与能源等领域。www. rusnews. cn，2012 - 10 - 05.

② Хайдар Шодиев：12 САМЫХ ВАЖНЫХ СОБЫТИЙ УХОДЯЩЕГО 2012 ГОДА，30/12/2012，http：//news. tj/ru/news/12 - samykh - vazhnykh - sobytii - ukhodyashchego - 2012 - goda.

移民等问题的矛盾，利于双边关系的进一步巩固和发展。

2. 与中亚其他国家的关系

中亚国家独立后，包括塔吉克斯坦在内的中亚国家除积极参与和发展与区外国家、国际组织和机构的合作关系外，中亚国家之间探索建立区内一体化组织的努力始终也没有停止过。目前，塔吉克斯坦与哈萨克斯坦、吉尔吉斯斯坦、乌兹别克斯坦都是上海合作组织的成员，独联体集体安全组织的成员，中亚国家之间在经贸、国家安全领域已夯实了牢固的法律基础，形成了中亚国家维护边境安全，打击有组织犯罪的系列合作机制。但由于历史纠葛，资源利用方面，双边关系发展呈现不同态势。

独立以来，塔吉克斯坦和哈萨克斯坦持续保持着历史和文化领域的传统友谊。双边之间的合作几乎涵盖了各个领域。2013 年初，恰逢两国建交 20 周年，双方认为“进一步深化合作将有助于两国顺利推进现代化进程，加强国际地位，进一步提高人民生活水平”①。

2012 年塔吉克斯坦与吉尔吉斯斯坦在能源、交通、通信、建筑等领域的合作进展顺利。12 月 19～21 日，塔吉克斯坦议会代表团访问了吉尔吉斯斯坦，双方就共同关心的问题广泛交换了意见。提出在区域组织和国际组织的框架下进一步加强水、能源、交通、通信、文化和人道主义领域的合作，特别是加强在巴特肯地区的跨界合作。②

塔吉克斯坦与土库曼斯坦继续保持交流与合作，其合作领域涵盖了工业，农业，以及贸易、投资和商业等领域。2012 年双方还讨论了在塔吉克斯坦与土库曼斯坦相邻地区建设土库曼语学校的项目。③

与其他三国关系不同，近年来，塔吉克斯坦与乌兹别克斯坦因水资源开发、债务纠纷等问题一直关系不睦。2012 年塔吉克斯坦与乌兹别克斯坦的不良关系继续给塔吉克斯坦国内带来消极影响。由于两国地形复杂，边界犬牙交

① Рахмон и Назарбаев поздравили друг друга с 20 – летием дипотношений между Таджикистаном и Казахстаном, 07/01/2013, http://news.kob.tj/news/49465.

② Визит парламентариев Таджикистана в Кыргызстан, http://www.tajikemb.kg/index.php?option = com_ content&task = view&id = 1681&Itemid = 78.

③ Развитие отношений между Таджикистаном и Туркменистаном, http://www.toptj.com/News/2012/07/25/razvitie_ otnosheniy_ mezhdu_ tadzhikistanom_ i_ turkmenistanom.

错，在交通、能源等领域有着“斩不断，理还乱”的关系。乌兹别克斯坦是塔吉克斯坦铁路交通的过境国，乌兹别克斯坦常常因债务纠纷单方面封锁铁路、扣留第三国运往塔吉克斯坦的物资。2009 年 11 月至 2010 年 2 月乌兹别克斯坦扣留运往塔吉克斯坦的铁路货物；从 2011 年 11 月开始，乌兹别克斯坦因加拉巴 - 阿穆赞格铁路发生爆炸，完全封锁了与塔吉克斯坦相连的阿穆赞格的铁路交通。2012 年 1 月，乌兹别克斯坦又关闭了与塔吉克斯坦接壤的 16 个检查站。4 月，乌兹别克斯坦因塔吉克斯坦欠费切断对其天然气供应。与邻国乌兹别克斯坦的冲突，给塔吉克斯坦经济造成重大不利影响。

导致乌兹别克斯坦与塔吉克斯坦之间的矛盾不断升级，不仅有历史纠葛，也有现实因素。水资源开发是关系恶化的根本原因。塔吉克斯坦是中亚跨境河流上游国家，而邻国乌兹别克斯坦是下游国家。塔吉克斯坦夏季电能过剩，冬季电能不足。按照以往的协议，塔吉克斯坦从乌兹别克斯坦获得天然气，交换塔吉克斯坦夏季生产的电能，而冬天则由乌兹别克斯坦向塔吉克斯坦供电。乌兹别克斯坦多次因塔吉克斯坦欠费用而中止供电，而塔吉克斯坦为了解决冬季缺少能源的问题，大力发展水电设施以满足冬季供电不足。由于担心塔境内正在建设的罗贡水电站导致阿姆河的水位变浅，影响到乌兹别克斯坦的棉花种植，并给下游的乌兹别克社区带来安全隐患，塔吉克斯坦这一项目受到乌兹别克斯坦的强烈反对。① 塔吉克斯坦与乌兹别克斯坦双边紧张关系还从政府层面蔓延到底层民众。乌兹别克斯坦和塔吉克斯坦边境地区都发生过针对对方的小规模民众抗议活动。

3. 与伊斯兰国家的关系

塔吉克斯坦有着深厚的伊斯兰文化传统，塔吉克斯坦因此也十分重视发展与周边伊斯兰国家，特别是阿富汗、伊朗、土耳其等国的关系。2012 年塔吉克斯坦与伊斯兰国家的友好关系取得新的进展。

塔吉克斯坦与邻国阿富汗除了在边界安全、反恐怖和打击毒品走私犯罪方面进行合作外，经贸合作也是重要议题。伊朗也是塔吉克斯坦在伊斯兰国

---

① Экономика Таджикистана, Материал из Википедии-свободной энциклопедии, http://ru.wikipedia.org/wiki.

家中的重要外交伙伴。伊朗曾提出的“重振古丝绸之路”思想在2012年得到进一步实施。2月伊朗提出在塔吉克斯坦境内建立伊朗工业城，塔吉克斯坦政府已决定划拨100公顷土地开工建设，并在未来3年内竣工并投入使用。伊朗还积极参与塔吉克斯坦基础设施和水利项目建设。3月伊朗总统艾哈迈迪－内贾德和阿富汗总统卡尔扎伊在塔吉克斯坦会谈后签署了一项联合声明，计划建立连接这三国的“能源线”，以满足对伊朗的石油产品和燃气供应。此外，合作内容还将包括三国进行电网连接工程，塔吉克斯坦向伊朗输送饮用水等内容。5月9日伊朗还表达了参加中国、塔吉克斯坦和阿富汗的铁路合作项目的意向。目前，伊朗已经成为塔吉克斯坦的仅次于俄罗斯和中国的第三大投资来源国。①

2012年，土耳其在塔吉克斯坦共有企业53家。12月塔吉克斯坦总统拉赫蒙访问土耳其期间，还签署了关于土耳其援助塔吉克斯坦1.22亿美元建设3个项目的协议。

4. 与中国的关系

2012年塔吉克斯坦与中国继续保持“好邻居、好伙伴”的友好关系。除在上海合作组织框架下加强军事和安全领域的合作外，塔吉克斯坦更注重与中国加强经贸领域合作及高层协作关系。目前，中国在塔吉克斯坦实施了57个投资项目，总金额超过900亿索莫尼。这些项目主要用于建造或重建数百公里的道路、隧道和桥梁。

2012年正值中塔建交20周年，随着中塔两国友好关系的不断深入，两国在文化教育领域的交流合作也日益广泛，6月1～7日，塔吉克斯坦总统埃莫马利·拉赫蒙对中国进行友好访问并出席上海合作组织成员国元首理事会第十二次会议。双方就共同关心的国际和地区问题深入交换意见，共同签署了《中华人民共和国和塔吉克斯坦共和国联合宣言》，3月由塔吉克斯坦民族大学孔子学院主办的第二届塔吉克斯坦汉语教学研讨会在塔吉克斯坦宾馆会议中心举行，进一步推动两国间教育文化交流。

---

① 张亚东：《塔吉克斯坦与伊朗、阿富汗拟加强铁路和能源合作》，http：//www.chinaxinjiang.cn/zbgj/zbdt/tjk/t20120327_872605.htm，2012－03－27。

二　对塔吉克斯坦未来局势的基本判断

从上述看出，塔吉克斯坦2012年保持了国家发展和政治稳定，各领域建设取得进一步进展，但仍然面临不少问题。对其未来趋势的基本判断是：

1. 国家发展水平总体较低，维稳存在隐患

虽然2000年后塔吉克斯坦国家政治局势较为平稳，经济发展实现了增长，但由于原有基础较差、经济总量偏低，实际的发展仍处于较低水平。根据世界经济论坛发布的2012～2013年全球竞争力报告，塔吉克斯坦在全球144个国家中排名为100位。[①] 在中亚五国中仅略高于吉尔吉斯斯坦（127位）。塔吉克斯坦发展的瓶颈是招商引资困难。导致这一问题的原因，不仅是国家缺少可供开发的资源，还来自国家体制本身的弊端。根据有关数据，影响国家招商的主要因素中，不合理的税率占17.1%，整体税收管理占16.6%，腐败占15.4%，以及影响社会稳定的犯罪行为。[②]

塔吉克斯坦发展所面临的外部环境不容乐观。塔吉克斯坦一直是极端恐怖势力活动和国际恐怖主义及贩毒活动猖獗的重灾区。塔吉克斯坦位于从阿富汗通向中亚的毒品私运通道上，加之两个地区之间的边境线长达1340公里，军方难以有效控制。最令人担忧的是，恐怖主义和极端势力的威胁还将在2014年美国从阿富汗撤军之后更为严峻。阿富汗不稳定的前景给塔吉克斯坦发展带来严重挑战。

就塔吉克斯坦国内而言，威胁政治稳定的最大问题是地区发展不平衡以及社会的严重分化导致的对立情绪。世界银行数据显示，塔吉克斯坦46.7%的人口生活在贫困线以下，即每日生活费用低于2美元；塔全国平均月工资水平为110美元，最低仅为17美元；年人均GDP为800美元。[③] 而戈尔诺－巴达

---

① 《中亚国家中哈萨克斯坦全球竞争力排名最高》，http：//www.shandongbusiness.gov.cn/index/content/sid/244056.html，2012年12月27日。

② 《资金短缺严重影响塔吉克斯坦商业发展》，http：//www.yaou.cn/news/show.php？itemid＝2470。

③ www.people.com.cn，2012年3月20日。

赫尚自治州是塔吉克斯坦最贫困的地区，以拥有反政府武装、反对政府的情绪高涨而闻名，常常是引发国内动荡的策源地。

当前，俄罗斯是塔吉克斯坦最大的劳动移民的输入国。根据世界银行的统计数据，在2008年金融危机时，从俄罗斯汇入塔吉克斯坦的侨汇为25亿美元，占塔吉克斯坦国内生产总值的60%。2012年俄罗斯境内有113万塔吉克斯坦的劳动移民，移民的汇款额达到约30亿美元，几乎占塔国GDP的一半。塔吉克斯坦汇款占国内生产总值的比例居世界第一位。[①] 而在其他国家，如侨民汇款占摩尔多瓦国家预算收入的14%，仅占乌兹别克斯坦的9.6%。[②] 塔吉克斯坦青壮年公民外出务工，固然可在一定程度上缓解国内就业压力，但知识人才和劳动力大量外流影响其经济发展潜力，国家的可持续发展面临隐忧。

2. 能源短缺制约经济发展，资源出口型经济格局未有改变

塔吉克斯坦经济结构的脆弱性使得国家在融入世界经济一体化过程中容易受到国际市场不确定性的影响。这在与世界经济联系紧密的进出口贸易方面表现明显。

在进口方面，塔吉克斯坦因境内油气资源缺乏而严重依赖进口，国际市场能源价格的高低、与石油输出国之间的关系直接影响到国内经济建设的成本。2012年3~6月间，乌兹别克斯坦停止天然气供应和俄罗斯提高石油产品关税对塔吉克斯坦经济均产生很大的负面影响。其中，乌兹别克斯坦单方面停止对塔吉克斯坦的天然气供应，使塔吉克斯坦两个大型工业企业——塔吉克斯坦铝厂和水泥厂面临停产的危险。在石油产品关税方面，1995~2010年，俄罗斯一直以零关税向塔吉克斯坦供应轻质油等石油产品。随着俄白哈关税同盟的建成，从2010年5月起，俄罗斯开始对供应给塔吉克斯坦和吉尔吉斯斯坦的石油产品增加出口税。目前每吨轻质油和汽油的出口关税分别为276.4美元和377美元。由于俄石油产品占到塔吉克斯坦油品市场份额的70%~90%，而在2012年4~10月间，俄罗斯作为塔吉克斯坦主要石油产品

---

① Е. Маетная. Таджики меняют своих жен на русских, http://izvestia.ru/news/497682, газета:《известия》7 сентября 2011.

② 俄新网 rusnews.cn 莫斯科11月28日电。

供应商，将轻质石油产品出口的海关税在原有基础上每吨再次提高了 44.6 美元，达到每吨 414.6 美元，这对塔吉克斯坦经济带来负面影响，尤其是大大增加了农民秋收的成本。而俄塔 10 月签署能源合作备忘录后，据塔能源与贸易发展部测算，免除出口关税将使塔国内市场上的石油产品降价 30% ~ 40%。成品油降价将带来诸如降低运输成本、刺激经济增长、缓解通胀压力和减轻民众生活负担等间接效益，塔吉克斯坦每年直接获益达到 3.5 亿美元。[①]

而在出口方面，原铝是塔吉克斯坦出口的主要商品，占每年出口量总额的 70% 左右。据国家经济发展和贸易部（МЭРТ）相关资料显示，2012 年因国际市场上原铝的价格下降，1 ~ 10 月的原铝出口量比上年少 1.23 万吨，为 22.15 万吨。主要原因是从 2011 年 10 月到 2012 年 10 月，国际市场铝价从每吨 2688 美元下降到了 2025 美元。10 月后，原铝价格继续下降。截止到 2012 年 11 月 26 日，世界贸易市场上铝的平均价格固定为每吨 1996 美元的水平。[②] 从上述情况看出，塔吉克斯坦脆弱的经济结构是国家发展的瓶颈之一。改造和完善苏联解体时遗留下来的不合理经济体系尚需时日。

3. 国家政策难以摆脱国际环境和大国政策的负面影响，缺乏自主性

作为经济发展严重滞后国家之一，外债是塔吉克斯坦缓解国内经济危机的常用手段。塔吉克斯坦的债务大都来自一些国际金融机构，如世界银行、亚洲开发银行、伊斯兰开发银行、欧盟、哈萨克斯坦 - 俄罗斯反危机基金会等。此外，据有关资料统计，2012 年塔吉克斯坦还接受了来自 45 个国家的援助，共计 7510 万美元，援助物资共 2.12 万吨，其中包括面粉 1.36 万吨、食用油 657.7 吨、药品 3470 万美元、服装鞋帽和食品等。主要援助国有美国（46.4%）、俄罗斯（10.4%）、中国（10.2%）、荷兰（5.1%）、哈萨克斯

---

① Зарина Эргашева：Экспорт таджикского алюминия сократился из-за спада цен на металл，26/11/2012，http：//news.tj/ru/news/eksport - tadzhikskogo - alyuminiya - sokratilsya - iz - za - spada - tsen - na - metall.

② Зарина Эргашева：Экспорт таджикского алюминия сократился из-за спада цен на металл，26/11/2012，http：//news.tj/ru/news/eksport - tadzhikskogo - alyuminiya - sokratilsya - iz - za - spada - tsen - na - metall.

坦(3.5%)。①

不可否认，举债和外援的确缓解了塔吉克斯坦国内困境，但在另一方面，塔吉克斯坦在接受外援和外债时，在政治体制建设、政府决策体系、价值观念和传统文化建构等方面都面临着欧美国家“软实力”的冲击。当前，美欧的中亚战略作为西方全球战略的组成部分，主要目的就是使包括塔吉克斯坦在内的中亚国家进一步开放并融入国际社会，彻底结束俄罗斯在中亚的传统支配地位。2012年，塔吉克斯坦为了回应欧盟要求，修改系列法律，特别是进一步放松对大众传媒的管制都是最好的例子。

4. 水电兴国战略面临困境

为了摆脱当前国家的发展困境，塔吉克斯坦提出应对措施。较其他中亚国家而言，塔吉克斯坦水资源十分丰富，蕴藏量居世界第八位。在国际油价上涨、环境污染严重、资源枯竭的情况下，塔吉克斯坦提出利用较为丰富的水电资源作为替代能源发展经济的战略，谋求开发水电资源取代对于天然气进口严重依赖具有一定合理性。但水电资源开发极易受到季节的影响，开发难度较大且资金技术缺乏，利用率不高。2012年由于雨水稀少，大型水库面临停止发电的危险，而在建的罗贡水电站因筹措资金和生态等一系列问题，以及下游国家抵制而进程缓慢。由此可见，以发展水电来摆脱国家的困境面临着现实的困难，其发展前景不容乐观。

---

① Таджикистан получил гуманитарную помощь на сумму свыше MYM75, 1 млн. Avesta. Tj, 14/01/2013.

Y.27

土库曼斯坦

张 昊*

摘 要：

2012年土库曼斯坦政治局势稳定，总统选举平稳进行，大批高级官员发生变动，工业家和企业家党成为土库曼斯坦第二个合法政党；经济形势良好，发展迅速，领跑中亚各国，能源出口大幅增加，天然气出口力图实现多样化；中土关系迈上新台阶，与邻国阿塞拜疆因里海问题大打口水战，举行首次海军军演展示实力，土美关系稳中有进。

关键词：

土库曼斯坦 政治 经济 外交

一 政治形势

（一）总统选举顺利举行

2012年2月12日，土库曼斯坦举行了总统选举。土总统别尔德穆哈梅多夫以97.14%的超高得票率获得胜利，毫无悬念地顺利实现连任。土执政党与其他青年组织、工会组织等社会团体联合体组成的“土库曼斯坦民族复兴运动”推选别尔德穆哈梅多夫为总统候选人，其他候选人包括阿哈尔州州长阿伊多格德·卡卡巴耶夫、水利部长安纳格尔季·亚兹梅拉多夫、能源和工业部长亚尔穆哈迈特·奥拉兹古雷耶夫等人，这些候选人无一例外地表示“支持总统连任”。

---

* 张昊，方志出版社编辑。

根据土库曼斯坦中央选举委员会提供的数据，此次总统选举在册选民约298万人，选民参选率高达96.7%。全国共设2307个选区，其中海外选区29个，来自独联体各国家、独联体执行委员会和“俄白联盟议会”的63名国际观察员和2300多名本国观察员全程监督选举投票和计票进程。①

此次总统选举是在公开、透明的氛围下举行的，选民投票热情高涨，标志着土库曼斯坦在通往民主、世俗和法制国家的道路上迈出了重要一步，选举结果基本反映了土国内的国情与民意。别尔德穆哈梅多夫的连任将使土库曼斯坦的内外政策保持连续和稳定，有利于该国以及周边地区的稳定和发展。另外，此次选举也在一定程度上缓解了西方对土的“民主压力”。选举前，土总统号召在国外的反对派回国参与选举，事实证明了土反对派在国内毫无吸引力，根本无法对现政权构成威胁。从长远看，土库曼斯坦的政局将长期保持稳定，别尔德穆哈梅多夫的执政将得以持续。

（二）多党制政党法获得通过

2012年1月10日，土库曼斯坦议会通过政党法法案，并交予总统签署和颁布。该法案将允许在土境内建立除执政党外的其他政党，并确定了建立政党的法律基础，明确了政党的义务和权利，调节政党与国家机构以及其他组织的关系。政党法法案将保障实现宪法赋予公民的建立政党、组织政党工作、终止政党活动的权利，并调整与之相关的社会关系。② 对于新的政党法，土库曼斯坦总统认为“新法将鼓励多党竞争，打破原先民主党的垄断地位”。③

对于多党制未来的发展及其重要性，土库曼斯坦总统指出：“国家将继续坚持这一方针。多党制的逐步确立不仅有助于促进社会和谐，同时也是全国人民齐心协力实现国家繁荣富强的重要保障。”④

---

① Совместное заседание Кабинета Министров и Государственного совета безопасности, 15.02.2012, http://www.turkmenistan.gov.tm/?id=775.

②《土库曼斯坦议会通过多党制政党法》，人民网，http://world.people.com.cn/GB/16852407.html，2012年1月11日。

③《土库曼斯坦修法允许多党制》，《东方早报》2012年1月13日，国际时局A18版。

④ 岳文良：《土库曼斯坦新政党企业家党成立》，国际在线，http://gb.cri.cn/27824/2012/08/22/2625s3820750.htm。

2012年8月22日，土库曼斯坦第二个政党“工业家和企业家联盟”（Union of Industrialists and Entrepreneurs Turkmenistan，也称工业家和企业家党，以下简称企业家党）成立。这标志着土库曼斯坦建国以来民主党一党制时代的结束。

根据该党党章，土企业家党将代表着土商界精英、国企管理层的利益，为他们的参政议政提供窗口。同时，企业家党的成立也会进一步促进土私有经济的发展。从作用上看，对国内，该党的成立将有助于总统进一步团结不断增长的精英阶层，并扩大其规模；同时，向外界，特别是欧美国家展示民主进步，避免议会唯有一党的尴尬局面。

估计今后企业家党将支持总统提出的各项议案，成为又一个“亲总统”党派。预计在2013年12月举行的下一届议会选举中，民主党将轻松获得压倒性胜利，而企业家党有可能获得少量议会席位。如何避免多党制政治局面“走过场”，真正发挥多党派共同参政议政以及监督作用将是土民主发展的重要问题。

（三）官员变动建立良好形象

根据2008年出台的土库曼斯坦宪法，总统是国家武装力量最高司令，兼政府总理，有权任命各部部长、检察长、法院院长以及各地行政长官。在上台之后，别尔德穆哈梅多夫牢牢掌握中央集权，对人事频繁进行调动，对于部分工作不利的官员坚决予以撤换。

当选总统后，别尔德穆哈梅多夫通过总统令的形式，分四批任命了各级政府官员。原土库曼斯坦拯救咸海国际基金董事会董事雅兹梅拉多夫（Язмырадов Аннагелди Оразбердиевич），原天然气康采恩主席叶格列耶夫（Егелеев Акмырат ）等升任副总理，大部分部级官员保留原有职务。2012年4月，能源和工业部部长奥拉兹古利耶夫因“教子无方”，遭到撤职，成为新内阁中首位被撤的高级官员。7月，农业部长巴依拉莫夫因工作不力，农作物产量低于预期，而遭到撤职。

当选之后，别尔德穆哈梅多夫积极参与体育活动，向外界塑造“运动健将”的形象，2012年3月，“幸福健康周”活动在土库曼斯坦举行；4月7

日，别尔德穆哈梅多夫参加一座新赛车场落成仪式，并亲自驾驶赛车赢得“冠军”；9 月 21 日，总统被授予空手道十段称号，以表彰这位土库曼斯坦领导人为发展本国和世界体育运动所作出的贡献；12 月 30 日，别尔德穆哈梅多夫带领该国高层领导完成了 5 公里迷你马拉松。“体育强国”已被作为国家发展战略之一，2013 年对于体育事业的财政拨款将增长 1.9 倍。

二　经济形势

（一）经济保持高速增长

2012 年度，在全球经济复苏迟缓的大背景下，土库曼斯坦经济保持高速增长。根据土官方数据，2012 年全年土库曼斯坦国内生产总值（GDP）较上年同期增长 11.1%，国内生产总值比原计划超额完成 38%，人均 GDP 增长为 8%，工业产值占 GDP 总额的 52%。①

近年来，土库曼斯坦经济走势强劲，GDP 多年保持两位数增长。根据土官方数据，五年来（2007～2012）土库曼斯坦 GDP 总值已增长了约 3.5 倍，人均 GDP 增长 1.9 倍。世界银行专家小组确认，土库曼斯坦人均国内收入已达到世界中等偏上水平。

横向来看，土库曼斯坦经济发展速度领跑中亚五国。2012 年中亚五国中，唯有土库曼斯坦的经济增速达到两位数。经济高速发展主要由投资所拉动，2012 年土库曼斯坦投资总额较上年增长了 38%。

2012 年，土库曼斯坦财政状况良好，全年财政收入较上一财政年度上涨 39.8%，超额完成预计的 59.3%。② 财政收入的大幅增加，得益于石油天然气、化工等领域的迅猛发展。

从各个领域来看，工业产出占 GDP 总额的 52%，其中电力生产增长

① 2012 chronicles：financial and economic sector，State News Agency of Turkmenistan（TDH），http：//www. turkmenistan. gov. tm/_ eng/？id =1780.

② Исполнение Государственного бюджета Туркменистана по доходами расходам за 2012 год，土库曼斯坦统计委员会，http：//www. stat. gov. tm/。

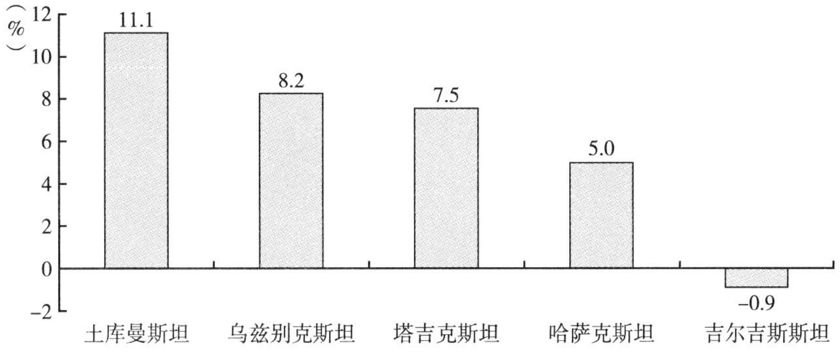

图 1　GDP 增速

4.2%，天然气生产增长 3.2%，水泥生产量增长达到 31.5%。在农业领域，由于中亚地区遭受干旱影响，产值较预期有所下降，但从实际来看，结果仍然比较乐观：全年收获小麦 120 万吨，较上年增长 2.7%，但低于预期产值；另一主要经济作物棉花的产量达到 120 万吨，较上年增长 12.6%。从总体看，土农业生产已达到自给自足。

在经济保持高速发展的同时，土库曼斯坦政府更加关注民生，注重居民生活水平的提高；财政支出大幅度向社会领域倾斜，加大对居民生活消费的补贴力度，不断提高工资、养老金以及助学金水平。2012 年，超过七成的国家财政资金投向了社会领域。2013 年元旦起，土在职人员收入将增长 10%，退休养老金将上涨 15%。目前土库曼斯坦居民在国内免费使用水、电、盐以及天然气，每车每月可免费领取 120 升汽油。据称，2013 年度内，土对于教育的财政拨款将上升 15.7%，对健康服务的拨款增长 10.8%，对文化的投入增长 22.6%。土库曼斯坦继续实施高福利的政策，不断提高居民生活水平，在很大程度上减少了民怨，有利于维持国内政治稳定以及抵御外国势力的渗入，预防“极端主义”思想的滋生与蔓延。

（二）能源形势

土库曼斯坦拥有极为丰富的天然气资源。据最新的数据显示，土库曼斯坦天然气储量占全球总量的 11.7%，约合 24.3 万亿立方米，在全球排名第四位，仅次于俄罗斯、伊朗和卡塔尔①。土库曼斯坦准备于2013年开始对世界第二大气田（南约洛坦气田）进行天然气生产活动，预计2013年土库曼斯坦的天然气开采量会有大幅增长。

尽管土库曼斯坦拥有全球11.7%的天然气储量，但是现阶段，土在世界天然气出口总量中的比例仅为2%。出口管道成为土天然气出口的最大瓶颈。在中国—中亚天然气管道开通之前，土库曼斯坦只能向俄罗斯、伊朗两国提供天然气，因此出口受到较大限制。随着土库曼斯坦天然气成功抵达我国，土天然气出口数量在2012年增长40.6%，这应当归功于中国国内巨大的能源需求量。

土库曼斯坦政府指出，TAPI线（土库曼斯坦—阿富汗—巴基斯坦—印度天然气管道）和跨里海天然气管道是土推动能源出口多样化的重点项目。从2012年情况看，5月23日TAPI项目中土库曼斯坦、巴基斯坦、印度于土库曼巴什签订购买协议，TAPI线建设又向前迈了一大步。从总体看，由于美国的积极推动与主导，以及“新丝绸之路”计划的落实，TAPI线的前途趋于乐观。

反观跨里海管道，由于受到俄罗斯以及其他里海沿岸国家的强烈反对，在2012年未能有任何突破。土阿相互间的口水战，以及俄罗斯的强硬表态更是让此项目前途堪忧。俄罗斯主导的“南溪管道”由于资金等方面基本落实到位，在2012年末第一段管道工程已正式开工。在未来，若里海诸国依然未能就里海边划分问题妥善解决，“南溪管道”将很有可能取代跨里海管道。

（三）发展预测

在未来可预见的一段时间内，国际天然气价格将保持高位，土库曼斯坦仍将维持高速发展态势。2013年土库曼斯坦计划实施的项目总金额将达到170亿美元，投资项目数量较2012年增长两成。别尔德穆哈梅多夫总统在政府工作会议中指出，2013年国际经济将经历根本性转变并步入重建期，对于土库曼斯坦而言，将是复杂的一年；要保证2013年全年本国GDP增幅不低于11%，保持高速发展。②

土库曼斯坦将于2013年开始推进私有化进程，现阶段私有化进程的指导性

① BP Statistical Review of World Energy, June 2012.

② Enlarged Meeting of the Cabinet of Ministers of Turkmenistan, http://www.turkmenistan.gov.tm/_eng/? id = 1766.

文件《2013～2016年国有企业私有化计划方案》已获得通过。根据该方案，在未来四年内，私有化进程将在全国范围内逐步展开。在时间上大致分为三个阶段，第一阶段为2013年，第二阶段为2014～2015年，第三阶段为2016年。私有化进程主要将在工业、运输、通信等领域的国有企业开展，涉及"重要的国有战略性企业"将不实行私有化。别尔德穆哈梅多夫总统强调，私有化是国家实现现代化、发展民族经济和分阶段过渡到市场经济的有效步骤。开展私有化将进一步提高土库曼斯坦企业的工作效率和竞争力，以及在经济全球化中的适应能力；同时，国内非公企业的出现也会在一定程度上提高土公民生活水平。① 早在2011年11月，《2012～2016年土库曼斯坦证券市场发展规划》② 便已获得通过，运作规范、良好的金融证券市场将会对土私有化进程起到保障性作用。

改善投资环境、促进外来投资也是土库曼斯坦政府今后一段时间内一项重要工作。为此，土库曼斯坦政府已经出台了《中央银行法》《银行及信贷机构法》《对外汇率管理条例》等一系列法律法规，改善投资环境，加快对于海外来土投资的制度建设，同时计划建立土库曼斯坦国家发展银行，对外来资本予以有效管理。

另外，发展旅游业也是土经济战略的重要组成部分。《2012～2016年土库曼斯坦旅游业发展国际计划》规定，要进一步发展里海沿岸阿瓦扎景区（Avaza），提高景区的吸引力，保护生态环境，新建旅店、野营地，修建通往主要景区的高标准公路；要简化外国旅游观光客的签证制度，拓宽与国际旅游组织的合作范围，积极参与海外旅游展览，扩大国际知名度。

三　外交形势

（一）中土关系再上新台阶

2012年是中国与土库曼斯坦建交20周年。20年来，中土两国关系保持持

① Turkmenistan to Privatize State-owned Enterprises in 2013 – 2016, trend. az, Saturday, November 17, 2012.

② The State Programme on development of the securities market in Turkmenistan in 2012 – 2016, November 2011.

续稳定发展势头，各领域合作不断扩大，取得了令人满意的成果。[①] 2012 年全年中土两国关系保持良好态势，两国间的友谊得到巩固与深化，中土关系迈上新台阶。别尔德穆哈梅多夫指出，土库曼斯坦永远是中国的亲密朋友和可靠伙伴，并始终奉行对华友好政策，将中国作为外交的优先方向。

在过去的一年中，中土两国高层互访频繁，有力推进中土关系的发展。2012 年 1 月 13 日，胡锦涛主席特使、全国人大常委会副委员长陈至立访问土库曼斯坦首都阿什哈巴德，会见别尔德穆哈梅多夫总统。5 月 29 日，以土民主党政治委员会第一书记卡·巴巴耶夫为团长的土库曼斯坦民主党代表团访华，贺国强在人民大会堂会见了代表团一行。2012 年 6 月 6 日，国家主席胡锦涛同来华参加上海合作组织峰会的别尔德穆哈梅多夫总统在人民大会堂举行会谈，胡锦涛主席还对推动两国务实合作提出了多项建议。9 月 24 日，周永康对土库曼斯坦进行了访问，与总统别尔德穆哈梅多夫举行会晤，并考察了中石油土库曼斯坦合作项目。

2012 年中土两国双边贸易快速增长。2012 年，中国对土库曼斯坦进出口贸易总额为 103.7 亿美元，同比增长 89.3%，其中出口额为 16.9 亿美元，同比增长 116%，自土进口 86.7 亿美元，同比增长 84.8%。

自中土天然气管道 2009 年 12 月 14 日开通至 2012 年 6 月，土库曼斯坦已累计向中国供气超过 300 亿立方米，其中中石油阿姆河天然气公司供气 107 亿立方米，土天然气康采恩公司供气 193 亿立方米。[②] 根据 2012 年 7 月 26 日签署的《中土能源合作分委会第二次会议纪要》，中亚天然气管道 C 线于 2012 年 9 月开工，土库曼斯坦对中国将增加 250 亿立方米天然气出口，年天然气出口总量有望达到 650 亿立方米。

（二）与阿塞拜疆大打口水战

2012 年 6 月中旬，一艘土库曼斯坦科研船只在里海有争议地区进行地质勘探时，遭到阿塞拜疆边境巡逻队的阻拦。6 月 18 日，阿塞拜疆外交部副部

---

① 《胡锦涛同土库曼斯坦总统别尔德穆哈梅多夫举行会谈》，新华社，http：//www. gov. cn/ldhd/2012 -06/06/content_ 2154874. htm。

② 《中石油：土库曼斯坦将增加向中国供气》，《中国证券报》2012 年 6 月 8 日。

长哈拉福夫召见土库曼斯坦驻阿塞拜疆大使，对土科学家在争议地区进行活动表达强烈不满，表示土库曼斯坦在里海地区的行为是非法活动，是阿塞拜疆不能接受的，阿塞拜疆将保留采取适当措施的权利，用来捍卫本国在里海地区的主权。随后，土库曼斯坦方面反应迅速，口水战升级。6 月 20 日，土库曼斯坦外交部向阿塞拜疆递交外交照会，抗议阿塞拜疆边境巡逻队的“非法行动”以及对民用船只的不当行为，并称“里海不是属于阿塞拜疆的”。①

此次拦截事件发生于塞尔达油田（阿塞拜疆方面称卡巴兹油田），据估计该油田拥有 8000 万吨原油以及 320 亿立方米天然气储量。苏联解体后，土阿分别试图开发此地的油气资源，但都因对方反对而作罢。双方于 2008 年签订合约，约定在里海问题解决之前，均不得对有争议的地区进行油气勘探和开发。土库曼斯坦和阿塞拜疆两国都深知，里海拥有丰富的油气，引入外资对油田进行合理的共同开发是必由之路，两国间的矛盾是暂时性的，而绝非根本性的。

在口水战之后，两国关系开始回暖，土阿两国间对话加强。9 月 26 日，里海沿岸国家副外长特别工作组在阿什哈巴德召开会议；10 月 4 日土库曼斯坦—阿塞拜疆政府间经济合作委员会会议在阿什哈巴德举行。12 月 6 日，阿塞拜疆总理访问土库曼斯坦，开启双方在口水战之后的首次高层对话，两国领导人就当前双边合作展开讨论，并指出两国在地缘上的相近为双方在很多领域，尤其是能源领域的合作创造良机。② 此次在半年时间内，两国关系由紧张恢复至正常，一方面表现出两国在里海问题上客观存在的纷争，但是另一方面，也反映了两国高层的务实合作，共同缓解危机的态度和决心，以及两国存在的共同利益。

（三）里海军演展现强势姿态

独立以来，土库曼斯坦始终奉行独立自主的中立外交政策，不加入任何政

① Ashgabat, Baku Raise Caspian Oil Tensions, BAKU, June 19 (RIA Novosti), http: //en. rian. ru/world/20120619/174123548. html.

② President of Turkmenistan receives Prime Minister of the Republic of Azerbaijan, State News Agency of Turkmenistan (TDH), http: //turkmenistanembassy. org/2012/12/06/president - of - turkmenistan - receives - prime - minister - of - the - republic - of - azerbaijan/.

治军事类的国际组织。在国防战略上，土库曼斯坦奉行防御性的军事学说，一般不轻易向外界展现其军事实力。但是在2012年，针对日益恶化的外部环境，外部势力对土能源资源的争夺，特别是2012年夏季里海局势紧张、安全形势恶化，土库曼斯坦举行了有史以来第一次大规模海军演习。该军事演习代号为“里海-2012”。此次军演位于距土库曼巴什60公里的里海上，模拟一股武装分子占领土油库并破坏沿岸的炼油设施，土国家安全委员会、国防部、边防局、内务部出动联合部队剿灭武装分子。根据土官方报道，此次海军军演，海军方面出动了摩尼亚级护卫舰、导弹舰以及边防船只，空军方面出动了苏-25、米格-29战斗机，安-74运输机以及多种型号的直升机参与军演。

别尔德穆哈梅多夫以及多国驻土武官全程观看了军演。总统高度评价了此次军演，并指出军演向外界展示了土国防力量以及发展潜力，同时强调，“土推行的是防御性国防政策，但是作为一个海洋国家，我们必须守卫自己的海岸。”[①] 对于土此次海军军演，国际学界普遍认为土目的在于展现其海军实力，以实际行动表明自身在里海纷争中绝不妥协的姿态，更为重要的是对6月土阿里海争议的强力回应，维护国家主权。

（四）独联体外交能源合作陷困局

虽然能源领域合作在独联体内部已获得高层的重视，但在实际行动上却始终未能获得新突破。别尔德穆哈梅多夫在独联体首脑理事会上称，能源是独联体经济合作关键领域，独联体国家应该从能源供应问题着手，制订独联体各国在国际能源市场的行动准则。欧亚中心地区能源充足，尤其是土库曼斯坦，天然气资源极为丰富。但是由于俄土关系未能进一步深化，在里海问题上俄土纷争未平，能源合作在2012年仍然未能获得突破。

自2009年俄土天然气管道爆炸后，两国天然气交易量维持在较低水平，据估计在2012年俄方收购的土天然气数量仍与前年大致持平，约为100亿立方米。根据俄天然气工业公司计划，2013年俄自土采购天然气数量仍将保持

① Turkmenistan's Navy Practices Against Aggressor State，http：//www.eurasianet.org/node/65864.

2012 年的水平。[①] 在里海问题上，俄土两国仍各自坚持立场，分歧较大，对里海管道的大规模开发建设仍处于停顿状态。俄方表面上声称，在里海底部铺设管道，极有可能造成风险事故以及生态灾难。[②] 但是实际上，俄方的主要目的是阻止修建海底管道，防止土方绕开俄罗斯直接出售天然气给欧洲，维护自身在欧洲能源进口中的垄断地位。对于土打算建设跨里海管道，俄驻土大使表示“这将造成地区局势紧张，管道将无助于欧洲的能源安全，修建管道更多是政治目的而非经济”。

对于土库曼斯坦而言，2012 年土在独联体外交的重点领域为科技、教育、环境保护、体育等方面的人文合作。土库曼斯坦城市马雷被授予“2012 年独联体文化首都”称号，一系列人文合作活动在土举行。国际科学会议“古梅尔夫[③]是世界文明中心”在马雷举行。独联体 2012 年摄影展在阿什哈巴德举行；9 月末，土库曼斯坦“总统杯”足球赛举行，独联体内部 9 支球队参加；10 月第七届独联体国家“发明与科学家论坛”在土召开等一系列活动获得了独联体国家的好评。虽然土库曼斯坦已于 2005 年退出独联体组织而获得“联合成员”地位，但是通过这一系列的活动可提升土与其他独联体国家关系，加强土库曼斯坦与其他国家的协作与合作，增强土在地区事务中的影响力。

（五）美土关系稳中有升

2012 年是美国与土库曼斯坦建交 20 周年。4 月 5 日在土举办的纪念美土建交 20 周年庆典上，美国驻土外交参赞指出，20 年来美土关系发展稳定，美国重视两国间的传统友谊以及互相合作。

在美土商会举办的第二届商品展览会上，别尔德穆哈梅多夫总统指出，美国与土库曼斯坦关系是建立在长期的互利基础之上，拥有广阔的前景。贸易以

---

① 《明年俄气公司进口土库曼斯坦天然气将与今年相同》，中国能源网，http://www.china5e.com/show.php? contentid=259358。

② “What is behind Azerbaijani - Turkmen relations?”，http://vestnikkavkaza.net/analysis/politics/28006.html.

③ 古梅尔夫：土库曼斯坦城市名，被联合国教科文组织授予“世界遗产”称号。

及经济合作在土美关系中扮演重要角色，并不断推进外交对话机制的建设。[①] 3 月下旬，美中央司令部司令詹姆斯·马蒂斯上将访土，指出土是美国可靠伙伴，并与土总统商讨共同反恐、打击贩毒以及阿富汗稳定等事宜；7 月 11 日美海军部长马布思·雷访问阿什哈巴德，就地区安全形势和相关问题与土军方领导人展开讨论。[②]

2012 年，美土关系发展稳定，在美国主导的多项能源合作计划中，土库曼斯坦都扮演着重要角色。在 2012 年 7 月国会质询中，美助理国务卿罗伯特·布莱克称，土库曼斯坦在协助阿富汗重建、能源恢复以及人道主义救助上发挥重要作用，包括 TAPI 管道在内的巨大工程建设表明，土库曼斯坦将很有可能成为地区经济发展的领导者。另外，土库曼斯坦推行天然气出口多样化，计划绕开俄罗斯直接向欧洲供气，也在很大程度上与美国能源战略相吻合。卡特彼勒、波音等美国大型企业都表示愿意帮助土库曼斯坦实现能源出口多元化。

据统计，自 1992 年至 2010 年，美国对土累计援助金额为 3.51 亿美元，2011 年财政年度援助金额约为 1101 万美元，2012 年约为 989 万美元，其中欧亚国家援助项目约为 800 万美元，外国军事援助项目约 68.5 万美元，国际军事教育与训练经费约合 35 万美元，用于反恐等安全经费约 85 万美元。

（六）建立良好的周边环境

2012 年土库曼斯坦总统别尔德穆哈梅多夫两次出访土耳其。深化能源合作、建立天然气联系是两国领导人讨论的核心问题。双方领导人指出，“土耳其和土库曼斯坦始终保持完美的外交关系，接下来在互信互利的基础之上深化双边合作”[③]。对于土库曼斯坦而言，拓宽能源出口途径，出口对象多样化是其能源外交的重点；而在土耳其方面看来，确保天然气进口的价格合理与稳定

---

① “President: Turkmen and U.S. Relations have Great Potential, Zhavoronkova”, http://www.turkishweekly.net/news/135465/president-turkmen-and-u-s-relations-have-great-potential.html.

② “United States Secretary of the Navy Ray Mabus Visits Turkmenistan for Consultations”，美国驻土库曼斯坦大使馆网站，http://turkmenistan.usembassy.gov/pr20120711.html。

③ “Turkey, Turkmenistan discuss energy cooperation”, http://www.upi.com/Business_News/Energy-Resources/2012/08/10/Turkey-Turkmenistan-discuss-energy-cooperation/UPI-49011344606411/.

直接关系到国家能源安全。近年来，土耳其年均天然气消耗量约400亿立方米，其中俄罗斯天然气占一半左右，但是就天然气价格，俄罗斯和土耳其双方对对方一直存在微词；伊朗因核问题形势紧张，天然气供应难以保障。因此总体来看，土库曼斯坦与土耳其两国间的能源合作前景明朗，双方相互依赖程度较高，“两土”关系在未来将朝着更深层次发展。

10月初，乌兹别克斯坦总统卡里莫夫访问土库曼斯坦，就发展经贸关系交换意见，并计划在未来将土乌双边贸易额提高一倍，双方签署《2013～2014年经济合作条约及政府间商品互供协议》。11月29日，亚美尼亚总统谢尔日·萨尔基相与土总统进行会谈，就加强互利经济伙伴关系、能源交通等多领域合作达成一定共识，并发表了《联合公报》。

在2012年，土库曼斯坦与伊朗关系出现了一定波折。原本于年底开通的土库曼斯坦—伊朗铁路计划被取消，9月土官方发表消息指出于2010年1月签订的土伊铁路合同作废。此条铁路原计划长约904千米，由北向南依次连接哈萨克斯坦、土库曼斯坦以及伊朗。至于工程取消的原因，土库曼斯坦官方称“伊朗建筑公司因为某些经济原因未能履行合同”①。11月初有消息指出，土库曼斯坦已暂时停止向伊朗供气，对于其原因众说纷纭，随后土又恢复了对伊朗方面的供应。11月28日，别尔德穆哈梅多夫总统在接见来访的伊朗石油部长时指出，土库曼斯坦始终遵守所承担的伙伴义务，长期稳定地向伊朗供应天然气。

① “Turkmenistan: Big Iran railway deal scrapped”, The Express Tribune, September 9th, 2012, http://tribune.com.pk/story/433768/turkmenistan-big-iran-railway-deal-scrapped/.

Y.28 乌兹别克斯坦

李昕韡*

摘　要：

2012年乌兹别克斯坦整体局势稳定。政治方面，乌兹别克斯坦确定了议会选举以及总统大选日期，各方面准备工作开始，以求政权稳定交接。内政方面，乌兹别克斯坦当局重视改善民生及维护社会稳定，宣布2012年为“家庭年”，并再度提高工资水平，同时保持对极端及恐怖组织的高压打击态势，以维护社会的稳定。经济方面，2012年乌兹别克斯坦宏观经济发展势头向好，GDP同比增长8.2%，各项宏观经济指标表现也较好。外交方面，今年乌兹别克斯坦动作频频，在“和平的多元外交”的指导下同世界各国及国际组织发展友好关系。特别值得一提的是，2012年6月8日，中国与乌兹别克斯坦建立了战略伙伴关系，使两国关系水平得到了极大提高。

关键词：

乌兹别克斯坦　总体形势　2012

一　政治形势

乌兹别克斯坦在2011年稳步推进政治改革所取得成果的基础之上，2012年政治改革动作不大，重点方向在于维护国家及政局稳定，采取措施为议会及总统大选做准备。

2012年的乌兹别克斯坦政局中值得关注的有下列方面。

---

* 李昕韡，中国社会科学院边疆史地研究中心博士。

（一）推进渐进政治改革，准备议会及总统大选

第一，乌兹别克斯坦确定了议会选举及总统大选时间。乌兹别克斯坦议会上院于2012年3月23日通过决议，将于2014年12月举行议会选举，选举正式结果公布90天后，也就是2015年举行总统大选。[①] 在此之前，乌兹别克斯坦议会还于2012年3月6日通过了《关于国家权力机关及总统选举法案》。[②] 议会及总统选举日期的确定说明乌兹别克斯坦已开始为平稳度过大选做准备。

第二，乌兹别克斯坦当局继续推进渐进的政治改革。乌兹别克斯坦议会上院于2012年3月2日举行的全体会议通过了多项法案，以进一步在符合宪法的框架下在国家权力、行政和司法体系深化民主改革及公民社会民主化。这些法案的出台是为了在国家政治、经济和社会各领域实施渐进式的改革与开放。[③]

第三，2012年是乌兹别克斯坦独立及宪法颁布20周年，乌兹别克斯坦当局总结了20年来的政治建设进程，并表示“在卡里莫夫总统的领导下，乌兹别克斯坦采用有特色的国家发展模式，成为具有强大公民社会及民主法治国家”[④]。可以说，乌兹别克斯坦独立20年来积极探索符合本国特色的政治发展道路，推动渐进式改革，力求保证国家稳定及发展，并取得了较大成就。

第四，乌兹别克斯坦当局继续采取措施打击腐败。腐败是乌兹别克斯坦稳定及发展所面临的最大问题之一，一直难以解决，根据透明国际2012年公布的腐败指数，乌兹别克斯坦位列174个国家中的第170位[⑤]，虽然在一定程度

---

① TREND：«Президентские выборы в Узбекистане состоятся в 2015 году», 23.03.2012, http://www.trend.az/regions/casia/uzbekistan/2006251.html.

② Агенство Новостей Подробно：«В Узбекистане выборы Президента перенесены на 2015 году», 23.03.2012, http://podrobno.uz/cat/politic/V-Uzbekistane-pereneseni-vibori-prezidenta/.

③ Олий Мажлиса Узбекистана：«В Сенате Узбекистана», 03.03.2012, http://senat.uz/ru/news/2012/03-03-1.html.

④ МИД Узбекистана：«Проводник Демократических реформ», 07.12.2012, http://mfa.uz/rus/pressa_i_media_servis/znam_data/constitution_20/2012.12.07._provodnik_demokraticheskix_reform.mgr.

⑤ UZNews：«Коррупция в Узбекистане-хуже в Афганистане, Сомали...», 05.12.2012, http://www.uznews.net/news_single.php?lng=ru&sub=&cid=31&nid=21479.

上夸大了乌兹别克斯坦的腐败程度，但同时也说明该问题确实十分严重。2012年，乌兹别克斯坦当局为解决腐败问题也采取了一些措施。一方面惩处涉及贪腐行为的官员，如时任布哈拉州州长的海伊特·科米洛夫因腐败被捕；① 另一方面积极开展反腐方面的国际合作，如美国宣布，将对乌兹别克斯坦实施《联合国反腐败公约》提供技术支持。② 乌兹别克斯坦当局将继续贯彻反腐措施，但是，可以预见的是，乌兹别克斯坦在反腐方面不会采取大举措，因为其政策的核心目的在于维护国家和政局的稳定。

总体而言，2012 年乌兹别克斯坦政治改革动作不大，继续推动其渐进改革的稳健政策，同时总结独立 20 年来所取得的成就，并开始为平稳度过议会及总统大选做准备，以求维护国家政治稳定与发展。

（二）重视民生问题，提高社会发展水平

首先，乌兹别克斯坦总统卡里莫夫将 2012 年定为“家庭年”。在 2012 年 1 月 19 日发表的国情咨文中，卡里莫夫总统表示，将强化作为社会基础的家庭的发展，加强对年轻家庭的物质及精神文化支持，加强马哈拉的作用。③

年轻家庭是“家庭年”的主要支持方面。为此，乌兹别克斯坦当局在“家庭年”框架下出台了《2012 ~ 2013 年向年轻家庭供应住房国家计划》。在 2012 ~ 2013 年间建设 148 栋住宅公寓，并面向年轻家庭提供为期 15 年、不超过央行利率的贷款。另外还出台了《年轻家庭消费贷款国家计划》④。

卡里莫夫总统于 2013 年 1 月 18 日发表的国情咨文中说，根据调查，乌兹别克斯坦 50% 以上的居民自我认定为中产阶级，2000 年的数据为 24%，居民银行

---

① Aloqada. com：«Главу Бухары арестовали за коррупцию»，15. 06. 2012，http：//www. aloqada. com/News/2012/06/15/glavu_ bukhary_ arestovali_ za_ korrupciyu.

② Комиссия по борьбе с коррупции：«Борьба с коррупцией узбекистан»，08. 12. 2012，http：//kpbsk. ru/borba – s – korruptsiey/borba – s – korruptsiey – uzbekistan. html.

③ Национальное информационное агенство Узбекистана：«2012 год станет годом поднятия на новый уровень развития нашей Родины»，19. 01. 2012，http：//uza. uz/ru/politics/17770/.

④ МИД Узбекистана：«Молодоженам-весомая поддержка»，12. 06. 2012，http：//mfa. uz/rus/pressa_ i_ media_ servis/znam_ data/2012god/molodojenam_ vesomaya_ podderjka. mgr.

存款增长了34.6%，97%的家庭拥有私有住房，30%的家庭拥有私家车。[①] 卡里莫夫认为，“家庭年”的建设是富有成效的。

其次，乌兹别克斯坦政府再度提高了工资及养老金等水平。继2011年12月提高工资（增幅为10%）之后，卡里莫夫总统于2012年7月5日签署法令，从8月1日起，工资、养老金及津贴等提高1.15倍。[②] 11月10日，卡里莫夫签发命令，从12月1日起，乌兹别克斯坦最低工资标准上调10%。[③]

卡里莫夫总统于2013年1月18日发表的国情咨文，对2012年乌兹别克斯坦在改善社会民生方面所取得的主要成就做了总结，该年度居民收入水平增长了17.5%，最低工资增长了26.5%，新增了约100万个工作岗位[④]，为社会稳定与发展提供了坚实基础。

最后，2012年乌兹别克斯坦在教育、卫生等领域都取得了较大成就。2012年，乌兹别克斯坦基本完成了12年制义务教育的过渡。在卫生领域，2012年为重建、维修和向医疗机构提供设备共投入了2550亿苏姆[⑤]。乌兹别克斯坦政府重视对教育、卫生等领域的投入，使该国2012年在上述领域取得较为显著的进步。

但是，乌兹别克斯坦社会民生领域依然存在较大问题。第一，人口结构所带来的就业和社会保障压力。截至2012年10月，乌兹别克斯坦的常住人口达到2987.4万人，城市人口占51.1%，农村人口占48.9%。在劳务机构登记的求职人数为18000人，失业人口为62.17万人，失业率为4.8%[⑥]。2012年上

---

① Национальное информационное агенство Узбекистана：«Наша главная цель-решительно следовать по пути широкомасштабных реформ и модернизации страны», 18.01.2013, http：//uza.uz/ru/politics/22013/.

② UmmaInform：«В Узбекистарне с августа повышает зарплаты», 06.07.2012, http：//umma.ua/ru/news/SNG/2012/07/06/9623.

③ Aloqada：«В Узбекистане повышает с 1 декабря минимальную зарплату на 10%», 10.11.2012, http：//www.aloqada.com/News/2012/11/10/v_ uzbekistane_ povyshayut_ s_ 1_ dekabrya_ minimal_ nuyu_ zarplatu_ na_ 10.

④ Национальное информационное агенство Узбекистана：«Наша главная цель-решительно следовать по пути широкомасштабных реформ и модернизации страны», 18.01.2013, http：//uza.uz/ru/politics/22013/.

⑤ 同上。

⑥ Газета UZ：«Численность постоянного населения Узбекистана достигла 29, 874 миллиона», 12.10.2012, http：//www.gazeta.uz/2012/11/12/population/.

半年，乌兹别克斯坦一共新增51.05万就业岗位[①]，但是同登记失业率相比仍显不足，同时乌兹别克斯坦实际失业率可能远高于官方统计结果。世界银行统计称，乌兹别克斯坦实际失业率可能在20%～30%[②]，因此就业问题堪称乌兹别克斯坦最为严峻的社会问题之一。

第二，乌兹别克斯坦物价上涨幅度远远高于工资收入的上涨幅度。如2012年10月1日起，乌兹别克斯坦开始上调向居民供应天然气价格，使该国天然气价格上涨14.06%，9月25日起面包价格上涨了10%。[③] 另外，有报道显示，卡里莫夫总统于2012年11月10日签署关于增加工资的法令生效之前，塔什干市内面包、黄油等食品和肥皂等日常生活用品的价格便已开始上涨。[④]

第三，乌兹别克斯坦的一些基础设施老化而导致意外事故发生。如2012年1月26日吉扎克州一处天然气井因老化严重而发生爆炸。[⑤] 另据报道，4月1日在塔什干市发生的加油站爆炸事件也属于技术和设备问题引发的事故。[⑥]

总体而言，2012年乌兹别克斯坦在社会民生领域取得了一定成绩，人民生活水平有所改善。但是根本性的问题依然存在，如何将这些问题保持在可控水平内，以防成为引发国家和社会动荡的触发点，这是乌兹别克斯坦政府所面临的重要课题。

（三）宗教极端势力和恐怖势力受到遏制，但总体威胁在增大

乌兹别克斯坦领导人及政府很注重对恐怖主义和宗教极端主义的打击，并认为它们是对国家稳定的主要威胁。

---

① International Labour Organization：«В Узбекистане в 1 полугодии создано 510,5 тыс рабочих мест», 27.07.2012, http://www.ilo.org/public/russian/region/eurpro/moscow/news/2012/0727.htm.

② Фергана news：«Узбекистан: Удобные меры против безработицы», 12.09.2012, http://www.fergananews.com/articles/7483.

③ Aloqada.com：«В Узбекистане выросли цены на газ и хлеб», 27.09.2012, http://www.aloqada.com/News/2012/09/27/v_uzbekistane_vyrosli_ceny_na_gaz_i_khleb.

④ UZNews：«В Узбекистане вновь выросли цены», 23.11.2012, http://www.uznews.net/news_single.php?lng=ru&sub=&cid=2&nid=21346.

⑤ РОСБАЛТ：«В Узбекистане прогремел взрыв на газовой скважине», 26.01.2012, http://www.rosbalt.ru/exussr/2012/01/26/938106.html.

⑥ НТВ：«В центре Ташкента прогремели два взрыва», 01.04.2012, http://www.ntv.ru/novosti/284140/.

2012 年乌兹别克斯坦当局采取措施防范及打击宗教极端主义和恐怖主义，主要是举行反恐演习。8 月 16 日乌兹别克斯坦国家安全委员会、内务部、紧急情况部等部门举行联合反恐演习，其目标是检测并改进地铁等公共场所防范恐怖袭击的能力。① 另外，乌兹别克斯坦强力部门还同周边国家共同举行联合反恐演习，6 月 8 日在乌兹别克斯坦吉扎克州举行了代号为“东方 - 反恐 - 2012”的乌兹别克斯坦、吉、哈三国在上海合作组织框架下的联合反恐演习。②

总体而言，2012 年恐怖主义和宗教极端主义组织在当局的高压打击之下难以形成有效活动能力，反恐形势总体稳定，但是一些趋势仍然值得注意。

第一，随着阿富汗撤军进程的推进，恐怖和极端组织在该国的活动日益频繁，给乌兹别克斯坦等中亚国家的安全及反恐形势带来了不确定性。中亚学者认为，2014 年后宗教极端主义和恐怖主义回流中亚的可能性非常大。③ 乌兹别克斯坦同阿富汗相毗邻，2014 年前后所面临的反恐压力将日益增大。

第二，乌兹别克斯坦公民在国外从事恐怖与极端活动案例频出。1 月 13 日，一名乌兹别克斯坦公民在喀山因涉嫌准备实施暴力恐怖袭击而被捕。④ 4 月，一名乌兹别克斯坦公民因涉嫌参加恐怖组织而在美国被逮捕。⑤ 10 月 10 日一名乌兹别克斯坦公民在巴库威胁将实施恐怖袭击。⑥ 这些案例说明了恐怖主义和极端主义网络全球化的趋势明显，增大了乌兹别克斯坦打击恐怖和极端主义工作的难度。

第三，政治因素对于乌兹别克斯坦打击恐怖和极端主义的干扰。首先是人

---

① ГАЗЕТА. UZ：«В метро прошло учение по предотвращению теракта», 18. 08. 2012, http://www. gazeta. uz/2012/08/18/exercises/.

② Fergana News：«В Узбекистане прошли антитеррористические учения с участием спецслужб Кыгызстана и Казахстана», 08. 06. 2012, http://www. fergananews. com/news. php? id = 18844.

③ Stratfor：«Militancy in Central Asia: More Than Religious Extremism», 09. 08. 2012, http://www. stratfor. com/weekly/militancy – central – asia – more – religious – extremism? utm_ source = freelist – f&utm_ .

④ Открытое информационное агенство：«В Казани ликвидирован гражданин Узбекистана, готовивший теракт», 13. 01. 2012, http://openinform. ru/news/incidents/13. 01. 2012/26175/.

⑤ CA – News：«Native of Uzbekistan accused of terrorism in U. S pleads not guilty», 13. 04. 2012, http://en. ca – news. org/news：467431/.

⑥ CA – News：«Гражданин Узбекистана грозился совершить теракт в Баку», 10. 10. 2012, http://www. ca – news. org/news：1044464/.

权因素。西方的人权组织对乌兹别克斯坦打击恐怖主义举措颇有微词，认为是对普通穆斯林和政治反对派的压制迫害，对于乌美两国在反恐方面的合作也持批评态度，如1月21日乌兹别克斯坦难民穆克托洛夫因涉嫌参加恐怖组织在芝加哥被捕，人权组织便认为这是乌兹别克斯坦借美之手打击政治反对派。[①] 其次，乌兹别克斯坦的一些外交举措对国际反恐合作产生的影响。6月28日乌兹别克斯坦照会集安组织秘书处，宣布退出该组织，[②] 这一举措中止了乌兹别克斯坦在集安组织框架下的反恐合作。此外，乌兹别克斯坦并未参加于6月8日在塔吉克斯坦胡占德市举行的上海合作组织“和平使命－2012”实兵反恐演习，并且不允许参加演习的哈萨克斯坦军事装备过境。[③] 这些举动虽然不能对乌兹别克斯坦打击恐怖和极端主义造成根本影响，但为该国在此领域的国际合作增加了障碍。

二　经济形势

2012年乌兹别克斯坦经济形势稳定，总体趋势向好，各项宏观经济指标表现较好。

（一）宏观经济总体稳定向好

根据卡里莫夫总统2013年1月18日发表的国情咨文，2012年乌兹别克斯坦国内生产总值同比增长8.2%，现价总量965898亿苏姆[④]，其中工业总产值

---

① Fergananews：«США-Узбекистан: Против кого дружат»，01.02.2012，http：//www.fergananews.com/article.php? id＝7262.

② Fergananews：«СМИ России: Узбекистан снова приостанавливает свое членство в ОДКБ»，28.06.2012，http：//www.fergananews.com/news.php? id＝18958&mode＝snews.

③ Asia-Plus：«Узбекистан не пропустил боевую технику Казахстана для участия в Мирной миссии－2012»，14.06.2012，http：//news.tj/ru/news/uzbekistan－ne－propustil－boevuyu－tekhniku－kazakhstana－dlya－uchastiya－v－mirnoi－missii－2012.

④ MEZON：«Производство валового внутреннего продукта за январь-декабрь 2012 года составил 96589,8 млрд. сум»，20.02.2013，http：//www.mezon.uz/news－in－uzbekistan/economics/2750－proizvodstvo-valovogo-vnutrennego-produkta-za-yanvar－dekabr－2012－goda－sostavil－965898－mlrdsum.

增长7.7%，农业总产值增长7%，零售贸易额增长13.9%。[①] 乌兹别克斯坦国内生产总值已连续几年超过8%，高于独联体国家平均水平。

2012年乌兹别克斯坦固定资产投资占国内生产总值的22.9%，为117亿美元，与去年同期相比增加了14%；固定资产投资中22%为外商投资，其中79%为直接投资；[②] 完成了205个重大投资项目的建设。[③]

除此之外，乌兹别克斯坦其他宏观经济指标的表现也很乐观。值得一提的是，2011年“小企业与私营企业年”的政策利好作用已经显现，2012年小企业在乌兹别克斯坦国内生产总值中所占份额上升至54.6%，占服务业份额高达52%。[④]

在对外经贸方面，2012年乌兹别克斯坦出口同比增长11.6%，其中非石油产品出口份额超过70%，说明该国的出口结构调整已有进展，贸易顺差112亿美元。截至2013年1月1日，乌兹别克斯坦外债总额不超过16%，按照国际标准来看并不严重。[⑤]

（二）各经济部门发展顺利

2012年乌兹别克斯坦各经济部门得到了顺利发展。

工业生产总值为253亿美元，同比增长7.7%。2012年约74%的投资集中于工业领域，主要是对已有项目进行现代化改造和升级。[⑥]

---

① УЗИНФОРМ：«Президент Узбекистана озвучил приоритеты экономической политики на 2013 год»，19.01.2013，http：//www.uzinform.com/ru/news/20130119/16857.html.

② УЗИНФОРМ：«Президент Узбекистана озвучил приоритеты экономической политики на 2013 год»，19.01.2013，http：//www.uzinform.com/ru/news/20130119/16857.html.

③ Информационно-Аналитический Центр：« Итоги социально-экономического развития Республики Узбекистан в 2012 году и приоритетные направления экономической программы на 2013 год»，03.02.2012，http：//www.ia－centr.ru/expert/15092/.

④ ГАЗЕТА. UZ：«ВВП Узбекистана в 2012 году вырос на 8.2%»，18.01.2013，http：//www.gazeta.uz/2013/01/18/gdp/.

⑤ УЗИНФОРМ：«Президент Узбекистана озвучил приоритеты экономической политики на 2013 год»，19.01.2013，http：//www.uzinform.com/ru/news/20130119/16857.html.

⑥ Национальное информационное агенство Узбекистана：« Наша главная цель-решительно следовать по пути широкомасштабных реформ и модернизации страны »，18.01.2013，http：//uza.uz/ru/politics/22013/.

2012 年主要实施的工业项目包括：纳沃伊联合循环电厂、乌德合资年产 3000 辆卡车项目、姆巴雷克液化气处理厂改造项目等①。

农业方面，2012 年总产值为 122 亿美元，同比增长 7%。2012 年共收获棉花 346 万吨，粮食（谷物）750 万吨，超过 200 万吨土豆和 900 万吨蔬菜。超过 6.6 万户家庭参与了农业发展运动。②

除了工业和农业两大领域之外，2012 年其他经济领域也有进步。服务业向居民提供的服务总量增加了 15%，其份额在国民生产总值中已超过 52%，高科技和市场服务增长最为迅速，其中，通信与信息服务增长了 24.5%，计算机服务增长了 18%，设备保养与维修服务增长了 17%，金融和银行服务增长了 17.6%。③ 在交通运输领域，2012 年共建成了 500 多公里的现代化四车道公路，对 240 公里铁路进行了现代化改造，在 70 多公里铁路上设置了多个站点。在通信领域，2012 年铺设了 180 公里的光纤通信线路，使数字电视在全国的覆盖范围扩大到了 42%。④

2012 年乌兹别克斯坦外贸总额略有增长，但出口额有所下降。根据乌兹别克斯坦国家统计委员会公布的数据，2012 年乌兹别克斯坦全年外贸额为 262.9 亿美元，同比增长 0.9%，出口 142.6 亿美元，下降 5.1%，进口 120.3 亿美元，增长 9%，贸易顺差为 22.3 亿美元。主要出口商品为能源载体、服务、棉纤维、黑色和有色金属、机械设备，主要进口商品为机械设备、化工产品及塑料制品、农产品、黑色和有色金属、石油产品。2012 年乌兹别克斯坦主要贸易伙伴国依次为俄罗斯、中国、哈萨克斯坦

① Информационно-Аналитический Центр: «Итоги социально-экономического развития Республики Узбекистан в 2012 году и приоритетные направления экономической программы на 2013 год», 03. 02. 2012, http: //www. ia – centr. ru/expert/15092/.

② Информационно-Аналитический Центр: «Итоги социально-экономического развития Республики Узбекистан в 2012 году и приоритетные направления экономической программы на 2013 год», 03. 02. 2012, http: //www. ia – centr. ru/expert/15092/.

③ Национальное информационное агенство Узбекистана: «Наша главная цель-решительно следовать по пути широкомасштабных реформ и модернизации страны», 18. 01. 2013, http: //uza. uz/ru/politics/22013/.

④ 同上。

和韩国。①

乌兹别克斯坦在世界金融危机的大背景之下采取措施加强银行金融体系安全：2012 年银行系统的资本总额增加了 24.3%，在过去 3 年中增长了 2 倍；资本充足率为 24%，超过国际标准 3 倍以上；银行流动性超过 65%，高于规定最低额度 2 倍多；实际投入经济部门中的贷款额增长了 1.3 倍，超过 76% 的贷款为 3 年以上的长期贷款。② 但需要看到的是，尽管 2012 年乌兹别克斯坦金融工作取得较大成绩，但该国的金融监管中行政色彩较浓，尤其是在外汇管理方面，如乌兹别克斯坦中央银行出台规定，自 2012 年 5 月 1 日起各商业银行将停止个人提取外汇汇款业务。③

（三）制定 2013 年经济工作优先方向

首先是维护经济的稳定和高速增长，力争实现工业同比增长 6%，农业同比增长 8.4%，固定资产投资同比增长 11%，服务业同比增长 16% 目标，并加速发展高新技术产业。

加速深化现代化产业及多元化的生产技术和工艺的发展。政府计划实施 370 余个项目的投资，为此将吸引 130 亿美元投资，并将几乎 3/4 的政府投资用于新建、改造现代化生产项目。

实施积极的投资政策，创造良好的投资环境，增加吸引投资举措，继续扩大开放。

创造工作岗位，提升国内就业。2013 年将新创造 97 万个就业机会，为此将促使小企业和私营企业发挥作用，并在服务业创造 50 万个就业机会。④

---

① 中国驻乌兹别克斯坦大使馆经参处：《2012 年乌兹别克斯坦外贸总额 262.9 亿美元，中国首次成为乌兹别克斯坦第二大贸易伙伴》，http：//uz.mofcom.gov.cn/article/jmxw/201302/20130200033317.shtml，2013 年 2 月 21 日。

② УЗИНФОРМ：«Президент Узбекистана озвучил приоритеты экономической политики на 2013 год»，19.01.2013，http：//www.uzinform.com/ru/news/20130119/16857.html.

③ 新疆哲学社会科学网：《乌兹别克斯坦停止个人提取外汇汇款业务》，http：//www.xjass.com/zy/content/2012－05/15/content_232251.htm，2012 年 5 月 15 日。

④ Информационно-Аналитический Центр：« Итоги социально-экономического развития Республики Узбекистан в 2012 году и приоритетные направления экономической программы на 2013 год»，03.02.2012，http：//www.ia－centr.ru/expert/15092/.

三　对外关系

（一）乌俄关系

2012 年乌兹别克斯坦同俄罗斯的关系可谓是一波三折，重大事件包括俄总统普京访问乌兹别克斯坦及随后的乌兹别克斯坦退出集体安全条约组织，尤其是后一事件引起国际极大关注，且一般认为该举动将对俄乌两国在各个领域，特别是军事安全方面的合作造成极大的不利影响。但是实际上两国的具体合作并未中断，往来频繁，务实合作得到进一步加深。总体而言，虽然乌俄关系存在一些不利因素，但两国实际合作得到进一步深化。

2012 年乌俄关系开局较为顺利，3 月 20 日乌兹别克斯坦“扎洪”通讯社发表乌俄建立外交关系 20 周年纪念文章，对 20 年来两国关系的发展给予正面评价：“乌俄两国基于互惠互利、相互尊重、战略协作建立的两国友好关系的发展已经历经了许多年，两国在定期的双边和多边框架下开展的合作为双方建立相互信任关系作出了贡献。而两国合作具有巨大的潜力并进一步深化，将在越来越多的领域取得卓越成绩，既符合乌兹别克斯坦和俄罗斯人民的利益，同时也是中亚地区和平与稳定的重要保障。”①

2012 年乌俄关系中的主要事件还有普京总统于 6 月 4 日访问乌兹别克斯坦并同卡里莫夫总统举行会谈，两国元首签署了《深化战略伙伴关系协议》和《关于乌兹别克斯坦加入自贸区协定的谅解备忘录》。② 在会谈中，普京表示：“两国间的对话不断，乌兹别克斯坦是俄罗斯在中亚地区的优先合作伙伴之一。”同时卡里莫夫总统对于乌俄经济合作和阿富汗局势表示高度重视，并希望推进两国在这些问题上的合作。③

① Жахон：« Узбекистан-Россия: по пути укрепления взаимовыгодного партнерства »，20. 03. 2012，http：//www. jahonnews. uz/rus/rubriki/politika/uzbekistan _ rossiya _ po _ puti _ ukrepleniya0_ vzaimovigodnogo_ partnerstva. mgr.

② Газета. UZ：«Президенты Узбекистана и России провели переговоры»，05. 06. 2012，http：//www. gazeta. uz/2012/06/05/talks/.

③ Президент России：«Визит в Узбекистан»，06. 04. 2012，http：//kremlin. ru/news/15548.

但是，就在普京刚刚结束对乌兹别克斯坦访问之时，乌方突然于6月29日向集安组织秘书处发出照会，表示将暂停参加该组织活动，这是该国第二次退出集安组织。[①] 国际上对此产生了两种不同看法，一种看法认为乌兹别克斯坦退出集安组织倒向美国，极大动摇了乌俄关系[②]；另一种看法则认为乌兹别克斯坦的退出对于集安组织的内部团结是好事，因为乌兹别克斯坦一直对参与集安组织的活动并不积极[③]。另外，还有分析家认为乌兹别克斯坦退出集安组织的主要原因是该组织“不作为”[④]。

实际上，乌兹别克斯坦退出集安组织并未影响其同俄罗斯及其主导的其他组织开展合作，如乌兹别克斯坦空军司令马沙波夫于7月11日便表示乌兹别克斯坦不准备退出独联体联合防空系统。[⑤] 另外，还有分析人士表示乌兹别克斯坦退出集安组织是为了便于别国在该国领土上设立军事基地[⑥]，但随即乌兹别克斯坦议会便于8月30日通过关于禁止在该国部署外国军事基地的法案。根据该法案，乌兹别克斯坦不允许在该国领土内部署外国军事基地且不参加任何军事政治集团。[⑦] 并且，乌兹别克斯坦也表示，退出集安组织不会影响同俄的合作。俄安全局局长就表示，乌兹别克斯坦代表称，乌兹别克斯坦方将按计划继续同俄罗斯进行反恐合作。[⑧] 乌兹别克斯坦退出

---

① NEWSru. com：«Узбекистан покинул ОДКБ. Эксперты: заигрывая с США, Каримов рискует», 28. 06. 2012，http：//www. newsru. com/world/28jun2012/odkb. html.

② NEWSru. com：«Узбекистан покинул ОДКБ. Эксперты: заигрывая с США, Каримов рискует», 28. 06. 2012，http：//www. newsru. com/world/28jun2012/odkb. html.

③ Фергана. news：«Эксперты видят в выходе Узбекистана из ОДКБ даже некоторые плюсы», 29. 06. 2012，http：//www. fergananews. com/news. php？ id = 18969&mode = snews.

④ Eurasianet：« Interview: Analyst says Uzbekistan ' s suspension shows CSTO is “ Irrelevant ”», 29. 06. 2012，http：//www. eurasianet. org/node/65618.

⑤ ФСКН：« Узбекистан не собирается выходить из обьединенной системы ПВО СНГ », 11. 07. 2012，http：//fskn. gov. ru/includes/periodics/Pressa _ Afganistan/2012/0711/140519646/detail. shtml.

⑥ Фергана. news：«Эксперты видят в выходе Узбекистана из ОДКБ даже некоторые плюсы», 29. 06. 2012，http：//www. fergananews. com/news. php？ id = 18969&mode = snews.

⑦ 新华网：《乌兹别克斯坦议会上院通过法案，禁止在本国设立外国军事基地》，http：//news. xinhuanet. com/yzyd/mil/20120831/c_ 112910123. htm，2012年8月31日。

⑧ 俄新网：《俄安全局：乌兹别克斯坦退出集安组织不影响联合反恐》，http：//rusnews. cn/eguoxinwen/eluosi_ anquan/20121220/43650488. html，2012年12月20日。

集安组织同通过禁止在本国领土设立外国军事基地法案是一套“组合拳”，其目的主要在于为乌兹别克斯坦谋取更大的外交空间和自由度，为其国家利益服务。

值得关注的是，俄罗斯外长拉夫罗夫于12月17日访问乌兹别克斯坦，就深化俄乌战略合作伙伴关系同乌兹别克斯坦方举行了会谈。[①] 俄罗斯驻乌兹别克斯坦大使久尔德涅夫于12月26日发表演说总结2012年乌俄关系时表示，在传统友谊和相互尊重的基础上逐步发展两国关系，经贸合作是俄乌战略合作伙伴关系的核心支柱之一，俄罗斯占乌外贸额的29.5%左右，俄罗斯同时也是乌兹别克斯坦最大的投资合作伙伴。[②]

2012年的俄乌关系中也存在不和谐音，主要是俄罗斯电信运营商MTC在乌兹别克斯坦分公司被关闭一事。2012年6月29日，乌兹别克斯坦总检察长办公室宣布，MTC乌兹别克斯坦分公司财务总监涉嫌偷漏税、洗钱等一系列严重犯罪，并展开调查。[③] 7月7日，乌兹别克斯坦通信部发出命令，将在10个工作日内停止“Uzdunrobita”通讯公司的许可证，原因是该公司“严重违反了乌兹别克斯坦有关法律”，“Uzdunrobita”是俄罗斯MTC公司在乌兹别克斯坦分公司，曾为乌兹别克斯坦最大的移动运营商，[④] 乌兹别克斯坦税务部门指控该公司偷漏税总额在9亿美元以上。[⑤] 俄罗斯政府对此事表示抗议，要求乌兹别克斯坦切实保护俄在乌兹别克斯坦投资，并引发了乌俄两国间的言论对立。但需要看到的是，此事并未动摇乌俄关系的根本，因为乌兹别克斯坦不可能完全摆脱俄罗斯的影响，保持同俄的良好关系同时也有利于乌兹别克斯坦国家利益和战略需要。

---

① ТЕЛЕГРАФИСТЬ：«Россия и Узбекистан обсудят развитие двусторонних отношений»，17.12.2012，http：//telegrafist.org/2012/12/17/30526/.

② Газета. UZ：«Узбекистан и Россия расширяют взаимодействие»，26.12.2012，http：//www.gazeta.uz/2012/12/26/ru/.

③ LENTA. RU：«Узбекистан обвинил МТС в укрывательстве подозреваемого»，29.06.2012，http：//lenta.ru/news/2012/06/29/mts/.

④ Газета. UZ：«Лицензию МТС-Узбекистан приостановят на 10 дней»，17.07.2012，http：//www.gazeta.uz/2012/07/17/mts/.

⑤ Ferra. ru：«С МТС-Узбекистан требуют более 900млн долларов»，13.08.2012，http：//www.ferra.ru/ru/techlife/news/2012/08/13/mts-900-mln/.

（二）乌美关系

2012 年是乌美建立外交关系 20 周年，美国驻乌兹别克斯坦大使乔治·克罗尔在接受乌兹别克斯坦记者采访时表示："乌美关系发展日益加快，在各领域合作正不断扩大并深化。双方展开了更为积极的对话，涵盖了包括安全、经济和社会等在内的各领域。"[①] 分析家认为，乌兹别克斯坦是美国在阿富汗问题和伊朗问题上的重要盟友[②]，因此，美国十分重视推动乌美关系的发展。

2012 年乌美两国政界保持沟通。6 月 12 日美国副国务卿威廉·伯恩斯访问乌兹别克斯坦，主要讨论了阿富汗问题、深化区域经济一体化和双边经贸关系，同时还强调了强化民主和人权的重要性[③]。美国负责中南亚事务的助理国务卿罗伯特·布莱克于 8 月 17 日参加乌美第三轮政治磋商时访问乌兹别克斯坦，并表示乌美两国之间已建立了互惠互利的牢固关系。[④]

2012 年乌美两国在经贸领域的合作也很顺利，8 月 17 日两国企业界在乌美商业论坛上达成协议，实施总价值约为 28 亿美元的 21 个项目，主要涵盖机械工程、金属、电力、石油及天然气加工、采矿、制药、食品等工业领域，涉及的美国公司包括波音、通用汽车、GE 能源等大型企业。[⑤]

---

① Правительство портал Республики Узбекистана：«Джордж Крол: Отношение между США и Узбекистаном развиваются динамично»，25.02.2012，http：//www.gov.uz/ru/press/society/13368.

② Независимая：«Узбекистан возвращается к США»，04.07.2012，http：//www.ng.ru/cis/2012－07－04/1_ uzbekistan.html.

③ Trend：«Заместитель госсекретаря США посетит Узбекистан»，06.12.2012，http：//www.trend.az/regions/casia/uzbekistan/2036289.html.

④ 12news.uz：«Роберт Блейк: Между США и Узбекистаном установились прочные и взаимовыгодные отношения»，14.09.2012，http：//www.12news.uz/news/2012/09/14/%D1%80%D0%BE%D0%B1%D0%B5%D1%80%D1%82－%D0%B1%D0%BB%D0%B5%D0%B9%D0%BA－%D0%BC%D0%B5%D0%B6%D0%B4%D1%83－%D1%81%D1%88%D0%B0－%D0%B8－%D1%83%D0%B7%D0%B1%D0%B5%D0%BA%D0%B8%D1%81%D1%82%D0%B0%D0%BD%D0%BE%D0%BC/.

⑤ Aftershock：«США договорились с Узбекистаном о реализации 21 проекта на сумму в ￥2,8 млрд»，18.08.2012，http：//aftershock.su/? q＝node/12589.

在人文领域，乌美两国政府表示将进一步扩大在文教领域的合作伙伴关系，截至2012年2月，约700名乌兹别克斯坦学生在美国留学，两国决定在2011年签署的促进科技合作政府间协议的基础之上，继续扩大在此领域的合作。[①]

总体而言，2012年乌美关系在之前的基础上发展平稳，各方面合作正进一步深化，美国在阿富汗等问题上需要乌兹别克斯坦的合作，同时乌兹别克斯坦也认为同美的合作有利于其经济发展和国家利益，因此，短期内两国关系可能将继续平稳发展。

（三）中乌关系

2012年是中乌关系发展的重要一年，两国签署联合宣言，宣布正式建立战略伙伴关系[②]，将两国关系提升到全新高度。与此同时，中乌两国高层沟通不断，在政治、经济、文教等领域合作得到了进一步深化。

在政治方面，2012年乌兹别克斯坦总统卡里莫夫赴北京参加上海合作组织峰会，并在峰会结束后进行了正式访问。在访问期间双方签署了《中国与乌兹别克斯坦建立战略伙伴关系联合宣言》以及一系列文件，包括40余个涉及经贸、投资、金融领域的协议，总金额约52亿美元。其中主要包括油气开采、运输及加工、新型化工产品生产、高科技产业、医药、建材等。双方表示重视交通和通信网络的发展，并对中国—吉尔吉斯斯坦—乌兹别克斯坦铁路项目的早日实施提供全力支持。[③]

在经贸方面，2012年中乌合作不断。3月在塔什干成功举行了中乌政府间合作委员会经贸问题小组第一次会议，给中乌贸易额设置了任务——到2015年将达到50亿美元。[④] 另外，乌兹别克斯坦自8月起开始通过“中

---

① Trend: «США и Узбекистан расширяют сотрудничество в культурно-гуманитарной сфере», 16.02.2012, http://www.trend.az/regions/casia/uzbekistan/1993145.html.

② 《中国乌兹别克斯坦签署联合宣言建立战略伙伴关系》，http://www.chinanews.com/gn/2012/06-08/3947652.shtml，2012年6月8日。

③ Agro Invest: «Узбекистан и Китай подписали соглашения на MYM5, 2 млрд», 08.06.2012, http://www.uaindex.net/ru/news/17516.

④ Trend: «Узбекистан и Китай разработают стратегию развития отношений на 20 лет», 05.06.2012, http://www.trend.az/regions/casia/uzbekistan/2034015.html.

国—中亚”天然气管线向中国供应天然气。[①] 两国经贸关系得到了极大发展，中国首次成为乌兹别克斯坦第二大贸易伙伴，占该国外贸总额的12.3%。[②]

（四）乌塔关系

2012 年乌塔关系延续了 2011 年的趋势，依然没有走出低谷。首先是天然气供应问题，一方面乌兹别克斯坦提高供塔天然气价格，另一方面则是突然中断对塔天然气供应。如 1 月 4 日，塔吉克斯坦外交部称乌方突然完全停止了对塔天然气供应。[③] 经过协商，6 日乌方恢复对塔天然气供应。除此之外，2012 年乌兹别克斯坦还于 4 月 1 日[④]和 12 月 31 日[⑤]两度停止对塔的天然气供应。乌兹别克斯坦是塔吉克斯坦唯一的天然气供应来源[⑥]，在两国关系走低的大背景之下，天然气供应也成为乌塔谈判争论的焦点问题之一。

乌塔矛盾的核心主要集中在罗贡水电站建设问题上。乌方认为水电站位于地质脆弱带之上，存有严重的安全隐患，并且水电站的修建将会严重影响处于下游的阿姆河乌兹别克斯坦境内水量，进而威胁乌兹别克斯坦农业。塔方则将水电站的修建看做是维护国家能源独立与安全，从而推动该国发展的重要项目。因此两国都极为重视水电站的修建，且围绕该问题唇枪舌剑不断。卡里莫夫总统于 9 月 16 日在会见哈萨克斯坦总统纳扎尔巴耶夫之后发表

---

① Anons. uz：«Узбекистан объявил о регулярных поставках газа в КНР»，13. 09. 2012，http：//www. anons. uz/article/economics/7526/.

② 中国驻乌兹别克斯坦大使馆经参处：《2012 年乌兹别克斯坦外贸总额 262. 9 亿美元，中国首次成为乌兹别克斯坦第二大贸易伙伴》，http：//uz. mofcom. gov. cn/article/jmxw/201302/20130200033317. shtml，2013 年 2 月 21 日。

③ Утро. ru：«Узбекистан оставил Таджикистан без газа»，04. 01. 2012，http：//www. utro. ru/news/2012/01/04/1020935. shtml.

④ Trend：«Узбекистан полностью прекращает поставки газа в Таджикистан»，24. 03. 2012，http：//www. trend. az/capital/energy/2006428. html.

⑤ Lenta. ru：«Узбекистан оставит таджиков без газа на Новый год»，25. 12. 2012，http：//lenta. ru/news/2012/12/25/gas/.

⑥ Lenta. ru：«Узбекистан возобновил поставки газа таджикам»，06. 01. 2012，http：//lenta. ru/news/2012/01/06/nogas/.

讲话，称“水资源问题将是引发中亚冲突的重要因素”，并在讲话中直接抨击塔吉克斯坦的罗贡水电站和吉尔吉斯斯坦的卡姆巴拉金水电站。[①] 2013 年世界银行将完成对罗贡水电站的评估，国际社会，特别是西方国家越来越将罗贡水电站的修建看做是构建中南亚能源体系的重要环节，而乌塔两国就此问题的态度并无松动迹象，因此两国之间围绕罗贡水电站的矛盾将有进一步加深的可能。

① Новости@ mail. ru：«Каримов пугает среднеазиатскими войнами»，16. 09. 2012，http：//news. mail. ru/politics/10262091/.

Y.29
2012 年外高加索地区形势概述

吕 萍*

摘 要：

2012 年外高加索地区形势总体稳定可控。格鲁吉亚和亚美尼亚分别进行了议会选举。“格鲁吉亚梦想”战胜“统一民族运动”党，赢得议会选举，格鲁吉亚实现了独立后的首次政权和平更迭。亚美尼亚议会选举波澜不惊，共和党如期获胜。阿塞拜疆政局稳定。格鲁吉亚在议会选举后校正了原有的亲欧疏俄倾向，转而实行平衡外交，亚美尼亚、阿塞拜疆则依然坚持一贯的平衡外交政策。阿塞拜疆和亚美尼亚之间关系一度紧张，但双方最终保持了克制。格、亚两国经济平衡增长，阿国经济因石油减产出现下滑。

关键词：

格鲁吉亚　亚美尼亚　阿塞拜疆　形势　政治　外交　经济

一　政治形势

2012 年外高加索地区虽局部冲突频发，但总体形势可控。格鲁吉亚、亚美尼亚相继进行了议会选举。格鲁吉亚执政党和反对派之间竞争激烈，冲突不断，但最终实现了政权的和平移交，未发生社会动荡。阿塞拜疆和亚美尼亚之间因纳卡问题一度擦枪走火，但在国际社会调停下双方保持了克制，冲突未继续升级。格鲁吉亚、亚美尼亚经济平稳增长，阿塞拜疆经济因石油减产出现下滑。

---

* 吕萍，中国社会科学院俄罗斯东欧中亚研究所助理研究员。

（一）格鲁吉亚

10月1日举行的议会选举是格鲁吉亚2012年最重大、最引人注目的政治事件。格鲁吉亚议会于2010年10月15日通过《宪法》修正案。根据新《宪法》，2013年10月总统选举之后，亦即萨卡什维利最后一任总统任期满后，格鲁吉亚将实行议会制，届时总统的大部分权力将被移交给总理和议会，总理和议会将在国家政治生活中起决策作用。2012年的议会选举结果直接决定着格鲁吉亚未来政局走向，备受国内外关注。

1. 议会选举结果出人意料，政权和平移交局势稳定

2011年10月5日，格鲁吉亚首富比济纳·伊万尼什维利出人意料地宣布准备组建政党参加议会选举。他向民众承诺若当选将致力于解决失业问题、创造更多的就业岗位。伊万尼什维利还对“玫瑰革命”、俄格战争和萨卡什维利的对俄政策提出了尖锐批评。

2012年4月21日，“格鲁吉亚梦想—民主的格鲁吉亚”党在第比利斯举行了成立大会，与共和党、国家论坛以及前格鲁吉亚驻联合国大使伊拉克利·阿拉萨尼亚领导的“我们的格鲁吉亚—自由的民主主义者”、保守党和人民党共同组成了反对派政党联盟“格鲁吉亚梦想”。8月9日，格鲁吉亚前议长尼诺·布尔贾纳泽宣布其领导的“民主运动—统一的格鲁吉亚”放弃参加选举，以避免反对派政党和政党联盟之间相互剥夺选票。随后“绿色格鲁吉亚”党和“格鲁吉亚之路”党也先后宣布放弃参选以支持“格鲁吉亚梦想”赢得选举，并号召自己的拥护者转而投票给“格鲁吉亚梦想”。

9月18日，格鲁吉亚内务部网站上公布了一段有关第比利斯格尔达尼监狱虐囚的视频，紧接着“Маэстро”电视频道和“第九频道”相继播放了格尔达尼监狱的虐囚画面。虐囚事件给“统一民族运动”党带来了沉重打击。民调显示，在虐囚视频公布之前，“统一民族运动”党领先“格鲁吉亚梦想”大约20个百分点，视频公布之后形势发生了根本性的逆转。

10月1日，议会选举如期举行，共有14个政党和两个政党联盟参加了选举。来自15个国家和一些非政府组织的6万多名观察员对选举过程进行了全程监督。10月2日，最初统计结果显示“格鲁克亚梦想”获胜，欧安组织观察员发表声明称此次选举是向民主迈出的一大步。10 月 8 日，格鲁吉亚中央选举委员会正式宣布“格鲁吉亚梦想”获得 54.97% 选票，赢得议会大选，而“统一民族运动”党得票率为 40.35%。其他党派均未跨过 5% 的门槛。萨卡什维利承认选举失利，并承诺和平移交权力，“统一民族运动”党从此转为反对党。

10 月 17 日，萨卡什维利正式提名伊万尼什维利为总理。25 日，格鲁吉亚议会正式批准伊万尼什维利提名的政府新内阁成员名单。

格鲁吉亚此次议会选举历时近一年，虽然其间反对派政党联盟“格鲁吉亚梦想”和执政党“统一民族运动”党之间竞争激烈，几度发生冲突，但最终实现了政权的和平移交和平稳过渡。这也是格鲁吉亚自独立以来首次通过选举实现政权更迭，同时也为 2013 年的总统大选树立了和平移交政权的先例，扭转了通过非和平方式实现政权更迭的趋势。因此，2012 年的议会选举对格鲁吉亚这个“颜色革命”首发站国家来说具有历史性的意义。

2. 萨氏政权岌岌可危，选举失利在所难免

比济纳·伊万尼什维利虽然富可敌国，但在步入政坛之前一直从事慈善事业，非常低调，在政界更是默默无闻。坐拥巨大优势的“统一民族运动”党缘何会在议会选举中败给在政治上初出茅庐的伊万尼什维利？原因可归纳为以下几点。

（1）一心谋求融入西方，经济决策失误。从通过“玫瑰革命”上台至今，谋求融入西方，加入北约和欧盟一直是萨卡什维利政府外交政策的优先方向，在以美国为代表的西方国家监督下建立符合西方标准的“民主制度”是格鲁吉亚国家政治生活中的重中之重。然而，萨氏政府强行在格推行西方极端自由价值观的亲西方激进主义行为引起社会各层民众的普遍反感，直接刺激了反西方情绪的增涨。与此同时，在专注于建立与西方的战略伙伴关系的同时，对于普通民众来讲最重要的民生问题却被严重忽略。

（2）政治垄断，精英腐败，民众积怨深。萨卡什维利提倡西方式民主，但在国家日常政治生活中却体现出威权主义特性。2010 年 10 月，萨卡什维利不顾众多反对声音要求议会修改宪法，为其继续留在权力中心做铺垫。2012 年 5 月萨卡什维利又提议对宪法进行修改，规定在格鲁吉亚居住 5 年以上的欧盟国家人员可以参加格鲁吉亚的国家政治生活，甚至可以担任某些高层职务。在其执政期间总理一职数度易人，其他部门官员也随意频繁更换。反腐是萨氏政府的重要任务，然而在消灭中下级国家机关中的腐败的同时，精英腐败高层腐败却愈演愈烈，民众普遍存在不满和厌倦情绪，要求其下台、提前进行总统大选的抗议活动此起彼伏。

（3）虐囚丑闻成压垮“统一民族运动”党的最后一根稻草。2012 年 9 月 18 日公布的虐囚视频在格社会引起了剧烈震动，抗议浪潮迅速蔓延至多个城市。一些在“格鲁吉亚梦想”和“统一民族运动”党之间摇摆不定的中间选民最终放弃了后者，关键时刻将选票投给了“格鲁吉亚梦想”。

（4）俄格战争与俄罗斯关系是萨氏政府的软肋。俄格战争给格鲁吉亚的政治和经济带来了无可挽回的影响。阿布哈兹和南奥塞梯宣布独立，格俄断交，而失去俄罗斯市场给格鲁吉亚经济带来沉重打击。

（5）伊万尼什维利，议会选举中的一匹黑马。比济纳·伊万尼什维利在步入政坛前不为多数格鲁吉亚人所知，没有可利用的行政资源更凸显其政治背景的清白。而没有任何政治背景，不属于任何党派，则使他能够在各政党之间自由游走，进而将其团结在自己周围，一些反对派政党也因此愿意为支持他而放弃参选。伊万尼什维利凭借敏锐的洞察力准确把握住了民众情绪，指出了格鲁吉亚当前的社会问题所在，明确确定了竞选纲领和当选后的施政方向，得到多数选民的拥护。竞选过程中“统一民族运动”党利用所拥有的行政资源对伊万尼什维利及其领导的联盟百般打压，不仅没有取得相应效果，反而使其得到了社会的广泛同情。伊万尼什维利多年经商所积累起来的经验也在竞选活动的组织过程中发挥了积极有效的作用，而身家不菲则使其拥有雄厚的财力支撑。

综上所述，萨卡什维利的执政基础已经动摇，格社会的求变心理极为迫切。究其实质，可以说是萨卡什维利的政策失误、格广大民众对萨卡什维利政府的不满和厌倦帮助“格鲁吉亚梦想”赢得了胜利。

3. “双重政权”“共存”不易，总统大选结果难料

2012 年 10 月 1 日议会选举之后，格鲁吉亚社会出现了一个新词“коабитация”，意思是“共存”。

选举结果正式公布后在格鲁吉亚形成了总统和总理代表不同政治力量的

“双重政权”局面。在此背景之下国家政令能否得到顺畅实施，政局是否稳定，都将取决于双方能否“共存”。“格鲁吉亚梦想”获胜之初伊万尼什维利即开始向萨卡什维利政府的“精英腐败”宣战，同时要求萨卡什维利辞职。伊万尼什维利对虐囚丑闻展开调查，并对前总理祖拉布·日瓦尼亚之死重新立案。① 截至 12 月底，共有 20 多名前政府高官被逮捕。“统一民族运动”党指责“格鲁吉亚梦想”打击异己，实行政治迫害，而总理伊万尼什维利则认为这是“国家在恢复公正”。

在议会两派之间矛盾重重、尖锐对立的情况下，双方的拥护者和反对者之间冲突频发。12 月 19 日，“统一民族运动”党的反对者在库塔依西议会大楼前集会，要求萨卡什维利辞职。集会者与该党成员之间先是争吵，最后发展为激烈的肢体冲突。针对此次事件萨卡什维利宣称谢瓦尔德纳泽时期的腐败官员借政权更迭重新掌权，呼吁内务部和检察机关不要服从新政府的命令。

12 月 21 日，格议会通过《特赦法》，宣布实行大赦，惠及近 200 名政治犯和“俄罗斯间谍”。萨卡什维利动用否决权否决了该法，然而议会却于 28 日以 91 票对 24 票推翻了总统的否决②。在格鲁吉亚历史上这是议会首次撤销总统行使的否决权。

面对这种局面，伊万尼什维利公开向媒体宣称，“格鲁吉亚梦想”与“统一民族运动”党之间未能实现“共存”。

格鲁吉亚的政治形势在关键的 2013 年将更加多元化。“格鲁吉亚梦想”执政联盟是否会分裂？政府和议会与总统萨卡什维利之间的矛盾是否会更加尖锐而不可调和？面临要求其下台的呼声，不愿退出政治舞台的萨卡什维利将如何确保自己仍留在权力中心？所有这些疑问都将增加格国内形势的变数。

（二）亚美尼亚

2012 年 5 月 6 日亚美尼亚举行了第五届议会选举。有 8 个政党和 1 个政党联盟参加了议会 131 个席位的角逐，300 多名国际观察员对选举进行了监督。

---

① 格鲁吉亚前总理祖拉布·日瓦尼亚于 2005 年 2 月 3 日被发现和另一官员离奇死在第比利斯一处住宅里，官方调查结果为二人死于煤气中毒，其家人多年来一直要求对其死因进行独立调查。

② 格鲁吉亚法律规定推翻总统的否决必须获得 3/5 的票数。

5月14日，亚中央选举委员会公布了正式计票结果：亚美尼亚共和党获得44.02%的选票，得到69个议会席位，以绝对优势赢得了议会选举；“繁荣亚美尼亚”党得票率为30.12%，获得37个席位；位列第三的是反对派政党联盟“亚美尼亚国民大会”，得票率为7.08%，获7个席位。突破5%门槛进入议会的党派还有：法律国家党，得票5.76%，获6席；亚美尼亚革命联合会（亦称“达什纳克楚琼”党），得票5.67%，获5席；遗产党，得票5.51%，获5席，另有2位无党派人士也进入了议会。①

5月31日，新议会召开了首次大会，总统谢尔日·萨尔基相接受了旧政府的辞呈，同时提名旧政府总理季格兰·萨尔基相为新一届政府总理候选人。6月2日，季格兰·萨尔基相再次被任命为总理。6月16日，共和党和法律国家党共同组建新政府。

2012年12月12日，“繁荣亚美尼亚”党主席加吉克·察鲁基扬发表声明称无意参加将于2013年2月18日举行的总统选举。一度传闻准备参加总统竞选的亚美尼亚第二任总统科恰良也声明无意参选。而此前二人被认为是现任总统萨尔基相最具竞争力的对手。12月15日，亚美尼亚共和党正式提名谢尔日·萨尔基相为总统候选人。从议会选举结果来看，亚美尼亚的反对党相对比较弱小，不可能推举出有分量的总统候选人。舆论普遍认为，亚美尼亚的反对党相对比较弱小，不可能推举出有分量的总统候选人，如无重大意外，谢尔日·萨尔基相将赢得总统选举。②

（三）阿塞拜疆

2012年对于阿塞拜疆可以说是喜忧参半，整体稳定中不时冒出不和谐音符。

1. 反对派集会不断，无碍社会政治形势总体稳定

2012年3月1日，在阿塞拜疆首都以北170公里处的古巴市（Губа）发生了严重的骚乱事件。事件的起因是网络公布的一段视频揭露古巴市长劳夫·哈比博夫有一处房产登记在其岳母名下，同时其还被指侵吞公款。劳夫·哈比

① ЦИК Армении подвел окончательные итоги выборов: В парламент прошли пять партий и один блок, 14.05.2012, http://newsgeorgia.ru/caucasus/201201514/214981739.html.

② 2013年2月18日，亚美尼亚举行了总统大选，谢尔日·萨尔基相如期成功连任。

博夫就此发表了污辱当地居民的言论。视频在网络上迅速传播，引起了当地民众的强烈不满。数千愤怒民众走上街头示威，要求劳夫·哈比博夫道歉并辞职。警察试图驱散集会人群，双方之间暴发了激烈冲突，抗议集会进而演变成了严重骚乱。当局从首都向冲突地区派出了内务部队和装甲坦克车。警察用水枪驱赶骚乱人群，并发射橡皮子弹和催泪瓦斯。对峙双方均有多人受伤，200多人员被捕。迫于事态的严重性，总统阿利耶夫在召开紧急会议后也匆匆赶往事发地了解详情，安抚民众，骚乱最终得以平息。劳夫·哈比博夫被解职。

古巴事件是2012 年阿塞拜疆最严重的一次骚乱，在全国范围引起了巨大反响，令国内形势一度紧张。阿反对派也乘机发难，认为政府应当承担此次事件的全部责任，指责政府针对民众使用武力，要求进行彻底的社会政治和经济改革，并要求各派政治力量展开对话。

2012 年阿塞拜疆反对党虽然发动了大大小小多次抗议活动，规模都较小，影响力不大，不足以撼动执政党新阿塞拜疆党和总统阿利耶夫的统治，阿塞拜疆的社会政治形势总体上保持稳定，未受到严重影响。

2. 当选联合国非常任理事国，国际地位提升

2011 年 10 月阿塞拜疆当选为联合国安理会非常任理事国，从 2012 年 1 月起，任期两年，这是阿塞拜疆历史上首次入选联合国安理会非常任理事国。5 月 4 日，阿总统阿利耶夫以主席身份主持了安理会会议，讨论反恐问题。阿塞拜疆在 5 ~6 月担任联合国安理会主席国期间共主持通过了有关中东和非洲问题的 3 项决议，发布了 7 份声明，多次主持公开和闭门会议。当选联合国非常任理事国提升了阿塞拜疆的国际地位，同时也增强了国家自豪感。

二　经济形势

2012 年，格鲁吉亚、亚美尼亚两国经济保持平稳增长，阿塞拜疆经济则因石油减产而出现下滑。

（一）格鲁吉亚

2012 年格鲁吉亚经济总体呈增长趋势。

根据格鲁吉亚国家统计局的数据，2012 年格国内生产总值（GDP）前三季度增长 7.3%。① 全年 CPI 通胀率 -0.99%。2012 年格鲁吉亚新注册公司数量同比下降 18.8%。② 截至 9 月底，格国家外汇储备为 29.1 亿美元。③

根据格国家统计局公布的数据，2012 年格鲁吉亚的对外贸易额同比增长 11%，达 102.196 亿美元，其中出口增长 9%，达 23.775 亿美元，进口额为 78.421 亿美元。出口最多的日用品为机动车，2012 年出口额为 5.873 亿美元，占总出口额的 24.7%。2012 年格鲁吉亚进口的主要日用品为石油，占进口总额的 12.1%，其次为机动车（8.5%）。与欧盟之间的贸易额增长 12%，为 27.8 亿美元（占贸易总额的 27.2%）。与独联体国家之间的贸易额增长 18%，达 32.42 亿美元，占贸易总额的 31.7%，其中出口额达 12.46 亿美元，占出口总额的 52.4%。2012 年格鲁吉亚的十大贸易伙伴依次为土耳其、阿塞拜疆、乌克兰、中国、德国、俄罗斯、美国、保加利亚、亚美尼亚、意大利，与上述国家之间的贸易额达到贸易总额的 65%。④

2012 年格鲁吉亚前三季度的外国直接投资额为 6.842 亿美元，同比下降 11.7%。最大投资国为荷兰，共投资 4920 万美元，中国位列第八，共投资 1070 万美元。⑤

（二）亚美尼亚

2012 年亚美尼亚的经济平衡增长。

根据亚美尼亚国家统计局公布的数据，1～9 月份工业总产值超过 7964 亿德拉姆，同比增长 11.6%。⑥ 根据世界银行新闻中心的数据，亚美尼亚 2012

① 中华人民共和国驻格鲁吉亚经济商务参赞处，《今年前三季度格鲁吉亚 GDP 增长 7.3%》，http：//ge.mofcom.gov.cn/aarticle/jmxw/201210/20121008390548.html，2012 年 10 月 18 日。

② 中华人民共和国驻格鲁吉亚经济商务参赞处，《格鲁吉亚 2012 年公司注册数量同比下降 18.8%》，http：//ge.mofcom.gov.cn/article/jmxw/201301/20130108520280.shtml，2013 年 1 月 11 日。

③ 中华人民共和国驻格鲁吉亚经济商务参赞处，《截至 9 月底格鲁吉亚国家外汇储备 29.1 亿美元》，http：//ge.mofcom.gov.cn/article/jmxw/201210/20121008380878.shtml，2012 年 10 月 12 日。

④ Georgian Foreign Trade，29 JANUARY 2013，http：//www.economy.gov.ge/？category = 4&lang = eng&dn = 268.

⑤ Foreign Direct Investments，http：//geostat.ge/index.php？action = page&p_ id = 140&lang = eng.

⑥ 中华人民共和国驻亚美尼亚经济商务参赞处，《2012 年亚美尼亚工业产值将达 10500 亿德拉姆》，http：//am.mofcom.gov.cn/article/jmxw/201212/20121208500794.shtml，2012 年 12 月 27 日。

年 1 ~ 8 月份经济活力指数同比上升 8.3%，超过了预期，主要增长行业是工业和农业，分别增长了 13.2% 和 10.8%。建筑业和服务业出现了预期的小幅增长，分别为 1.9% 和 5.6%。

2012 年亚美尼亚进出口总额为 56.95 亿美元，其中进口 42.67 亿美元，出口 14.28 亿美元。中国（4.32 亿美元）为亚美尼亚第二大贸易伙伴国，排名第一的是俄罗斯，与亚贸易额达 13.39 亿美元。① 贸易赤字为 22.71 美元。10 月份外贸总额为 5.62 亿美元，同比增长 11.4%，环比增长 29.6%，其中出口环比增长 21.3%，进口环比增长 32.4%。②

侨汇经济在亚美尼亚经济中仍占重要位置，根据亚美尼亚中央银行的数据，2012 年 1 ~ 10 月亚美尼亚的侨汇总额达 13.6 亿美元，同比增长 10.4%。其中私人汇出美元总数为 2.33 亿美元，同比增长 8.3%。截至 11 月 1 日，亚美尼亚侨汇纯收入约 11 亿美元，同比增长 10.9%。俄罗斯为最大侨汇来源国，约 10 亿美元。③

（三）阿塞拜疆

据阿塞拜疆国家统计委员会统计，2012 年阿名义国内生产总值（GDP）为 539.93 亿马纳特，约合 687.92 亿美元，较 2011 年增长 2.2%。人均 GDP 为 5884.5 马纳特，折合 7490.5 美元，较 2011 年增长 0.8%④

受国际金融危机影响，阿塞拜疆石油减产，2012 年阿塞拜疆的对外贸易总额下滑，为 335.6 亿美元，同比下降 7.61%，其中出口总额 239.07 亿美元，同比下降 10.02%；进口总额 96.52 亿美元，同比下降 1.06%。石油出口额为 202.32 亿美元，同比下降 11.69%，出口成品油 13.21 亿美元，同比下降

① 中华人民共和国驻亚美尼亚经济商务参赞处，《2012 年中国仍为亚美尼亚第二大贸易伙伴国》，http：//am.mofcom.gov.cn/article/20130300067523.shtml，2013 年 3 月 26 日。

② 中华人民共和国驻亚美尼亚经济商务参赞处，《亚美尼亚 2012 年 1 ~ 10 月外贸易总额同比增长 3.4%》，http：//am.mofcom.gov.cn/artucke/jmxw/201212/20121208462372.shtml，2012 年 12 月 3 日。

③ 中华人民共和国驻亚美尼亚经济商务参赞处，《2012 亚美尼亚侨汇增长 11%》，http：//am.motcom.gov.cn/article/jmxw/201212/20121208505010.shtml，2013 年 1 月 28 日。

④ 中华人民共和国驻阿塞拜疆经济商务参赞处，《2012 年阿塞拜疆 GDP 增长 2.2%》，http：//az.mofcom.gov.cn/article/jmxw/201302/20130200031914.shtml，2013 年 2 月 20 日。

13.51%。在对外贸易总额下降的同时，中阿双边贸易额却大幅增长，达8.16亿美元，较2011年增长22.3%。其中阿向中国出口1.84亿美元，同比增长371%，阿自中国进口6.32亿美元，同比增长0.62%。[①]

2012年1～11月阿工业总产值为310亿马纳特（约合395亿美元），同比下降3.3%。其中，非油气领域工业产品总产值增长7.4%，油气领域工业产品总产值下滑5.3%。[②]

三　对外关系

“了解一个国家的地理就懂得了这个国家的外交政策。”[③] 时至今日，地理位置依然是一个国家确定其外交政策基本方向的重要因素之一。这一点在外高加索三国尤其明显。介于欧洲与亚洲的夹缝之间，“向西”与欧洲一体化还是“向北”、“向东”与俄罗斯主导的独联体一体化的问题一直是格鲁吉亚、亚美尼亚和阿塞拜疆三国外交政策制定中的重中之重。2012年格、亚、阿三国的外交政策及外交活动鲜明体现了这些国家在欧洲和俄罗斯之间艰难摇摆取舍的特性。

1. 与俄罗斯关系

（1）格鲁吉亚与俄罗斯关系：从“剪不断，理还乱”到回暖

2008年俄罗斯开始与格鲁吉亚就入世问题谈判，而格方一直将俄入世问题与阿布哈兹和南奥塞梯问题挂钩，要求俄同意格对俄格边境阿南段的货物进行监控。2011年11月2日，在瑞士的斡旋之下，俄罗斯与格鲁吉亚最终就俄格边境阿南段的货物监控问题达成协议。11月9日，俄格在日内瓦签署俄加入世贸组织的协议。2012年8月22日，俄罗斯终于成为世界贸易组织第156个成员。

---

① 中华人民共和国驻阿塞拜疆经济商务参赞处，《阿塞拜疆统计2012年中阿贸易增长22.3%》，http://az.mofcom.gov.cn/article/jmxw/201303/20130300048125.shtml，2013年3月8日。

② 中华人民共和国驻阿塞拜疆经济商务参赞处，《1～11月阿塞拜疆工业总产值同比下降3.3%》，http://az.mofcom.gov.cn/article/jmxw/201212/20121208501566.shtml，2012年12月27日。

③〔美〕兹比格纽·布热津斯基：《大棋局：美国的首要地位及其地缘战略》，中国国际问题研究所译，上海出版集团，2008，第31页。

由于历史与地理的原因，格鲁吉亚经济严重依赖俄罗斯市场，与俄罗斯断交给格鲁吉亚的经济造成了巨大打击，农业、旅游业的损失尤为惨重。面对这一严峻现实，2011 年萨卡什维利向俄罗斯提出了简化签证制度的建议，俄方表示愿意与格讨论这一问题，但拒绝与萨卡什维利谈判，称其是不受欢迎的人。2012 年 3 月 1 日，萨卡什维利签署总统令，单方面取消了对俄罗斯公民的签证制度，并声明将为来格投资做生意的俄罗斯人提供一切便利条件。

伊万尼什维利步入政坛之初便将恢复格俄关系作为竞选纲领之一，并对萨卡什维利发动俄格战争提出尖锐批评，承诺若顺利当选将致力于让格产品重返俄罗斯市场。10 月 2 日，选举初步结果刚刚显示“格鲁吉亚梦想”领先，梅德韦杰夫即表示“统一俄罗斯”党愿与格就两国关系展开对话。伊万尼什维利成功当选总理并顺利组阁后，多次表示恢复与俄罗斯关系是格新政府的重要任务，并决定参加 2014 年索契冬奥会，同时还任命格前驻俄罗斯大使祖拉布·阿巴什泽为格总理俄罗斯关系问题特使，以示改善与俄罗斯关系的诚意。俄联邦消费者权益保护和公益监督局也表示准备就格鲁吉亚葡萄酒重返俄罗斯市场与格方谈判。2012 年 11 月 16 日，俄国家杜马信息政策、信息技术和通信委员会主席阿列克谢·米特罗法诺夫表示俄格双方将逐步恢复议会间交流。格俄关系在“八月战争”后首次出现了回暖。

尽管俄格关系开始解冻，但真正实现关系正常化并非易事。伊万尼什维利在向俄罗斯释放积极信号的同时也明确表示，格鲁吉亚希望与俄罗斯在经济、文化和人文领域改善关系，但在俄罗斯占领阿布哈兹和南奥塞梯，承认其为独立国家的条件下不可能恢复两国之间的外交关系，俄罗斯则坚持认为阿布哈兹和南奥塞梯地位不可动摇。因此，俄格关系虽然回暖，但完全实现正常化将是一个漫长的、艰难的过程。

（2）亚美尼亚与俄罗斯传统盟友关系进一步发展

俄罗斯依然被视为亚美尼亚的安全保障，加强与俄罗斯的军事技术合作也是亚美尼亚的优先外交方向。2 月 6 ~ 7 日，俄亚政府间经济合作委员会第 13 次会议在埃里温召开，俄第一副总理祖布科夫、运输部长列维京、俄国家原子能公司总经理基里延科赴亚参会。2 月 8 日，俄国家安全委员会秘书帕特鲁舍夫率团抵亚，与亚方商讨两国在经济、能源及军事技术领域的合作问题。4 月

2 日，俄罗斯外长拉夫罗夫访问亚美尼亚，参加庆祝俄亚建交 20 周年活动，俄亚双方都对俄亚关系的发展表示满意。4 月 25 日，俄亚两国总检察长签署文件确定了两国 2012 ~2013 年的合作计划。4 月 26 日在埃里温举行了“圣彼得堡日”活动。8 月 8 日，亚美尼亚总统谢尔日·萨尔基相访问俄罗斯，双方重申了两国之间的战略伙伴关系，并就经济、政治、安全等领域中的合作，尤其是加强在独联体、集体安全条约组织框架内的合作，亚美尼亚与后苏联空间一体化问题进行了讨论，双方还就俄罗斯向亚美尼亚提供天然气的价格问题达成了协议。9 月 15 ~19 日，集体安全条约组织快速反应部队在亚美尼亚举行“协作 -2012”演习，演习内容主要为对空防御。2012 年 9 月 11 日，亚议会批准了 2011 年 10 月 18 日签署的独联体成员国《自由贸易区协定》，成为继俄罗斯、白俄罗斯和乌克兰之后第四个批准该协定的独联体国家。

（3）阿塞拜疆与俄罗斯关系稳定

阿塞拜疆非常重视与俄罗斯之间的关系。2012 年 4 月 3 日，俄外长拉夫罗夫访问阿塞拜疆，参加庆祝两国建交 20 周年活动，双方签署了《联合声明》，并表示愿尽力推动解决纳卡问题。2012 年阿俄关系中最引人注目的事件为俄罗斯放弃租借阿塞拜疆境内的加巴拉雷达站。加巴拉雷达站建于苏联时期，苏联解体后雷达站归独立后的阿塞拜疆所有。该雷达站是苏联反导系统的重要组成部分，2002 年俄罗斯和阿塞拜疆签署了租用协议，租期于 2012 年 12 月 24 日结束。俄罗斯和阿塞拜疆于 2012 年初开始就加巴拉雷达站的续租问题谈判，最终由于阿方将租金从原先的每年 700 万美元提升至 3 亿美元，俄罗斯于 12 月 10 日向阿塞拜疆发出暂停使用加巴拉雷达站的照会，并于 12 日正式重申关闭雷达站。

2. 与西方关系

（1）格鲁吉亚亲西方外交政策不会改变

萨卡什维利执政后致力于加入欧盟和北约，与西方关系密切。2012 年 6 月 4 日，格外长瓦沙泽出访比利时，与欧盟就格与欧盟之间的免签证制度开始对话。格鲁吉亚与北约合作密切，向驻阿富汗的安全援助部队派有大约 1700 名士兵，截至 2012 年 10 月共有 18 名格军人在阿富汗战事中丧生。议会选举后的格新政府与萨卡什维利在对俄关系上分歧巨大，但在与欧洲一体化、加入欧盟和北约，以及深化与美国的战略伙伴关系方面并无二致。伊万尼什维利在议会选举前和当选总理后数次表示，加入欧盟和北约依然是格鲁吉亚外交政策的最终目标和优先方向，新政府将加大与北约的合作。11 月 21 日，格外长玛雅·潘基吉泽在英国欧洲事务大臣大卫·利汀顿访格时表示 2014 年美国从阿富汗撤军后格鲁吉亚仍将参与阿富汗的维和行动。

新政府还将继续深化与美国的战略合作伙伴关系。2009 年 1 月，格美签署《战略伙伴关系宪章》，两国在宪章框架内成立了多个工作组。2012 年 6 月 5 日，美国国务卿希拉里到访格鲁吉亚，参加格美战略伙伴关系委员会会议，并与《战略伙伴关系宪章》各工作组会晤。2012 年 11 月 30 日，格美就防御领域中的合作问题进行了双边磋商，确定了在该领域中的合作方向。

伊万尼什维利就任总理后矫正了此前格鲁吉亚全面向西的外交政策，转而实行在俄罗斯和西方之间走中间道路的外交方针。俄罗斯就格鲁吉亚加入北约的计划多次向北约发出警告，称“格鲁吉亚加入北约将严重影响俄罗斯与北约的关系和欧洲的安全”①。另外，由于格鲁吉亚与俄罗斯之间存在领土纠纷以及多数北约国家受到金融危机的影响，北约和美国均表示近期内不会急于接受格入盟。因此，尽管北约秘书长拉斯穆森在格议会选举后称格加入北约的进程不可逆转，但在 12 月召开的格鲁吉亚 - 北约部长会议上，北约并未向格鲁吉亚提供“北约成员国资格行动计划”，这也意味着格近期不可能加入北约。

（2）亚美尼亚与西方开展务实外交

亚美尼亚在与俄罗斯保持传统友好关系的同时奉行务实外交政策，多次强调亚美尼亚在与独联体一体化同时也希望实现与欧盟的一体化，二者并不矛盾。

2012 年亚美尼亚与美国、欧盟和北约之间的关系更加密切，高层多次互访，互动频繁。2012 年 2 月，亚美尼亚和欧盟开始就简化亚美尼亚公民前往欧盟国家的签证办理程序谈判。2 月 20 日，欧盟贸易政策委员会一致决定与亚美尼亚就《深度全方位自由贸易区协定》进行谈判。根据协定亚美尼亚与欧盟国家之间将实现“零关税”，同时亚美尼亚将实现出口结构多样化，并将

① http://www.newsgeorgia.ru/russia/20121130/215372959.html.

以优惠条件进入欧洲市场。6月4日，美国国务卿希拉里到访亚美尼亚。11月1~8日，在《亚美尼亚－北约单独伙伴关系》框架内在埃里温举办了“北约周”活动，其间北约秘书长外高加索和中亚地区特别代表詹姆斯·阿帕图赖表示北约希望增强在外高加索地区的存在。12月1日，第二届东方伙伴关系成员国领导人峰会在埃里温举行，会后发表了《埃里温宣言》，指出了东方伙伴关系框架内的下一步措施方向。

亚美尼亚是内陆国家，所有贸易往来均需借道他国，经济发展极易受到外部形势的影响和干扰。格鲁吉亚与俄罗斯断交后两国之间的铁路交通中断，亚美尼亚货物无法进入俄罗斯市场，而土耳其封锁边境也使其产品无法进入欧洲，与阿塞拜疆之间因纳卡问题更是处于敌对状态，国际社会对伊朗的制裁也间接给亚美尼亚经济带来严重冲击。因此，为突破现实困境，注重实际，积极扩大和深化与西方国家关系的实用主义外交是近年来亚美尼亚对外政策的特点。

（3）阿塞拜疆坚持独立自主的对西方政策

2012年，阿塞拜疆继续致力于与欧洲的一体化，在“为了和平伙伴关系”框架内与北约合作。外交政策上更加注重西方和俄罗斯之间、东西方之间的平衡，同时也更坚持国家的独立性。

2012年5月16日，阿塞拜疆举办了本年度的“欧洲电视歌唱大赛”。阿政府视此次赛事为融入欧洲、展示本国实力和提升国际形象的契机。然而赛前欧洲议会称阿国内存在限制言论自由、侵犯人权问题，号召抵制大赛。5月22日，阿外交部宣布阿塞拜疆奉行独立自主方针，作为“不结盟运动”成员，不准备加入任何军事联盟，包括北约。5月24日，欧洲议会通过了有关阿人权状况的决议，呼吁阿当局立即停止侵犯人权的行为并捍卫民主和自由。阿塞拜疆对此予以了坚决反驳。6月6日，美国国务卿希拉里访问阿塞拜疆，与阿总统阿利耶夫就地区安全、能源等问题进行了讨论。7月8日，欧安组织秘书长兰贝托·扎涅尔访问阿塞拜疆，商讨双方在军政、经济、人权和公民社会等领域的合作问题。9月6日，北约秘书长拉斯穆森到访阿塞拜疆，双方就防御、安全和军事改革问题以及阿与北约的合作问题进行了讨论。2012年10月9日，一年一度的阿塞拜疆－北约磋商在北约总部举行，双方详细讨论了阿塞拜疆执行单独伙伴关系行动计划的情况和安全领域中的改革问题。11 月，因担心跨格鲁吉亚、土耳其的“巴库 - 第比利斯 - 杰伊汉”石油管道和“巴库 - 第比利斯 - 埃尔祖鲁姆”天然气管道遭库尔德工人党的破坏和纳卡问题升级，阿塞拜疆提议由北约直接负责管道的安全保障问题，但是北约却表示没有与伙伴国一道保护能源设施的具体计划，并认为该地区国家能够确保本国能源基础设施的安全。

3. 外高加索三国与独联体关系

“格鲁吉亚梦想”赢得议会选举后，白俄罗斯总统卢卡申科立即于 10 月 4 日向格鲁吉亚发出了重返独联体的盛情邀请。白俄罗斯从 2013 年 1 月起将出任独联体主席国，卢卡申科多次表示希望格鲁吉亚能重返独联体，俄外交部也称格重返独联体不存在任何障碍，但格却明确表示对格来说独联体已是“翻过去的一页”，格的战略方向是与欧盟、北约一体化，虽然格不会考虑重返独联体的问题，但愿意深化与所有独联体成员国的关系。

2012 年，亚美尼亚和阿塞拜疆在致力于实现与欧洲一体化的同时表示愿继续推动与独联体国家的一体化进程。2011 年 10 月 18 日，亚美尼亚总理季·萨尔基相访问圣彼得堡，参加独联体国家政府首脑理事会会议，并签署了独联体框架内的《自由贸易区协定》，而阿塞拜疆则表示年底再考虑加入协定的可能性。协定将为进一步在世贸组织标准基础上深化独联体一体化创造有利条件，并确保自贸区在独联体空间内充分有效地发挥作用。2012 年 9 月 11 日，亚国民会议批准了该独联体《自由贸易区协定》，成为继俄罗斯、白俄罗斯和乌克兰之后批准该协定的第四个独联体国家。但是，无论是亚美尼亚还是阿塞拜疆都声称不加入关税同盟，认为若加入会损害国家的主权独立。

4. 外高加索三国之间及与其他国家关系

由于共同实施“巴库 - 第比利斯 - 杰伊汉”石油管道和“巴库 - 第比利斯 - 埃尔祖鲁姆”天然气管道、“巴库 - 第比利斯 - 卡尔斯”铁路等大型项目，格鲁吉亚与阿塞拜疆关系良好。2012 年两国因达维德 - 加雷吉修道院部分领地和设施的归属问题发生了边界摩擦，双方最后通过友好谈判解决了纠纷。12 月 26 日伊万尼什维利作为总理首次访问阿塞拜疆，受到阿总统阿利耶夫的热情接待。双方讨论了两国之间的合作及国际问题，高度评价两国关系现状，并表示如出现问题将通过友好方式解决。

亚美尼亚与阿塞拜疆因纳卡问题长期敌对，2012 年两国关系更因边界冲突和“萨法罗夫事件”而雪上加霜。6 月 4 ~5 日，阿亚两国军人在边界交火，双方均有人员在冲突中丧生，边界紧张局势升级。6 月 18 日，阿塞拜疆外长马列梅季亚罗夫、亚美尼亚外长纳尔班江在巴黎就纳卡冲突调解问题会谈，但双方拒不让步，会谈无果而终。2012 年 8 月 31 日，曾因杀害亚美尼亚青年军官的阿塞拜疆军官萨法罗夫被引渡回国，两国因此而濒临战争边缘。2004 年 2 月，在匈牙利布达佩斯参加北约“和平伙伴关系”框架内英语培训班的阿塞拜疆军官萨法罗夫杀害了参加同期培训的亚美尼亚军官马尔加良。2006 年 4 月萨法罗夫被布达佩斯一审法院判处终身监禁，30 年内不得假释。萨法罗夫被引渡回国后阿总统阿利耶夫不仅将其赦免，还授予其少校军衔，并奖励住房和汽车，补发 8 年工资。此事在亚美尼亚国内引发强烈反响，总统萨尔基相宣布暂停与匈牙利的外交和所有正式交往，并指阿匈之间存在“交易”，并称已做好与阿塞拜疆开战的准备。

格鲁吉亚、阿塞拜疆与土耳其三国因在石油和天然气管道项目上的合作而关系良好。2012 年 6 月 8 日，三国外长在土耳其特拉布宗市会晤，就三国之间关系的发展及地区合作交换了意见，之后分别又进行了双边会谈。6 月 26 日，阿塞拜疆和土耳其在伊斯坦布尔签署了关于落实跨安纳托利亚天然气管道系统的政府间协议（TANAP），该项目将把阿塞拜疆沙赫杰尼兹气田的天然气通过土耳其输送至欧洲，届时格、阿、土三国之间的关系将会更加密切。

亚美尼亚和土耳其于 2009 年 10 月 10 日签署了《确立外交关系议定书》和《发展双边关系议定书》，决定建立外交关系并开放自 1993 年起就关闭的亚土边界。但由于土耳其方面一再提出附加条件，迟迟不予批准，亚美尼亚总统萨尔基相于 2010 年 4 月 22 日在纪念“亚美尼亚大屠杀”95 周年之际宣布暂停审批上述协议，两国关系正常化进程由此搁置。

2012 年，阿塞拜疆与伊朗关系急剧恶化，双方一度召回驻对方大使。2012 年初，阿伊两国频繁互换外交照会，相互指责对方拟针对己方实施恐怖暗杀活动。2 月 19 日，阿塞拜疆逮捕了 6 名伊朗间谍。3 月 11 日，伊朗国防部长艾哈迈德·瓦希迪与阿塞拜疆国防部长萨法尔·阿比耶夫在德黑兰会谈，双方冰释前嫌，宣称将加强军事领域的合作。然而仅仅过去两个月两国关系再度恶化。5 月 2 日，两名赴大不里士参加诗歌节的阿塞拜疆公民被伊方逮捕。5 月 18 日，伊朗当局在阿塞拜疆驻伊朗大不里士领事馆前及其他城市组织了抗议阿塞拜疆举办 2012 年“欧洲电视歌唱大赛”的示威活动。作为报复，阿塞拜疆青年组织也在伊朗驻阿塞拜疆领事馆前示威，谴责伊朗对亚美尼亚的友好政策，敦促伊朗尽快终止与亚美尼亚的双边关系。5 月 21 日，伊朗外交部紧急召见阿塞拜疆驻伊大使，就阿塞拜疆示威者手举污辱伊朗精神领袖哈梅内伊的标语一事表达了不满。次日，伊朗召回了伊朗驻阿塞拜疆大使。阿亦于 5 月 30 日召回了本国驻伊朗大使。

结　语

2012 年外高加索地区虽然冲突频发，但整体形势仍保持稳定，尤其是格鲁吉亚，议会选举前后民众集会、社会冲突不断，选举结果也出人意料，但政权最终和平移交，自独立以来首次通过选举实现了政权更迭。地区旧有的冲突或暂时被冻结，或在冲突方的克制下未持续升级。除阿塞拜疆因石油减产经济下滑外，格鲁吉亚、亚美尼亚两国经济都有所增长。2013 年是格、亚、阿三国的总统大选年，亚、阿两国近年来社会政治形势均较平稳，亚美尼亚总统选举已顺利举行，阿塞拜疆现任总统阿利耶夫的当选呼声也颇高，而格鲁吉亚的总统大选因“双重政权”的局面颇具看点，政局走势也因此增加了变数。

Y.30
大事记

一月

1月1日 俄罗斯、白俄罗斯、哈萨克斯坦三国签署的“统一经济空间”协定正式生效。

1月10日 土库曼斯坦议会通过了政党法法案，并交予总统签署和付印。该法案将允许在土境内建立除执政党外的其他政党。

1月13日 胡锦涛主席特使、全国人大常委会副委员长陈至立访问土库曼斯坦首都阿什哈巴德，会见别尔德穆哈梅多夫总统。

1月15日 哈萨克斯坦议会下院提前举行选举。纳扎尔巴耶夫领导的“祖国之光”人民民主党获得80.74%的选票，以绝对优势赢得选举，建设性反对派“光明道路”民主党和共产主义人民党分别以7.46%和7.2%的得票率进入新一届议会。

1月17日 哈萨克斯坦总统纳扎尔巴耶夫以“社会经济现代化改革是哈萨克斯坦发展的主要方向”为题发表国情咨文称，发展社会领域是“巩固经济和提高人民福利的新任务”。是日，哈萨克斯坦纳扎尔巴耶夫签署总统令，对政府部门格局进行改变，撤销通讯部等多个部委。

1月30日至2月1日 哈萨克斯坦外交部部长卡泽哈诺夫访问美国，与国务卿希拉里·克林顿就加强哈美战略伙伴关系进行会谈。

二月

2月7日 吉尔吉斯斯坦护法机关在奥什地区逮捕8名属于“伊扎布特”的宗教极端分子。

2月12日　土库曼斯坦举行总统选举，原总统别尔德穆哈梅多夫轻松获胜，以97.14%的得票率获得压倒性优势，顺利实现连任。

2月16日　斯坦总统卡里莫夫在总统府接见亚洲开发银行行长黑田东彦。

2月17日　乌兹别克斯坦副总理兼财政部长阿济莫夫与亚洲开发银行行长黑田东彦在塔什干签订了5.08亿美元贷款协议，涉及改善农村地区住房建设、铁路电气化、电能计量、供水、卫生保健等项目。

2月28日　国务委员、公安部部长孟建柱会见吉尔吉斯共和国禁毒总局局长奥罗扎利耶夫。双方签署了《中华人民共和国公安部和吉尔吉斯共和国国家禁毒总局关于打击非法贩运和滥用麻醉药品、精神药物及易制毒化学品的合作协议》。

三月

3月4日　吉尔吉斯斯坦奥什市、托克马克市和卡拉科尔市3个城市和13个农村基层选区进行了地方议会选举。

3月5日　吉尔吉斯斯坦部分地区选举结束，卡拉科尔市部分对选举结果不满的选民试图闯入市政大楼，与警察发生冲突。

3月13日　美国国防部部长帕内塔访问吉尔吉斯斯坦，就马纳斯过境转运中心等事宜与吉国防会议秘书举行会谈。

3月20日　美中央司令部司令詹姆斯·马蒂斯上将访问土库曼斯坦，指出土是美国可靠伙伴，并与总统商讨共同反恐、打击贩毒以及阿富汗稳定等事宜。

3月24日　哈萨克斯坦安全部门挫败一起在阿拉木图实施恐怖袭击的企图。

3月29日　吉尔吉斯斯坦总统阿坦巴耶夫对阿塞拜疆展开正式访问，双方签署了包括《阿塞拜疆共和国总统和吉尔吉斯共和国总统联合声明》在内的6份文件。

四月

4月1日　乌兹别克斯坦塔什干国际机场附近的一座加油站连续发生两次

爆炸。乌方称是由于技术原因所导致。

4 月 11 ~ 12 日 上海合作组织成员国安全会议秘书第七次会议在北京举行。哈萨克斯坦总统助理、安全会议秘书塔仁，吉尔吉斯斯坦国防会议秘书塔巴尔季耶夫，俄罗斯安全会议第一副秘书布拉温，塔吉克斯坦安全会议秘书卡霍罗夫，乌兹别克斯坦总统国家安全会议秘书塔什马托夫等分别率代表团出席此次会议。周永康会见各成员国代表团团长。

4 月 24 日 上海合作组织成员国军队总参谋长会议在北京召开。中央军委委员、总参谋长陈炳德在八一大楼分别会见来华出席会议的哈萨克斯坦共和国国防部第一副部长兼参谋长委员会主席扎苏扎科夫、吉尔吉斯共和国国防部第一副部长兼总参谋长奥穆拉利耶夫、俄罗斯联邦国防部第一副部长兼总参谋长马卡罗夫、塔吉克斯坦共和国国防部第一副部长兼总参谋长纳德罗夫、乌兹别克斯坦共和国国防部副部长尼亚佐夫，并在坦诚、友好、务实的气氛中与客人就双边军事关系发展、上海合作组织防务安全合作等交换了意见。

五月

5 月 23 日 TAPI 项目中土库曼斯坦、巴基斯坦、印度三方在土库曼斯坦的土库曼巴什市签订购买协议。

5 月 28 日 中哈边境哈方哨所发生枪击案件，一名军人杀害了同哨所的 14 名战友和 1 名猎场看护人，哈总统将其定性为“恐怖主义案件”。

5 月 29 日 以土民主党政治委员会第一书记卡·巴巴耶夫为团长的土库曼斯坦民主党代表团访华，贺国强在人民大会堂会见了代表团一行。

是日 俄罗斯总理梅德韦杰夫出访哈萨克斯坦，会见了纳扎尔巴耶夫，强调俄哈两国特殊战略伙伴关系。

5 月 30 日 中央军委委员、总参谋长陈炳德上将对乌兹别克斯坦进行正式友好访问，并与乌兹别克斯坦军队总参谋长马赫穆多夫少将举行会谈。

是日 吉尔吉斯斯坦、塔吉克斯坦、阿富汗和巴基斯坦四方能源部长签署 CASA - 1000 高压输变电项目合作备忘录。

六月

6 月 4 日 俄总统普京访问乌兹别克斯坦首都塔什干与卡里莫夫进行会谈，双方签署了两国深化战略伙伴关系宣言。会谈中，普京指出，俄罗斯和乌兹别克斯坦拥有特殊关系，乌兹别克斯坦是俄罗斯在中亚地区优先发展伙伴关系的国家之一。

6 月 6 ~ 7 日 上海合作组织成员国元首理事会第十二次会议在人民大会堂举行。中国国家主席胡锦涛、哈萨克斯坦总统纳扎尔巴耶夫、吉尔吉斯斯坦总统阿坦巴耶夫、俄罗斯总统普京、塔吉克斯坦总统拉赫蒙、乌兹别克斯坦总统卡里莫夫出席会议。胡锦涛作为主席国元首主持会议。与会领导人就深化成员国友好合作以及重大国际和地区问题深入交换意见，并对上海合作组织未来发展作出规划，达成新的重要共识。会议结束后，成员国元首签署《上海合作组织成员国元首关于构建持久和平、共同繁荣地区的宣言》、关于《上海合作组织中期发展战略规划》的决议、关于《上海合作组织关于应对威胁本地区和平、安全与稳定事态的政治外交措施及机制条例》的决议、关于《上海合作组织成员国打击恐怖主义、分裂主义和极端主义 2013 ~2015 年合作纲要》的决议等重要文件，并共同会见记者。会议同意接受阿富汗为上海合作组织观察员国、土耳其为上海合作组织对话伙伴国。

6 月 7 日 俄罗斯总统普京对哈萨克斯坦进行正式访问，商讨推进关税同盟、统一经济空间框架内相关问题等。

6 月 7 ~ 14 日 “和平使命 –2012”上海合作组织联合反恐军演在塔吉克斯坦苦盏市郊外举行。“和平使命 –2012”是上海合作组织框架内的第九次联合反恐军演，中国、俄罗斯、哈萨克斯坦、吉尔吉斯斯坦、塔吉克斯坦五国共计 2000 多名官兵参加演习。

6 月 18 日 阿塞拜疆外交部副部长哈拉福夫召见土库曼斯坦驻阿塞拜疆大使，对土科学家在争议地区进行活动表达强烈不满。

6 月 20 日 土库曼斯坦外交部向阿塞拜疆递交外交照会，抗议阿塞拜疆边境巡逻队的“非法行动”以及对民用船只的不当行为，并称“里海不是属于阿塞拜疆的”。

6月28日 乌兹别克斯坦向集安组织秘书外提交照会，要求暂停其该组织成员国资格。

七月

7月11日 哈萨克斯坦阿拉木图州陶萨马雷村一幢小楼发生自制炸弹爆炸，造成包括4名儿童在内的8人身亡，警方随后在爆炸现场发现一批武器弹药、警察制服和宗教极端主义宣传材料，初步判定爆炸是恐怖分子在制造炸弹时发生意外所致。

9月6日 美海军部长马布思·雷访问阿什哈巴德，就地区安全形势和相关问题与土军方领导人展开讨论。

7月21日 塔吉克斯坦国家安全委员会前副主席、戈尔诺-巴达赫尚自治州安全局局长阿卜杜拉·纳扎罗夫在返回霍罗格市的途中，被二十余名不明身份的袭击者拖出轿车，身中数刀死亡。

7月24日 塔吉克斯坦政府军出动了包括直升机在内的武器装备，开始对艾耶姆别科夫武装集团的清剿。

7月25日 塔吉克斯坦总统拉赫蒙下令停止在霍罗格市的一切战斗，并进行谈判。

7月28日 3名歹徒在哈萨克斯坦阿拉木图杀死一名警察，打伤一人，并夺走武器。

八月

8月6日 俄罗斯、吉尔吉斯斯坦、哈萨克斯坦和塔吉克斯坦四国集体快速反应部队联合举行“边界-2012”军事演习。

8月9日 欧盟中亚地区特别代表弗洛尔女士对吉尔吉斯斯坦进行正式访问。

8月12日 艾耶姆别科夫向塔吉克斯坦政府自首，但否认与纳扎罗夫之死有关。

8月15~17日 美国负责南亚和中亚事务的助理国务卿布莱克对乌兹别克斯坦进行了访问。据两国官方公开发布的消息，乌美两国外交官就双边合作的广泛问题进行了讨论，其中包括政治、经贸、社会及安全领域的问题。

8月16日 国务委员孟建柱会见来访的吉尔吉斯斯坦内务部长雷萨利耶夫。国务委员孟建柱指出，近年来，中吉在执法安全领域开展了良好合作。

8月17日 哈萨克斯坦警方对“7·11爆炸案”团伙的嫌疑人进行抓捕，9名恐怖分子在交火中被警方击毙。

8月22日 吉尔吉斯斯坦四党执政联盟（社会民主党、共和国党、祖国党和尊严党）中的尊严党和祖国党致函总统，要求退出执政联盟，宣告了自2011年12月成立的执政联盟解散。

是日 土库曼斯坦第二个政党“工业家和企业家联盟”成立。

是日 哈萨克斯坦总统纳扎尔巴耶夫出访吉尔吉斯斯坦，与总统阿坦巴耶夫就粮食安全问题以及关税同盟等问题达成一致。

8月末 乌兹别克斯坦上院批准美乌间合约。该合约规定，乌允许美军以航空运输的方式过境乌兹别克斯坦，向阿富汗反恐联军运输物资和人员。该合约有效期为一年。

九月

9月1日 吉尔吉斯斯坦总统阿坦巴耶夫签署总统令，解除原总理巴巴诺夫代理总理职务，并在政府新内阁组建完成前委托代理第一副总理卡拉舍夫暂任代理总理职务。

9月3日 吉尔吉斯斯坦社会民主党、祖国党和尊严党签署协议，正式组成执政联盟（议会多数同盟），推举现任总统办公厅主任萨特巴尔季耶夫为唯一总理候选人。

9月5日 吉尔吉斯斯坦议会正式通过新政府组成人员名单，原总统办公厅主任然托罗·萨特巴尔季耶夫当选政府总理。

是日 哈萨克斯坦海关在吉哈边境查获190公斤的海洛因，价值1.9亿美元。

9月6日 土库曼斯坦举行了有史以来第一次大规模海军演习，代号为“里海－2012”，军演位于距土库曼巴什市60公里的里海上。

9月6～7日 乌兹别克斯坦总统卡里莫夫访问哈萨克斯坦，会晤后两国领导人向外界重申，反对塔、吉等上游国家在跨界河流上修建水电站，指出上游国家随意修建水电站会导致水资源分配上的严重不公，危害下游国家人民获得水资源的权利。

9月15日 哈萨克斯坦阿特劳市内务局遭到不明身份者袭击，两名军警受伤。

9月19日 俄罗斯总统普京参加俄哈第九届地区间合作论坛，双方签署总额为20亿美元的协议。

9月20日 俄罗斯总统普京出访吉尔吉斯斯坦，对俄吉关系给予高度评价，并表示支持吉尔吉斯斯坦加入关税同盟。双方签署了俄驻吉联合军事基地协议，规定俄驻吉军事基地的相关协议将于2017年开始生效，合同期限为15年，依需要可再延长5年。

9月24日 哈萨克斯坦总统新闻局宣布，纳扎尔巴耶夫总统已经接受前总理马西莫夫的辞呈，免除其总理职务。总统提名谢里克·艾哈迈托夫为新总理，并获得议会全票通过。马西莫夫随后被任命为总统办公室主任。

是日 政治局常委周永康对土库曼斯坦进行访问，与总统别尔德穆哈梅多夫举行会晤，并考察了中石油土库曼斯坦合作项目。

9月26日 里海沿岸国家副外长特别工作组在阿什哈巴德召开会议。

十月

10月3日 吉尔吉斯斯坦反对派祖国党议员扎帕罗夫、塔什耶夫等人组织近千人在比什凯克中央广场，要求将库姆托尔金矿收归国有，随后示威人群开始向总统和议会所在地发起冲击，与值班军警发生冲突，部分青年示威者翻越栏杆进入“白宫”，骚乱随后被赶来支援的军警所平息。

10月4日 土库曼斯坦—阿塞拜疆政府间经济合作委员会会议在阿什哈巴德举行。

10月5日 俄罗斯总统普京访问塔吉克斯坦，会晤塔总统埃莫马利·拉赫蒙。双方签署协议，将俄罗斯第201基地租期延长至2042年。

10月10日 塔吉克斯坦警方在一辆轿车上搜出122块板状高纯度大麻，合计85公斤。

10月初 乌兹别克斯坦总统卡里莫夫访问土库曼斯坦，就发展经贸关系交换意见，并计划在未来将土乌双边贸易额提高一倍，双方签署《2013～2014年经济合作条约及政府间商品互供协议》。

十一月

11月13日 上海合作组织第11次经贸部长会议在吉尔吉斯斯坦首都比什凯克举行。中国、吉尔吉斯斯坦、哈萨克斯坦、俄罗斯和塔吉克斯坦经贸部门负责人、上海合作组织实业家委员会和银联体代表出席，上海合作组织秘书长伊马纳利耶夫主持会议。

11月24日 哈萨克斯坦一架搭载8名石油运输公司员工的米－8直升机在阿拉木图州的阿拉湖区失踪。

11月26日 塔吉克斯坦内务部部长访华，与中国国务委员、公安部部长孟建柱签订执法谅解备忘录。

是日 交通运输部副部长冯正霖在京会见了来访的哈萨克斯坦驻华大使叶尔梅克巴耶夫，双方就加强交通运输领域合作深入交换了意见。

11月28日 别尔德穆哈梅多夫总统在接见来访的伊朗石油部长时指出，土库曼斯坦始终遵守所承担的伙伴义务，长期稳定地向伊朗供应天然气。

11月29日 亚美尼亚总统谢尔日·萨尔基相与土库曼斯坦总统进行会谈，就加强互利经济伙伴关系、能源交通等多领域合作达成一定共识，并发表了《联合公报》。

十二月

12月5日 独联体元首峰会在土库曼斯坦首都阿什哈巴德市举行，会上各国元首签订了进一步发展全面合作宣言以及20多项文件。

12月6日 阿塞拜疆总理访问土库曼斯坦，开启双方在口水战之后的首次高层对话，两国领导人就当前双边合作展开讨论。

12月7~8日 中哈合作委员会第六次会议在哈萨克斯坦举行，王岐山副总理率团参加会议。

12月10日 哈萨克斯坦航天局负责人穆萨巴耶夫在哈议会发言指出，哈应从俄罗斯手中收回拜科努尔航天发射场。他表示，应收回包括航天发射场在内的整个拜科努尔航天城。

12月17日 吉尔吉斯斯坦总统阿坦巴耶夫公布《吉尔吉斯斯坦2013~2017年稳定发展战略》。

12月19~21日 塔吉克斯坦议会代表团访问了吉尔吉斯斯坦，就共同关心的问题广泛交流意见。

12月25日 哈萨克斯坦南部一架边防部队军用运输机坠毁，机上27人全部罹难，其中包括哈边界警卫部队指挥官等多位高级官员。

（张昊　收集整理）

Y.31
英文摘要

A Year of Overall Stability and Steady Development

Sun Li

Abstract: It was the overall stability and steady development of the Central Asian region in 2012. All the regional countries except Kyrgyzstan to keep the stably political development; the economy of the five countries to keep the positive growth, though with different rates; Russia and the United States started a new round of competition in light of the military withdrawal from Afghanistan, which brought new changes of foreign affairs of the Central Asian countries; a series of security events occured but were mostly under controlled.

Key Words: Central Asia; Overall Situation; 2012

An Assessment of the "Destabilizing Factors" in Central Asian Countries

Sun Changhong

Abstract: This article analyses the destabilizing factors that exist in Central Asian Countries from three aspects: the building of political power and political stability, the economic development and social stability, external factors and diplomatic choices. The analyses lead to the conclusions that various destabilizing factors in the countries demonstrated obviously transformational features, with major issues or conflicts constantly changing in a dynamic way under different circumstances, and the same kinds of issues or conflicts showing features of different phases in different countries, therefore the process of handling these issues demonstrated more diversity in terms of priority, degree of complexity and the ways of resolution.

Key Words: Central Asia; Stability

Economic Situation and the Future Prospect in Central Asia

Wang Haiyan

Abstract: It was affected by the world economic situation, the Central Asian countries as economic growth rate has slowed down in 2012. Turkmenistan ranking fastest rate; Kazakhstan and Turkmenistan listed in the world's middle-income countries; agricultural and industrial production varied among Central Asian countries, with Uzbekistan maintained its momentum of steady growth; third industries witnessed dynamic growth, though also with different rates in the five countries. In the foreseeable future, Central Asian countries are most likely to maintain growth rates higher than the world's average.

Key Words: Central Asia; Macroeconomics; Prospect

Security Situation of Central Asia: Current and Future

Su Chang

Abstract: Compared with 2011, the security situation of Central Asia was not improved in 2012, but featured a new combination of internal problems and external uncertainties, with more destabilizing factors added to the arena. Internal problems include rising risks in such fields as political stability, economic development, social issues, and unconventional security; external uncertainties are related to the increasing pressure associated with rivalries among big powers, situation in Afghanistan and the Arab Spring movement. The geopolitical pattern of Central Asia was further complicated; the regional security situation was influenced to a greater extent by external factors such as Afghan and Middle East situation; the internal stability of Central Asian countries was challenged security issues that became more complex, comprehensive and multidimensional. On the whole, the security situation under Central Asia was kept under control by respective countries and did not reach the level of serious deterioration.

Key Words: Central Asia; Security; Present Situation; Trend

People's Livelihood and the Social Stability in Central Asian Countries

Yang Jin

Abstract: The issue of people's livelihood plays an especially important role in maintaining social stability in developing countries. This is particularly true for countries in transition, since the proper handling of this issue will decide to a larger extent whether the countries concerned will be successful in political transformation, mobilizing social support for reforms, maintaining basic social stability and acquiring legitimacy for the governing regime. The Central Asian countries have accumulated numerous problems in their societies throughout the complex transformation process since their independence 20 years ago, among which the most outstanding ones include unemployment, healthcare, housing, poverty and social safety net. All these issues are not only basic factors influencing the political stability and social development of the five countries, but also top priorities on the governmental agendas. Proceeding from their varied national conditions, and taking different policy measures, the five countries in Central Asia achieved increasingly different results in terms of improving people's living standards.

Key Words: Central Asia; Transformation; People's Livelihood; Stability

Annual Report on Food Security in Central Asian Countries

Zhang Xiaohui

Abstract: Food security in some Central Asian countries is one of major issues after independence , it's related to country's stability. In order to abate the level of food insecurity, countries in Central Asia effort to fight it, and some results have been achieved. Although the climate in 2012, the main wheat production area in the world drop in production, compared with the previous year the condition of food security in Central Asian countries have no significant change. But the trend of food security in Central Asian countries is still fluctuating. In 2012, Tajikistan is the lowest level of food security in the Central Asian countries, Kyrgyzstan is the worst trends in the Central Asian countries, Turkmenistan and Uzbekistan in the middle of the level of food security in the Central Asian countries, Kazakhstan is the highest level of food security in the Central Asian countries.

Key Words: Central Asian Countries; Food Security; Annual Report

Central Asian Countries Facing New Choices

Zhao Changqing

Abstract: The five Central Asian countries gained their independence in 1991, and made their first choices in terms of national development roads. After 20 years, the international and regional situations have undergone tremendous changes, and the region is still in the center of competition among big powers like Russia and the United States. After the initial period of difficult exploration, Central Asian countries are now entering a new phase and are faced with new choices on national political system, mode of development, and most importantly orientations of diplomacy. The diplomatic orientations of Central Asian countries have shown some differences out of their varied national conditions. This article analyses the reasons why Central Asian countries are faced with new choices and directions of their choices, and presents some thoughts on what China can do in terms of its relations with Central Asian countries.

Key Words: Central Asian Countries; Development Road; Choices

Current Situation of the Water Issues in Central Asia and the Prospect of Future Solution

Wu Hongwei

Summary: When Central Asian countries gained independence after the disintegration of the Soviet Union, some of the major rivers of the region became cross-border waters. Since regional countries failed to reach agreement on how to distribute the water resources, the water issue has become an increasingly significant factor affecting bilateral and multilateral relations of the region. The water issue in Central Asia is not only left-over problem of history, but also related to the background of continuing economic growth and the increasing demands for natural resources. It is in the fundamental interest of various countries and is especially difficult to solve the problem. Central Asia's water issue has become an unavoidable challenge for major regional cooperation mechanisms, no matter it is the Eurasia Economic Union under the initiative of Russia, or the Shanghai Cooperation Organization in which China takes an active part. However, through in-depth analyses, the article concludes that the water issue in Central Asia is not an insolvable deadlock problem; the Central Asian countries will find win-win or all-win solution that is conducive to the interests of all countries concerned.

Key Words: Central Asia; Water Resources; Current Situation; Prospect

Russia's Policy towards Central Asia and Its Prospect

Xue Fuqi

Abstract: Central Asia is one of the top priorities in Russia's foreign policy layout. In 2012, with its domestic political situation entered a phase of interim stability, Russia obviously increased its involvement in Central Asia, exerting itself in accelerating regional integration process, expanding bilateral cooperation with regional countries, and making political, economic and security preparations for possible changes in the region. The Russian-leading regional integration processes including the Unified Economic Space and the CIS Free Trade Zone achieved further progress. Bilateral economic and security cooperation between Russia and Central Asian countries also proved new results. Meanwhile, there was no fundamental change in the all-dimensional foreign policies of Central Asian countries, and the United States and other western countries did not give up their efforts to engage in regional affairs. The Russian policy towards Central Asia is still faced with challenges.

Key Words: 2012, Russia Policy in Central Asia; Prospect

U. S. Policy in Central Asia and China's Response

Xiao Bin

Abstract: Since the independence of the Central Asian countries, U. S. forged its policy in Central Asia based on the "Great Central Asia Plan" and the "New Silk Road Plan" one after another. By way of its policy in Central Asia, U. S. has improved its influence in Central Asia. As part of U. S. foreign policy, U. S. policy in Central Asia has been interacted by international system, regional configuration and state. Although Unipolar system has not been a qualitative change, U. S. policy in Central Asia is still in the prospect of a change. The change can be expected that U. S. will put more effort into democracy, open market and regional security in Central Asia. But keep balancing is an invariant strategic target in U. S. policy Central Asia. The "Great Game" will continue in Central Asia, the relation of China and Russia will get closer in order to weaken the negative of U. S. policy in Central Asia.

Key Words: U. S. Policy in Central Asia; Balancing; China

The Eurasian Union and Regional Integration of Central Asian Countries

Wang Zhiyuan

Abstract: Although the overall process of regional economic integration has experienced relatively slow improvement, the Customs Union initiated by Russia and jointly established by Russia, Belarus and Kazakhstan has become the most internally compact regional economic cooperation organization. When President Putin proposed expanding the Customs Union to Eurasian Union, a very clear roadmap was drawn out for regional integration by the Russian authority, which reflected their long-standing goal of gradually reclaim dominant role in the framework of the Commonwealth of Independent States with its economic and political transition going further in depth. This goal had been too far to reach in the initial phase of its transition when Russia was plagued with internal and external problems. Therefore, it is necessary to analyze the essence and implications of the Eurasian Union systematically, so as to have a deeper understanding of the process of regional integration among Central Asian countries.

Key Words: Customs Union; Eurasian Union; Regional Integration; Commonwealth of Independent States

A Survey of Relation of Minor Great Power and Central Asian Countries

Shi Lan

Abstract: Central Asian countries have been committed to a balanced foreign policy since their independence. The relations between Central Asian countries and sub-great powers are very important content of Central Asian countries' foreign policy. In the past year, the relations between Central Asian countries and sub-great powers, mainly with Japan, India and Iran, have appeared positive growing trend. These countries have raised their investment in Central Asia, increased mutual activities and upgraded bilateral relations constantly. For China, it is important to insist on good-neighbourliness and friendliness policy. At the same time, it is crucial for China to face the reality of the relations between Central Asian countries and Sub-great powers, and try to better realize China's diplomatic strategy and national interests.

Key Words: Central Asia; Sub-great Powers; Relations

Important Issues of "European Union in Central Asia"

Zhao Huirong

Abstract: The topic of "European Union in Central Asia" enjoys expansive space in academic research and holds important academic and practical significance for both the status of Central Asian studies in China and a more comprehensive understanding of Central Asia and the European Union respectively. The author of this paper raised and tried to answer seven important questions about "European Union in Central Asia": (1) What is the effect of European Union's New Central Asian Strategy? (2) Is there any change in the role of Central Asia in European

Union's overall foreign policy? (3) How do the European Union and its members view Central Asia? (4) How do Central Asian countries view the European Union? (5) What are the commonalities and differences between the Central Asian policies of European Union and those of Russia, US and China? (6) How does the European Union view the activities of Russia and China in Central Asia? (7) Is there possibility for China and the European Union to have cooperation in Central Asia?

Key Words: Central Asia; European Union; China

Detailed Analyses on the Relations between Turkey and Central Asian Countries

Li Qi

Abstract: As an important country emerging on the International Arena, Turkey readjusted its foreign strategy in recent years and took Central Asia as an important aspect of its foreign policy. This paper gives an explanation on the historical background of the interactions between Turkey and Central Asian countries, and analyzes in detail the development of relations, the existing problems and the future trend.

Key Words: Turkey; Central Asian Countries; Relations; Development; Problems; Trend

Issues of Afghanistan and Central Asia

Wang Cong

Abstract: In 2012, the offense of Afghanistan's Taliban was effectively kept within limits, and the "Three Evil Forces" in Central Asia was also contained to some extent. However, as the year 2014 approaches, Central Asian countries are increasingly worried about the security issues related to Afghanistan, and the competition between Russia and the United States in the region is becoming more intense.

Key Words: Afghanistan; Central Asia; Russia-US competition

New Progress of Energy Cooperation between China and Central Asia

Xu Qinhua

Abstract: Energy cooperation is one of the important components in the economic and trade cooperation between China and Central Asian countries, while the latter in turn serves as important foundation for the political relations between the two sides. Therefore, energy cooperation plays an exceedingly important role in the overall relations. For China, the cooperation with Central Asia is not only aimed at acquiring energy resources and economic benefits, but also for the purpose of expanding its diplomatic space and international support, and most importantly constructing stable and friendly neighborhood on its northwest frontier so as to secure an important strategic reliance for China's development. Although the geopolitical and economic situation surrounding China saw some negative changes in 2012, China carried out prudent strategy and policy measures highlighted within Central Asia and was successful in energy cooperation with Central Asian countries in terms of energy diplomacy, oil and natural gas cooperation, infrastructure cooperation, and the ways of cooperation.

Key Words: China and Central Asia; Energy Cooperation; New Progress

Azerbaijan's Gabala Radar Station and Russia-US Competition in the South Caucasus

Li Yonghui

Abstract: Russia declared in December 2012 that the Gabala Radar Station in

Azerbaijan which the Azerbaijan had been utilizing since the disintegration of the Soviet Union would be closed. Since then no foreign military presence would exist on the soil of Azerbaijan, and the only Russian military base in the South Caucasus will be in Armenia. For Russia who has always emphasized that it has "special interests" in the whole CIS area and who enjoyed exclusive rights to the use of Soviet military facilities left in the CIS sphere, the strategic intent of abandoning the Gabala Radar Station afford much for thought. This action not only reflected the trend of Russia – Armenia relations, but also brought new uncertainties to the relatively stable situation in the region, and indicated possible changes in the geopolitical domain of the South Caucasus. A new round of geostrategic competition for influence on the three South Caucasus is being unfolded between Russia and the United States.

Key Words: Russia; Azerbaijan; Gabala Radar Station

The Cooperation and Competition among Big Powers in Central Asia

—on the Feasibility of China's Opening to the West

Zhen Zhihong　Ma Ying

Abstract: On the basis of analyzing the new changes in Central Asia's external environment and internal development, this paper starts from the new perspective of strategic hedging and discusses the necessity and urgency for China to properly handle relations with other big countries in the process of its opening to the west. From this perspective, the authors hold that China should accelerate its strategy of opening to the west and push forward economic integration of the Eurasian continent by linking transportation infrastructure of Asia and Europe and building energy pipelines. This will not only constitute a hedging against the pressure brought by America's Pacific Rebalance Strategy, but also will be conducive to China's developing friendly relations with Russia and Central Asian countries and keeping an active status in regional cooperation and competition. This will also help build a new order for the

Eurasian continent that is beneficial to the development of regional countries.

Key Words: China; Russia; Big Countries; Central Asia; Cooperation; Hedging

Further Deepening of Political Cooperation between China and Central Asian Countries

Bao Yi

Abstract: 2012 marked the 20th anniversary of the establishment of diplomatic relations between China and Central Asian countries, and was a fruitful year for China and Central Asian countries in terms of bilateral political relations. The "China-Kyrgyzstan Joint Declaration" and "China-Tajikistan Joint Declaration" were published respectively and added new connotations to the bilateral cooperation. China and Uzbekistan raised their relationship to the level of strategic partnership, and signed the "China-Uzbekistan Agreement on Establishing Strategic Partnership Relations". China and Kazakhstan agreed to add concrete initiatives to their comprehensive strategic partnership, which was upgraded in 2011. This paper gives a review of the political cooperation between China and Central Asian countries in recent years through bilateral and multilateral mechanisms, and some deliberations on the trend of such cooperation.

Key Words: China and Central Asia; Political Cooperation; Further Deepening

Strategic Choices for Economic Cooperation and Trade between China and Central Asia

Mao Yanbing　Qin Pengliang

Abstract: It has always been a top priority in China's foreign economic policy to enhance its economic cooperation and trade with surrounding areas. In light of the new problems in China's foreign economic relations, China in dealing with Central Asian Countries should make strategic choices that are mutually beneficial to both sides in the fields of trade, energy, currency market, and transportation infrastructure. This is not only in China's interest, but also conducive to the sustainable development of the regional economy and the economic and social security of the region.

Key Words: China-Central Asia Economic Cooperation and Trade; Strategic Choice; Shanghai Cooperation Organization

China and Central Asia: Focus on Security Cooperation

Ding Xiaoxing

Abstract: In 2012, the security risks in Central Asia were on the rise to some extent, and the expansion of Islamic extremism in the region led to deterioration of the anti-terrorist situation in Central Asia and the rising of "The Three Evil Forces". Terrorist activities took place frequently in the once tranquil Kazakhstan following the pattern of 2011. The negative effect of Afghanistan situation on the security of Central Asia became increasingly outstanding. There was an obvious trend of terrorist "refluxing" from Afghanistan to Central Asia as an important passage for drug, which aggravated corruption and other social problems in Central Asia. China shares common security interests with Central Asian countries, and stands for sustained stability of the region. China and Central Asian countries have the consensus that terrorism, separatism and extremism constitute severe threat to regional peace and stability, and the countries should make joint efforts in fighting "The Three Evil Forces". China and Central Asian countries continued to strengthen their security cooperation in 2012, through bilateral channels and in the framework of Shanghai Cooperation Organization, and achieved important progress in fighting "The Three Evil Forces", drug trafficking and transnational crimes, thus effectively safeguarded stability and security of the region.

Key Words: China; Central Asia; Security Cooperation; The Three Evil Forces

Rapid Development of Cultural Cooperation between China and Central Asian Countries

Li Ziguo

Abstract: Cultural cooperation is an important factor in enhancing mutual trust between China and Central Asian countries, and has been attached great importance by both sides. In recent years, cultural cooperation both in bilateral and multilateral frameworks has macle rapid progress with frequent exchange of various cultural activities. The most outstanding achievement through bilateral channels is educational cooperation, and the number of exchange students is rising rapidly and there is a great enthusiasm in Central Asian countries for learning Chinese language. Under the multilateral framework, the SCO University, the SCO Culture and Art Festival, the China-Eurasia Cultural Exhibition Weeks and the joint application for world heritage status of "the Silk Road" have played more important role in promoting cultural exchanges between China and Central Asian countries.

Key Words: Central Asia; Culture; Education; the Silk Road; Cultural Cooperation

History and Current Situation of Relations between Chinese Communist Party and Parties ofCentral Asian Countries

Cui Lizhi Wang Yue

Abstract: The relations between Chinese Communist Party (CCP) and parties of Central Asian countries are important components of the respective bilateral relations. The parties of the Five Central Asian countries have undergone great changes and went along varied development roads since the countries became independent 20 years.

Through 20 years' practice, the CCP and parties of different countries in Central Asia achieved great progress in their relations in terms of scope, contents and forms of exchanges, and vigorously pushed the bilateral relations forward in a comprehensive and in-depth way. By now, a comprehensive and multi-dimensional pattern has been established for the exchanges between CCP and parties of the five Central Asian countries, with high level visits increasingly frequent, contents and forms of exchange more diverse, and the trend of mechanized exchanges being pushed forward. The bilateral party relations are entering an important phase full of opportunities.

Key Words: Chinese Communist Party; Central Asia; Party Contacts

Kazakhstan

Wang Mingchang

Abstract: Kazakhstan maintained political stability in 2012. The lower house of parliament held elections ahead of the scheduled date, and successfully brought about the reform to multi-party parliamentary system. The government continued to implement its outline of economic innovation and development, and secured stable recovery of the economy. The country enjoyed a bigger space for maneuver in its balance of power diplomacy, and further strengthened its relations with Russia. President Nazarbaev declared Kazakhstan's national strategy for 2050, which outlined the future development of the country. At the same time, increase of terrorist activities, uncertainties surrounding the president's successors led to different perspectives on the countries future stability.

Key Words: Kazakhstan; General Situation; 2012

Kyrgyzstan

Cao Zhi

Abstract: Two major events took place in Kyrgyzstan's domestic politics in

2012, one is government alternation, and the other is local parliamentary elections. Both were carried out smoothly despite minor problems. The economy was affected by governmental change and continued deterioration of exterior economic environment, and Kyrgyzstan became the only country in Central Asia to have a negative growth rate. On diplomatic front, Kyrgyzstan continued to carry out its traditional foreign policy of pluralism and balance, and actively promoted its relations with Russia, the United States, China, the European Union and CIS countries.

Key Words: Kyrgyzstan; General Situation; 2012

Tajikistan

Xu Haiyan

Abstract: Tajikistan maintained basic political stability in 2012, with its democratization reform process pushed further forward through the passage of a series of laws and regulations. But there were relatively bigger risks in its fragile economy under the background of financial crisis. Tajikistan was more pragmatic in its interactions with the outside world, and committed to building a favorable neighboring environment for the good of domestic economic development. Energy shortage continued to restrict economic growth, and the economic pattern relying on resource export was not changed. It is hard to carry out domestic policies with negative effect of exterior environment and international relations, and the strategy of economic revitalization through hydropower is still faced with real difficulties.

Key Words: Tajikistan; Overall Situation; 2012; Prospect

Turkmenistan

Zhang Hao

Abstract: The political situation of Turkmenistan was stable in 2012. The presidential election was carried out smoothly, a big number of high level officials were replaced, and the Party of Industrialists and Entrepreneurs emerged as the second legal political party of the country. The economic situation was kept on the positive track with a growth rate higher than any other Central Asian countries. Turkmenistan continued to expand its energy export with an emphasis on the diversification of natural gas export. Turkmenistan lifted its relationship with China to a higher level, and maintained stability and progress in its relations with the United States. But Turkmenistan heightened its tensions with neighboring Azerbaijan over the Caspian issue and showed off its muscles by carrying out its first navy exercise in the Caspian Sea.

Key Words: Turkmenistan; Politics; Economy; Foreign Relations

Uzbekistan

Li Xinwei

Abstract: Uzbekistan maintained overall stability in 2012. In political development, Uzbekistan designated the dates for parliamentary and presidential elections, and started to make preparations for stable handover of political power. In civil affairs, the authority attached great importance to improving people's livelihood and maintaining social stability, declared 2012 as the "year of family", raised the salary level again, and at the same time kept high pressure on extremist and terrorist organizations in order. In the economic area, Uzbekistan achieved favorable momentum in its macroeconomic development with GDP growth rate of 8.2% and various macroeconomic indexes on the favorable level. On the diplomatic front, Uzbekistan took an active approach in 2012 and maintained friendly relations with other countries and various international organizations, under the guideline of "peaceful and diversified diplomacy". Especially noteworthy is the fact that China and Uzbekistan established strategic partnership relations on June 8, 2012, and greatly raised the level of the bilateral relationship.

Key Words: Uzbekistan; Overall Situation; 2012

An Overview of the South Caucasus Situation in 2012

Lyu Ping

Abstract: The overall situation of the South Caucasus in 2012 was under control despite repeated local conflicts in the region. Georgia and Armenia held parliamentary elections successively. Although the sharp competition between Georgia's ruling party and the opposition parties once caused tensions, peaceful transition of political power was finally realized without causing major conflicts or social turmoil. There was exchange of armed activities between Azerbaijan and Armenia, but the two sides exercised restraint under mediation of the international community and avoided upgrading of the conflict. Georgia and Armenia maintained stable economic growth, but Azerbaijan experienced economic downturn caused by the reduction in oil production.

Key Words: Georgia; Armenia; Azerbaijan; Situation; Political; Diplomacy; Economy

中国皮书网

发布皮书研创资讯，传播皮书精彩内容
引领皮书出版潮流，打造皮书服务平台

栏目设置：

- □ 资讯：皮书动态、皮书观点、皮书数据、 皮书报道、皮书新书发布会、电子期刊
- □ 标准：皮书评价、皮书研究、皮书规范、皮书专家、编撰团队
- □ 服务：最新皮书、皮书书目、重点推荐、在线购书
- □ 链接：皮书数据库、皮书博客、皮书微博、出版社首页、在线书城
- □ 搜索：资讯、图书、研究动态
- □ 互动：皮书论坛

www.pishu.cn

中国皮书网依托皮书系列“权威、前沿、原创”的优质内容资源，通过文字、图片、音频、视频等多种元素，在皮书研创者、使用者之间搭建了一个成果展示、资源共享的互动平台。

自2005年12月正式上线以来，中国皮书网的IP访问量、PV浏览量与日俱增，受到海内外研究者、公务人员、商务人士以及专业读者的广泛关注。

2008年10月，中国皮书网获得“最具商业价值网站”称号。

2011年全国新闻出版网站年会上，中国皮书网被授予“2011最具商业价值网站”荣誉称号。

权威报告 热点资讯 海量资源

当代中国与世界发展的高端智库平台

皮书数据库 www.pishu.com.cn

皮书数据库是专业的人文社会科学综合学术资源总库，以大型连续性图书——皮书系列为基础，整合国内外相关资讯构建而成。包含七大子库，涵盖两百多个主题，囊括了近十几年间中国与世界经济社会发展报告，覆盖经济、社会、政治、文化、教育、国际问题等多个领域。

皮书数据库以篇章为基本单位，方便用户对皮书内容的阅读需求。用户可进行全文检索，也可对文献题目、内容提要、作者名称、作者单位、关键字等基本信息进行检索，还可对检索到的篇章再作二次筛选，进行在线阅读或下载阅读。智能多维度导航，可使用户根据自己熟知的分类标准进行分类导航筛选，使查找和检索更高效、便捷。

权威的研究报告，独特的调研数据，前沿的热点资讯，皮书数据库已发展成为国内最具影响力的关于中国与世界现实问题研究的成果库和资讯库。

皮书俱乐部会员服务指南

1. 谁能成为皮书俱乐部会员？

- 皮书作者自动成为皮书俱乐部会员；
- 购买皮书产品（纸质图书、电子书、皮书数据库充值卡）的个人用户。

2. 会员可享受的增值服务：

- 免费获赠该纸质图书的电子书；
- 免费获赠皮书数据库100元充值卡；
- 免费定期获赠皮书电子期刊；
- 优先参与各类皮书学术活动；
- 优先享受皮书产品的最新优惠。

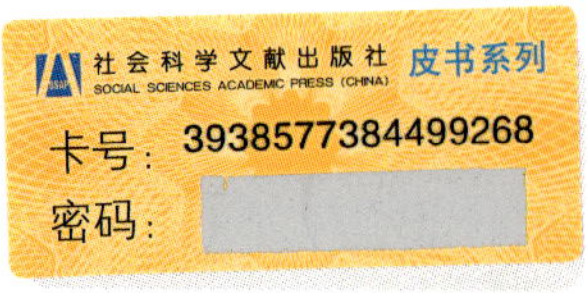

（本卡为图书内容的一部分，不购书刮卡，视为盗书）

3. 如何享受皮书俱乐部会员服务？

（1）如何免费获得整本电子书？

购买纸质图书后，将购书信息特别是书后附赠的卡号和密码通过邮件形式发送到pishu@188.com，我们将验证您的信息，通过验证并成功注册后即可获得该本皮书的电子书。

（2）如何获赠皮书数据库100元充值卡？

第1步：刮开附赠卡的密码涂层（左下）；

第2步：登录皮书数据库网站（www.pishu.com.cn），注册成为皮书数据库用户，注册时请提供您的真实信息，以便您获得皮书俱乐部会员服务；

第3步：注册成功后登录，点击进入“会员中心”；

第4步：点击“在线充值”，输入正确的卡号和密码即可使用。

皮书俱乐部会员可享受社会科学文献出版社其他相关免费增值服务

您有任何疑问，均可拨打服务电话：010-59367227 QQ:1924151860

欢迎登录社会科学文献出版社官网(www.ssap.com.cn)和中国皮书网（www.pishu.cn）了解更多信息

社会科学文献出版社

皮书系列

“皮书”起源于十七、十八世纪的英国，主要指官方或社会组织正式发表的重要文件或报告，多以“白皮书”命名。在中国，“皮书”这一概念被社会广泛接受，并被成功运作、发展成为一种全新的出版形态，则源于中国社会科学院社会科学文献出版社。

皮书是对中国与世界发展状况和热点问题进行年度监测，以专家和学术的视角，针对某一领域或区域现状与发展态势展开分析和预测，具备权威性、前沿性、原创性、实证性、时效性等特点的连续性公开出版物，由一系列权威研究报告组成。皮书系列是社会科学文献出版社编辑出版的蓝皮书、绿皮书、黄皮书等的统称。

皮书系列的作者以中国社会科学院、著名高校、地方社会科学院的研究人员为主，多为国内一流研究机构的权威专家学者，他们的看法和观点代表了学界对中国与世界的现实和未来最高水平的解读与分析。

自 20 世纪 90 年代末推出以经济蓝皮书为开端的皮书系列以来，至今已出版皮书近 800 部，内容涵盖经济、社会、政法、文化传媒、行业、地方发展、国际形势等领域。皮书系列已成为社会科学文献出版社的著名图书品牌和中国社会科学院的知名学术品牌。

皮书系列在数字出版和国际出版方面成就斐然。皮书数据库被评为“2008~2009 年度数字出版知名品牌”；经济蓝皮书、社会蓝皮书等十几种皮书每年还由国外知名学术出版机构出版英文版、俄文版、韩文版和日文版，面向全球发行。

2011 年，皮书系列正式列入“十二五”国家重点出版规划项目；2012 年，部分重点皮书列入中国社会科学院承担的国家哲学社会科学创新工程项目；一年一度的皮书年会升格由中国社会科学院主办。

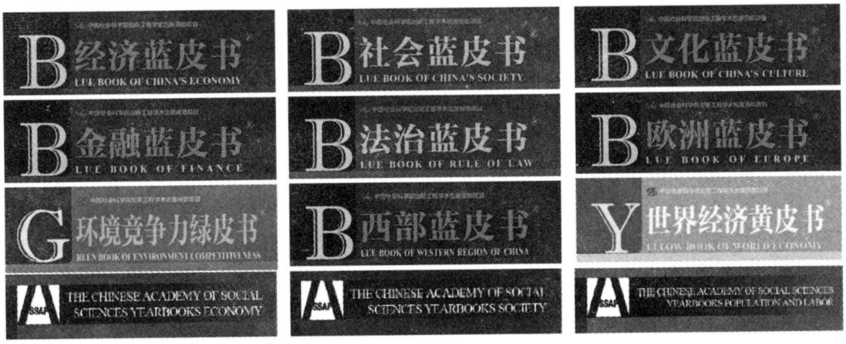

法律声明

“皮书系列”（含蓝皮书、绿皮书、黄皮书）由社会科学文献出版社最早使用并对外推广，现已成为中国图书市场上流行的品牌，是社会科学文献出版社的品牌图书。社会科学文献出版社拥有该系列图书的专有出版权和网络传播权，其 LOGO（ ）与“经济蓝皮书”、“社会蓝皮书”等皮书名称已在中华人民共和国工商行政管理总局商标局登记注册，社会科学文献出版社合法拥有其商标专用权。

未经社会科学文献出版社的授权和许可，任何复制、模仿或以其他方式侵害“皮书系列”和 LOGO（ ）、“经济蓝皮书”、“社会蓝皮书”等皮书名称商标专用权的行为均属于侵权行为，社会科学文献出版社将采取法律手段追究其法律责任，维护合法权益。

欢迎社会各界人士对侵犯社会科学文献出版社上述权利的违法行为进行举报。电话：010 - 59367121，电子邮箱：fawubu@ ssap. cn。

社会科学文献出版社